王继光先生
史学研究论文集

朱悦梅 段小强 周松 ■主编

中国社会科学出版社

图书在版编目（CIP）数据

王继光先生史学研究论文集/朱悦梅，段小强，周松主编.—北京：中国社会科学出版社，2019.2

ISBN 978-7-5203-3220-0

Ⅰ.①王… Ⅱ.①朱…②段…③周… Ⅲ.①史学—文集 Ⅳ.①K0-53

中国版本图书馆 CIP 数据核字（2018）第 220417 号

出版人	赵剑英
责任编辑	喻 苗
责任校对	胡新芳
责任印制	王 超

出　版	中国社会科学出版社
社　址	北京鼓楼西大街甲 158 号
邮　编	100720
网　址	http://www.csspw.cn
发行部	010-84083685
门市部	010-84029450
经　销	新华书店及其他书店
印　刷	北京明恒达印务有限公司
装　订	廊坊市广阳区广增装订厂
版　次	2019 年 2 月第 1 版
印　次	2019 年 2 月第 1 次印刷
开　本	710×1000　1/16
印　张	28.25
字　数	434 千字
定　价	99.00 元

凡购买中国社会科学出版社图书，如有质量问题请与本社营销中心联系调换

电话：010-84083683

版权所有　侵权必究

序

在写下这段文字的时候，王继光先生已经离我们而去了。作为王先生的首届硕士受到众位师长的嘱托，不得不勉为其难说几句话。这里，我不可能对王先生的学术成就僭越评论，仅能将跟随先生时的点滴感触奉上，致以敬意。

王先生治学注重史料考订和分析，眼光独到，才情并茂，不论学术研究，抑或待人接物都极富感染力，令人印象深刻，难以忘怀。

第一次见到王先生是我报考专门史研究生的时候，初次印象就感到他是一位与众不同的老师，双目炯炯，皱纹深刻，身形清瘦，却精神矍铄，说话带着独特的拖腔，气场很足。待到追随老师问学，才发现老先生学问与酒量适成正比，于是我们的问学之路也不免与酒结下了渊源。

日前回忆，蓦然感到自己的专业指向、方法门径似乎都是在酒酣之际，听闻经意与不经意的高谈阔论中逐步确定了下来。

那一届我们同学六人，年龄参差不齐，我是最为年长者之一。也正因为如此，在讨论选题方向时，满怀信心的向先生表明愿在十六国南北朝时代的纷乱中，通过南北史料差异的比较确定研究方向。当时老先生一边喝酒，一边貌似心不在焉的说话，只是酒劲催动的红光在他脸颊上不时闪过。然而对我的选题想法并没有什么结果产生。不久，在一次正式上课中，老先生明确告诉我不要做什么南北朝了，只需跟随他做明史，目标倒是有了，但没有为什么。入学前我对历史久有兴趣，也曾发表过两篇文章，心中多少有些疑惑。又过了几天，又是在一次饮酒中，老师告诉我，如果按照我的想法做下去，只会产生一篇硕士论文而已，以后的学术之路必定非常艰辛。接下来他详细分析了南北朝历史研究的现状，史料的局限，学校的条件；话锋一转，他说明清以降，史料极为丰富，虽然著名学者和成果也不少，但是可"料理"课题俯身即是，有不少问题还可以继续开掘。"这可以做一辈子"，言犹在耳。从此以后，我就走上了学习明史的道路，先生堪称后辈的引路人，学术的明灯。成为他的学生毫无疑问是我们的幸运。

王老做学问最看重的是"人神合一"般的全身心投入。某次，一位著名学者，也是他的故交前来学校讲学。王老在评述时，说到这位先生以学术为生命，希望我们也能以此为榜样。那位先生忙接过话头，"我不以学术为生命，只有你以学术为生命"。实际上这就是一句中肯的评价，王先生也一直以生命在践行这句话。2014年暑期，先生因病住院。我们去探望他时，他对自己的病情不置一词，念念不忘的仍是在上海古籍出版社和中华书局的书稿。在他仙逝前半年，正值农历春节，我远在异乡，礼节性向他问安时，他竟然与我通话两小时，谈的全是他的研究构想，包括两部新书稿校订，展开对明代河湟诸卫的全面研究计划等，希望我能够参加进来，协助他完成心愿，声音还是像以前一样响亮。不料，这一番话竟成永诀。当我暑期正在翻检松潘卫、洮州卫史料的时候，听到的却是噩耗，于是匆匆乘机返兰。没有眼泪，几天中只觉得精神恍惚、感觉麻木。斯人已逝矣！这是一个难以接受的客观事实。

渐渐地，往事清晰起来。回想王老的学术路线，正如他自己所说，考证，还是考证。这是历史学的基本功。如果不学会考证，不认真考证，就入不了研究历史的门径。基于这一认识，老先生始终保持着对史料的高度敏感，极为注意从别人眼中溜走的材料。他给我们讲述过自己早年足迹遍及甘青地区的"访书问碑"经历，有兴高采烈，有唏嘘慨叹，混合着"金城腔"和"京腔"，慷慨铿锵，听得我们热血沸腾。

那一年，他就提出一个宏大的计划：明代边政要搞，怎么搞，明代九边，一人做一个，很快就能出来，最终形成一个丛书系列。从他兴奋的眼神中看出，仿佛这九本书就摆在他的面前。他是性情的，更是真诚的。这一充满了学术理想主义的愿望在我这儿就落空了。直到毕业，我仅仅将延绥镇范围做到明代早期（实际上该边镇尚未正式形成），拿出一个十三四万字的毕业论文就结束了。等我来到中原，每年老师仍在询问是否仍在坚持这一课题。这是愧对老师教诲的！

王先生又是一位豁达的人，他从不讳言生死，我想这与他的天性和曾经的从军经历有关。我曾试图想象老师青年时在新疆草原上纵马驰骋的壮士身影，可是总被坐拥书城，伏案疾书的形象所代替。他一直在驰骋，驰骋在民族史、明史、文献学、中外关系史的广阔天地中。

我重归母校后，由吴博士处得知先生逸闻一则。在一次兰州考古学界接待波兰学者的晚宴上，大约是因为语言沟通不畅，气氛不够热烈。王先生身着他有众多口袋的军绿色马甲到场，声明由他来活跃气氛。期间，他以身体语言竟然让所有不懂汉语的西方学者深刻理解了兰州话——"呹到"（意为喝干净，吃干净）的准确含义。其诙谐风趣、豪迈热情于此可见一斑。

王先生向来不喜欢无病呻吟、悲悲切切，以此冒昧之言缅怀先生，或许先生能够原谅学生的忤逆。

周松
2018 年 7 月 31 日

目　录

有关《金史》成书的几个问题 …………………… 王　玉（1）
侯显事辑 ………………………………………… 董鹏飞（12）
《明史·鲁鉴传》订误 …………………………… 胡雪萍（17）
《明史·西域传》订误 …………………………… 宋建霞（20）
明代史学述论 …………………………………… 戴　乐（28）
《续资治通鉴》成书初探 ………………………… 齐　然（45）
毕秋帆述评 ……………………………………… 刘子坤（68）
陈诚家世生平考述 ……………………………… 刘海花（84）
陈诚家世生平续考 ……………………………… 刘海花（103）
陈诚及其《西域行程记》与《西域番国志》研究 …… 段银霄（112）
《西域番国志》与《明史·西域传》 ……………… 李鲁平（152）
《西域番国志》版本考略 ………………………… 孟聪敏（160）
《四库全书总目》"使西域记提要"辨证 ………… 闪　烁（171）
《西域行程记》与别失八里西迁考 ……………… 陈海博（183）
《陈竹山文集》的史料价值与版本 ……………… 段银霄（195）
18 世纪中国第一部安多藏区史
　　——《明史·西番诸卫传》的现代诠释 ……… 王明江（202）
安木多藏区土司家族谱探研
　　——以《李氏宗谱》《鲁氏世谱》《祁氏家谱》
　　　为中心 ……………………………………… 王明江（226）
明代的河州卫
　　——《明史·西番诸卫传》研究之一 ………… 王明江（251）
明代中央政府赴藏地使者事辑（上） …………… 王　玉（278）

明代中央政府赴藏地使者事辑（下） ………………… 李鲁平（296）
明代中央政府赴藏地使者事辑补 …………………… 孟聪敏（316）
明代必里卫新考 ……………………………………… 赵世伟（328）
洪武三十年中越领土交涉的原始文件 ……………… 胡雪萍（341）
《明会川伯赵安铁券》跋 …………………………… 刘子坤（351）
跋《李南哥墓志》 …………………………………… 贾智鹏（357）
青海民和《李氏宗谱》跋 …………………………… 闪　烁（369）
甘肃连城《重修鲁氏家谱》跋 ……………………… 陈海博（378）
辑本《西宁卫志》序 ………………………………… 董鹏飞（386）
《陇右稀见方志三种》考述 ………………………… 赵世伟（406）
《陇右方志录》补正 ………………………………… 宋建霞（415）
金代北京的一次古墓发掘和考察 …………………… 贾智鹏（437）

后记 ……………………………………………………………（441）

有关《金史》成书的几个问题

王 玉

元修宋、辽、金三史,《金史》"独为最善"[①]。清代学者施国祁在其"竭二十余年之力,刊伪补脱"的《金史详校》序中说:"金源一代,年纪不及契丹,舆地不及蒙古,文采风流不及南宋。然考其史裁大体,文笔甚简,非《宋史》之繁芜;载述稍备,非《辽史》之阙略;叙次得实,非《元史》之伪谬。"比较《宋史》《辽史》《元史》的弊病,给《金史》以极高评价。

蒙元自入主中原后,对先进的汉文化的吸收表现了一种豁然大度的姿态,很有点兼容并包的味道。但同修的三史,为什么距离这样大呢?《四库全书简明目录》以为:"金一代典制修明,图籍亦备。又有元好问、刘祁诸人,私相缀辑。故是书有所依据,较《辽史》为详赅。承修者明于史裁,体例亦为严整。"既分析了《金史》独善的原因,也指出了撰修的资料来源。议论是中肯可取的。

《金史》的成书,经历了一个漫长的过程,几贯元朝始终。是书既非完于一代,也非成于一手,必然带来一些复杂的问题。本文拟做一些探讨,以求正于学术界。

一 《金史》与王鹗《金史》稿

考《金史》的成书,大致分三个阶段,中经84年。

第一阶段,元世祖中统二年(1261年),张柔献上下汴京所得之

[①] 《四库全书总目提要》。

金实录并秘府图书。翰林学士承旨王鹗奏请"置局纂修实录,附修辽、金二史"①。并很快拟出纲目,开始撰修。

第二阶段,元世祖至元十六年(1279年)灭南宋。又命史臣通修宋、辽、金史。

第三阶段,元顺帝至正三年(1343年)右丞相脱脱任都总裁,确定宋、辽、金各自为正统,各系其年号,才廓清了修三史中久议不决的正统之争。至正四年(1344年)三月,《辽史》先成;十一月,《金史》继成;次年十月,《宋史》亦成,未几,即镂版行世。

今本《金史》,就纲目体例、成书之速看,以王鹗《金史》稿为底本是无疑的。

王鹗(1190—1273年),字百一,金哀宗正大元年(1224年)状元,官至尚书省左右司郎中。天兴三年(1234年)"蔡陷,将被杀,万户张柔闻其名,救之。辇归,馆于保州"②。十年之中,得阅张柔所获之金实录并秘府图书。1244年,应元世祖召仕元,"以老儒故,上甚敬重,每见以状元呼之"③。元修《金史》,不仅是他上章诏请,而且编修均由他选择、推荐,如郝经、李昶、李治、雷膺、王恽、王磐、胡祗遹等人皆是。从经历上看,王鹗早年仕金,历末世动乱,于金一代典制、政事、人物多耳闻目见。又有机会参阅金实录,所组编修班底,多金源旧臣遗民。从视野的开阔,资料的丰富,人才的协同上讲,是很具备修史条件的。但现存史籍未见其书表上朝廷的记载,大约是修三史中的正统之争,使三史体例无法确定而终未有定本的缘故。金毓黻先生总结初修《金史》时说:"金史之修、创于王鹗。考其初稿,即据实录。"是很精辟的见解。

王鹗《金史》稿,今佚不见,只在元人王恽的《玉堂嘉话》中保存了简目。王恽,字仲谋,元世祖中统二年(1261年)、至元十四年(1277年)曾两入翰林,并兼国史院编修,"两院故事,凡草创经营署置略,皆与知"④。是时,王鹗兼领两院。《玉堂嘉话》卷一说,

---

① 《元史·王鹗传》。
② 同上。
③ 《秋涧集》卷82《中堂事记》。
④ 《秋涧集》卷93《玉堂嘉话》序。

王鹗曾"亲笔作史",而且"帝纪、列传、志书卷帙皆有定体"。卷八记载,中统二年,王鹗将拟好的《金史》大纲"书示仲谋",亦即说,王恽见到了王鹗《金史》的目录。计有帝纪九、志书七、列传若干。① 这个纲目,明于史裁,严守历代正史体例,依此成书的《金史》,大约是一部详备成型的史书。值得注意的是王鹗参见实录,并未拘于实录。旧实录三品以上方得入传,王鹗《金史》大纲,以"人物英伟勋业可称,不限品从"②。举凡忠义、隐逸、儒行、文艺、列女、方技等,均入列传。这不仅承袭了《史记》以来纪传体的优良传统,而且与今本《金史》是相符的。

王鹗修《金史》所依据的材料,赵瓯北曾亦考证说:"元初王鹗修《金史》采当时诏令金令史窦详所记二十余条,杨云翼日录四十卷,陈老日录二十余条及女官所记资明夫人授玺事以补之。可见《金史》旧底,固已确核,宜纂修诸人易籍手也。"③ 显然,《金史》独善与"《金史》旧底,固已确核"的关系是很大的。

王鹗首创《金史》,不能不提到张柔其人。《元史·张柔传》载:"壬辰,从睿宗伐金……金主败走睢阳。其臣崔立以汴京降。柔于金帛一无所取,独入史馆,取金实录并秘府图书。"又"汝南既破,下令屠城,一小校缚十人以待,一人貌独异。柔问之,状元王鹗也。解其缚,宾礼之"。张柔,即史称张万户。从这两段记载中,可以看到张柔还是一个颇有眼光、确有见地的人物。一是下汴京,"于金帛一无所取,独入史馆,取金实录并秘府图书",使之免遭兵燹,后献诸朝,保存了修《金史》的珍贵资料。二是对王鹗"解其缚,宾礼之",刀下救出了这个人才。应该说,于《金史》成书,还是有功劳的。

二 《金史》取资《壬辰杂编》《归潜志》的范围和时间

撰修《金史》取资元好问《壬辰杂编》和刘祁《归潜志》的问

---

① 详见《秋涧集》卷100。
② 同上。
③ 《廿二史劄(同札)记》卷27。

题，见于《金史》元、刘本传。这里，主要是考察取资二书的范围及二书被引入《金史》的时间。

《元好问传》载："金亡不仕……乃构亭于家，著述其上，因名曰'野史'。凡金源君臣遗言德行，采摭所闻，有所及，辄以寸纸细字为记录，至百余万言。今所传者有《中州集》及《壬辰杂编》若干卷。……纂修《金史》，多本其所著云。"

《刘从益传》载："子祁，字京叔，为太学生，甚有文名。值金丧乱，作《归潜志》以记金事。修《金史》多采用焉。"

《金史》撰修既然承认于元、刘著述"多采用焉""多本其所著"，当为可信，但采摭材料的范围呢？

刘祁《归潜志》一书，十四卷，成书于金亡后第二年的1235年。刘祁自序云："遭值金亡，干戈流落，由魏过齐入燕，凡二千里，甲午岁复于乡……独念昔所与交游者，皆一代伟人。今虽物故，其言论谈笑，想之犹在目，且其所闻所见，可以劝戒规鉴者，不可使湮没无元传。因暇日记忆，随得随书，题曰《归潜志》。归潜者，子所居之堂之名也。因名以书，以志岁月。异时作史，亦或有取焉。"其著述动机、书名缘由及取材内容，交代得再明白不过了。所以钱曾《读书敏求记》说："京叔以布衣遨游士大夫间，文章惊暴，一时为遗山诸公所推挹。筑堂曰'归潜'，因以命其书，所记皆金源逸事。后之修史者足征焉。"清人鲍博庭将《归潜志》收入《知不足斋丛书》并为之作跋说，刘祁"遭乱北归，追述平昔交游谈论与夫兴亡治乱之迹著为一书，因其堂命目曰《归潜志》。与同时元好问《壬辰杂编》竝（同并）行于世，金末文献之征，于是乎在"。大致都是依据刘祁自序而发的议论，明确了《归潜志》"载金末文献有足征"的价值。从《归潜志》一书的内容上看，"第一卷至第七卷悉为诸贤立传，第八卷略记逸事，九卷至十三卷悉载当时得失"①。第十四卷为诗文应答。基本是一份金末历史的回忆录，史料的价值是相当高的。《金史》采摭《归潜志》，当然也只是金末事实了。

《归潜志》一书，今仍行世可见，采摭范围似争议不大。问题大

---

① 宋定国：《归潜志·后记》。

的还是元遗山的《壬辰杂编》。

《壬辰杂编》初无名，元遗山于金亡后筑野史亭，"杂录近事至百余万言，书未就而卒"①。大概是后人编纂整理而命名的。其书在明中叶即已亡佚。但是这部著述并非他的本意。据好问《与枢判白兄书》，他自乙巳（1245年）先"往河南举先夫人旅殡，……复以葬事往东平，连三年不宁居坐"②。即使是在这战乱奔波之中，好问仍"往来四方，采摭遗逸"③。以"国之史作，己所当任"自诩。④ 他很有信心地向枢判白华陈述自己的计划："惟有实录一件，只消亲去顺天府一遭，破三数月功夫，披节每朝终始及大政事大善恶，系废兴存亡者为一书，大安及正大事，则略补之。此书成，虽溘死道边，无恨矣。"⑤很清楚，好问的初衷是亲去顺天府，得阅张柔处金实录，依据实录，加以自己采摭的材料，并拟补充实录阙的卫绍王、金哀宗两朝史事，即书中所谓"大安及正大事"，"系废兴存亡者为一书"，修成一部首尾齐全的金史。这即本传中"以金源氏有天下，典章法度，几及汉唐，国之史作，己所当任"的内容所在。所以，"乃言于张公，使之闻奏，愿为撰述，奏可，方辟馆"⑥，但不知什么原因，"为乐夔所阻而止"⑦。好问终未见到金实录，他的宏伟计划夭折了。不得已才"构亭于家，著述其上，因名曰'野史'"。郝经《遗山先生墓铭》说好问于金亡后，"往来四方，采摭遗逸，有所得辄以寸纸细字，亲为记录，虽甚醉不忘。于是杂录近事至百余万言，捆束委积，塞屋数楹，名之曰野史亭"。可见他的资料主要来自采摭，而"杂录近事"者，即金亡前后史实。《壬辰杂编》的"壬辰"，为金哀宗开兴元年（1232年），是年，哀宗弃汴出逃，意味着金的灭亡，后虽维持了两年，不过是苟延残喘。以"壬辰"命书，可推知其书亦专记金亡前后事。谓之"杂编"，是因元好问"书未就而卒"，由他人缀

---

① 郝经：《遗山先生墓铭》。
② 《遗山文集》卷39。
③ 《遗山先生墓铭》。
④ 《金史·元好问传》。
⑤ 《遗山文集》卷39。
⑥ 《遗山先生墓铭》。
⑦ 《金史·元好问传》。

辑的一本资料汇编。所以钱大昕考证《金史》成书取资元好问、刘祁著述时说："贞祐南迁以后事迹，多取元刘两家。章宗以前，则实录俱在，非出二人之笔。"①赵翼则更具体指出："宣哀以后，诸将列传，则多本元刘二书。"宣宗南迁汴京，时在贞祐二年（1214年），上距完颜阿骨打建国（1115年），已经百年，下距蒙元灭金（1234年），只二十年。从时间断限上看，《壬辰杂编》《归潜志》二书的可采摭范围，当在金末丧乱易代的二十年左右。正如《金史》所说："刘京叔《归潜志》与元裕之《壬辰杂编》二书，虽微有异同，而金末丧乱之事，犹有足征焉。"②不考察这个范围，而如顾炎武断言的"《金史》大抵出刘祁、元好问二君之笔"③，就未免失于恰当，过分夸大了。

那么，《壬辰杂编》《归潜志》是何时被引入《金史》的呢？

中统二年（1261年），王鹗修《金史》，元好问殁去仅三年，刘祁殁去十一年。时金地未定，南宋尚存，兵火屡起，国家征伐为先。元、刘等人的私家著述得以行世流布，似不大可能。这从王恽的《乌台笔补》中可以窥见一二。《乌台笔补》录《论收访野史状》，已是至元年间（1271—1294年）事。其状云：自中统二年立国史院，曾令学士安藏收访野史传闻，但"数年以来，所得无几"，不得不再事征集。④另据王鹗《遗山集》后引，东平严忠杰在元裕之死后，曾"即其家购求遗稿"，购求的是不是《壬辰杂编》呢？不是。严忠杰"指金鸣匠、刻梓以寿其传"，明确是指当即刻版行世的《遗山集》，王鹗之"属余为引"的后引，就印在集后。如果当时已搜求到《壬辰杂编》的遗稿，王鹗、王恽等人于此不会秘而不宣的。王鹗与元好问的关系，用他自己的话说："余与子（指元好问）同庚甲，又同在史馆者三历春秋，义深契厚。"哀宗天兴二年（1233年），遗山《寄中书耶律公书》推荐人才，其中就有王鹗、刘祁诸人。至于王恽，曾游学遗山门下，以师事之。既然王鹗、王恽于《壬辰杂编》事一字

---

① 《日知录集释》卷26。
② 《金史·完颜奴申传》。
③ 《日知录》卷26。
④ 《秋涧集》卷84。

不载，足证元好问遗稿中的《壬辰杂编》当时并未达于国史院。七八十年后的元顺帝至正年间（1341—1368年），欧阳玄奉诏修三史，一曰于翰林故府攟（同聃）金人遗书，得元裕之手写《壬辰杂编》一帙。[①] 想必是王鹗后的修史者搜求整理的。至于刘祁《归潜志》，后于王鹗几五十年的至大年间（1308—1311年）才由孙和伯梓行之，仅有传本。王士禛所谓"元开史局，搜罗掌故，京叔、裕之二书，皆上史馆、攟（同聃）摭为多焉"[②]。"皆上史馆"的确切时间，虽无法判定，但据以上材料推断，还是迟于王鹗修史，并非中统二年一开史局，就搜罗到的。故王鹗修《金史》也就无缘见到《壬辰杂编》《归潜志》。随着元一统局面的出现，王鹗后的修史者，才有可能参见众多的野史传闻。《金史》，修撰既非成于一手，也非完于一代，《壬辰杂编》《归潜志》的搜罗与参考，必是在《金史》颇具规模时了。

应该指出，材料多未必能修出好史。如元代同修的《宋史》，凭借的材料不能说不富，但编修失于选择，反由于资料多而缺乏鉴别，卷帙繁而不善剪裁，铸成《宋史》芜杂烦冗的缺点，即为一例。一些史家，探究《金史》独善的原因，囿于元好问、刘祁的名噪一代，颇多附会夸大，而忽略《金史》撰修"最得史法"的惨淡经营，是不公允的。

搞清这两个问题，并不意味着贬低元好问、刘祁二人对《金史》成书的贡献。金末丧乱易代的二十年左右，正当阶级矛盾、民族矛盾、金源上层矛盾互相交织，日趋激化，社会呈现出一幅错综复杂的画面。而典制混乱、史籍散佚，由章宗以后，卫绍王、宣宗、哀宗三帝，仅存宣宗实录，即可见一斑。元、刘二人，"身历南渡后，或游于京，或仕于朝，凡庙谋疆事，一一皆耳闻目见。其笔力老劲，又足卓然成家。修史者本之以成书，故能使当日情事，历历如见"[③]。元、刘二人于记录中古史这一重要历史时期，保存故国文献的功绩还是不可磨灭的。正像王士禛所说："金自崔立之乱，中原板荡，文献散失、

---

① 见欧阳玄《圭斋集》。
② 《归潜志》序。
③ 《廿二史札记》卷27。

赖二三君子有志史事者私相撰述……金源人物文章之盛，独能颉颃宋元之间，非数君子记述之功，何以至是欤？"①

三 《金史》列传所本《中州集》小传考略

纂修《金史》曾参考《中州集》事，见上文所引《元好问传》。

元好问编纂的金诗总集《中州集》，所收金一代诗人二百余家，诗词二千余首。遗山自序云："兵火散亡，计所存者才什一耳。"其编纂动机如《墓铭》所述，好问欲见实录被阻，"曰：'不可遂令一代之美泯而不闻。'乃为《中州集》百余卷"。多少寄托着对故国的怀念。成书当在《壬辰杂编》之前。"百余卷"为十余卷之误。

《四库全书简明目录》说是书"大旨以诗存史，故姓名之下，各列小传，往往旁及其佚事，多足以资考证"，是很恰切的评价。今取《中州集》与《金史》对照，传记同人者计有虞仲文、宇文虚中、刘豫、张中孚、赵元、孙铎、路铎、肖贡、张行简、贾益谦、胥鼎、陈规、许古、杨云翼、赵秉文、冯璧、李献甫、雷渊、王宾、冯延登、吴激、蔡松年、蔡珪、马定国、任询、赵可、王兢、郑子聃、党怀英、李汾、赵沨、周昂、王庭筠、刘昂、李经、刘从益、吕中孚、张建、李纯甫、宋九嘉、庞铸、李献能、王若虚、王元节、元德明、麻九畴、郝天挺、薛继先、王予可等五十人。即便如《简明目录》和《金史》本传所说"各列小传""以诗存史""修《金史》多本其所著"，其量不过是《金史》列传的十四分之一。② 然而，略加考察，可对照互见的五十篇传记，情况又很不一致。

第一类十余篇，《金史》记载较《中州集》详尽完备，差异悬殊，史实丰富充实得多。文字相去甚远的如：

《金史》　张汝霖传　约1500字　《中州集》同传约120字
《金史》　路铎传　　约1500字　《中州集》同传约80字
《金史》　刘豫传　　约1300字　《中州集》同传约80字

---

① 《归潜志》序。
② 《金史》列传共载人物七百余人。

《金史》　张行简传　约 1900 字　《中州集》同传约 220 字
《金史》　陈规传　　约 4400 字　《中州集》同传约 70 字
《金史》　许古传　　约 3660 字　《中州集》同传约 120 字

余如贾益谦传、赵秉文传、蔡松年传、冯璧传、王庭筠传、王宾传等，《中州集》的疏漏简略比比皆是，故《金史》不得不舍弃而另采他著。这十余篇传记，显然非本于《中州集》。《中州集》小传于这十几篇传记，大概只起个征信作用。

第二类二十余篇，事迹大致相同，但文字的增益、史实的详尽，《金史》列传较《中州集》小传的记载进了一步，也就是说《史》详《集》略。看来这部分列传，或者录用小传部分材料改写而成，或者以小传为基础，参见他著，补充了不少小传所不载的材料，加以扩展而成。如《郑子聃传》，《金史》补入"上曰：修海陵实录知其详，无如子聃者。盖以史事专责之"一段，多少透露了海陵王实录曾以郑子聃修撰的事实。《中州集》党怀英小传有"入为史馆编修"一事，但仅此一句，究竟参与编修何书是无从得知的。《金史·党怀英传》则详补之："大定二十九年，与凤翔府治中郝俣充《辽史》刊修官，应奉翰林文字移剌益、赵沨等七人为编修官。凡辽时民间碑铭墓志及诸家文集，或记忆辽事，悉送上官。""奉和元年，增修《辽史》编修官三员，诏分纪、志、列传，刊修官有改除者，以书自随。……怀英致任后，章宗诏陈大任继成《辽史》。"这样，就把金修《辽史》的经过及《辽史》陈大任本的线索概略地记载了下来。应视为一种有价值的完善。哀宗南逃，崔立以汴降元，金源遗臣围绕为崔立起功德碑的一场冲突，为金亡前后的一件大事。时元好问在汴，又参与其事，按理是清楚的。但在《中州集》王若虚小传中只记了"崔立之变，群小献谄，为立起功德碑。以都堂命召从之（王若虚）。从之外若逊辞，而实欲死守，时议称焉"。元好问的态度是明朗的，但语之不详。参见《金史》，才知小传的简略，并非疏漏，而是作者难言苦衷的有意隐讳。《金史·王若虚传》于此事则直书详补之："奕辈不能夺，乃召太学生刘祁、麻革辈赴省。好问、张信之喻以立碑事曰：'众议属二君，且已白郑王矣，二君其无让。'祁等固辞。而别数日，促迫不已，祁即草定，以付好问。好问意未惬，乃自为之。既成，以示若虚，乃共删定数字，然止直叙其事而已。后兵入城，不果立也。"资料源于刘祁《归潜志》则无疑义。

第三类十余篇，《金史》照录、摘抄或略加增益于《中州集》小传。如马定国传、赵可传、任询传、刘从益传、元德明传、赵沨传、周昂传等。只举《刘从益传》对照。《金史·刘从益传》几全录《中州集》小传，小传叙其政绩，有一段重要材料：刘从益做叶县令时，"修学讲议，耸善抑恶，有良吏风。叶，剧邑也，兵兴以来、户减三之一，田不毛者万七千亩有奇，其岁入七万石故在也。云卿（刘从益）请于大司农为减一万，民赖之，流亡归者二千余家"。《金史》同传略去几字照录，并改"流亡归者二千余家"为"四千余家"大约是经过审订的。又在所附刘祁略传中，寥寥数笔，添上《金史》采《归潜志》事，无疑提高了《金史》的史料价值，体现了《金史》取材的严谨和博洽。

上述三类的取材方法，很能体现《金史》列传广泛涉及政事、详叙生平事迹的史学眼光，体现了它整齐体例的文字功夫。列传采摭材料及行文的繁简都有一定的标准，不合体例者不取而采他著；合体例而言之不详者，增加必要的史料；合体例而内容详备者，照录、摘抄或略加增益。总之，抄撮必要的材料，略去浮词，剪去枝蔓，统一体例，都经过了一定的改造制作。作为诗集的《中州集》，其小传的倾向，与《金史》体例，必有差异。故小传称誉的诗词章句，为《金史》所不取，是很好理解的。

《金史》列传取材《中州集》，有一个显著的特点，即《金史》文艺传人物多采用《中州集》人物评传。《金史》文艺传载人物三十人，《中州集》中可参见二十五人，不仅多采其生平事迹，且多录元好问的评论。这也可以看出《金史》取材的精审和眼光。元好问是金代文学变革的杰出代表，"蔚为一代宗工"。以他来评传金代文学人物，那是再恰当不过的了。如《金史》评赵秉文，其"文长于辨析，极所欲言而止，不以绳墨自拘。七言长诗，笔势纵放，不拘一律，律诗壮丽，小诗精绝，多以近体为主。至五言古诗，则沉郁顿挫，字画则草书遒劲"。评蔡松年，"文词清丽，尤工乐府，与吴激齐名，号吴蔡体"等等，均本于《中州集》。从而也就肯定了元好问在金代文学史上的地位。

过去，有人曾评议《金史》罕言神怪。[①] 从整体看不失为有进步意义的一大特点。这个特点在《金史》采撷《中州集》中，亦有体现，但又不很彻底。《金史·党怀英传》多录《中州集》文字，但不取小传的符瑞之说，删去"公之在孕也，太夫人梦道士吴筠来托宿"及"大安三年九月，年七十八终于家。是夕，有大星殒于所居之堂，众惊视之，而公已逝矣"。吴筠托宿而生，大星殒坠而逝，很有些传奇色彩，确属荒诞，《金史》不取是对的。但《中州集》刘昂小传中，"昂早得仕，年三十三省掾考满，授平凉路转运副使，人谓卿相可望致矣。术士有言云，昂官止五品者。昂自望者甚厚，不信也"。后"竟如术者之言"。《金史·刘昂传》于此照录不误。《金史·李献能传》亦多取《中州集》文字，但在传末添了"尝谓人云：'吾幼梦官至五品、寿不至五十'，后竟如其言"一段，显系传闻，附会迷信。由此可见，即使是罕言神怪的《金史》，也摆脱不了那个时代的精神枷锁。

至于《金史》《中州集》传记中时间、史实上的出入，限于篇幅不举。

以上，当然不是对元好问史学贡献的全面评价，但对《金史》所本《中州集》小传的初步考略，或许于元好问在《金史》成书影响的客观评价上，有一定益处。

《社会科学》1981 年第 2 期

---

① 参见赵翼《廿二史札记》，毛汶《金史评议》。

侯显事辑

董鹏飞

明代的中西交通，因郑和七下南洋的盛举，使陆路交通的使者显得有些黯然失色。尤其近百年来中外学者对郑和及其宝船队遍历南洋诸国事迹的关注和研究，陆路交通和陆路使者更加被冷淡。其实，有明一代，域内、域外交通的繁荣活跃，岂止南洋一路。丝绸古道经元代蒙古人的开拓扩展，仍不减汉唐气象，漠北的鞑靼、瓦剌，虽与明不时处于战争状态，但相互奉使不绝。特别是西藏地区，经蒙元时代的管理经营，不仅纳入中国版图，而且也成为通向南亚、东南亚的一条新的通道。侯显，就是活跃在这条通道上的一位友好使者。

侯显，《明史》卷304有传，然阙其年里，其生平事迹，大致在15世纪前期，明代永乐、宣德间。起先为司礼少监，后以出使之功迁司礼监太监。

明代宦官，自靖难之役，始掌出使、监军、专征、分镇、刺臣民隐事诸大权。侯显同郑和一样，以出使闻名。《明史·侯显传》云："当成祖时，锐意通四夷，奉使多用中贵。西洋则和、景弘，西域则李达，迤北则海童，而西番则率使侯显。"

在明代中外关系和民族关系的交往中，侯显的出使活动尤其值得注意。就其当时的影响而言，仅次于七下南洋的郑和。故《明史》本传称"显有才辨，强力敢任，五使绝域，劳绩与郑和亚"。

见于记载的侯显的第一次出使活动是永乐元年出使西藏地区。

西藏地区自明初洪武间归服明朝中央政府以来，与中原内地的关系日渐密切。中央王朝频繁地派出政府使团，深入藏地，执行各种使命。其中扶植和利用藏地喇嘛教，敕封各级僧人，确定朝贡制度，既为一项重要内容。永乐元年（1403年）二月，当时还做司礼少监的侯显，受成祖朱棣之命，选壮士健马护行，率政府使团使藏，赍书币征召乌斯藏高僧哈立麻。《太宗实录》卷17载：

> 遣司礼监少监侯显赍书、币往乌斯藏，征尚师哈立麻。盖上在藩邸时，素间其道行卓异。至是遣人征之。

哈立麻，即噶玛，名得银协巴，是西藏喇嘛教噶玛噶举派黑帽系第五世活佛。明成祖邀他来京，根本的原因还是考虑到这位佛教领袖对藏族地区的影响，"因通迤西诸番"。

侯显此行数千里，历尽艰辛，至永乐四年（1406年）十二月，始与哈立麻同来北京。《太宗实录》卷62云：

> 遣骑马都尉沐昕迎尚师哈立麻。先是，命中官侯显等往乌斯藏征哈立麻。
>
> 至是，显遣人驰奏已入境，故遣昕迎之。

明成祖在奉天殿延见哈立麻，听其说法，赏赉优渥，仪仗鞍马什器多用金银为之，道路煊赫。后敕封为如来大宝法王，领天下释教，给印诰制如诸王。而侯显也因奉使功劳，升为司礼监太监。

侯显在完成这项使命后，参加了郑和的第二次、第三次下西洋。无疑开阔了他的视野，增加了他与域外交往的知识和才干。

永乐十一年（1413年）二月，明成祖派侯显出使尼泊尔。《太宗实录》卷137载：

> 遣太监侯显赍敕赐尼八剌国王沙地新葛、地涌塔王可般锦绮。

侯显此行的道路，《明实录》不载，但尼泊尔毗邻卫藏，侯显又有往返汉藏地区的经历，很可能侯显是通过卫藏地区进入尼泊尔的。侯显的奉使取得很好的成果，"尼八剌王沙地新葛遣使随显入朝，表贡方物。诏封国王，赐诰印"①。

永乐十三年（1415年）七月，成祖又"遣太监侯显等使榜葛剌诸番国，赐国王绒锦、金织文绮、绫绢等物"②。榜葛剌即今孟加拉国，《明史》称"其国即东印度之地，去中国绝远"③。此前与明政府并无联系。通过侯显的出使通问，"其王赛佛丁遣使贡麒麟及诸方物。帝大悦，锡予有加"④。侯显去榜葛剌是率舟师出行的，据说受到当地国王极隆重、友好的接待。当侯显率船队到达察地港时，国王选派了一千多人到港口远迎，然后又用大象接载到皇宫，由国王赛佛丁亲自主持欢迎仪式，双方互赠礼物，盛宴款待侯显及其使团。

侯显的出使，使明政府与榜葛剌等国建立了和平友好的关系。甚至当榜葛剌与邻国发生纠纷时，榜葛剌都请求明政府调解。"榜葛剌之西，有国曰沼纳朴儿者，地居五印度中，古佛国也，侵榜葛剌。赛佛丁告于朝。"⑤ 于是，明政府再次以侯显为使者，代表明政府斡旋调解。《明太宗实录》卷229永乐十八年（1420年）九月乙亥条载：

> 遣中官侯显等使沼纳朴儿国。时榜葛剌国王言沼纳朴儿国王亦卜剌金数以兵扰其境，故遣显等赍敕谕之。俾相揖睦，各保境土，因赐之彩币，并赐所过金刚宝座之地酋长彩币。

侯显不辱使命，终于使沼纳朴儿国"罢兵"。这固然表现了明朝政府在南亚诸国中的威望，但与侯显的才干也是分不开的。侯显末一次的出使已到了宣宗时：

> 宣德二年四月辛酉
> 遣太监侯显赍诏往乌斯藏等处谕怕木竹巴灌顶国师、阐化王吉剌思八监藏巴藏卜、必里工瓦阐教王领真巴吉监藏、灵藏赞善

---

① 《明史·侯显传》。
② 《明太宗实录》卷166。
③ 《明史·侯显传》。
④ 同上。
⑤ 同上。

王喃葛监藏、尼八剌国王沙地新葛、地涌塔王子可般。辅教王喃葛列思巴罗葛啰监藏巴藏卜等，各赐之绒锦、纻丝有差。①

此行自然是通过西藏去尼八剌等国的，但主要还是在西藏地区。这很像是一次中央大员对西藏地区的视察活动，为此，明政府"以遣太监侯显往乌斯藏、尼八剌等处抚谕给赐，遣人赍诏谕都督佥事刘昭，领指挥后广等原调洮州等六卫官军护送出境。仍勅川卜、川藏、陇答、罕东、灵藏、上笼卜、下笼卜、管牒、上邛部、下邛部、乌斯藏怕木竹巴、必里工瓦等处及万户、寨官、大小头目、军民人等，给道里费，且遣人防护"②。侯显的出使和视察整整经历了两年，宣德四年（1429年）四月才返回京城。《宣宗实录》卷53说：

> 太监侯显等归自乌斯藏，以乌斯藏所遣剌麻僧人入见。命行在礼部供给如例。其留止河州者，敕都督同知刘昭如例给之。

不久，侯显上奏皇帝，在谈到他这次的经历时说：

> "先使乌斯藏，至邛部之地，遇贼劫掠官军牛马，随行官军与贼对敌，有勇敢当先者，有齐力向前者，有擒贼者，有斩贼首级者，有阵亡者，通四百六十余人，悉具名闻。"上命行在兵部：擒贼及斩首与当先者，皆升一级，齐力向前者，加赐赉；阵亡者，升用（其子），仍恤其家。③

仅立功及阵亡官兵具名的就有四百六十余人，可见侯显此次所率使团的规模是相当大的。翻检《明实录》，除了正德年间使藏地的司礼监太监刘允所率使团外，侯显使团就是明政府派往藏地的最大使团了。

---

① 《明宣宗实录》卷27。
② 同上。
③ 《明宣宗实录》卷62。

侯显的使藏，无疑加强了藏族地区与中原内地的联系。而这种联系的加强，对统一的多民族的国家的形成，对汉藏人民之间的友好往来，是有积极作用的。正因为如此，侯显在藏族地区是很有影响的。直到清代末年，洮州（今甘肃临潭）园成寺藏族世袭僧正家族，仍奉侯显为始祖，来追记他们的世系。此说虽显荒谬，但却从一个侧面反映了藏族人民对这位汉藏关系史上的友好使者的怀念。

读《明史·侯显传》，常觉失于太简，语焉不详。对这位"劳绩与郑和亚"的友好使者的生平经历，总感知之甚少。故爬梳搜散，草为《事辑》一篇。至补阙辑佚，期以他日了。

《兰州大学学报》（社会科学版）1987年第2期

《明史·鲁鉴传》订误

胡雪萍

甘肃永登连城土司鲁氏家族是甘青土司中最显赫的家族之一,其家族最著名者为鲁鉴、鲁麟、鲁经祖孙三人。均见于《明史·鲁鉴传》。

明末鲁氏家族曾受到李自成义军贺锦部的沉重打击而一蹶不振,"图书法物,烬于兵燹"。清末,其十五世裔孙鲁纪勋重纂《鲁氏世谱》授梓,其家藏《鲁氏家谱》今仍见在。近年来,《明故荣禄大夫靖虏将军总兵官都督鲁公(鉴)墓志铭》面世,现据此对中华书局点校本《明史》之《鲁鉴传》做一订误。

(1)《明史·鲁鉴传》云:"祖阿失都巩卜失加,明初率部落归附,太祖授为百夫长,俾统所部居庄浪。"此述鲁鉴之先祖世系,事迹多误。

第一,"阿失都巩卜失加"应为"阿失都、巩卜失加",非一人而系兄弟二人,据载,均为蒙古人脱欢子。《鲁氏世谱》云:"洪武九年丙辰,脱欢公卒,长子阿实笃嗣职。洪武十年丁巳,实笃公由兰州卫改调庄浪卫百户。洪武十一年戊午,实笃公擒逆番达官□只,斩之。即以目盲寻卒,二世祖巩卜失杰嗣职……"《世谱》之"阿实笃"即《明史》之"阿失都","巩卜失杰"即"巩卜失加"。鲁鉴先祖世系,《世谱》《家谱》皆载之甚明:

脱欢 { 巩卜失杰(巩卜失加)
阿实笃(阿失都) } ——鲁贤(失加)—鲁鉴—鲁麟—鲁经(下略)

因此，确切地来说，鲁鉴的祖先应为巩卜失加。

第二，依上列谱系，鲁鉴的祖先还可追溯到阿失都和巩卜失加的父亲脱欢。脱欢其人，《鲁氏家谱》卷3《始祖传》载之甚详："始祖讳脱欢，元世祖之孙也。仁宗皇庆二年，晋爵安定王，历事英宗、泰定帝、明宗、文宗。元统至元之间，四方兵起，宇内分裂，明太祖龙飞淮甸，不数载群雄渐次削平。至正间，帅师北定中原，所向无不披靡迎降。公喟然涕曰：大势去矣，吾惟竭吾力耳。……兵势愈警，渐逼京畿，帝乃与太子、皇孙、诸王夜半逊国而去。公率数十骑扈从不及，又闻两都失守，遂流落北地。每言及帝，辄抚膺悲恸。明太祖闻而义之，命行人召赴行在。及进见，谕慰至再。欲官之，乃愀然曰：亡国贱夫，不足以辱圣世也。太祖益重之，使召集部落，仍守其地。……洪武三年，王保保自甘肃来攻金城。上命西平侯沐英同公援韩温温。公随方设谋，固守无虞，屡乘其怠破之。明年，扩廓帖木儿入寇……遂攻兰州。公以书招扩廓帖木儿，譬喻百端，不从。公守益坚，适大将军徐达救至，城赖以全。八年，西何酋朵儿只巴叛，上命公与都督濮英帅师讨之，大破其众，焚其巢房，其部酋只巴仅以身免。师还叙功，命入京师，会因疾不果，明年遂卒。朝廷悯其功，授子阿失都百户……"《世谱》在"洪武三年五月"条下载："徐达克兴元，遣邓愈诏谕西部，始祖脱欢公归附，从达北征，与扩廓帖木儿战沈儿峪。"《世谱》又载清顺治二年（1645 年）六月，鲁鉴后裔鲁允昌妻杨氏在给顺治皇帝的呈文中称：鲁氏始祖脱欢，"因大明兴兵，率领部落避入河西，嗣后纳降，赐姓为鲁，敕封世守庄浪"。虽然这些材料的某些情节还值得进一步考究，但毫无疑问，明初率部落归附者乃脱欢，而非阿失都或巩卜失加。而阿失都所授职务则为百户。

第三，鲁鉴始祖脱欢，《家谱》《世谱》均载为元宗室，封安定王。然据《元史》之《宗王世系表》和《诸王表》《南村辍耕录》之《大元宗室世系》，安定王脱欢系成吉思汗四子阔列坚的支裔，元时即由其子朵儿只班承袭安定王，何能至明初再归降朱元璋。相比之下，恐怕《鲁鉴墓志铭》中所说"曾祖为元平章"似更可信。《元史·宰相年表》载顺帝至正元年（1341 年），任为平章政事有名脱欢者，大约即为鲁氏始祖，而鲁鉴则为蒙古人后裔。

（2）《明史·鲁鉴传》云："传子失加，累官庄浪卫指挥同知。"此述失加官职有误。

失加，即谱系之三世祖鲁贤，《明实录》成鲁失加，为巩卜失加子，鲁鉴父。永乐八年（1410年），巩卜失加扈从明成祖北征，战殁于哈喇哈，次年鲁失加即嗣职（见《世谱》）。失加南征北战，屡立功勋，其功绩最著者，为仁宗洪熙元年（1425年），随陕西行都司都指挥李英征罕东、安定与曲先三卫。《宣宗实录》卷10称其为"庄浪卫土官指挥同知鲁失加"。但次年，明廷给他的敕谕中即称失加为都指挥佥事（见《世谱》《家谱》）。宣德年间，失加又因护送侯显出使乌斯藏、征哈思散即思等功，升右军都督府同知。英宗正统年间，失加屡次奉调参与许多军事行动，拜骠骑将军右军都督府佥事。正统十二年（1447年），鲁失加卒（均见二《谱》）。故此，失加的累官，应至右军都督府佥事。

（3）《明史·鲁鉴传》云："正德二年，经既袭指挥使，自陈尝随父有功，乃以为都督佥事。未及，麟卒。"此处将鲁麟之卒系于正德二年后，恐误。《鲁氏世谱》云："武宗正德元年（1506年）丙寅，麟卒。""赠右军都督佥事，遣陕西布政使参政周载谕祭三坛。"《世谱》《家谱》一般记谱主生卒年较为可靠，故鲁麟之卒年，似以正德元年为是。

（4）《明史·鲁鉴传》云："嘉靖六年冬，以都督同知充总兵官，镇守延绥。大学士杨一清言：'……今陕西总兵官张凤乃延绥世将，若调凤延绥而改经陕西，自可弹压庄浪，无西顾患。'帝立从之。居二年，竟以疾致仕。"此处将鲁经任延绥总兵的时间系于嘉靖六年（1527年），恐误。杨一清疏言张凤与鲁经对调，似应在他总制三边任内的嘉靖四年以前。故《鲁氏世谱》载嘉靖四年"经挂靖虏将军印镇守延绥总兵官"为是。又《世谱》，嘉靖五年，鲁经"乞休解兵，许之"，与《明史》"居二年，竟以疾致仕"。几相对照，时间相合。如依《明史》鲁经任延绥总兵为嘉靖六年，致仕时间就推到嘉靖七年，不仅没有材料印证，且与《世谱》《家谱》所载抵牾。

《中国史研究》1987年第1期

《明史·西域传》订误

宋建霞

一

冬，何锁南普等入朝贡马及方物。帝喜，赐袭衣。四年正月设河州卫，命为指挥同知，予世袭。知院朵儿只、汪家奴并为指挥佥事。设千户所八、百户所七，皆命其酋长为之。[①]

按：这里所记河州卫属千百户所的数字有误。材料所本之《明太祖实录》卷60。原文如下：

洪武四年正月辛卯

以何锁南普为河州卫指挥同知，朵儿只、汪家奴为佥事。置所属千户所八：曰铁城、曰岷州、曰十八族、曰常阳、曰积石州、曰蒙古军、曰灭乞军、曰招藏军；军民千户所一，曰洮州；百户所七：曰上寨、曰李家五族、曰七族、曰番客、曰化州等处、曰常家族、曰瓜黎族；汉番军民百户所二：曰阶文扶州，曰阳吼等处。仍令何锁南普子孙世袭其职。

对照《明史》和《明实录》的材料，我们不难看出，《明史》在采撷《明实录》的材料时，出现了一个失误，脱漏了"军民千户所一"和"汉番军民百户所二"。实际上，河州卫初建时，统辖的千户

[①] 《明史·西域二·西番诸卫》，中华书局校点本，第8540页。

所、百户所各为九个。

当然这些千百户所后来还有一些升降变迁，如洮州千户所，岷州千户所，皆升为卫。但也陆续增置过一些千百户所，据《明实录》的记载，增置的千户所有必里千户所[①]、喃加巴千户所[②]、失保赤千户所[③]、川卜簇千户所[④]、贵德千户所[⑤]。增置的百户所则多不可考了。

二

> 又遣西宁州同知李喃哥等招抚其酋长，至者亦悉授官。乃改西宁州为卫，以喃哥为指挥。[⑥]

按：李喃哥为元西宁州同知，其后世子孙世袭西宁卫指挥使之职，成为明清以来甘青土司中最显赫的家族之一。据李土司家族《世袭宗谱》的记载，李喃哥系唐代沙陀族李克用的后裔，明初归降，曾招抚青海境内的西番部落，为明政府迅速平定西北，建立过功勋。然翻检《明实录》的记载，李喃哥并非一开始就被任为西宁卫指挥之职，在西宁卫建置后的相当长一个时期，李喃哥一直任卫镇抚之职。《明太祖实录》卷231云：

> 洪武二十七年正月丙午
> 西宁卫镇抚李喃哥等建佛刹于其地，以居番僧，来请寺额，赐名曰宁番寺。

《明太宗实录》卷15云：

[①] 见《明太祖实录》卷69，必里千户所永乐初升为必里卫。
[②] 见《明太祖实录》卷96。
[③] 同上。
[④] 见《明太宗实录》卷20。
[⑤] 见明《河州志》。
[⑥] 《明史·西域二·西番诸卫》，第8540页。

>洪武三十五年十二月癸亥
>
>西宁卫土官卫镇抚李喃哥进马，赐钞二百锭、彩币十表里。

以上两条材料表明，直到明成祖即位之初，李喃哥仍不过是西宁卫镇抚。但到第二年，《明实录》中再次出现李喃哥的记载时，他已是西宁卫指挥了。《明太宗实录》卷26云：

>永乐元年十二月庚寅
>
>西宁卫土官指挥李喃哥率把沙等十簇番酋却约思等，及河州番酋米卜等来朝，贡马。赐银钞、彩币有差。

因此，李喃哥升任西宁卫指挥，应是永乐即位以后的事。洪武六年（1373年）建西宁卫，李喃哥所起作用恐怕远不如当时归明的元甘肃行省右丞朵儿只失结，因此，《明太祖实录》卷78在谈到西宁卫的建立时说：

>置西宁卫，以朵儿只失结为指挥佥事。朵儿只失结，西宁人，仕元为甘肃行省右丞。初王师下关陕，与太尉朵儿只班在青海，朵儿只班遣其来朝进马。上赐以袭衣、文绮，令还诏谕其部曲，朵儿只班不奉诏，遁甘肃。朵儿只失结自率所部二千余人还西宁，遣其弟赟达等赴京，言朵儿只班不奉诏之故。及宋国公冯胜总兵征甘肃，遂以所部从行。胜乃命朵儿只失结同指挥徐景追袭朵儿只班，获其金银印及军士马正，遣其弟答立麻送京师。至是，立西宁卫，命朵儿只失结为指挥佥事。

此朵儿只失结之裔后来也成为甘青地区的世袭土司，但其势力和影响稍逊于李土司家族。大约也正因为如此，《明史》在记叙西宁卫建立时，出现了"以李喃哥为指挥"的失误。

三

十八年复命诚及中官郭敬赍敕及彩币报之。①
十八年遣使来贡，命诚及内官郭敬赍书币往报。②
十八年偕哈烈、八答黑商诸国贡马，命参政陈诚、中官郭敬等报以彩币。③

按：以上三条皆采自《明太宗实录》卷226：

> 永乐十八年六月己酉
> 广东布政司右布政陈诚为右参政，命同中官郭敬等使哈烈诸国。时哈烈、撒马尔罕、八答黑商、于阗诸国，遣皆使贡马，故遣诚等赍敕各赐彩币等物。

然而，《明实录》的这条材料本身就有问题。作为这次奉使的主要人物陈诚，在永乐十一年（1413年）、永乐十四年、永乐十六年三次出使西域哈烈、撒马尔罕诸国，著有《西域番国志》《西域行程记》，录其亲历见闻与行程道里。此外，陈诚从曾孙陈汝实所辑《陈竹山先生文集》还保存了陈诚的不少诗文著述。该集内篇卷二有陈诚手书的《历官事迹》一篇，"将历官略节事迹逐一开记，以示后之子孙"，实为研究陈诚生平的珍贵史料。《历官事迹》记他第三次出使西域时说：他于永乐十六年八月回江西吉安老家安葬自己的母亲，十月初二日起程，前往西域。历时两年。

> 永乐十八年庚子岁十一月初一日又回到北京，进马三十五匹。十二月初十日，升除广东布政司右参政，从三品散官亚中大

---

① 《明史·西域四·撒马尔罕》，第8599页。
② 《明史·西域四·八答黑商》，第8613页。
③ 《明史·西域四·于阗》，第8614页。

夫，仍给马，钱钞十万二千贯，赏纻丝三表里。

《明实录》所记之永乐十八年（1420年）六月，恰好是陈诚返国途中，断无从北京再派出使之理。即使中途领受使命，也不会十一月就返北京。而且，直到十二月，陈诚仍在北京，"复拟西域之行"，结果，由于永乐十九年四月初八日，皇宫失火，延烧三殿，四月十一日，"大赦天下，停止四夷差使，蒙恩旨记名放回原籍，听候取用"。陈诚六月离京，由南京搬移家小，九月十八日回江西吉安老家，修建房舍、丧妻安葬，直到永乐二十一年二月重新回到北京，两年之中并无远行。故《明实录》所载永乐十八年六月陈诚同郭敬的出使，实际并未成行。至少，陈诚同这次出使无关。修《明史》者不察，在《西域传》中屡载陈诚同郭敬的出使。缘其致误之由，纯系《明实录》记载不实。

四

十六年，贡使速哥言其王为从弟歪思所弑。而自立，徙其部落西去，更国号曰亦力把里。①

按：此条亦本于《实录》。《明太宗实录》卷197载：

永乐十六年二月庚戌
别失八里头目速哥、克剌、免剌等来朝贡方物。具言其王纳黑失只罕为从弟歪思杀之而自立，徙其国西去，更号亦力把里。

《明实录》的这一记载及《明史·西域传》的采撷并无大问题，关键是别失八里王国的西迁，《明实录》的记载有重大阙漏。因之，后世史家皆据此判定，别失八里王国从别失八里城（今新疆吉木萨尔县境内）迁到亦力把里（今新疆伊宁市一带）是永乐十六年（1418

---

① 《明史·西域四·别失八里》，第8608页。

年），直到近年来的一些历史著作，仍采此说。甚至最新出版的个别著述还用了相当的篇幅来探讨歪思汗离开别失八里城西迁的"背景和原因"。

别失八里王国是察合台后王黑的儿火者被帖木儿击溃后在别失八里城重新建立的政权，立国在洪武三年（1370年）。其后传子沙迷查干，永乐初，马哈麻承袭兄位为别失八里王；马哈麻死后无子，继子纳黑失只罕嗣位。不久，即为其从弟歪思袭杀。《明实录》中才出现了歪思西迁亦力把里的记载。

但是，上文提到的屡使西域的陈诚在其《西域行程记》中，却以其亲历见闻，向我们提供了别失八里王国西迁的新的时间表。《西域行程记》所录，是李达、陈诚所率明政府使团从陕西行都司肃州卫（今甘肃酒泉）出发至哈烈（今阿富汗赫拉特城）的全部行程，时间是永乐十二年（1414年）正月十三日至当年闰九月十四日，历时九个月。该书按日记程，录其道里行止，甚为详尽。

《行程记》说，使团进入新疆后，经哈密、鲁陈、火州、土尔番，然后在土尔番西北的崖儿城停留了十七天：

> （三月）二十四日。晴，明起，由崖儿城南顺水出山峡，向西南行，以马哈木王见居山南，遂分南北两路行。

这里所称的马哈木王，即《明史》中的别失八里王马哈麻。分析这个简单记录，我们不难看出，永乐十二年（1414年）年初，明政府使团准备前往别失八里城会见马哈麻时，马哈麻已离开此地区西迁了。明政府使团不得不分为两路，前去寻找马哈麻。陈诚所率南路使团由崖儿城径直向西，二十天后，翻越天山，进入伊犁河谷。《行程记》记载这一段行程说：

> （四月）十五日。大雪，午后晴起北行，过一山约行五十余里。下山，东西一大川，有河水西流，地名孔葛思，安营住一日。
>
> 十七日，晴。明起，向西行，约有五十余里，地名忒勒哈

刺，近夷人帐房处安营，马哈木王遣人来接，住一日。

十九日，晴。明起，顺河西下，行五十里，近马哈木王帐房五、七里设站舍处安营，住十三日。

翻越天山后，"东西一大川"，当指今新疆新源县境内的巩乃斯草原，"有河水西流，地名孔葛思"，河即巩乃斯河，蜿蜒向西，汇入伊犁河。由此西行五十余里，在名忒勒哈剌的地方与前来迎接的"马哈木王"使臣相遇。再顺巩乃斯河西下，行五十里，"近马哈木帐房"，则到达今新源县城附近。

陈诚亲历材料完全可以证实，至晚在永乐十二年（1414年）年初，在马哈麻王时期，别失八里王国已西迁到伊犁河流域。《明实录》中所说的歪思汗夺取汗位后的西迁，实际只是在伊犁河流域的一次短距离迁徙，从新疆巩乃斯河上游迁到伊犁河南岸的亦力把里，即由今日之新源县城附近迁到伊宁市一带。别失八里王国的西迁，主要是在马哈麻时代，歪思不过使西迁更进一步，从而使亦力把里成为王国新的统治中心。《明实录》的记载恰恰遗漏了马哈麻时代西迁巩乃斯河的关键材料，导致了《明史》记载的含混不清，进而使人们对别失八里王国西迁产生误解。而陈诚之《行程记》拾遗补阙，填补了史籍记载的这一空白，足以纠正研究中的失误。

五

无官府，但有管事者，名曰刀完。①

按：永乐十三年（1415年），陈诚奉使西域回国，曾将西使的几种著述"汇呈御览"，后宣德时纂修《明太宗实录》，节删《使西域记》，载于《明太宗实录》卷169。其中谈到哈烈时曾说：

不设官府，惟设管事者称之曰刀完。

---

① 《明史·西域四·哈烈》，第8612页。

毫无疑问，《明史·西域四·哈烈》的上条记叙来自《实录》。但是，陈诚上书时，曾"藏其副于家"，原本得以保存流布。《竹山文集》所载之家藏本中称：

不设大小衙门，亦无官制，但管事之人称曰刁完。

刁、刀形近易讹，《明实录》因以致误。考之于家藏原本，当为"刁完"。

六

岁以二月、十月为把斋月，昼不饮食，至夜乃食，周月始茹荤。①

按：此处记哈烈国伊斯兰教徒开斋后"周月始茹荤"，乃一常识性错误。究其致误之由，实因明代史臣不谙伊斯兰教，妄改陈诚原文，因而在《明太宗实录》卷169中就出现了谬误。清修《明史》，移录《明实录》记载，以讹传讹。查阅陈诚家藏原本的记录，此处为"周月之后，饮食如初"②。指斋月之后，恢复白昼饮食的习惯，并非指斋月内不吃荤，"周月始茹荤"。

《新疆社会科学》1988年第3期

---

① 《明史·西域四·哈烈》，第8612页。
② 见《竹山文集》内篇卷1。

明代史学述论

戴 乐

一 明代社会与封建史学的衰微

明朝是中国专制主义君主集权制登峰造极的时代。明初，极度衰竭的封建经济，高度强化的封建政治，派生出极端严酷的文化专制政策。统治者将程朱理学和王阳明心学规定为士子必须尊奉的官方哲学，以挟制其思想。学术完全被禁锢了。同时，推行残酷的迫害政策，大兴文字狱，对在思想上、文字上稍有"越轨""悖逆"表现的士人，予以无情的镇压。明代中期，正德、嘉靖以后，政治、经济等方面发生了一些变化。政治上君主无能，宦官乱政，客观上却造成了有限的，但也是十分难得的宽松气氛；王阳明的心学在经历了半个世纪的盛期以后，于万历中期陷于四分五裂。泰州学派的后学何心隐、李贽则直接走到了其对立面，开始冲决包括宋明理学在内的一些封建教条，为人性的解放做舆论工作了；在经济上，明中叶以后最为突出的变化，即是商品经济比较发达的江南地区，出现了资本主义生产关系的"萌芽"。这种"萌芽"给明代乃至整个中国的封建社会都带来了某种憧憬。

明代社会的政治、经济形势，决定了明代史学发展的基本趋向。从总体上来说，以正德、嘉靖为界，明代史学亦可以分为前后两个时期。前一个时期，正值极端严酷的文化专制政策奉行最力之时，史学领域一派肃杀，除政府组织纂修《元史》等几部官书外，基本上没有别的成果可言。明中叶以后，相对宽松的政治文化气候的出现，使得私人撰史之风兴起，这成为明代史学的一大转机。不过，这个"转机"是有限的，它并没有从根本上改变这样一个历史事实：有明一代在史学上的成就是不高的，中国制建史学在明朝呈衰微之势，其主要表现是：

（1）没有出现新体裁的史学著作；

（2）原有史学体裁的继续与重撰，少有十分出色的著作；

（3）封建专制主义的暴虐和干预造成了官修史书中某些记载的严重失实及重大遗漏；

（4）理学末流影响下的明代史学，也摆脱不了"空疏"之风，不少著作辗转相抄，难以征信。

也许，基于上述原因，明代史学一向不被研究者重视，很少有人对这一时代的史学做出系统梳理和全面评价。但是，我们不能不看到，处于中国封建社会晚期及中国封建文化发展成熟的明代，毕竟给我们留下了丰富的史学遗产。特别是晚明史学中出现的一些新气象，诸如对当代史的关注、经史考证的提倡等，都对清代史学的繁荣有开启性的影响。因此，本文试图在有限的篇幅内，将明代史学的成就得失及趋势做一概要性述评，以引起研究者的兴趣和共同探讨。

二 明代官修史书

（一）明代史馆与官修实录

明代的史馆，上承元代的翰林国史院而来，称"翰林院"。其职掌包括了前代的秘书监、国史馆、著作局、起居郎、起居舍人等职。据载，翰林院设置专门负责史务的史官，有修撰、编修、检讨等，以掌修国史："凡天文、地理、宗潢、礼乐、兵刑诸大政及诏敕书檄，批答王言，皆籍而记之，以备实录。国家有纂修著作之书，则分掌考辑撰述之事。"[①] 又，"凡记注起居，编纂六曹章奏，誊黄册封等，咸充之"[②]。但实际情形与上述所载并不完全一致。

第一，关于起居注一职，据载，明初上承元制，亦设有此官。如

---

① 《明史》卷73《职官志·翰林院》。

② 同上。

魏观、宋濂、郭传等人都曾出任过此职，但至洪武中期废止了。而"永乐中王直以右春坊右庶子兼起居注，后不知废于何时"①。此后在弘治十七年（1504年）、嘉靖十一年（1532年）先后有太仆少卿储罐、学士廖道南都请求复置起居注。实际上都未被采纳。直到万历三年（1575年）经编修张位、大学士张居正等人的再三请求，始得复设，但不久又作罢了。由此，起居注一职，在明朝是暂置而常废的。

第二，明朝的翰林史官并没有发挥到应有的作用，在通常情况下只有名衔而无实务。只是在朝廷编修《永乐大典》《明会典》等官修著作时，史官方有机会参与。有明一代没有国史（官方所修的纪传体史书），所谓"本朝无国史，以列朝实录为史"，即是就明代而言的。所以，明朝翰林史官另一个较为经常性的撰史工作就是参与编纂列朝实录。明制，凡新皇帝继位，就立即设馆，纂修先君实录。由皇帝任命勋臣一人为监修，阁学士一人为总裁，翰林学士一人为副总裁，修撰、编修等史官分掌考辑撰述工作。由礼部令中外官署采编先朝史迹，还派进士或国学生到各布政司、郡县搜访，把收集到的中央到地方诸司的章疏奏牍、抄存邸报、人物传记、先朝遗事等材料，汇编送交史馆，"分为吏、户、礼、兵、刑、工为十馆，事繁者为二馆，分派诸人，以年月编次，杂合成之，副总裁删削之，内阁大臣总裁润色"②，而编成一朝实录。又依例抄出正副两本，正本还藏宫内，嘉靖年间皇史宬建成后，正本遂藏皇史宬，副本则藏内阁。而实录底稿，随即于太液池畔焚毁，以示禁密。

有明一代近三百年中，先后修纂了自太祖至熹宗共十五朝十三部实录（建文朝附于《太祖实录》，景帝朝附于《英宗实录》），近三千卷。此外，另有《崇祯实录》17卷，撰者不明；而《崇祯长编》现存残本近70卷，是清初撰修《明史》时补辑的。与历代《实录》一样，《明实录》是记载明代朝章国政最重要的典籍，其所载史事，所录材料，基本上以宫廷和各部门的档案作为依据，对于事件发生的时间和地点，都有准确的记载，因此，其史料价值自然较一般的记载为

---

① 《皇史宬》。
② 王鏊：《震泽长语》卷上《官制》。

高。可是，由于明代史馆制度的不健全，不修起居注，翰林史官于本朝史事平时也很少有记录、搜集、编次，加之复杂的政治斗争，诸如帝位之争（最要者为"靖难"和"夺门之变"）、宦官干预等因素，故《明实录》在录存史料的完备性和真实性上，都存在着严重缺陷。学者批评其取材单凭吏牍，立传但记迁擢，内容支离破碎，轻重失宜，掩非饰过，曲笔太多，的确也是有根据的。

（二）《元史》的修撰

洪武元年（1368年），徐达率明军攻克大都，元朝灭亡。当年十二月，朱元璋下令修撰《元史》。以宋濂、王祎为总裁，从江南等文化发达的地区录用了"不仕于元""不在官"的"山林隐逸之士"16人为纂修。第二年二月，立史局于南京的大界寺，以十三朝实录和《经世大典》等为依据，正式开始了《元史》的修纂工作，至同年八月，仅用188天的时间，便完成了自元太祖至宁宗列朝史事的撰修，共159卷。由丞相李善长领衔进上，内计本纪37卷，志53卷，表6卷，列传63卷。而顺帝一朝史事，因缺少《实录》和其他资料，无法撰修。有关部门遂派欧阳佑等十数人专程前往北方地区采集其遗事："凡涉史事者，悉上送官。"①依此，洪武三年二月，重新开局，仍命宋濂、王祎为总裁。纂修人员除一人外，均系新从各地征调而来，共15人。这年七月二次成书，仅用143天时间，就完成了顺帝一朝史事的纂修，共53卷。其中本纪10卷，志5卷，表2卷，列传36卷。宋濂等将前后两次所修合编为210卷，计本纪47卷，志58卷，表8卷，列传97卷。主要记载了从成吉思汗元年（1206年）至元顺帝至正二十八年（1368年）的163年的蒙元历史。

明政府于立国之初即修《元史》，并如此迅速地纂就，其用意是显而易见的。可"古今史成之速未有如《元史》者，而文之陋劣亦无如《元史》者"②。由于成书的仓促，《元史》的纰漏很多，历来遭到学者的指责和非议："书始颁行，纷纷然已多窃议。迨后来递相考

---

① 宋濂：《吕氏宋史·目录序》。
② 钱大昕：《潜研堂文集》卷13。

证，纰漏弥彰。"① 概而言之：

（1）详略悬殊，疏漏太多。如《世祖本纪》共14卷，《顺帝本纪》共10卷，此二纪已占本纪篇幅的一半以上，而太宗、定宗共为一卷；丞相见于表者59人，而立传者不及其半；又，元时西域辽阔，而所详仅于中原，"对太祖、太宗所平漠北西域数十部无一传"②，诸如此类，皆是例证。

（2）杂乱重复，缺乏熔铸加工。如"本纪或一事而再书，列传或一人而两传"③；"诸志皆案牍之文，并无熔范"④；又，顺帝朝的史事，"全抄吏牍，如涂涂附，为从来未有之秽史"⑤。而前后两次修纂，未经仔细综合、平衡、熔铸加工，如"表"中《三公表》《审相表》均分两卷，后一卷专记顺帝一朝。"志"共十三门，其中五门即五行、河渠、祭祀、百官、食货，记录顺帝一代制度，均另立卷。其余八门，均无顺帝一代记载。

（3）取材未能广征博引。《元史》的资料来源已如前述，大量的元人笔记文集未能充分开发利用。其他一些专门记载蒙元历史的著作，如《元朝秘史》《黑鞑事略》《蒙鞑备录》《长春真人西游记》等，或者未充分利用，或者根本未予涉及。

《元史》既多误漏，故书成不久，解缙即奉命撰《元史正误》；《元史》撰修者之一的朱佑亦著《元史补遗》等。

学界公论，《元史》虽存在着种种缺陷，但其资料价值却是不容忽视的：（1）其本纪部分除顺帝一朝外，都采自十三朝实录，而这些实录今均失传；顺帝一朝虽然没有实录，但经洪武二年（1369年）的采集及当时人写当世事，《顺帝纪》同样具有较大的参考价值。（2）《元史》的志、表部分，大都根据《经世大典》写成，如《百官志》根据《经世大典》之《诏典》，《食货志》据《赋典》，《舆服志》《礼乐志》《历志》据《礼典》，等等。如今《经世大典》早佚，

---

① 《四库全书·总目》卷46。
② 魏源：《元史新编·凡例》。
③ 《潜研堂文集》卷13。
④ 顾炎武：《日知录》卷26。
⑤ 魏源：《拟进呈元史·新编序》。

只有部分保存在《永乐大典》残本中。(3)《元史》的列传,部分采自元朝官修的《后妃功臣列传》,部分采自私家传记碑铭等。《后妃功臣列传》原稿早已散失,某些家传碑铭也已不复存在。因此,列传部分也有不少值得重视的材料。

(三)《大明会典》的编纂

对于明朝一代典章制度的记载,明官修的《大明会典》是最重要的一部。

《大明会典》曾修过多次:弘治十年(1497年)三月孝宗命阁臣徐溥如纂修《会典》,十五年书成。武宗正德四年(1509年)重修刊行,凡180卷。明世宗时又命阁臣霍韬等续修,续自弘治十五年,止于嘉靖二十八年(1549年)。书成进呈,未予刊行。万历四年(1576年)又续修十五年刊行,即目前所通行的申时行等人的重修本,共228卷。

《明会典》是以洪武二十六年(1393年)刊行的《诸司职掌》一书为蓝本,参以明代有关其他祖训、律令、典章等书编纂而成的。其体例以六部为纲,详述其职掌及历年事例,而以宗人府置六部之前,都察院、六科与各寺、府、监、司等置六部之后。因其宗旨是"辑累朝之法令,定一代之章程"①,载述有明一代典章制度较为详备。凡史志之所不载或未详的,《会典》皆具有始末,足资研究、考证。

(四)《永乐大典》的编纂

成书于明朝初年的《永乐大典》是我国历史上最大的类书,也是当时世界上最大的百科全书。

《永乐大典》经前后两次纂修而成,永乐元年(1403年)七月,明成祖命令解缙等负责载纂一部大型类书:"凡书契以来经史子集百家之书,至于天文、地志、阴阳、医卜、僧道、技艺之言,修辑一书,毋厌浩繁。"解缙等领命,召集147人开始工作,于第二年十一

---

① 万历十五年《御制重修大明会典·序》。

月编成了《文献大成》上进，明成祖认为"所纂尚多未备"。永乐三年，复命姚广孝、郑赐、解缙为监修，重新修纂。召集了朝臣文士、四方宿学2169人，分任编辑、校订、绘图、圈点等工作。永乐五年书成，正式定名为《永乐大典》，全书22877卷，目录60卷，分装成10095册，约3.7亿字。

《永乐大典》的最大特色，是收载各类典籍极为宏富，《永乐大典》修纂时，制定了凡例：全书依据《洪武正韵》的韵目，"用韵以统字，用字以系事"；在辑录典籍时，奉行了不擅减片语，照录原书的原则，将自古以来书籍中有关资料，整段、整篇甚至整部地抄入。据统计，当时录入的图书，包括经史子集、释藏、道经、北剧、南戏、平话、农艺、医学、志乘等达七八千种，最大限度地保存了明初以前我国各种学科的文献资料，许多典籍因收入此书而得以流传下来了，到明万历间重修《文渊阁书目》时，《大典》所收之书，已十仅存一，经过明末清初的动乱，亡佚的典籍就更多了，由此，《永乐大典》历来被学者视为辑佚和校勘的渊薮。清乾隆间编《四库全书》时，就从《永乐大典》中辑出佚书数百种。

《永乐大典》成书后，因"工费浩繁"，未能刊行，只抄了正本一部，嘉靖、隆庆间又重录副本一部，正本归藏文渊阁，副本收藏皇史宬，明清变动之际，正本毁，副本清初移藏翰林院。至乾隆三十七年（1772年）清查，发现已散失1000多册，合计2442卷。咸丰中，英法联军侵入北京，《大典》遭到严重损失。光绪二十六年（1900年）八国联军再侵北京，《大典》又遭毁灭性劫难：大部分被焚毁，剩余者亦多被入侵军劫掠而去。从20世纪50年代起，我国开始收集《永乐大典》的残本，经多方搜求、访寻，现以中华书局797卷影印本最全。收入数目已占国内外现存《大典》数目810卷的99%。虽然影印本只占原书的4%，但仍有若干有价值的文献资料，有待研究者开发利用。

三 明后期的私家修史

正德、嘉靖以后，明建国以来笼罩在史学领域的沉闷之气消散了，表现之一，即是私人撰史之风的兴起。当时，私人撰史之风兴起的原因主要有三：第一，史官失职，国史失实持续到文网稍疏的明正德、嘉靖以后，引起了一批有识之士的强烈不满，他们纷纷著书立说，希求予以匡正。第二，王阳明"六经皆史"说的提出及王世贞、李贽等人的发挥、阐述、宣扬，明后期的学术思潮几为之一变：经学地位下降，重史成为一时风尚。第三，正德、嘉靖以后复杂多变的社会现实，诸如党争、资本主义萌芽、农民起义、满清入关等，客观上为有志撰述及好撰述者提供了取之不尽的素材。

明后期私人撰述的内容十分广泛，涉及了明朝社会的各个方面。而包括通记有明一代典章制度、人物的纪传体、编年体史书及载述明代社会各个方面的杂史，其数量十分可观。这些撰述中的一部分，在乾隆年间被销毁，但流传下来的仍有不少。

明后期私人撰史，本身存在着许多缺陷和不足，王世贞曾指出有三大弊端："挟隙而多诬""轻听而多舛""好怪而多诞"①。这些说法确也切中某些史著的要害，但同时，我们不能不看到，明代中晚期的私修诸史，还是颇有成就的。对明清之际学风的转变，清代史学的繁荣，都产生过积极影响。

（一）三部宏大的明代纪传史和编年史

明后期私人撰写的纪传体、编年体史书中最有代表性的有以下三种：

1. 张岱《石匮藏书》和《石匮书后集》

张岱（1597—1676年）字宗子，号陶庵，浙江山阴人。他从32岁（崇祯元年，1628年）起，即开始利用其祖辈几代人所搜罗、积累的明朝史料，着手编纂一部纪传体的明代历史。书稿的撰写经历了明清政权的交替。"五易其稿，九正其讹"②，前后经过了二十七年才完成书稿的撰写工作，名之为《石匮藏书》。上起洪武，下止天启，凡220卷，分本纪、志、世家和列传四大部分。

---

① 王世贞：《弇山堂别集》卷20。
② 张岱：《石匮藏书·自序》。

张岱撰史，十分严谨。在写作过程中，他坚持"事必求真，语必务确，……稍有未核，宁阙勿书"①的原则，因崇祯一朝史料不全，他宁肯缺而不作。康熙初，谷应泰提督浙江学政。搜集到崇祯朝17年邸报资料，邀张参与编修《明史纪事本末》，张因此看到崇祯朝的大量资料。于此，张氏方着手补撰了崇祯朝纪传及南明史事，成书后称为《石匮书后集》，计63卷。

《石匮藏书》及《石匮书后集》，以其取材广泛、考订谨严，为学者称道。但也有不足，如不予抗清的农民军立传；记载上也有失误，如仍沿旧说，把明季抗清名将袁崇焕写成了叛国投敌分子等，皆是最明显者。

2. 查继佐《罪惟录》

查继佐（1601—1676年）字伊璜，号与斋，浙江海宁人。曾在南明鲁王政权中任职兵部。查氏自顺治元年（1644年）开始明史撰述工作，历经29年，"手草易数十次，耳采经数千人"②，到康熙十一年（1672年）最终完成书稿。其间因遭受庄廷鑨"明史案"牵连。以"获罪惟录书"而名自己的书稿为《罪惟录》，凡102卷，分本纪、志、列传三部分。

查史撰史，讲求笔法。对于"靖难""夺门"等事件的记载，纠正了《明实录》中被隐讳和歪曲了的地方，与清官修《明史》相比，详于晚明史事。但其书体例及其中的一些内容，遭到后人非议。

3. 谈迁《国榷》

谈迁（1593—1657年），原名以训，字观若，明亡后改名迁，字孺木，海宁人，谈迁撰述明史，始于天启元年（1621年）。主要根据列朝实录、邸报，参以其他明人著述百余种，前后经30余年的不懈努力始定稿，名为《国榷》，是一部编年体的明史。全书卷首4卷，分门别类地叙述了有明一代的朝章典制；正文104卷，纂辑史事。上起元文宗天历元年（1328年），终于南明弘光元年（1645年）。

《国榷》为明代最优秀的一部编年体史著，综观全书，主要有以

---

① 张岱：《石匮藏书·自序》。
② 查继佐：《罪惟录·自序》。

下几个特点：（1）敢于直书。如对朱元璋杀戮功臣，建文朝一代及建州女真等史事，都做了如实的记载。（2）长于评论。对一些重要事件，往往予以评论，以明其得失。（3）严于考订。对史实反复审订："阙疑传信，力戒信口雌黄。"（4）对万历以后七十余年的历史的记载，尤为他书所不及。所以，黄宗羲说："详赡博辨，足资征信，在明季史乘中，要以此书为善。"①

（二）王世贞的史学

王世贞（1526—1590年）字元美，号凤洲，又号弇州山人，江苏太仓人。王世贞以文字著称，他是当时复古主义的代表"后七子"的领袖人物，在明后期的文坛上享有很高声誉。但同时，史学方面亦有建树，有一定的成就和影响。

在史学思想上，王世贞的贡献是：（1）接受了王阳明等人首倡的"六经皆史"的主张，并予以系统的阐发，提出了"天地间无非史而已，《六经》史之言理者"②，"君子贵读史"③等观点，打破了经学独尊的神话。这些观点对转变当时的学术思想，促成晚期的重史思潮，都起了一定的作用。（2）史贵直书。在他看来，作史是十分神圣的，作史者绝对不可轻用自己的秉笔之权任情褒贬，肆意曲笔。因为这样，既称不上信史，更无法取信于后人，自然也就失去了惩恶扬善，教诫人民的作用。（3）在对历史人物的评价上，王世贞也有许多有价值的见解。他说："豪杰之兴，必有所凭藉。"④"郭汾阳（子仪）克复二京，而终身富贵；岳武穆（岳飞）志存雪耻，而死权奸，其道同也。"⑤ 也就是说，英雄是时势造成的，而且不能以成败论英雄。（4）反对宗教迷信，王世贞曾列举许多历史事实，说明那些迷信佛道神灵的君主，没有一个是得到"善报"的。如说"事佛之谨，舍施之多，无以逾于梁武（梁武帝萧衍）；奉道之勤，设醮之厚，又

---

① 黄宗羲：《谈君墓表》。
② 李贽：《尚书王公传》。
③ 王世贞：《纲鉴会纂·序》。
④ 李贽：《续藏书》卷1《开国君臣缘起·附论》。
⑤ 《纲鉴会纂·总论》。

何以加于道君（宋徽宗赵佶）？然则，饿死台城而佛不之救，受辱漠北而道亦不闻"。①

在史学实践上，王世贞生平一直以国史自任。他曾多次谈到他的这一宏愿以及为此而做的扎实的资料准备工作："王子（自称）弱冠登朝，即好访问朝家故典与阀阅琬琰之详，盖三十年一日矣。晚而从故相徐公（徐阶）所得，尽窥全匮石室之藏。窃亦欲藉薜萝之日，一从事于龙门兰台遗响。庶几昭代之盛，不至悉悉耳。"② 王世贞立志写一部当代史的原因或者是很多的，但有一点大概是很重要的，即对明代史学界的状况极为不满。为此，王世贞对官方史书、野史及家乘铭状中的种种错谬，一一进行过考订，撰成《史乘考误》11卷。

尽管如此，作为史学家的王世贞，还是客观地评估了明代史著的资料价值："虽然国史人恣而善蔽真，其叙章典，述文献，不可废也；野史人臆而善失真，其征是非，削讳忌，不可废也；家史人谀而善溢真，其赞宗阀，表官绩，不可废也。"③ 这正是王世贞立志修撰一部明朝国史的出发点和工作基础。

由于种种原因，王世贞并未能最后撰成一部当代国史。但为实现这一目标，他付出的大量劳动却是很有价值的。在搜采资料的基础上，进一步加工和梳理，编出了几部资料集，主要有《明野史汇》100卷及《天言汇录》等。后来，又撰成《嘉靖以来首辅传》八卷，记载世宗、穆宗、神宗三朝阁臣事迹。

万历十六年（1588年）左右，王世贞已年过花甲，他感到靠自己的力量来完成编修一部明代国史的任务已经不可能了，就把汇抄的史料加以整理，编成《弇山堂别集》100卷。这部著作没能包括他的全部史学著作，甚至没有包括他最有价值的一些史学著作，王世贞去世后，经人整理，于万历四十二年（1614年）刻成《弇州史料》100卷。此书与《弇山堂别集》有少量重复，大部分是《别集》中未刊行的，王世贞所搜集、整理、考梳的资料以及在这方面的撰著工作，

---

① 《纲鉴会纂·总论》。
② 《弇山堂别集·小序》。
③ 《史乘考误》一。

为后人的研究提供了极大的方便。

(三) 李贽的史论

李贽（1527—1602年）号卓吾，又号宏甫，福建泉州晋江人，是晚明最有影响的进步思想家之一。李贽晚年，曾潜心史学，撰有《藏书》《续藏书》等历史料著作。裁量古今，评说人物，表现出强烈的反传统色彩。

《藏书》主要取材于历代正史和《通鉴》等书，载录了战国至元亡的历史人物约800名；《续藏书》取材于明代的传记和文集，载录了神宗以前明代人物约400名，李贽按照自己的观点，"撮其行事，分类定品，一切断以己意，不必合于儒者相沿之是非"①。评论尖锐、泼辣，富有批判精神，表现了作者进步的历史观：

（1）不以孔子的是非为是非的历史标准。自汉武帝"罢黜百家、独尊儒术"以来，儒家的经典成为封建统治者奉行的金科玉律，孔孟的言论也自然成为判别一切是非的标准，对此，李贽予以大胆的非议："前三代，吾无论矣；后三代，汉、唐、宋是也。中间千百余年而独无是非者，岂其人无是非哉？咸以孔子之是非为是非，故未尝有是非耳。"② 从这个认识出发，李贽对"六经"等经典，表示了极大的轻蔑。认为这些著作不过是当时懵懂弟子、迂阔门徒的随笔记录，有头无尾，得后遗前，大半非圣人之言；就算是圣人之言，也只是一时因病所发的药石，又怎能作为"万世之至论"呢？只是由于历代道学家经常用它们来骗人和吓人，结果就成了"道学之口实，假人之渊薮"了。③

正因为如此，李贽的史评表现出强烈的批判精神，他说："自古至今多少冤屈，谁与辨雪？故读史时真如与百千万人对敌。"④ 又说："天幸生我大胆，凡昔人所以忻艳者，余多以为假，多以为迂腐不才

---

① 《藏书·梅国桢·序》。
② 《藏书》卷首《世纪列传·总目前论》。
③ 李贽：《焚书》卷3。
④ 李贽：《续焚书》卷1。

不切于用；其所鄙者，弃者，唾且骂者，余皆以为可托国托家而托身也。"①

（2）反对亦步亦趋，践迹而行的历史保守观，主张"与世推移"的历史发展观，李贽认为："夫是非之争也，如岁时然，昼夜更迭，不相一也，昨日是而今日非也，今日非而后日又是也。虽使孔子复生于今，又不知作如何非是也，而可遽以定本行罚赏哉？"② 从这个认识出发，李贽反对儒臣亦步亦趋，践迹而行："儒臣虽名为学而实不知学，往往学步失败，践迹而不能造其域，卒为名臣嗤笑。"③ 又说，"受人家国之托，慎无刻舟求剑，托名为儒求治而仅以为乱"。所以，"儒臣之不可以治国家"。④ 这正是对事事法古，因袭保守的儒士历史观的否定。与此相对，李贽提出"与世推移，其道必尔"的主张，在《战国论》一文中，驳斥了儒生"徒知羡三王之盛，而不知战国之宜"⑤ 的可悲。认为春秋替三代，战国代春秋，都是一种正常的历史发展现象。由此，当政者正确的态度应当是"不蹈故袭，不践往迹"⑥，"治贵适时，学必经世"⑦。

（3）"天之立君，本以为民。"孟子早就提出"民为贵，社稷次之，君为轻"的主张，但在历代统治者那里，从未变成一种政治实践。鉴于此，李贽大胆地强调，"天之立君，本以为名"的主张，表现出了对专制皇权的憎恶和不满，成为明末清初启蒙思想家民本思想的先导，李贽还把这一条作为评价古代君臣历史功过的一个标准。如汉文帝临终遗诏还在关心民众，李贽对此极为称赞："身崩而念在民，真仁人哉！"⑧ 汉文帝时，因赶走了长期侵扰西北边境的匈奴贵族，保障了人民生活的安定，所以，也被誉为"英雄继创"。

---

① 《焚书》卷6。
② 《藏书》卷首《世纪列传·总目前论》。
③ 同上。
④ 同上。
⑤ 《焚书》卷3。
⑥ 《焚书》卷1。
⑦ 《藏书·儒臣传·赵儒愚传论》。
⑧ 《藏书·汉孝文帝本纪论》。

（四）其他史学成就

明代史学，值得一提的还有柯维骐、陈邦瞻的宋元史撰述，胡应麟的古籍辨伪和古史考证，焦竑、王圻等人在明代典制、文献及人物等方面的著作及钱谦益对明初史事的料理，郑晓、何乔远、张萱对当代历史的撰述和陈子龙对明人文集的选辑。这些都在不同程度上推动了明代史学的发展，丰富了明代史学的内容。

1. 柯维骐与《宋史新编》

《宋史》撰于元末，仓促速成，芜杂舛谬，向为学者诟病；又，元修《宋史》，与金、辽并列，明人以为如此无以明正统。所以，自嘉靖以后，渐有学者从事改编工作，柯维骐即是这类学者中成就较高的一位。

柯维骐（1497—1574年）字奇纯，福建莆田人。《明史》本传载："《宋史》与辽、金二史旧分三书，维骐乃合而为一。以辽、金附之。而列二王（益王、卫王）于本纪。褒贬去取，义例严整，阅二十年而始成，名之曰《宋史新编》。"[①] 今天看来，《宋史新编》的成就，并不在于它的"义例严整"，而是它订正了旧史的许多疏误，对宋史研究颇多参考价值，此著凡本纪14卷，志40卷，列传120卷，表4卷，计200卷。

2. 陈邦瞻《宋史纪事本末》和《元史纪事本末》

陈邦瞻（？—1623年）字德远，江西高安人，先是山东临朐人冯琦草创《宋史纪事本末》一书，未成而卒，陈氏在此基础上（约成书十分之三），历时一年，完成了全书。分立109目，编为28卷，约60万字，于宋一代兴衰治乱之迹，条分缕析，眉目井然。辽、金大事，附于书中，亦得兼详。

陈氏在完成《宋史纪事本末》后，又续编了《元史纪事本末》，全书立27目，6卷，计10万字。因所据资料有限，未能如《宋史纪事本末》详备。但其叙事条理分明，而对有关元代的典章制度、营田漕运等都有详细的记载，可取之处颇多。

---

① 《明史》卷287。

3. 焦竑及其史著

焦竑（1540—1620年）字弱侯，号澹园，江苏江宁人。焦氏是明代著名的学者，曾任翰林院编修等职。万历二十二年（1594年）曾参与修纂国史，未竟而罢。焦竑治学勤奋，学识渊博，尤精史学，其重要著作有：

《国史经籍志》360卷，搜罗明代典籍之目甚详。可与《明史·艺文志》及王圻《续文献通考·经籍志》相互印证。

《国朝献征录》120卷，汇集了自洪武至嘉靖时期的名人事迹，分类编排，大多数人物传、纪都注明出处，内容相当丰富。

《玉堂丛语》8卷，可视为明万历以前翰林人物的言行录。

除此而外，焦竑的《澹园集》《焦氏笔乘》等，也有丰富的史学内容。

4. 王圻《续文献通考》

王圻（1530—1615年）字元翰，上海人。王氏著作甚丰，《续文献通考》是其代表作。所撰共分33门，凡254卷。上起宋嘉定间，下迄明万历中。上续马端临《文献通考》，门类上又增补了《节义》《书院》《氏族》《六书》《谥法》《道统》《方外》诸考，从而扩大了其书的内容。其中，尤以保存明代史料为多，清代续修三通，一方面从此著中抄袭了大量的资料，一面又极力贬抑之，说王书"体例揉杂，颠舛丛生。遂使数典之书，变为兔园之策，论者病矣"①。实际上，这部著作对研究明代典制的价值是不应抹杀的。

5. 胡应麟的《史书占毕》和《四部正讹》

胡应麟（1551—1602年）字元瑞，更字明瑞。号石羊生，又号少室山人，籍浙江兰溪。

胡应麟是明中叶的文学家，其在史学上的成就，主要反映在他的《少室山房笔丛》中所收《史书占毕》和《四部正讹》两著对历史理论及史科考辨方法的总结。

《史书占毕》6卷，书中以"六经皆史"的命题，论述了史学的重要性。在刘知几《史通》所论史家"才、学、识"三长之外，又

---

① 《四库全书总目》卷81。

加上"公心""直笔"两条，强调了史学的严肃性和客观性，并且全书中反复运用考证方法，对旧史的错误，前人的谬说进行了辨正。《四部正讹》4卷，是一部目录学著作。著中考辨了各种古已流传的伪书，并对其18种作伪的方式做了归纳，总结指出了辨别其伪的7种途径："凡核书之道，核之《七略》以观其源，核之群志以观其绪，核之并世之言以观其称，核其异世之言以观其述，核之文以观其时，核其撰者以观其托，核之传者以观其人。"认为只要如此做了，"古今膺籍无隐情矣"。在明朝史著纷繁、史风又浮躁不实的情况下，胡氏的着眼点及所提出的理论和方法，都是十分有价值的。无疑，开启了清代大规模的文献整理和目录学研究。

6. 钱谦益对明初史事的辑录

钱谦益（1582—1664年）字受之，号牧斋，江苏常熟人。钱氏人品虽不可取，但学术造诣颇深。曾辑录有关元末农民起义领袖韩林儿、郭子兴、徐寿辉、陈友谅、明玉珍及元将扩廓帖木儿、李思奇等十五人的事迹，撰成《国初群雄事略》十五卷。书中引文都不加改动，且注明来源，使原已散失了的一些著作中的史料，通过此著的录载部分地保存了下来，对研究元末农民起义及明开国前后的历史有一定的参考价值。

7. 郑晓、何乔远、张萱对明当代历史的撰述

郑晓（1499—1566年）字窒甫，浙江海盐人。撰《吾学编》69卷，记述了自洪武至正德年间史事："凡关系大政者，仿朱子纲目，以岁系月，各为一记。建文四年虽革除残缺，亦搜集遗文，析为逊国记。至于同姓诸王分封列藩，及开国、靖难、御胡、剿寇，并戚畹、佞幸、列爵三等者，各为表传。"① 材料颇为丰富。

何乔远，福建晋江人，曾著《名山藏》100卷。载述洪武至隆庆朝事，是一部纪传体史书。著中运用了一些为他书不载的史料。

张萱字孟奇，别号西园，广东博罗人。曾以20余年的勤奋努力，辑成《西园闻见录》107卷，载述了洪武到万历朝史事，分三编："内编以表纸行，专重行谊；外编纪政事，依官为次，……然后分众

---

① 《吾学编·雷礼序》。

事以隶之；其方伎之属无所归者。则为杂编。"① 书中节录了不少明人奏议中的材科，现原件已多散失，而尤显此著之可贵。

8. 陈子龙等与《皇明经世文编》

陈子龙（1608—1647 年）字卧子，徐孚远（1599—1665 年）字暗公，宋征璧，生卒年不详。原名存楠，字尚木。崇祯十一年（1638 年），他们从 420 余名明人的文集和奏疏中，"取其关于军国济于实用者，上自洪武，迄于皇帝（指崇祯），为经世一编"②，即《皇明经世定编》。凡 504 卷，补遗 4 卷。这是一部有较高学术价值的明代史料总集。

《西北民族学院学报》（哲学社会科学版）1993 年第 4 期

---

① 《校印〈西园闻见录〉缘起》。
② 《皇明经世文编·方岳贡序》。

《续资治通鉴》成书初探

齐 然

一 问题的提出

  自北宋司马光《资治通鉴》（以下简称《通鉴》）问世，中国编年通史体例臻于成熟。此后，模仿续书者代不乏人。南宋李焘的《续资治通鉴长编》，李心传的《建炎以来系年要录》，体例几依《通鉴》。明代，有陈桱的《通鉴续编》，薛应旂、王宗沐各自撰述的《宋元资治通鉴》，"但陈书义例全袭《通鉴纲目》，内容也疏舛过甚；王书年月差错，事迹脱落；薛书表彰理学，失于空疏"①。同时，三书于辽、金正史束而不观，仅据宋人记载，略及辽、金继世年月，荒陋过甚，所谓貌同神异者是。所以胡应麟说："自司马光之为《通鉴》也，汉唐而上昭昭焉；自《通鉴》之止司马也，宋元而下泯泯焉。间有续者数家，而弗能详也。"②很感叹编年史书的后继无人。清初，徐乾学编纂《资治通鉴后编》，由史学名家万斯同、胡渭、阎若璩等排比正史成书，但因资料缺略，繁简不一，失于裁制，虽远胜于明三家续《鉴》，仍非善本。"故全部改作，实为学界最迫切的要求。"③到乾隆年间，湖广总督毕沅（字秋帆）约集幕府宾客，重加编纂，成《续资治通鉴》220卷。由于此时四库馆开，宋元佚书陆续从《永乐大典》中辑出多种，纵横浏览，闻见广于前人。加之毕沅

---

① 《中国历史文选·〈续资治通鉴〉解题》。
② 胡应麟：《史书占毕》。
③ 梁启超：《近三百年学术史》。

幕府学者云集，章学诚等参与商订义例，王昶与之讨论著述宗旨，邵晋涵、孙星衍、严长明、钱坫等襄助其事为之校订，钱大昕、费士玑、瞿中溶、李锐等核勘全书，洪亮吉通释地理，《续资治通鉴》较徐氏《后编》又大大前进了一步，成为诸家续《鉴》中最好的一种。梁启超以为有毕《鉴》则各家续《鉴》可废，评价是很高的。

这部书引起我们兴趣的，首先是它成书的年代——乾嘉之际。一般说来，这个时代，重经轻史，考据成学术主流，鲜有通史专著，唯《续资治通鉴》以220卷巨帙，统宋元两朝于编年，在学术史上的地位不容忽视。其次，《续资治通鉴》是官僚文人毕秋帆主持下，约集了一批幕府宾客、学者名流集体编纂的，毕秋帆和襄助人在这部书的撰修考订中的活动及作用，应该勾勒清楚，予以恰当评价。

但是，《续资治通鉴》的成书，除几部介绍古代典籍的著作略有涉及外，至今史学界尚未有专门的研究。而是书的撰修、考订、刊印，前后历二十余年，几易其手，材料零散，记载异辞，长期妨碍着对其真相的认识和探索。本文试做一初探，以抛砖引玉，望共研讨。

二 《续资治通鉴》的撰修

关于《续资治通鉴》的撰修，我们最先接触到的是它的书名与撰修人的问题。

《续鉴》初无定名，以其贯通两代，闻者以《宋元通鉴》称。直至邵二云校订全书，才发生定名问题，而且颇有歧见与争议。邵二云言"《说文》'史'训记事，又《孟子》赵注，亦以天子之事为天子之史，见古人即事即史之义。宛转迁避，盖取不敢遽续《通鉴》，犹世传李氏谦称为《长编》耳"①。故请标该书为《宋元事鉴》。章实斋对此深以为是，赞成《宋元事鉴》的题名，并拟扩充宋人吕祖谦撰辑的《皇朝文鉴》，成《宋元文鉴》，与《宋元事鉴》并立，"以为后此一成之例"②。但毕秋帆不同意邵、章二人的见解。他以为李焘

---

① 章学诚：《为毕制军与钱辛楣宫詹论〈续鉴〉书》。
② 同上。

的《续鉴长编》本来卷帙浩繁，材料比类编辑，未加裁剪，是仿司马光编排材料的长编作法，并非避《通鉴》名而命名为《长编》的。其次，如同编年体史书至司马光《资治通鉴》法式始立，纪传体史书至班固断代《汉书》规模始定。班固《汉书》以后，历朝纪传正史，虽然其文去《汉书》远甚，但未尝谦避而不敢命名为《书》。那么司马光《通鉴》以后，续书完全可不以《通鉴》之名为讳。最后，毕秋帆直截了当地指出："书之优劣，不在名目异同。盖诗文之名一定，而工拙本自万殊。诗即甚劣，未尝不名为诗，文即不工，未尝不名为文。"① 所以，仍主张明确续书之旨，定为《续资治通鉴》。至于续书的优劣成败，自有后人去衡度评价。可以说，毕秋帆的这番议论，倒超出了邵、章这班书生之见，似乎更合理一些。

当然，毕秋帆是主人，邵、章为门下客，书最终还是依毕沅意旨，定为《续资治通鉴》。

通鉴的撰修人，有人归之为毕秋帆。史善长《弇山毕公年谱》云："公自为诸生时，读涑水《资治通鉴》，辄有志续成之。凡宋元以来事迹之散逸者，网罗搜绍，贯穿丛残，虽久典、封圻、薄领、余闲，编摩弗辍，为《续通鉴》二百二十卷……毕生精力，尽于此书。"有人归之于邵二云，见近人纪果庵《谈清人窃书》。② 但更多的材料表明，书成于毕秋帆主持下的集体编纂。《续鉴》冯集梧序云："经营三十余年，延致一时轶才达学之士，参订成稿。……"章实斋《邵传》云："故总督湖广尚书镇洋毕沅，尝以二十年功，属某客续《宋元通鉴》，……公未惬心，属君（邵二云）更正，君出绪余为之复审，其书既大改观。"王昶《与毕秋帆制军论〈续鉴〉书》："得来教谓《续通鉴》一书，经二云诸君纂辑成编。"钱大昕的曾孙钱庆曾《竹汀先生年谱续编》云：《续鉴》"先经邵学士晋涵，严侍读长明，孙观察星衍，洪编修亮吉及叔祖卜兰先生（钱坫），佐毕公分纂成书。阅数年，又属公（钱大昕）复勘，增补考异"。陈寿祺《南江诗文钞》序云，邵"在毕尚书幕编定《续鉴》行于世"。史善长《年

---

① 《为毕制军与钱辛楣宫詹论〈续鉴〉书》。
② 载《古今》1944年第49期。

谱》有为谱主夸张掠美之嫌，毕秋帆独立完成的说法似不足取。纪果庵的说法，未见明证，又与《续鉴》考异署名者大违。而章学诚参与其事，冯集梧购求遗稿，王昶得毕氏书信，钱庆曾、陈寿祺去时未远，所述《续鉴》的撰修经过，我们大致可以勾画如下轮廓：毕秋帆不满于各家续《通鉴》，发愿重修，属佚名幕僚，即章氏所谓"某客"纂辑资料，粗略成编。然后经邵晋涵、严长明、孙星衍、洪亮吉、钱坫等人修订，特别是邵氏通贯全书，为其定稿，最后由钱大昕诸人复审，增补考异。由此，不能不涉及《续鉴》的定稿人邵晋涵。

孙渊如《芳茂山人诗录》有《中州送邵二云阁校入都》一诗（又见毕秋帆辑录的《吴会英才集》）。诗中云"去年客游梁，主者韩昌黎。好贤若饥渴，赏我以不羁。招君载书来，著作于官司。编年仿司马，当废薛应旗。……"诗中韩昌黎者，喻毕秋帆，时任河南巡抚，驻节开封，即孙渊如所谓"客游梁"之大梁。"招君载书来，著作于官司"，是说毕秋帆邀请邵二云来大梁节署助其修书，"招君载书来"透露的事实，很可能是毕秋帆未见，而由邵二云在四库馆辑录的宋元史籍，所修则"编年仿司马，当废薛应旗"，明明白白地写着是助修《续鉴》。孙渊如这首诗，《芳茂山人诗录》及《吴会英才集》均未著录写作时间，但据清人张绍南的《孙渊如先生年谱》中谱主行止推断，这首诗当作于乾隆五十一年（1786年）。是年，洪稚存有《送邵秘校晋涵入都补官》[①]诗送行。邵二云则有《留别毕弇山中丞沅一百韵》[②]话别。按诗文所述：邵二云被邀助修《续鉴》，应是乾隆五十年，时邵二云任职翰林院，纂校《四库》。

邵二云在清代名气不小，乾嘉学者言经则推戴东原，言史则推邵二云。他生在浙东，深受浙东诸儒"讲性命者多攻史学，历有师承"的风气熏陶，承袭了浙东学派的学术传统和思想。"于学无所不窥，而尤能推求本原，实事求是。"[③] "经经纬史，淹贯百家。"[④] 学问

[①] 洪亮吉：《卷施阁诗》卷8。
[②] 邵晋涵：《南江诗钞》卷2。
[③] 洪亮吉：《邵学士家传》。
[④] 《国朝先正事略·邵二云事略》。

"奥博而精"①，堪称浙东学派的后起之秀。身后有《尔雅正义》《旧五代史》辑校本、《南江诗文钞》等行世。邵二云以史学见长，尤专宋史，他在四库馆编辑载籍，所职为史部，凡史部诸书，多由邵氏订其略，其提要亦多出邵氏之手。②今《南江诗文钞》中所存诸史提要三十七篇，考镜源流，讨论得失，辨正纠谬，颇有独到发明之处。邵氏很不满《宋史》的繁芜，他写《宋史提要》，首先引沈世泊的《宋史就正篇》，列举了《宋史》纪传互异、志传互异、传文先后互异的谬误，提出《宋史》诸传、世系、官资"多不足凭"，阙落疏漏过多，"前后之参差抵牾不一而足"，然后分析缘由说："当时修《宋史》，大率以宋人所修国史为稿本，匆遽成编，无暇参考。宋人好述东都之事，故史文较详。建炎以后稍略，理度两朝，宋人罕所记载，史传亦不具首尾。遂至《文苑传》止详北宋，而南宋仅载周邦彦等寥寥数人，《循史传》则南宋无一人。岂竟无可考哉？抑亦仍《东都》书之旧而不为续纂也。"

由于邵二云的学识声望及他对宋史的谙熟专精，当时学者对邵氏改修《宋史》，都寄予很大期望。"识者知君笔削成书，必有随刊疏凿之功，蔚为艺林巨观。"③而邵"尝据宋事与史策流传大违异者若干条，宴间屡为学者言之"④，很为学者倾倒。段玉裁寓居武昌毕幕时，曾书邵二云说："先生邃于史学，闻实斋先生云有《宋史》之举，但此事非先生莫能为。"⑤这种宋史重修、非邵莫属的称誉，代表了当时学者的看法。毫无疑问，邵二云的宋史专著《南都事略》及《宋志》虽已不传世，但他于宋史的研究确实达到了很高的水平，看看他《南江札记》中的43条《宋史》札记，补苴罅漏，辨正谬误，很能体现他治宋史的功力。

今天，我们所能见到他的宋史研究成果，比较集中的，大约就是对《续鉴》的校订。首先，《续鉴》对南北宋历史记叙的比例上，材

---

① 陈寿祺：《南江邵氏遗书序》。
② 阮元：《南江邵氏遗书序》。
③ 章学诚：《邵与桐别传》。
④ 同上。
⑤ 李慈铭辑：《荀学斋日记》己集。

料编排大体合理，纠正了以往宋史专著"好述东都之事"的弊病，弥补了详北宋略南宋的疏漏，是邵二云重修宋史宗旨的有力体现。其次，在历史事件的评述和史实的辨正上，注入了他几十年的研究成果，表现了他杰出的史识史才。

毕秋帆在看到邵氏修订稿后，曾大加赞赏，誉其为"今之道原、贡父"①。俨然以当代司马光自居，而将邵氏比作司马光的助手刘恕、刘攽。这是邵二云于《通鉴》用力至勤的明证。

《续鉴》撰修中，还涉及章学诚的修书方略及王昶的修书宗旨问题。

章实斋在毕秋帆幕主要是借毕收藏撰修《史籍考》，受毕秋帆委托编修几部方志，并参与了《续鉴》的商定义例。

以史论见长的章实斋，一向主张通史之作。《文史通义》有《释通篇》，考通史之起源，叙通史之流别，论诸家通史之利弊，可谓透彻精到，鞭辟入里。他以为如果通史的编纂能"参百家之短长，聚公私之记载，旁推曲证，闻见相参，显微阐幽，折衷至当"，即可"纲纪天人，推明大道"，"通古今之变，成一家之言"。但现行的编年、纪传二体，各有弊病，都不能达于通史的理想境界。所以章实斋反对因循，力主创新，整理改造旧史体例。他推崇郑樵的《通志》"为世宗师"，称赞袁枢的《通鉴纪事本末》是"神圣制作"，就是因为郑、袁二人有"发凡起例，绝识旷论"的创新精神。他看到"纪传苦于篇分，编年苦于年合"，主张用"《尚书》之义"因事命篇，改造编年纪传二体，创立一种堪称独断之学的著述方法和新体系。②故毕秋帆征询他对《续鉴》的撰修方略时，章实斋说："纪传之史，分而不合，当用互注之法以联其散；编年之史，浑灏无门，当用区别之法以清其类。"③毕氏求其详，实斋"则欲一帝纪中，略仿会要门目，取后妃、皇子、将相、大臣、方镇、使相、谏官、牧守、令长之属，各为品类，标其所见年月，定著别录一篇，冠于各帝纪首。使人于编年

---

① 钱大昕：《邵君墓志铭》。
② 《文史通义·书教下》。
③ 《为毕制军与钱辛楣宫詹论〈续鉴〉书》。

之中，隐得纪传班部。以为较涑水《目录举要》诸编尤得要领。且欲广其例而上治涑水原书"①。

这里，章实斋提出的"略仿会要门目"，定著别录，取纪传之长，改造编年体，是很有见地的。

《资治通鉴》是我国编年史的成熟之作，一直享有极高声誉。然而，编纂体例上，也并非尽善尽美。因为年经事纬，不可避免地造成一事而隔数卷、首尾难稽的弊病，实斋指出的"浑灏无门"是很中要害的。故他之"定著别录"，"使人于编年之中，隐得纪传班部"的改作，确不失为一积极的见解。"且欲广其例而上治涑水原书"，则更有一种大胆的革新精神在。

毕秋帆对章实斋的修书方略，给了"以为编年者法，其说甚新"②的评价，却未予采纳。其因自然是毕氏原意在续书而非著书，"续书而遽改原书规模，嫌于无所师授"③，表露了泥于师法的保守性。

章实斋生前，确有点曲高和寡，常有其道不行，不为世人理解的烦恼，曾以"世不知我无害也"来慰藉，心胸似乎并不狭隘。加之境遇困顿，寄人篱下。所以，尽管毕秋帆未采纳他的修书方略，作为毕府幕宾，他还是尽力协作，举凡《资治通鉴》以后各家续书的优劣，《续鉴》撰修的宗旨义例，所依资料及对《通鉴》体例的更动情形，无不谙熟于心，在《为毕制军与钱辛楣宫詹论〈续鉴〉书》中一一陈情，这封书信，保存了《续鉴》著述本意，于后人研究该书极为可贵。

王昶，字德甫，号兰泉先生。经史博通，尤长金石，与毕秋帆乡试同年，同直军机处。后作陕西按察使，与毕同僚共事与西安。毕撰《续鉴》，兰泉有《与毕秋帆制军论〈续通鉴〉书》见遗。④《书》云："闻是书搜求繁富，考据精审，如李焘、徐梦莘、李心传诸书，为前人所未见者，皆分别甄录，辨其异同，而补其疏略。诚所谓体大

---

① 《为毕制军与钱辛楣宫詹论〈续鉴〉书》。
② 同上。
③ 同上。
④ 王昶：《春融堂集》卷32。

而思深，继温国（公）之后，前此所未有者也。""今闻书已将成，为之喜而不寐。"但是，他"又虑同事者侈其繁博，而不足以昭炯戒"，所以直陈见解，论说修史宗旨，希望毕秋帆参考留意。

王兰泉认为，《续鉴》如果有裨于世，"非直考据精博"，"窃谓史书之作，在收采之宏富，而尤在持论之方严，盖将明古今之治乱。而治乱所以肇实，本乎贤奸忠佞之分"，"为世道人心计，正欲主张名教，砥砺廉隅，使人懔探汤之戒，动衣冠涂炭之思"。"不然，黑白之不甚明，贤奸忠佞之不甚别，今既无以为励，而后无以为戒。"总之，他主张史寓褒贬的春秋大义，强调史书的教化劝诫作用。《国朝文述》将这封书信归入"明伦"之属，可知其书的倾向性。

毕沅对王兰泉提请他注意的春秋笔法，似乎并不感兴趣。他声称《续鉴》以"据事直书，善恶自见"[①]记录史事，删去了《通鉴》发挥褒贬、口诛笔伐的"臣光曰"评论，见解与王兰泉相左。他说："鄙则以为据事直书，善恶自见。史文评论，苟无卓见特识，发前人所未发，开后学所未闻，而漫为颂尧非桀，老生常谈，或有意驰奇，转入迂避。前人谓如释氏说法，语尽而继之以偈；文士撰碑，事具而韵之以铭，斯为赘也。"[②]尽管地主阶级的史学家在"据事直书"上，不可避免地会表现出自己的封建史观，但毕秋帆的"史法"承袭中国史学直书的优良传统，无疑是有进步意义的。

最后谈谈《续鉴》的资料来源。

清初徐乾学修《通鉴续编》，因《永乐大典》藏于中秘，取材不能不受到一定限制。乾隆三十八年（1793年），开四库馆，客观上扩大了《续鉴》的资料范围。毕秋帆谈及《续鉴》的材料来源时说："宋事据丹稜、井研二李氏书而推广之，其辽、金二史所载大事，无一遗落，又据旁籍以补其逸，亦十居其三四矣。元事多引文集，而说部则慎择可征信者。"[③]其中相当部分资料，如李焘《长编》足本

[①]《为毕制军与钱辛楣宫詹论〈续鉴〉书》。
[②] 同上。
[③] 同上。

(徐乾学所见仅175卷残本),李心传的《系年要录》及《旧五代史》《宋朝事实》《宋会要》《九国志》等书,宋元文集多种,均已久不传世而从《永乐大典》中辑出。据我们以《续鉴》考异中统计的三百余种引用资料考察,从《永乐大典》中辑出的佚书几近三分之一。《续鉴》之所以成为诸续《通鉴》书中的佼佼者,恐怕与参见资料的丰富是分不开的。

三 《续资治通鉴》的刊刻

嘉庆六年（1801年）三月,冯集梧购得毕沅《续资治通鉴》原稿及部分版片,补刻毕沅家未刻的百十七卷,以全书220卷刊行。同年,章实斋卒于浙江山阴。但章实斋在死前一年,即嘉庆五年,在病中口授,由其子章贻选笔录并加补注的《邵与桐别传》,提及邵二云审订《续鉴》,却留下了颇多争议的一段公案。实斋《邵传》说:"故总督湖广尚书镇洋毕公沅,尝以二十年功,属某客续宋元《通鉴》,大率就徐氏本稍为损益,无大殊益。公未慊心,属君（指邵二云）更正,君出绪余为之复审,其书既大改观。时公方用兵,书寄军营,读之,公大悦服。手书报谢,谓迥出诸家续《鉴》上也。公旋薨于军,其家所刻《续鉴》,乃宾客初定之本。君之所寄,公薨后家旋籍没,不可访矣。"曾为邵二云弟子的章贻选在这段文字下补注道:"先师为毕公复审《续鉴》,其义例详家君《代毕公论〈续鉴〉书》,与毕氏所刻仅就徐氏增损之本迥异。闻邵氏尚有残稿,恐未全耳。"

章氏父子的这个说法,在当时并没有引起什么反响,然而,给此后学术界的影响却是不可估量的。

章实斋是清代独树一帜的史学理论家,以《文史通义》闻名于世。他在毕沅幕中长达五年（乾隆五十四年—乾隆五十九年）（1789—1794年）,毕沅修《续鉴》曾与之商定义例。《续鉴》书成后,实斋代毕沅作《为毕制军与钱辛楣宫詹论〈续鉴〉书》,并《续鉴》全书副本寄钱大昕,请为"检点舛误"。所论《续鉴》,追溯《资治通鉴》后续书的源流,详论各家得失,阐明毕续书之宗旨、义例,兼及所采资料、修书过程。可见,章氏与毕沅《续鉴》关系之深切熟悉。加之章实斋与邵二云二人多年至交，章氏《邵传》一向被视为研究邵二云生平事迹的信史之一。故《邵传》中"所刻《续鉴》，乃宾客初定之本"的说法影响很大。特别是清末以往，章氏之学成一代显学，章氏之文的权威越发不可动摇了。百余年来的史学界，囿于章氏之学识、声望，率多信从，以至中华书局"标点《续资治通鉴》委员会"1957年出版、1979年再版的《续鉴》说明中依然认为："这段公案，今天似乎已成定论。"虽"似乎"二字保留了余地，认定章氏父子说法则是很显然的。

但是，这段学术公案，也不是没人提出异议的。1929年，胡适、姚名达合撰《章实斋先生年谱》，曾就此提出疑问。胡适案语云：章实斋作《邵传》之时，《续鉴》尚未有刻本，章氏所谓"其家所刻《续鉴》"的说法似不可信。邵晋涵校订本成于乾隆五十七年（1792年）前，六年后刻本，为何仍用"宾客初定本"？章作《邵传》之年，正是冯集梧购得《续鉴》原稿及版片之年，章说邵本"不可访矣"有误，等等。这就把章氏《邵传》中说法的漏洞，与《续鉴》刊刻情形的抵牾，揭示了出来。

其后，黄云眉作《邵二云先生年谱》，肯定了胡适对《邵传》说法的诘难。

但停留在怀疑阶段，是无法确定《续鉴》刊刻本的真实面目的。澄清这段公案，必须做进一步的考察。这里，我们先将《续鉴》刊刻前后的有关事项依时间编次，再加以辨正。

乾隆五十七年（1792年），章实斋代毕沅《为毕制军与钱辛楣宫詹论〈续鉴〉书》中说："邵与桐校定颇勤"，"全书并录副本呈上"，请钱"检点舛误"，"其年经事纬，撮其精要，以为目录，亦岁内可以讫功，大约明岁秋冬，拟授刻矣"。王昶《与毕沅论〈续鉴〉书》说："得来教，谓《续通鉴》一书经二云诸君纂辑成编，惟举要历未撰，兹属钱少詹成之，即属以校雠勘定，付诸梓人。"从计划近期付梓的情形看，《续鉴》稿本经过一番校订已基本定型。这个校订本，就是邵二云的校订本，一见上面王昶《论〈续鉴〉书》，又见章贻选《邵传》补注："先师（邵二云）为毕公复审《续鉴》，义例详家君代毕公《论〈续鉴〉书》。"足证，邵二云的校订已于此年前完成。章实斋代毕沅《论〈续鉴〉书》，事实上是他对邵氏校订本的总结。八年后，章氏作《邵传》，所谓"时公方用兵，书寄军营，读之，公大悦服，手书报谢"云云，把邵氏校订完成的时间一下推迟了四年（毕沅对苗境始用兵于乾隆六十年），说法自相矛盾，前后抵牾，情理上是很难讲得通的。

乾隆五十九年（1794年），毕沅因"湖北奸民传教案"奏报不实，左迁山东巡抚。章实斋旋即离湖北，此后直至嘉庆二年（1797年）毕沅殁，三年间毕沅、章实斋再未见面。是年前后的校勘及刊刻始末，章氏也就无缘亲见。

乾隆六十年（1795年），钱竹汀在嘉定为毕阅定考正《续鉴》，协助校勘者有费士玑、李锐、瞿中溶。① 胡适所引钱大昕曾孙钱庆曾《竹汀居士年谱续编》将复审《续鉴》系于嘉庆二年（1797年），误也。今通行本《续鉴》"考异"署名者以钱大昕为最多，凡十七见。最后一条"钱辛楣曰"的"考异"在217卷，足见钱氏校勘是完成或接近于完成了。刊刻本保留了钱大昕这么多的"考异"，当为钱氏复审本是不容置疑的。是年，毕沅回湖广总督任，始对苗疆用兵。

嘉庆元年（1796年），邵二云卒于京师。

嘉庆二年（1797年），毕沅卒于辰州军营。钱大昕以其校勘本归毕沅子，《续鉴》始刻。毕沅家所刻《续鉴》，当为钱氏复勘本。

嘉庆四年（1799年），毕沅家被籍没，《续鉴》仅刻103卷中止。

嘉庆五年（1800年），章实斋"目废不能书，疾病日侵"，口授《邵与桐别传》。此时，毕沅《续鉴》尚无刻本，只有百三卷的雕版。同年，冯集梧购得《续鉴》全书原稿及部分版片，补刻未完的百十七卷。冯集梧其人（光绪《桐乡县志》有小传），字轩圃，号鹭庭，与父冯浩、兄冯应榴俱有文名，乾隆四十五年（1780年）进士，入过翰林院。后退而归养，历主东林、安定、云间书院，著作有《元丰九域志考证》《杜樊川诗注》等。

嘉庆六年（1801年），章实斋卒。冯集梧补刻《续鉴》成书，始得传世流布。由于冯集梧是毕沅殁后《续鉴》遗稿的购求者，又

---

① 《瞿木夫先生自订年谱》。

是完成《续鉴》刊刻的主持人，《续鉴》稿本为他所目睹亲见，刊刻本到底依据什么底本，冯集梧是最有发言权且令人信服的。《续鉴》冯序云："《续鉴》经营三十余年，延致一时轶才达学之士，参订成稿。复经余姚邵二云学士核定体例付刻，又经嘉定钱竹汀詹事逐加校阅。然刻未及半，仅三百卷止。集梧于去岁（嘉庆五年）买得原稿全部及不全版片，惜其未底于成，乃为补刻百七十卷，二百二十卷书居然完好。缘系毕氏定本，故稍事整理，不复再加考订。"这里《续鉴》的刻本情形不是讲得清清楚楚了么？"毕氏定本"者，就非宾客初定本，而是邵与桐校定、钱竹汀复勘、毕氏的最后定本，"故稍事整理，不复再加考订"。冯集梧于刊刻《续鉴》时，曾约请钱竹汀为序，钱以"古来纪传编年之书，只有本人为序"为由，婉言谢绝，而向冯集梧建议："盖史以寓褒贬，其用意所在，唯著书人可以自言之。今秋帆既未有序，身殁之后，先生得其遗稿续成之，大序但志刊刻始末，不言其撰述之旨，最为得体。"① 遵从钱氏意见，冯集梧在序中"但志刊刻始末"，百余年来竟不为人所重视，反以章实斋在"目废不能书，疾病日侵"的垂暮之际，口授的《邵传》说法为定论，岂非咄咄怪事。至少，反映了学界重名望不重事实、因人废言的一种偏见。可以断言，以"宾客初定本"行世的《续鉴》，如章实斋所说仅"就徐氏本稍为损益"，绝不可能达到通行本《续鉴》的水平。

当然，在各本已不可访求的今天，这个结论，除做了上述辨正外，要确定无疑，必须考察《续鉴》一书的本身。《续鉴》中的署名"考异"，应该是最有力的证据。

《续鉴》220卷，署名邵二云的"考异"共两条：

其一，在《续鉴》卷11 宋纪11 太宗太平兴国七年（982年）；

其二，在《续鉴》卷176 宋纪176 理宗景定三年（1262年）。

这两条"考异"的内容，姑且从略不论，仅从它们在全书的位置上，就能显出一种特别的意义来。第一条"考异"，在毕沅家刊刻未竣的百三卷旧版中；第二条"考异"，在冯集梧购得之原稿并续补刻

---

① 《詹事钱先生书》。

成的百十七卷内，这一前一后的两条"考异"，不是正好表明《续鉴》是依邵氏校订本刊刻行世的吗？事情不止于此，"考异"中还包括了钱大昕、洪亮吉、孙星衍、严长明、瞿中溶、李锐、汪剑潭等人的署名考异，署以"余"的毕沅"考异"，其中钱氏"考异"凡十七见，毕氏"考异"凡十五见，均结末于《续鉴》卷117，全然表明《续鉴》刊刻本不只是邵氏校订本，而且是钱大昕、毕沅诸人商榷磨勘的最后定本。

另据《邵传》，章氏说宾客初定本"大率就徐氏本稍为损益"，以《续鉴》与徐氏《后编》相对照，二书仅在取材的范围、体例的裁制上就有明显的差异。徐乾学《后编》大体沿袭"宋人好述东都之事"的习气，全书184卷，宋（含辽、金、西夏）152卷，其中北宋104卷，南宋48卷。毕沅《续鉴》宋182卷，其中北宋97卷，南宋85卷，很大程度上纠正了徐氏《后编》详北宋略南宋的弊病，并非如章氏所说"就徐氏本稍为损益"。

至此，这段公案大约可以了结了。而章氏《邵传》关于《续鉴》刊刻本记载的失实不确，倒可以做出定论。

从乾隆五十七年（1792年）《续鉴》修成，至嘉庆六年（1801年）全书刊刻告竣，前后整整十年，中经变故，几易其手，记载又多异辞，《续鉴》的稿本与刊刻情形难免发生一些混乱，使后人不知其详。但究其根源，恐怕还是章氏《邵传》把问题复杂化了。正本清源，不能不提出这样一个问题：为什么章实斋《邵传》的说法与事实有如此大的出入？

我觉得，章氏《邵传》关于《续鉴》刊刻情形的说法，并不含有对毕沅或邵晋涵褒贬毁誉的色彩，也不大可能是章氏垂暮之年记忆失真的原因。从《邵传》的写作背景来考察，唯一的解释是自乾隆五十九年（1794年）后，毕、章联系中断的缘故。所以，尽管《邵传》是研究邵与桐生平的可信的重要材料，然而关于《续鉴》刊刻情形的说法，显然不是亲历，而很大可能是传闻。传闻容易失实，发生错误，是可以理解的，而论者不加深究，束《续鉴》书而不观，以讹传讹，徒然导致了这段聚讼百余年的公案，可说是一场大误会。

四 《续资治通鉴》的考异及其
所反映的《续鉴》取材特点

《续鉴》仿司马光《通鉴考异》之例,又采胡三省以《考异》和自注散入原文之法,著考异千余条,对所叙事件资料的异同,排比分析,明其取舍,系于文中。既使后人知其大致取材范围,也体现了作者修史的谨严态度。

今本《续鉴》考异,署名者十人,计有严长明、钱大昕、邵晋涵、孙星衍、洪亮吉、瞿中溶、李锐、汪剑潭、冯集梧及毕沅本人,共五十余条,在《续鉴》全部考异中所占比例很小。由此推想,绝大部分考异成于撰修《续鉴》的幕僚之手。看来,《续鉴》考异的做法是边修边考、边校边考,随时注入正文之下。

这千余条考异,在史料学上有它的价值,反映了《续鉴》取材的特点。

第一,取材宏博、考证谨严。

我们曾据该书考异的引书做过一个粗略的统计,发现《续鉴》征引资料多达三百余种,中多辑本亡书,甚为可贵。

宋元史籍,浩如烟海,有关当时史事的记载,颇多异辞,稗官野乘。夹杂了不少传闻,正史亦非尽是实录。虽然,两宋有二李书做蓝本,宋元编年有陈、王、薛、徐四书可资参考,但《续鉴》在材料的取舍上仍然要做出自己的选择。所以,《续鉴》在不少的考异中,往往一事旁征博引,反复商榷,参照有关的各种记载,明异同、辨正误。通过对原始资料的鉴别校勘,择可信有据者从之。如历史上影响很大的"烛影斧声"之说,言赵光义杀兄篡位。李焘《长编》即据《湘山野录》而大书特书。《续鉴》于此事考异,引用资料十余种,一一分析,明去取之故,阐明了"史以纪实,不可深文周内,亦无庸过为前人掩护"①的直笔原则。《续鉴》考异虽细微处亦慎择之。如北宋初年铸钱,文曰"宋通元宝"。李焘《长编》、马端临《文献统

---

① 《续鉴》卷1。

考》均传写误倒为"宋元通宝"。《续鉴》参考了欧阳修《归田录》、赵葵《行营杂录》、王观国《学林新编》、叶大庆《考古质疑》各书予以改正。①

编年史以年经事纬,年月差错为其大忌。金正大七年(1230年)与蒙元大昌原之战,完颜彝以四百骑破蒙古八千之众,解庆阳之围。陈桱《续通鉴》系于正大五年,薛应旗《通鉴》因之,皆本于《金史·忠义传》。徐乾学《后编》系于正大六年,是采用《金史·哀宗纪》的纪年。《续鉴》考异说:"按《金史》纪、传,疑俱有舛误,盖以《元史》及《金史》证之,而知其不合也。金正大五年,蒙古皇子图垒(旧作拖雷)监国。六年之春,太宗尚未即位,其时当无大举之事。且大昌原之战以捷闻,在元人或为之讳败,《金史》本纪断无阙而不书之理。原其致误之由,《忠义传》多采元好问、刘祁所撰述,事由记忆,语属传闻,故年月不能无舛。《本纪》之误,则因六年布哈率陈和尚(完颜彝)驻邠州,遂连书其后事耳。金人之救庆阳,《布哈传》、《约赫德(旧作牙吾塔)传》、《白华传》载之甚详。《本纪》于七年正月书付枢布哈等解庆阳之围;《约赫德》传、《布哈传》云,七年正月战于大昌原,庆阳围解。此即陈和尚为前锋奏捷之事也。前人误分大昌原、庆阳为二役,固宜辗转而不得其实矣。今定作七年。"② 可以看出,《续鉴》在年月辨正的细致准确上,确实有不少地方高于以往的几部宋元编年史。

《续鉴》考异校勘资料时,充分运用了年代学、避讳学、官制、兵制、礼制等知识,推求其本源。如《元史·武宗纪》载约素为尚书左丞相、驸马都尉、封齐国公。然《宰相表》只列约素于平章政事,不言其为左丞相。又虞集撰《约素碑》所列为加开府仪同三司、尚书左丞相、行平章政事。钱竹汀在考察这一出入时说:"武宗之世,名爵滥而遥授之官众。此左丞相亦遥授而非真拜,故《表》不书。《本纪》不书行平章政事,又不云遥拜,殆误以为真相矣"③,是很有

---

① 《续鉴》卷15。
② 《续鉴》卷165。
③ 《续鉴》卷197。

说服力的论断。又像辽道宗改元"寿昌",《辽史》纪、表、志传均作"寿隆"。毕秋帆在京师游陶然亭,所见辽代碑版以"寿昌"纪年,归而查《东都事略》《文献通考》,复遍观辽碑,无不作"寿昌"。毕就此事求教于钱竹汀,钱氏云:"辽人谨以避讳,光录之改崇禄,避太宗讳也;改女真为女直,避兴宗讳也;追称重熙为重和,避天祚嫌名也;圣宗名隆绪,道宗为圣宗之孙,而以'寿隆'改元,犯圣宗之讳,此理之必无。"① 这里,钱氏探本寻源,从辽人避讳推断《辽史》"改元寿隆"之误,尤觉确核。毕氏又考之于洪迈《泉志》,证之以"寿昌元宝"实物,纠正了《辽史》记载的不确。

上面这段考异还表明,《续鉴》在取材范围上,不只限于书本记载,而且重实地考察,扩大到金石铭刻。《续鉴》考异中,求诸金石,补史之阙漏,考史之正伪,数量不少。如宋仁宗时,包拯知端州年月,史文不载,钱竹汀游肇庆七星岩,得包拯提名碑,方知在庆历二年(1042年)。② 又王安石青苗法,实发端于仁宗皇祐年间。皇祐五年(1053年),李参为陕西转运使,庆州"戍兵多而食苦不足,参观民缺乏,时令自隐度谷麦之入,预贷以官钱,谷麦熟则偿,谓之青苗钱。数年,兵食常有余"③。考异下又载:"瞿中溶云:今偃师县有皇祐二年《重修仙鹤观碑》云,郭下安中来舍施地基二十八庙三分,系正税绢七尺外,别无青苗税数,亦无官私地课。是青苗之名,其来已久,亦不始于李参也。"④ 由此知王安石变法前,就有人在陕西、河南局部地区实施过青苗法。另如辽亡于金,一些文献言擒天祚帝者为金将尼玛哈,《续鉴》据黑龙江《洛索碑》证之,乃洛索。⑤ 由此看来,金石铭刻,或出史书之外,或与史书互证、反驳,价值不可低估。然而古来谀碑之风所及,使一些碑文真伪参差,也存在一些问题。如元泰定帝死于致和元年(1328年),雅克特穆尔发动兵变,迎立图帖睦尔,是为文宗。雅克特穆尔被封为太平王、加开府仪同三

---

① 《续鉴》卷84。
② 《续鉴》卷46。
③ 《续鉴》卷53。
④ 同上。
⑤ 《续鉴》卷95。

司、上柱国录军国重事、中书左丞相监修国史,并刻石《太平王德胜庙碑》以颂其功。文中书"奉天时,致天讨""以德而胜"等谀扬之辞。归根结底,文宗是要证明自己"奉天承运"而上台,以掩盖争夺权力的丑行。《续鉴》考异在指出此碑的谀辞不可据时说:"天历之君臣,乘国有大丧,大都空虚,挟其权谋诈力,以夺人主之嫡嗣,虑天下议其后,因诬晋邸以恶名。而当时倾危阿附之徒,作为文辞,大书深刻,谓奉天时以致天讨,然万世公论具在,其可欺乎?《元史》于泰定天历间多徇曲笔,未明春秋之义也。"[①] 这段考异,虽然流露了任何犯上作乱的正统史观,但对《德胜碑》文失实的指斥,进而对《元史》泰定、天历间"多徇曲笔"的批评,无疑是正确的。而《续鉴》在运用这些刻辞时,不轻信,不妄断,看到了上层统治者争夺权力的内讧及对史书、碑版的恶劣影响,修史的态度是十分严谨的。

重视学术的新成就,吸取近代、当代学者的治学成果,是《续鉴》取材宏博的又一方面。如黄宗羲的《宋史节要》、阎若璩的《潜丘札记》、柯维骐的《宋史新编》等书,《续鉴》均有参考。当然,长于宋史的邵二云,对元史研究有素的钱竹汀,因参与修书校书之役,都注入了自己的研究成果。

第二,实事求是,不主观武断。

元人所修宋、辽、金三史,学者向多微词,而二李之《长编》《系年要录》一直为后人推崇称颂。其实,三史多取实录,各有所长,《长编》《要录》讹误疏漏在所难免。《续鉴》在取资这几部基本史料时,较为客观,它并不因三史之弊而轻视舍弃,也不以《长编》《要录》之善而迷信、武断,而是认真地加以对照,取证旁籍,慎择而从之。这一点,在《续鉴》考异中反映的很多,恕不一一列举。

有些史事,记载异辞,而又无法取资于旁证,尤其是年月含混,给编年史造成极大困难。《续鉴》在遇到这类疑难时,不轻于立言,宁可采取疑以传疑的谨慎态度。如西辽立国中亚,凡九十年,其建国

[①] 《续鉴》卷204。

时间、传授世次、帝后年号，仅于《辽史·天祚纪》末附见其略，当时无别书可以参证。《续鉴》考异云："史称达实以甲辰岁二月五日即位，以理揆之，必非其实。钱竹汀尝辨之云：按天祚出军夹山，在保大四年七月，达实力谏不从，乃率所部西去。即甲辰岁也。其明年二月甲午，以青牛白马祭天地祖宗整旅向西，兵行万里，驻军塔什干，凡九十日。又西至奇尔爱雅，而后有受册即位之事。其所历日月久矣。不特非甲辰二月，恐亦非乙巳二月也。"① 但是，史无明证，《续鉴》"姑从薛《鉴》"系于甲辰二月，"而兼采钱说，以俟后人论定焉"②。又如元祐党人碑姓名、人数，各书记载颇多出入，似无法划一。《续鉴》依据李焘《长编》姓名、人数修入，但在考异中注明载籍参差不齐的情形。考异结尾说："未知何故，更须博考。"③ 留待后人去解决。

第三，不述异，不语神怪。

在谶纬迷信充斥弥漫的封建时代，古代文献典籍几乎不可避免地掺杂着神学迷信的糟粕。司马光《资治通鉴》剔除了这些糟粕，不书符瑞、灾异、图谶、神怪一类邪说，为后世史家树立了良好的典范。《续鉴》取材继承了这种无神论倾向，不述异，不语怪，在历史编纂学上有很高价值。北宋王安石变法，保守派极力反对。司马光《涑水记闻》、邵伯温《邵氏闻见录》等书极尽诽谤，甚至托名作伪，附会迷信，施行人身攻击。王安石晚年居江宁。《邵氏闻见录》言荆公常恍惚见其子王雱荷枷杻如重囚者，遂施所居半山园宅为寺，以荐其福。《宰辅编年录》亦引《丁未录》云：一夕，安石见其子雱身具桎梏曳病足立庭下，血汗呻吟，良久而灭，安石不胜父子之情，遂以所居半山园宅为寺，又割田为常住，以荐冥福。李焘《长编》据此说："可见安石晚年益谬也。"《续鉴》考异则云："按安石信道不笃，舍宅割田为其子荐福，理则有之。若所言死后见形，颇近稗官之说。《通鉴》不语怪，谨遵其例，不敢录也。"④ 很明确地摒弃了那些神鬼

---

① 《续鉴》卷95。
② 同上。
③ 《续鉴》卷88。
④ 《续鉴》卷77。

邪说。由是观之，《续鉴》尽管对王安石变法是否定的，评价颇有失当之处，[1]但它指出"时议者多欲变旧法"的历史必然，删削了对王安石的一些妄语诬词，较为公正地记载了这一历史著作，无疑是进步史观的一个体现。关于北宋开国功臣赵普的死，《长编》采荒诞之说："普遣亲吏至太平宫致祷，神为降语曰：赵普开国功臣，久被病，亦有冤累耳。盖指涪陵事也。吏还，普力疾冠带出中庭，受神语，涕泗感咽，且言：涪陵自作不靖，故抵罪，岂当咎余！但愿速死，与面论于幽冥以直之。是夕卒。"[2]《续鉴》校订时，毕秋帆认为："余谓诸说究属传闻，碑文指灾异耳，今略之。"[3]又吴玠第四子吴挼的从子吴曦，于宁宗开禧二年（1206年）降金，自称蜀王。"《桯史》云，逆曦未叛时，尝岁校猎塞上，一日猎归，笳鼓竞奏，曦方垂鞭四视。时盛秋，天宇澄霁，乃见月中有一人焉，骑而垂鞭，与己惟肖。问左右，所见皆符，殊以为骇。嘿自念曰：我当贵，月中人其我也？扬鞭而揖之，其人亦扬鞭，乃大喜，异谋由是决。薛氏《通鉴》载之，论者讥其乖史体。按《东南纪闻》亦载此事，然究属述异之词耳，今不取。"[4]吴曦见月中人与己惟肖，由是叛乱，确属荒诞不经，《续鉴》不取是对的。但是，《续鉴》表现的无神论倾向是不彻底的。在另一些事件的记叙中，又多少掺杂了些符瑞之说，如赵匡胤陈桥兵变前，"军中知星者河中苗训，见日下复有一日，黑光摩荡，指谓匡胤亲吏楚昭辅曰：'此天命也'"[5]。看来，《续鉴》并不否定天命，不过，由于它清除了史籍中大量的迷信述异之词，使神学迷信色彩大大地减弱了。这不能不说是《续鉴》取材的积极因素。

第四，对社会经济给予了更多的重视。

《续鉴》如同《通鉴》，是一部"叙国家之盛衰，著生民之休戚"[6]的政治史，尤其是宋辽金元时期，战争频仍，军事活动的记载占有较

---

[1] 《续鉴》卷16引《长编》语。
[2] 《续鉴》卷16。
[3] 同上。
[4] 《续鉴》卷158。
[5] 《续鉴》卷1。
[6] 《资治通鉴》卷69。

大比重。但《续鉴》并未因此而轻视社会经济对上层建筑的影响，相反，对社会经济给予了更多的注意。凡有关国计民生的经济措置，即使是局部地区的施行情况，为正史所不载抑或疏略的，《续鉴》往往依据其他文献加以补充。如河北榷盐法的议立及废除，因事关北宋与契丹的交往，影响到北宋政府的财政收入，几经周折。至宋仁宗庆历年间，三司更立榷法而未下。翰林学士、权三司使张方平建议立罢，仁宗从之。此事《宋史·食货志》疏略而未录张方平罢盐榷法之议。《续鉴》考异指出《实录》《国史》及《宋史·食货志》的遗漏，依《张方平墓志》等所载补书。① 像元丰间，河东都转运使陈安石论十三州两税事，常熟县逃绝税役事，《续鉴》都未轻易舍去，参照资料数据，详加记载。② 这些，多少体现了《续鉴》取材的眼光。

第五，对少数民族政权活动的记载，大大增强了。

以往的宋元编年史，被封建正统的夷夏之防观念束缚，于辽、金这些少数民族政权的活动，颇多疏漏，甚至连"宁失之繁，勿失之简"的《长编》，也在所不免。而宋元之际，又是我国历史上民族大融合的重要阶段，辽、金、西夏与两宋交错立国，呈现出一幅错综复杂的局面。忽略这几个少数民族政权的活动，既失历史真实，又无法了解这段历史全貌。《续鉴》正是在这一取舍剪裁中，增加了辽、金、西夏政治、军事、经济、文化诸方面的记载比例，较之以往的几部宋元编年史，确实是一个进步，从而，较为全面地反映了这一时期的历史风貌。但是，《续鉴》于元代的记叙，如果从元世祖至元十三年正式立元纪开始计算，仅38卷，文字上相当于两宋的五分之一，显得过于简略，这不能不说是《续鉴》在材料布局上的一个严重缺陷。

从全书看，《续鉴》移录二李《长编》及徐氏《通鉴后编》处颇多，有些几乎一字不易。但是，经撰修校订诸人的考异，《续鉴》在材料的编排取舍与史实的考证上，超越了以往的几部宋元编年史。

《续鉴》考异所反映的其书取材特点，在历史编纂学上，是应该肯定、值得借鉴的。

---

① 《续鉴》卷48。
② 《续鉴》卷73、74。

五 毕秋帆与《续资治通鉴》

《续鉴》的作者问题，20世纪40年代，曾有人启其攻端。以为毕秋帆窃名于邵二云（纪果庵《谈清人窃书》）。其实，如前所述，《续鉴》在乾隆五十年（1785年）至五十一年间邵二云只是修订定稿。此前，有佚名幕僚编排材料，粗具模式。此后，又有钱大昕诸人复勘校订。全书是在毕秋帆主持下的集体编纂。将《续鉴》的著作权归于邵二云，恐怕是因所见者少，而轻于立言了。

"天下文章，出于幕府。"这原是前人标榜夸大之词。毕秋帆是清代学者中的阔人，素以"好儒雅""敬重文士"知名海内。督抚地方数十年间，幕中人才荟萃，学者如云。像长于史论的章学诚，专于宋史的邵晋涵，经史博通的孙星衍，史地学家洪亮吉，文字学家段玉裁，经学大师汪中、凌廷堪，诗人黄景仁、杨芳灿，金石学家钱坫，画家黄易，书画鉴赏家钱泳，工于词章乐府的方正澍，精通蒙古、唐古特文字的严长明等，皆先后受知门下，可考见姓名者就达四十余人。这些学者，依照毕秋帆的学术思想，凭借他的收藏和财力，或搜求善本古籍，校勘、辑佚；或根据各人专长，分工撰述，数十年间，完成了不少有价值的著作。我们谈到毕秋帆的学术成果，当然包括幕中学者的贡献。但是，毕秋帆毕竟不同于那些附庸风雅的达官贵人，他本人就是一个大学者。他从小受经史诗文的严格训练，先后入著名经师惠栋、诗坛领袖沈德潜门下游学，时人目为"国士"。[①] 二十四岁中举后，曾任职翰林院，做过一统志方略馆纂修官。乾隆三十二年（1767年）外放，由道台做到督抚大员。"虽官至极品，铅椠未尝去手。"[②] 他的博学与宏著多得力于他的从师、交游与好学，"凡遇通儒，皆征硕学，初识故元和惠徵君栋，得悉其世业。继与今嘉定钱詹事大昕，故休宁戴编修震交，过从绪

---

① 王昶：《毕公神道碑》。
② 钱大昕：《毕公墓志铭》。

论"①。官僚学者中的王昶、王鸣盛、阮元等，幕中的众多名士，毕秋帆都以师友待之，求教磋商。像钱大昕，曾与毕共事于翰林院，二人常"论文道古，数共晨夕"，后虽分离，但毕"每有撰述，必先寄示"②，以征询钱氏意见。毕沅的治学态度也相当严谨，"辄以众文多诬，纠辨认为先。既能审厥时讹，必当绍其绝诣"③。从毕秋帆传世的二十多部著述看，尽管有幕僚协助，甚至代作，但却是代表了他本人学术的眼光和功力，体现他的思想的。正如章实斋在《跋代毕制府撰湖北通志序》中说："虽为拟笔，实皆当日幕中讨论之辞，制府欣然首肯。"就透露了所谓代作的真情。如果将毕幕视为一著作局，每一部书当然不能求之于主编一一撰述。何况毕秋帆"少嗜撰述，至老不辍"④。"每遇古书善本，校而录之。""勤学富著述，从少至老，无一日废书。"⑤ 以毕生精力从事著作，应该肯定他的贡献。而他的罗致学者，在清一代学术史上，确也培养了人才，推进了一种风气，留下了不可磨灭的影响。

　　毕秋帆是《续鉴》的主编、总纂，《续鉴》一书的撰修宗旨，体例，材料的编排，以至于书名，都由他反复商榷，一一确定。不仅如此，是书所采宋元史实，均经他亲自考订。今本《续鉴》的署名考异中，毕氏考异数量上仅次于钱大昕。表明《续鉴》的成书，毕沅是倾注了自己的心血的，是他学术成就的一个重大贡献。当然也应该看到，一者毕秋帆终究缺乏司马光的史才与文思，有志续书而无力凝练裁剪，总其成书的水平不高；二者修书计划受条件的限制，一直未建立一个固定的修史班底，预修诸人，随来随去，书成众人之手，参差抵牾，在所不免。新中国成立后，由容肇祖先生标点、聂崇岐先生负责校勘的《续鉴》，初步考正的讹误、遗漏、衍文、颠倒、重复等问题，大小近二千四百余条，这说明是书撰修得不精细。加之续书时续时断，中多变故。所以《续鉴》一书，虽是诸家续《通鉴》书中

---

① 毕沅:《经典文字辨正书序》。
② 《毕公墓志铭》。
③ 《经典文字辨正书序》。
④ 《毕公神道碑》。
⑤ 史善长:《弇山毕公年谱》。

最好的一种，但上不足与《通鉴》媲美，下不能与《明鉴》抗衡，存在不少问题，影响了它的史学价值。这在读《续鉴》时，不能不加以注意。

《研究生论文选集》（中国历史分册），江苏古籍出版社1984年版。

毕秋帆述评

刘子坤

清代学术史上，有一个值得注意的现象。一批官僚学者一身二任的人物，不仅以著作宏富流传后世，而且往往以礼贤下士知名当代，形成以"人才幕府"为特征的学术团体。他们整理旧学，编撰新著，在一代学术史上，推进了风气，做出了贡献。乾隆时，先后督抚陕甘、河南、湖广的毕秋帆，即为其中一个典型的代表。本文拟对毕秋帆的生平及学术成就做一简单述评，以期引起史学界对这一现象的探讨研究。疏漏谬误之处，亦请批评指正。

一

毕秋帆名沅，一字纕蘅，自号灵岩山人。生于雍正八年（1730年），卒于嘉庆二年（1797年），一生活动大体与乾隆朝相始终。他祖上由安徽休宁迁到昆山，后徙镇洋，是江苏太仓人。因明代文士王世贞筑"弇山园"于太仓，故又以弇山称。毕沅六岁，即由其母授《毛诗》《离骚》，十岁辨声韵，十二岁习制举业，十五岁能诗。先后入著名经师惠栋、诗坛领袖沈德潜门下游学，时人目为"国士"。[①]二十四岁中举，授内阁中书，入直军机处。乾隆二十五年（1760年），以一甲一名状元，任职翰林院，并兼一统志方略馆纂修官。乾隆三十二年，外放授甘肃巩秦阶道，在兰州留办新疆经费局，兼署按

[①] 王昶：《春融堂集》卷52《兵部尚书都察院右都御史湖广总督赠太子太保毕公神道碑》。

察使司。后调安肃道，随甘肃总督明山出嘉峪关视察新疆屯田。乾隆三十六年后，由陕西按察使、布政使，累迁陕西巡抚兼署西安将军、陕甘总督、河南巡抚、山东巡抚、湖广总督。二十余年间，一帆风顺，仕途通达。乾隆皇帝对他的信任升迁和赏赉优厚，确如钱大昕所说："恩遇之隆，汉大臣莫及焉。"① 然而，乾隆一死，毕沅的厄运也就来了。嘉庆四年，毕沅死后仅两年，嘉庆即下令：毕沅在湖广任内的未完银两二万两，作为"失察邪教之款"，不予恩免，"着落家属如数赔交"②，家产被籍没入官了。洪亮吉将毕沅的抄家，归之于"公军旅非所长，又易为属吏欺蔽，卒以是被累"③，其实是不正确的。

毕沅为政，声名颇为不佳。他在署理陕甘总督任上，曾因"失察"王亶望"冒赈"事而夺爵三级。后做湖广总督，与巡抚福宁、布政使陈淮三人朋比为奸，通同舞弊，时谣云："毕不管，福死要，陈倒包。"又言"毕如蝙蝠，身不动摇，惟吸所过虫蚁，福如狼似虎，虽人不免，陈如鼠蠹，钻穴蚀物，人不知之"④。川鄂白莲教起义，湘黔苗民大起义，与这些贪官污吏的激变是大有关系的。但是，嘉庆说"多由毕沅酿成"⑤，甚至有人提出"戮毕沅尸，庶足以谢天下"⑥，倒是拿毕沅做最高统治者的替罪羊了。

封建文人笔下的"康乾盛世"，到了乾隆中期后，已经露出一副败象，外表的歌舞升平已无法掩盖日益激化的阶级矛盾。乾隆六次南巡游玩，耗银无算，权相和珅被抄，家产达八亿两白银，超过清政府年财政收入的十倍。当时国内到处隐伏着危机，不断燃起反抗的怒火。而毕沅一生，为了维护、挽救这腐朽的王朝，也曾竭心尽力地奔走效劳。他曾参与镇压过乾隆四十六年（1781年）的甘肃苏四十三起义、乾隆四十九年的陇东回民起义。乾隆六十年，湘黔苗民起义爆

---

① 钱大昕：《潜研堂文集》卷42《太子太保兵部尚书湖广总督世袭二等轻车都尉毕公墓志铭》。
② 《清实录》卷46。
③ 洪亮吉：《更生斋文》甲集卷4《书毕宫保遗事》。
④ 《清代轶闻》卷5。
⑤ 《清实录》卷46。
⑥ 《清代轶闻》卷5。

发，毕沅"即驰赴常德，筹画转饷"，"檄调六省兵会剿"①。他的一品顶戴、轻车都尉世职，就是清政府对他充当鹰犬的酬劳。直到临死前，毕沅仍驻守辰州善后，综览南北军事。正如他以诗述怀所说："丈夫若遂封侯愿，老死沙场也无妨。"②对清王朝，可谓鞠躬尽瘁、死而后已。

然而，八方起事，动乱不已，嘉庆总不能归之于他的乾隆老子。于是，毕沅者流就得倒霉，以致几乎被从坟墓中拉出来戮尸。

从记载中看，毕沅督抚地方，也做过一些好事。他曾截留漕粮，开设粥厂，以救济灾民。在陕西、河南、湖北，都兴办过一些水利工程，如修濬泾阳龙洞渠、导淮自桐柏山、疏浚长江水道等。特别因他本人是个文人，很注意各地的文化教育和古迹复兴工作。西安的碑林，创于宋而后世屡有修复，但到毕沅抚陕时，"雨淋日炙，不加葺治，甚且众秽所容，几难厕足"③。毕沅主持重修，"堂庑之倾者圮，极令完善，旧刻之陷于土中者，洗而出之。开成石经，多失其故第，复一一加以排比。于外周以阑楯，又为门以限之，使有司掌其启闭。废坠之久，蔚然更新，儒林传为盛举"④。此外，与碑林先后修葺的还有华山岳庙、临潼华清池、西安崇仁寺、慈恩寺等。乾隆四十二年（1777年），毕沅奏请"凡嘉峪关以外，镇西迪化等属，不论乡会试，均照云贵之例，每名给驿马一匹"⑤。无疑有利于边疆与内地的文化联系。

毕沅能诗，《弇山毕公年谱》说他"文选泛览秦汉唐宋诸大家，穷其正变，诗取眉山，上溯韩杜，出入玉溪、樊川之间。盖甫入文坛，已独树一帜矣"。所刊《灵岩山人诗集》凡四十卷，诗作两千余首。其中，大量的是登临胜迹，记游写景，以寄情志；或者应制之作，唱酬联句，兼及抒怀。无非是咏风花雪月，发怀古幽思，模山范水，多无新意，一派达官贵人的闲情逸致。但有少量诗篇，还是较为

---

① 《潜研堂丈集》卷42《太子太保兵娜尚书湖广总督袭二等轻车都尉毕公墓志铭》。
② 《灵岩山人诗集》卷28。
③ 卢文绍：《关中金石记序》。
④ 同上。
⑤ 史善长：《弇山毕公年谱》。

写实而能反映一些民间疾苦的："已绝全生望，犹为半死人。""解渴争泥水，充饥属草根。四年三遇旱，十室九关门。""卖儿偿一饭，鬻奴索千钱。吞声知泪尽，分手尚衣牵。""可怜人饿死，赈册尚留名。"① ……勾画的这幅灾区景象，是相当逼真的。尽管毕沅不可能真正同情人民疾苦，此类题材也非他诗文主流，但亲身经历的写实，毕竟反映了隐藏在太平盛世背后的社会现实，有一定的积极意义。

二

毕沅官僚、学者一身二任，其博学宏词、著作之富，为督抚大员中少有，特别是以"好儒雅""敬重文士"知名海内。钱大昕称他"生平笃于故旧，尤好汲引后进，一时名儒，多招致幕府"②。洪亮吉说："公爱士尤笃，闻有一技长，必持币聘请，惟恐其不来，来则厚资给之。"③《太仓乡先贤画像赞》赞毕秋帆"喜豪举，尤爱才下士。四方辐辏，所识拔海内知名人士，不下数十人，士林德之"。都不是溢美之词。如长于史论的章学诚，专于宋史的邵晋涵，经史博通的孙星衍，史地学家洪亮吉，文字学家段玉裁，经学大师汪中、凌廷堪，金石学家钱坫，画家黄易，诗人黄景仁、杨芳灿，书画鉴赏家钱泳，工于辞章乐府的方正澍，精通蒙古唐古特文字的严长明等，"咸以博学工文，前后受知门下，情谊固挚。其余籍奖借以成名者甚众"④。

当然，毕沅的延纳名士，如同当时不少官僚学者（如阮元、朱筠、朱珪、谢启昆等）一样，是为了互为声援，传之不朽，即所谓"名流以督抚贵，督抚以名流荣"。毕沅晚年曾有"生前树勋业，死后留文章"⑤的词句，就很坦率地表露了他的人生哲学及网罗学者的真意。但是，比起那些不学无术、目光短浅的官僚们，毕沅不愧为一

---

① 史善长：《弇山毕公年谱》。
② 《潜研堂文集》卷42《太子太保兵部尚书湖广总督世袭二等轻车都尉毕公墓志铭》。
③ 《更生斋文》甲集卷4《书毕宫保遗事》。
④ 《春融堂集》卷52《兵部尚书都察院右都御史湖广总督赠太子太保毕公神道碑》。
⑤ 《灵岩山人诗集》卷40。

个有识之士。识得人才，援引重用，称得上那个时代的一个伯乐。而他的罗致学者，在一代学术史上，确也成就了人才，推进了一种风气，留下了不可磨灭的贡献。

毕沅礼贤，传颂最广的是汪中的一段故事。汪中汪容甫者，江都人，"博闻强记，通知古今，才学识三者皆有以过人。为文钩贯经史、镕铸汉唐，宏丽渊雅，卓然自成一家"①。乾隆间经学大师，著《述学》二编，当时即很驰名。但性怪诞，恃才傲物，终身食贫。毕沅闻知，即向当地官员举荐。汪中很受感动，回信致谢毕沅的关切说："今在江南，某义不可他往，来岁将事公于梁。有士如某，公无遐弃之道，天下有公，某无饿死之法。"② 此事又见《清代轶闻》，汪中致毕沅函只"天下有中，公无不知之理，天下有公，中无贫乏之理"二十字，毕沅阅后大笑，即以五百金驰送其家，无非是更传奇化了。乾隆五十四年（1789年），汪中如约赴武昌，受毕沅礼延而入幕，曾为毕沅撰《黄鹤楼铭》，由程瑶田书石，钱坫篆额，时人谓之"三绝"③。并代毕沅作过序跋多种。

孙星衍，字渊如，袁枚称为"天下奇才"，学问堪称博大精深。毕沅丁忧起复，慕名而延招入关。毕沅撰《关中胜迹图志》《山海经新校正》，皆属孙星衍手定。④ 但不如意时好骂人，幕中同僚疾之若仇。严长明曾向毕沅上书驱孙，并以"如有留孙某者，众即掩堂大散"相动劝。毕沅爱才，"别构一室以处孙，馆谷倍丰于前"⑤。平息了幕中风波。洪亮吉所谓"惟公善调节，谐语息众怼"即指此事。

洪亮吉在毕幕的时间最久，先后几近十年。他字稚存，号北江，是乾嘉间最著名的地理学家。洪亮吉于乾隆四十六年（1781年）以布衣抵西安，毕沅既倒屣以迎，延入节署。毕沅每成地志之书，洪亮吉"辄预校雠之役"⑥，得力不少。并为之代撰《通经表》《传经表》

---

① 刘台拱：《汪容甫先生遗诗序》。
② 汪喜孙：《汪容甫先生年谱》。
③ 同上。
④ 阮元：《山东粮道孙君星衍传》。
⑤ 《更生斋文》甲集卷4《书毕宫保遣事》。
⑥ 洪亮吉：《卷施阁文乙集》卷3。

二书。其好友黄景仁，字仲则，北宋黄庭坚之后，曾游毕幕，后贫病卒于解州，洪亮吉为其料理后事。毕沅、王昶诸人"厚缚之，皆卑亮吉挟之归，以奉君之亲，以抚君之孤……"①洪亮吉后来做过贵州学政，毕沅死后，曾专程赴苏州谒毕沅墓以诗悼亡。足见知遇之恩，情意诚挚。毕沅礼贤下士，师友相待，幕僚亦感知遇之恩，章学诚曾非常感叹地说："鸣呼，知己之感，九泉不可作矣！"②章学诚改造方志旧体例的创新之作《湖北通志》，就是因毕沅离湖广总督任失去支持而未能完成，那实在是很遗憾的。

毕沅罗致人才，大约始于陕西。武亿曾有"君（王復）初客西安也，毕公方致天下士"的说法。③乾隆四十六年（1781年），洪亮吉抵西安入毕沅幕，"时幕中为长沙吴舍人泰来，江宁严侍读长明、嘉定钱州判坫及孙君（星衍）与先生凡五人"④。规模还不甚大。自此二十余年间，督抚陕西、河南、山东、两湖，先后出入其幕者，究竟有多少人，已无法确知，仅从现有资料所见，即达四十余人。⑤毕沅的《灵岩山人诗集》，参与编校的学者文人几三十人，可谓人才济济，荟萃一堂，如王昶所称誉的，"名流翕集，望若登仙"⑥。这些学者在毕幕，间或也协助毕沅处理一些刑名、钱粮、账房、书启以外的一些特殊公务。如乾隆四十七年毕沅任陕西巡抚，时甘肃回民起义，毕沅在西安调拨兵饷，嘱洪亮吉、孙星衍"时假出游为名，规划其事"⑦。毕沅在公务之余，或与幕宾流连文酒，诗赋唱和，或与之游历名山大川，访求古迹胜境。《乐游联唱集》杨芳灿序云："考遗经于太学，留有残碑；寻故物于昭陵，惟余石马。温泉荒址，骊宫旧

---

① 洪亮吉：《黄君行状》。
② 章学诚：《跋代毕制府撰湖北通志序》。
③ 武亿：《王复行实辑略》。
④ 吕培：《洪北江年谱》。
⑤ 入毕幕姓名可考者有：章学诚、洪亮吉、孙星衍、凌廷堪、严长明、方正澍、史善长、邵晋涵、钱坫、黄震、黄景仁、钱泳、高杞、马国千、陈燮、毛大瀛、董耕云、王宸、刘锡嘏、段玉裁、王复、张埙、宋葆醇、俞肇修、张锦江、吴照、孙云桂、赵秉渊、丁楷、杨揆、崔龙见、庄复旦、庄炘、孙香泉、赵魏、徐郎斋、汪中、吴泰来、王嵩高、陆模孙、严观、杨芳灿、桂馥等。
⑥ 《春融堂集》卷52《兵部尚书都察院右都御史湖广总督赠太子太保毕公神道碑》。
⑦ 《洪北江年谱》。

墟，韦曲风花，灞桥烟水，莫不陈之华简，纬以雄辞。今风古辙，当歌对酒之余，远迹崇情，范山模水之外，以至蠡钟、篆鼎、断瓦、零嫌，品题华实之毛，搜罗水陆之广……"正是毕幕生活的写照。再看看孙星衍《芳茂山人诗集》中"千金招贤东阁开，千金买花池馆栽""不断霓裳按曲声，无边银蜡彻霄明"的描绘，就很可以想见当日盛况的。以至孙在《别长安》诗中，还沉浸在"醉罢长安又万年，兰陵美酒入春宴"，"等闲人望若神仙"，"日日危谈动四筵"的人间仙境而流连忘返。

但是，这只是毕幕生活的一个侧面，毕沅礼贤下士，延纳学者名流，绝不仅仅是陪他游山玩水、喝酒作诗。更主要的是襄助著作，以传之不朽。而在他主持下的这个人才幕府，依照毕沅的学术思想，凭借毕沅的收藏和财力，或搜求善本古籍、校勘、辑佚，或根据各人所长，分工撰述，数十年间完成了不少有价值的著作。我们下面谈到毕沅的学术成果，当然包含着幕中学者的贡献。

天下文章，出于幕府，这原是前人标榜夸大之词。过去，某些学者，常津津乐道于毕沅署名的一些著作究出何人之手的问题。作为学术的考察，搞清一部著作的作者及成书，是必要的。但抑扬过分，立论失当，就不免流于谬误了。

其实，毕沅是一个很有学问的人。他少长乡里，长历大都，"虽官至极品，铅椠未曾去手"[1]。他的博学多得力于他的从师、交游与好学，"凡遇通儒，皆征硕学，初识故元和惠徵君栋，得悉其世业，继与今嘉定钱詹事大昕、故休宁戴编修震交，过从绪论"[2]。官僚学者中的王昶、王鸣盛、阮元等，幕中的众多名士，毕沅都以师友待之，求教磋商。像钱大昕，曾与毕沅在翰林院共事，二人常"论文道古，数共晨夕"，后虽分离，但毕沅"每有撰述，必先寄示"[3]，以征询钱氏意见。毕沅的治学态度也相当严谨，"辄以众文多诬，纠辨为

---

[1] 《潜研堂文集》卷42《太子太保兵部尚书湖广总督世袭二等轻车都尉毕公墓志铭》。

[2] 毕沅：《经典文字辨正书序》。

[3] 《潜研堂文集》卷42《太子太保兵部尚书湖广总督世袭二等轻车都尉毕公墓志铭》。

先，既能审厥时讹，必当绍其绝诣"①。时人称毕沅"识鉴宏远"，可谓言之不虚。他的一些著述，尽管有幕宾协助，甚至代作，但却是代表他本人学术的眼光和功力，体现他的思想的。正如章学诚所说："虽为拟笔，实皆幕中讨论之辞，制府（毕沅）欣然首肯。"② 就很透露了所谓代作的真情。

今天看来，纠缠于毕沅的每一部著作究竟是己出还是他人代作，并无多大意义。更重要的是，要探讨毕秋帆数十年间经营人才幕府的作用及其所成著述的价值、倾向和在清代学术史上的贡献，如果将毕幕视为一著作局，每一部书当然不能求之于主编一一撰述。何况毕沅"少嗜著述，至老不辍"③，"每遇古书善本，校而录之"，"勤学富著述，从少至老，无一日废书"④，以毕生精力从事著述的贡献是应该肯定的。

三

毕沅传世之作，刊行的约二十余种，大多收在他辑印的《经训堂丛书》里。其中，经部七种，《传经表》《通经表》为群经授受源流之属，由洪亮吉代作，余则小学之书。毕沅自称："训诂好信雅言，文字默守许解，经礼则专宗郑学。"⑤ 对汉学是很推崇的。但他既不像阎百诗专治一经，也不像戴东原遍究群经，他对经学的注意力几乎全在小学——文字、音韵、训诂之学。看看他的《说文旧音》《经典文字辨正书》《音同意异辩》诸书，他的所谓治经，是在钻研汉学家治学的方法路子，而不是溺于儒家经典的烦琐考据。运用"考据"这个法宝，来治他的经世致用之学。故于金石、地理之学中，常能发前人之所未发，有所创新。如《山海经》里有"凌门之山""杨纡之山"，历代地理家不知其所在，多疑其在域外。毕沅据音韵声转，断

---

① 《经典文字辨正书·序》。
② 《跋代毕制府撰湖北通志·序》。
③ 《春融堂集》卷52《兵部尚书都察院右都御史湖广总督赠太子太保毕公神道碑》。
④ 《弇山毕公年谱》。
⑤ 毕沅：《夏小正考证·序》。

定"凌门之山,当即龙门之山,今陕西韩城是;扬纡之山,当即秦之扬纡,今陕西潼关是"①。至于对正统的十三经,毕沅只拿原在《大戴礼记》中的《夏小正》作考注,那也是很显示出他的眼光的。

与此相反,毕沅对儒家经典以外的诸子之学,却表现了浓厚的兴趣。《墨子》一书,因《非儒》诸篇,孟子启其攻端,说"杨墨之道不息,孔子之道不著",疾之若仇。故具有朴素唯物主义倾向的墨家学派,几千年来,向为正统儒家所薄,被排斥压抑,无人肯传其学说。《四库全书总目提要》说:"墨家者流,史罕著录,盖以孟子所辟,无人肯居其名。"就是很含蓄婉转地说出了儒家排墨,连书籍著录都很困难的情形。而《墨子》一书,至清代已残缺不全,加之"其注不传,无可征也"②。清代学者在大规模整理古代典籍中,才有卢文绍、翁方纲、孙星衍互校《墨子》,略有端绪,毕沅继其成,"遍览唐宋类书、古今传注所引,正其伪谬,又以知闻疏通其惑"③,于乾隆四十八年(1783年)成《墨子集注》。毕沅在其书《叙》中直截了当指出诽墨始于孟子,是因《墨子》"非儒"为孟子"嫉之"。接着提出作为一种古代典籍,《墨子》"不可忽也"。并引《墨子·鲁问篇》:"凡入国必择务而从事焉。国家昏乱则语之《尚贤》《尚同》,国家贫则语之《节用》《节葬》,国家熹音湛湎则语之《非乐》《非命》,国家淫僻无礼则语之《尊天》《事鬼》,国家务夺侵凌则语之《兼爱》。"毕沅评价说:"是亦通达经权,不可訾议。"明明白白地给以赞扬肯定。又说:"又其《备城门》诸篇,皆古兵家言,有实用焉。"阐明了《墨子》一书在军事上的价值。显然,毕沅的着眼点在经国致用,而非墨守经典。

毕沅及其幕,无论是校订还是考注,都很注重古籍版本。广为搜罗,务求参见各家,明其异同。如他校正《吕氏春秋》,所据就有元人大字本、李翰本、许宗鲁本、宋启明本、刘如宠本、朱梦龙、陈仁锡奇赏汇编本七种之多。考注《夏小正》,所见各家除《大戴礼》

---

① 毕沅:《山海经新校正序》。
② 孙星衍:《墨子校注后序》。
③ 毕沅:《墨子》叙。

外，在宋有朱熹本、关浍本、付松卿本、王应麟本，在元有金履祥本，在清有黄淑琳本、秦惠田本、卢文绍本、戴震本、孔继涵本等十余种。但毕氏博采而不滥，工于鉴别，择善本、古本而从之。他著《老子道德经考异》时，"所见《老子》注本不下百余种，其佳者有数十本，唯唐付奕多古字古言，多为世所希传，故就其本互加参校。间有不合于古者，则折衷众说，以定所是"①。取各家所长，追本溯源，究典籍本意，以存其真，这即是毕沅在校勘学上"纠辨为先"宗旨的具体化。他所谓"信书易被古人欺，每到身亲始自知"②，既是他校勘的起点，也是他悉心校订、辛勤考注的切身体会。古代典籍，流传中常被窜改，毕沅"纠辨为先"以求其真的精神，无疑是一种真知灼见，也是他在学术上取得相当成就的原因之一。然而，他的"纠辨"墨守汉学，有时达到迷信地步。毕沅说："字不从《说文解字》出，不审信也。"③ 比之戴东原的"一字之义，当贯群经、本六书，然后为定"④ 的科学分析方法，毕沅还是有很大距离的。

四

清代的朴学，在批判明人不学无术、束书不观的空疏习气上，跨进了一个时代，达于极盛。但士大夫以理学相标榜，仍有很大势力。而文字狱的屡兴，又使考据脱离了清初顾亭林、黄梨洲所开创的道路，以经学考据为正宗，日益鲜言经世。乾嘉中，一些学者，如钱大昕、洪亮吉、章学诚等人，或考证史书，或高谈史论，或补阙辑佚，或开拓史学新领域，力图把经世致用的思想落实在史学上，从而为朴学寻求一条出路。应该承认，这是清代中叶学术上的积极因素，而且确实为后世留下了宝贵的遗产。综观毕沅及其幕的学术活动，明显的有一种倾向——重于史学建树，其中尤以历史地理学、金石学、编年史的撰修、编纂、辑注为突出特点。

---

① 毕沅：《道德经考异序》。
② 《灵岩山人诗集》卷25。
③ 《道德经考异序》。
④ 《戴震集·与是仲明伦学书》。

毕沅在"官事之暇,于地理尤所究心"①。他的治地理之学,始于校注《山海经》。从时间上看,《山海经新校注》成于乾隆四十二年(1781年),后三年,地理学专著六种才次第成书。《山海经》自古号称奇书,在两汉被视为"考贞异变怪"的神话传说,斥它恢怪不经。《汉书·艺文志》将其列入形法家之首,《四库》归入小说家。但是,北魏郦道元注《水经》,唐李吉甫撰《元和郡县志》,山名水道,多有相合者。郦道元尝以"经传所纪方土旧称,考验此《经》,山川名号,按其涂数,十得者六。始知《经》云东西道里,信而有征,虽今古世殊,未尝大异"②。尽管它的丰富内容还未被完全认识,但作为一部古地理书的价值,已经为学者所重,"后之撰述地理者多从之"③。故毕沅从校注《山海经》入手,熟悉中国古地理学的记载流变,是很有道理的。他对《山海经》的地理考证以《水经注》为本,"自九经笺注,史家地志,《元和郡县志》、《太平寰宇记》、《通典》、《通考》、《通志》及近世方志,无不征也"④。从而为他的地理之学奠定了一个坚实的基础。毕沅校注《山海经》不只是搜求广博,且多有实地考察。嘉庆九年(1804年),郝懿行笺疏《山海经》,就以毕沅《新校正》与吴任臣《山海经广注》为主要参考。称毕吴为"今世名家",指出毕书的特征是"山水方滋,取证耳目","二书于此经,厥功伟矣"⑤。

在《山海经》校注之后,毕沅又辑出了亡佚的《晋书地道记》与《晋太康三年地志》二书。《地道记》为王隐所撰,《地志》著者失载。卷数均不详,作于晋而盛传于齐、梁、北魏。"沈约撰《宋书》,刘昭注《续汉书》,魏收述《魏史》,所征舆地之书,不下数百。然约之州郡,则一本《地道》。昭之注郡国,收之述地形,惟准《太康》。他若郦道元等又皆悬其片言,视若准地。""足知当时言地理者,自两汉地志之外,于三国及泰始之际,则征《太康》,于晋之

---

① 洪亮吉:《晋书地理志补正后序》。
② 《山海经新校正序》。
③ 同上。
④ 孙星衍:《山海经新校正后序》。
⑤ 郝懿行:《山海经叙录》。

东西,则征《地道》,不以别书参之,亦信而有征。"① 然而,这样两部重要的古地理学著作,宋以后渐亡而不传。毕沅与幕僚搜讨群籍,掇集资料,分卷辑成《地志》《地道记》,使湮没数百年的珍贵文献重新面世,于学术界确是大有裨益的。在这两部书的基础上,毕沅又补正了《晋书·地理志》。唐初房玄龄等奉诏修《晋书》,十志中除《天文》《律历》《五行》三志由深通星历的李淳风修撰外,其余多文学之士捉笔。由于撰修人"不究地理学","以卤莽之群材,承史志之重寄,而又不资校众籍,征引他书,固宜其纪传所列,既与志殊,志之前所列又与后殊也"。"以晋武帝太始太康中为定,自惠帝时已略焉,东晋则尤略。"② 毕沅"嗜博观史籍,间以所见,校正此志讹漏凡数百条,又采他地理书可以补正阙失者皆录入焉,分为五卷"③。自此,《晋书·地理志》始为完书。由于晋代版舆,上承三国之瓜分,下值南朝之侨置,建置沿革,所系非轻。故毕沅对《晋书·地理志》的补正,很有意义,正像洪亮吉所说:"益信先生补正是书为不可少也。"④《晋书地理志新补正》,今收入汇刻的《廿五史补编》,在清人补阙正讹"正史"的工作中,毕沅的贡献是不可忽视的。

对方志的整理撰修,是毕沅舆地之学的另一成就。他在陕西巡抚任上,曾委托严长明修成《西安府志》150卷,据说当时参阅的涉及关中的文献资料,就有一千五百种。到武昌后,又嘱对方志纂修有独到见解的章学诚修《湖北通志》。毕沅重地理之学,是认为它"有益于实事实学"⑤。故他对方志的重视没有停留在修几部地方志书,而是延伸到古代的地志。北宋宋敏求的《长安志》,在敦煌石室未发现《沙州图经》《西州图经》残卷前,是宋元间仅存的两部北方地志之一。其书"纲条明析,赡而不秽,可云具体"⑥。是古方志中的成熟之作,一向传世极稀,连闻见广博的王鸣盛也"向求此书而未获"⑦。

---

① 毕沅:《晋太康三年地志·王隐晋书地道记·总序》。
② 毕沅:《晋书地理志新补·正序》。
③ 同上。
④ 《晋书地理志补正·后序》。
⑤ 《晋太康三年地志·王隐晋书地道记·总序》。
⑥ 王鸣盛:《长安志·序》。
⑦ 同上。

毕沅在搜求到《长安志》后，整理校订，重刊问世。王鸣盛读到毕沅校订本后，大为赞赏说："美哉，先生之才大而思之深，超出于流俗绝远也。"①

毕沅一生嗜好收藏，"凡晋魏以来法书、名画、秘文、秘简、金石之文，抉剔收罗，吴下储藏家群推第一"②。以法书名画言，鉴赏家钱泳在毕氏幕中所见就有：唐颜鲁公竹山书堂联句真迹，《尉迟乙僧天王像》绢本，怀素小字《千字文》，五代董北苑的《潇湘图》，元人王叔明的《南村真逸图》等，均为稀世之珍品。后来，钱泳代毕沅选刻《经训堂帖》十二卷，大多就是取自毕氏收藏。至于金石，仅止在陕西数年，就收集了青铜器十三种，瓦当三种，碑铭石刻七百八十种。其中最为珍贵的，当推西周之盄鼎，高汉尺二尺四寸，周四尺八寸，深九寸，两耳三足，作牛首形。据《三礼鼎器图》，应是牛鼎。中有铭文二十四行，计四百零三字。盄鼎在毕沅殁后抄家时下落不明，然而经工于篆籀的幕僚钱坫考释，铭文赖以留存，为以后研究西周社会形态和生产关系，提供了极难得的论据，百余年来，一直受到学者们的重视。

毕沅的金石学不只以收藏见著，且以考订撰述驰名。所作《关中金石记》《中州金石记》及与阮元合撰的《山左金石志》，均为清人分地之金石记载中最负盛名的著作。清代有成就的学者，大多都注意到了金石"与经史相表里"的关系，因为"金石铭勒，出于千百载以前，犹见古人真面目。其文其事，信而有征"③。而分地记载的金石著录，无论以收采的完备，考证的精详，都超越了开创金石学的宋代。例如北宋元丰间，曾有田概的《京兆金石录》6卷，范围仅限京兆一地，著录仅纪撰者年月姓名。但毕沅所记金石，既扩大了著录的地域，且"钩稽经史，抉摘异同，条举而件系之……沿波而讨源，推十以合一，虽曰尝鼎一脔，而经史之实学寓焉"④。通过对金石铭勒

---

① 《长安志序》。
② 《弇山毕公年谱》。
③ 钱大昕：《关中金石记序》。
④ 同上。

的考订，"兴灌溉之利，通山谷之邃，修明疆界，厘正祀典"①，使经世之务获于稽古。这些，都是毕氏金石学的贡献与可贵。但是，考证的疏漏错误，亦多不免。试举《大秦景教流行中国碑》为例。这块碑铭是研究基督教传入中国的最珍贵的记载，初发现于明天启三年（1623年），毕沅抚陕时，碑藏西安崇圣寺。《关中金石记》著录了《景教碑》，毕沅大量征引，考证大秦即波斯，并据碑文说，贞观十二年（638年），"应是大秦僧人入中国之始"。可是，景教为何教这个很重要的问题，毕沅却回避了。他所谓"两国所奉宗教略同"的结论，概念含混，显然是错误的。

毕沅史学成就的最大贡献，是编年体史书《续资治通鉴》的撰修。自北宋司马光《资治通鉴》问世后，模仿续书者代不乏人。南宋李焘的《续资治通鉴长编》，李心传的《建炎以来系年要录》，体例几依《通鉴》。明代，有陈桱的《通鉴续编》，薛应旗、王宗沐各自撰述的《宋元资治通鉴》。"但陈书义例全袭《通鉴纲目》，内容也疏舛过甚，王书年月差错，事迹脱落；薛氏表彰理学，失于空疏。"②同时，三书于辽金正史束而不观，仅据宋人记载，略及辽金继世年月，荒陋过甚。清初，徐乾学编纂《资治通鉴后编》，由史学名家万斯同、胡渭、阎若璩等排比正史成书，但因资料缺略，繁简不一，失于裁制，虽远胜于明三家续《鉴》，仍非善本。"故全部改作，实为学界极迫切的要求。"③毕沅有志于续书，数十年间，"凡宋元以来事迹之散逸者，网罗搜绍，贯穿丛残，虽久典、封圻，簿领、余闻，编摩弗辍"④。约集幕府宾客，重加修订，成《续资治通鉴》220卷。由于此时四库馆开，宋元佚书陆续从《永乐大典》中辑出多种，纵横浏览，闻见广于前人。加之毕幕学者云集，章学诚等人参与商订义例，王昶与之讨论著书宗旨，邵晋涵、孙星衍等襄助其事为之校订，钱大昕等人复勘全书，洪亮吉通释地理，《续资治通鉴》较徐乾学《后编》又大大前进了一步，成为诸家续《鉴》中最好的一种。梁启

---

① 洪亮吉：《关中金石记跋尾》。
② 周予同主编：《中国历史文选》下。
③ 梁启超：《近三百年学术史》。
④ 《弇山毕公年谱》。

超以为有毕《鉴》则各家续《鉴》可废，评价是很高的。

毕沅《续鉴》胜于以往续《通鉴》书的，大致有如下几点：

第一，取材宏博，考证谨严。我们曾据该书"考异"的引书做了一个粗略的统计，发现总引资料达三百余种。中多辑本亡书，兼及金石碑刻、近代学者研究宋元史的新成果，取材的范围是大大开阔了。全书仿司马光《通鉴考异》之例，撰有"考异"千余条，对所叙事件资料的异同，排比分析，明其取舍，系于文中。通过对原始资料的校勘，择可信有据者从之，修史的态度是客观而严谨的。

第二，宋史部分的记叙中，克服了"宋人好述东都之事"的弊病，纠正了以往宋史专著详北宋略南宋的缺点。《续鉴》宋史部分（含辽、金、西夏）182卷，其中北宋97卷，南宋85卷，材料编排大体合理。

第三，毕沅声称《续鉴》以"据事直书，善恶自见"[①]记录史事，删去《通鉴》发挥褒贬、口诛笔伐的"臣光曰"评论，是对《通鉴》的积极改造。

第四，继承了《通鉴》的优良传统，不述异，不语神怪，使神学迷信的色彩大大地减弱了。

第五，对少数民族政权的活动记载，有所增强。以往的宋元编年史，被封建正统的夷夏之防观念束缚，于辽、金、西夏这些少数民族政权的活动，颇多忽略。而《续鉴》增加了不少这几个少数民族政权政治、军事、文化诸方面的材料，从而较为全面地反映了这一民族大融合时期的历史风貌。

毕沅是《续鉴》的主编、总纂，《续鉴》一书的撰修宗旨、体例、材料编排，以至于书名，都由他反复商榷，一一确定，不仅如此，是书所采宋元史实，多经他亲自考订。今本《续鉴》的署名"考异"中，署名"余"的毕沅"考异"数量上仅次于钱大昕，说明《续鉴》的成书，毕沅是倾注了自己的心血的。

当然，也应该看到，一者毕沅终究缺乏司马光的史才与文思，有志续书而无力凝练裁剪，总其成书的水平不高。二者修书计划受条件

---

① 章学诚：《为毕制军与钱辛楣宫詹论〈续鉴〉书》。

的限制，一直未建立一个固定的修史班底，预修诸人，随来随去，书成众人之手，参差抵牾，在所不免。新中国成立后，由容肇祖先生标点、聂崇岐先生负责校勘的《续鉴》初步考正的讹误、遗漏、衍文、颠倒、重复等问题，大小近二千四百余条。这说明《续鉴》撰修得不精细。加之续书时续时断，中多变故。所以，《续鉴》一书，虽则是诸家续《通鉴》书中最好的一种，但上不足以与《通鉴》媲美，下不能与《明鉴》抗衡，存在不少问题，影响了它的史学价值。

综观毕沅的一生，他勤于治学，经史博通，爱才下士，著作等身，在清一代官僚文人中，不愧为一个有识之士。他的生平事迹与学术贡献，是值得注意而有待于进一步研究的。

《兰州大学学报》（社会科学版）1983年第2期

陈诚家世生平考述

刘海花

陈诚是明代著名的西域使者，其传世的《西域番国志》《西域行程记》是明人唯一的西域亲历实录。清修《明史》，不为陈诚立传，其生平事迹见于王鸿绪《明史稿》及江西的几种方志，大多辗转相抄，失于简略，且内容主要述其使西域史实，至于陈诚的家世、仕履、生平中的一系列重大问题，扑朔迷离，一向不得其详，猜测臆断，亦复不少。故作《陈诚家世生平考述》以见其概，并求教于方家。

一

陈诚的家世资料，记载最详尽的是在《竹山文集遗编》中胡诚撰的《故处士赠从仕郎翰林检讨陈公行状》和练子宁撰的《明处士赠从仕郎翰林检讨陈公墓表》文章中，它们也是陈诚父陈同的碑传。这是目前仅见的最权威的可靠材料。依据《行状》《墓表》，陈诚祖籍为江西临川（今江西抚州市），五世祖仕宋为吉州吉水县（今江西吉水县）主簿，遂因家于吉水县同水乡。吉水陈氏，世以儒为业，其高祖曰予成，曾祖曰季文，祖曰仕可，三世皆无仕宦者。

陈诚父陈同，字玉章，生当元末动乱之际，当时"四方豪杰并起，天下骚然"。吉安一带是徐寿辉、陈友谅、朱元璋几大军事势力反复争夺之地。至正十二年（1352年），徐寿辉部陈晋文攻陷吉安，旋即被当地武装罗明远夺回。战乱给人民带来深重的灾难。陈氏家族亦未能免于兵燹，"宗族之罹疾疫、陨锋镝者不下数十人"①。而陈同独置身于这场风暴之外，"既而山泽之豪，有以非义招之者，君好言以谢之，而以计自脱，崎岖穷谷间，滨于死者屡矣，卒不预其事"②。至正二十二年，朱元璋平定江右，社会日渐稳定，经济开始恢复，陈诚父陈同弃文从商，复兴家业，往来于南北。《墓表》说他"携其赀遍游江湖，南极岭海，北抵燕赵，如是者数年"。经商致富后，立返桑梓，课子读书。他为陈诚选择了江南大儒梁寅（人称"梁五经"）为师，专攻礼学，学成后，又送入府学深造，为陈诚日后的科举入仕奠定了基础。陈同"早失怙恃，自知立身之道，博览书史，通大义"。"与人论难，必以理证，人多心服焉。"是颇有声望的一方乡绅。且"轻财乐施。每凶岁，辄发所藏粟，平其直以售，于人不乘危徼利。乡民多德之，称君为长者"。洪武二十一年（1388年），以疾卒于家，年五十一岁。有子六人，女二人，陈诚即其次子。

世代业儒而又非风望显达的家庭环境，以及陈同"北游数千里，览山川之奇胜、都邑之雄壮、人物之富盛"③的经历，不能不对陈诚的思想形成和生活道路发生一些影响。

二

陈诚《明史》无传，其事迹散见于《明史》卷318、《广西土司传》卷321、《安南传》卷329、330、331、332《西域传》中。横云山人王鸿绪《明史稿》为之立传：

> 诚，字子实，吉水人，洪武中举进士，以行人使沙里畏兀儿，立安定、曲五卫。又使塔滩里诏谕夷人。寻偕同官吕让使安南，命还所侵思明地，却其赆。
>
> 还，擢翰林检讨，历吏部员外郎。永乐十一年，哈烈入贡，

---

① 《竹山文集遗编·故处士赠从侍郎翰林检讨陈公行状》。
② 《竹山文集遗编·故处士赠从侍郎翰林检讨陈公墓表》。
③ 《竹山文集遗编·故处士赠从仕郎翰林检讨陈公行状》。

诒诚偕中官李达、户部主事李暹等送其使臣还，遂颁赐西域诸国。诚等乃遍历哈烈、撒马儿罕、俺都淮、八答黑商、迭里迷、沙鹿海牙、达失干、卜花儿、赛蓝、渴石、养夷、别失八里、火州、柳城、土鲁番、盐泽、哈密，凡十七国，谕以天子神圣，中国广大，所以招怀之意。其君长欣然咸欲自达，于是各遣使者随诚等入朝贡。诚辄图其山川城郭，志其风俗物产，为《西域记》以献。帝悦，褒赍甚渥，擢诚郎中，余进秩有差。十四年，哈烈、撒马儿罕、俺都淮与失剌思诸国复遣使入贡。帝嘉其诚，诚偕中官鲁安等送使者归。所过州郡置宴，并颁赐俺的干、亦思弗罕诸部。其明年，诸国复各遣使随诚入贡。帝以诚奉使劳，擢广东参议。十八年，哈烈、撒马儿罕、八答黑商及于阗复遣使贡名马。诏进诚右参政，偕中官郭敬等往诸国报聘。

使还，累官右通政，卒。诚数奉使，辙迹遍西土，所至酋长服其威信，多归附者。①

"子实"乃"子鲁"之误。余皆述陈诚的西域之使。

江西的几种方志中有《陈诚传》，虽详略不一，但大同小异。因此我们移录了《吉安府志》的《陈诚传》以为代表：

陈诚，字子鲁，吉水人。洪武甲戌进士，授行人，诏往北平求贤、山东蠲租、安南谕夷，皆能不辱命。还升翰林检讨，署院事。永乐初，除吏部验封主事，寻升员外郎，扈从北征。升广东参议。时西域撒马儿罕诸番国皆遣使入贡，诏诚报之。跋涉险阻，期年乃至，宣布朝廷威德。还，以《西域志》进，赐予甚厚，擢广东参政，遂乞致仕。诚居官畏慎守职，不妄与人交。居闲三十余年，绝口不挂外事，徜徉泉石，超然世外，时人高之。②

文字上较《明史稿》为简，但却增补了陈诚"居官畏慎守职，

---

① 《明史稿》列传23。
② 顺治《吉安府志·列传》。

不妄与人交。居闲三十余年,绝口不挂外事。徜徉泉石,超然世外,时人高之"等内容,似皆有所本。

清康熙间,大学士徐乾学(顾亭林先生的外甥)曾纂辑《明史列传》92卷,其卷15有《陈诚传》。《明史列传》向无刻本,仅以旧抄存世,笔者未曾寓目。但徐乾学系清代理学名士,史学非其所长。限于体例,该书的《陈诚传》大约也只是一个简略的资料排比。

三

幸运的是经几代学人的不懈努力和潜心追索,有关陈诚生平事迹的大量新资料被发现发掘出来。其中,陈诚《竹山文集》的重新发现和陈诚家族《陈氏家谱》的调查所获,具有特别的意义。使我们有可能对陈诚生平研究得到新的突破进展。

陈诚,字子鲁,又名朴斋,号竹山。① 生于元至正乙巳年(1365年)六月十七日吉时,卒于天顺戊寅年(1458年)九月十七日吉时。② 这一记载,可从有关陈诚的传记资料中得以印证。

(1)陈诚同郡的左春坊大学士翰林侍读学士兼修国史曾棨为之所作《逸老堂记》云:陈诚"自释褐授官,迄今三纪,历事四朝,而年已六十四矣"③。《逸老堂记》作于宣德三年(1428年)正月,据此上溯,陈诚当生于元顺帝至正二十五年(1365年)。明王朝建立时,陈诚年仅四岁。

(2)崇祯十六年(1643年)七月,翰林修撰承务郎、同邑刘同升为陈诚《竹山文集》所写的《序》中说:"先生(指陈诚)以名进士历国朝之久,享年九十有三。"则陈诚卒年应为明英宗天顺二年(1458年)。

(3)谈迁《国榷》载:天顺二年(1458年)八月"署光禄寺事右通政陈诚卒"④。月日与家谱资料略有出入。

---

① 陈诚"又名朴斋",仅见于《陈氏家谱》,可补其他传记史料之失。
② 见杨富学、曾采堂《陈诚史料的新发现》,《新疆历史研究》1987年第1期。
③ 《竹山文集》外篇卷二。
④ 《国榷》卷32。

（4）陈诚于明仁宗洪熙元年（1425年）赋闲，宣德三年（1428年）致仕。清顺治重修《吉安府志·陈诚传》说他："居闲三十余年。"这与陈诚家谱资料的记录和我们对陈诚生卒年的推算是吻合的。

四

明代江西有"文献甲天下"之名，宋元以降，讲学之风盛行，吉水所在的庐陵（吉安府）又号称"文献之邦"，士以经术贡者盛于他处。陈氏世代业儒，陈诚父陈同虽一度外出经商，但致富后"立返梓里，买田筑室，延师命友"①。陈同笃守"遗子黄金满籯，不如教子一经"之古训，诸子各令读书。据陈同说：陈诚"资质虽愚下，而笃于问学"。于是，"具书币束脩，遣使往临江从石门梁先生授礼学"②。"梁先生"者，元明之际江南大儒梁寅，字孟敬，时以经术闻名，人称"梁五经"，又称石门先生。传见《明史》卷282《儒林》。其传世之作著录于《明史·艺文志》。梁寅为一代经学宗师，尤长于礼，故洪武二年（1369年）八月，诏纂修礼书，梁寅首膺其选，征召入京，与徐一夔、刘于、曾鲁、周子谅、胡行简、刘宗弼、董彝、蔡深、滕公琰等共同入修礼馆，③梁寅实为其中的核心人物。辞官归隐石门山中后，四方慕名从学者尝数百人。

洪武十七年（1384年），陈诚初次谒见梁寅，梁寅写了《赠陈茂才子鲁序》给陈诚，《序》云："子鲁言，继今以往，来春将受业于予。"那么，陈诚从学梁寅的时间，应始于洪武十八年春，陈诚二十二岁。梁寅对他这位弟子的印象很好："观其貌端而悫，聆其言谦而实，察其志将益励于学。"④认为是个可造之才。在谈到陈诚的读书时又说："其来学于石门山中，日夕勤励，恂恂然自持，尤颛志于小戴氏之礼学。"⑤讲习之暇，陈诚曾向梁寅请教："藏修必有室，室必

---

① 胡诚：《故处士赠从仕郎翰林检讨陈公行状》，见《竹山文集·遗编》。
② 同上。
③ 《明史》卷285《徐一夔传》。
④ 梁寅：《赠陈茂才子鲁序》，见《竹山文集·遗编》。
⑤ 梁寅：《敬亭记》，见《竹山文集·遗编》。

有名，名必有义，吾之室以敬为名，可乎？"①梁寅大为赞赏，专门写了一篇《敬亭记》以示勉励，希望"使子鲁他日之学于敬亭而有得"②。陈诚从梁寅读书有年，洪武二十四年入吉安府学，又以礼经就质于府学教授易庵父，③学问渐进。

陈诚的科举道路颇为顺利。洪武二十六年（1393年），陈诚应江西癸酉乡试，以礼记中第十二名。吉安府学教授易庵父为此写了《赠陈贡士上春官序》表示祝贺。④

洪武二十七年（1394年）甲戌科礼部会试，陈诚中八十六名。及殿试，以六十三名赐同进士出身，旋即选入行人司充行人。⑤

明代行人司始设于洪武十三年（1380年），"职专捧节、奉使之事。凡颁行诏敕、册封宗室、抚谕诸番、征聘贤才以及颁赏、慰问、赈济、军旅、祭祀，咸叙差矣"。陈诚入行人司正值洪武二十七年（1394年），朱元璋"定设行人司官四十员，咸以进士为之"⑥。后增至三百六十员。明人陆容说："盖国初诸司官不差出，凡有事率差行人。"⑦皇权高度强化，规定行人司官"非奉旨，不得擅遣。行人司官之职始重"⑧。是故陈诚之任行人，品秩只是正八品，但职司所系却是典出王命。

五

宣德八年（1433年），陈诚归田居休时，曾手订《历官事迹》一篇，将个人仕宦履历"逐一开记"，述之甚详，实为陈诚生平之珍贵资料。根据陈诚个人书写的这份履历表，再参照陈诚家谱记录及有关文献，我们即可做出一个简略的但十分可靠的陈诚年表：

---

① 梁寅：《敬亭记》，见《竹山文集·遗编》。
② 同上。
③ 易庵父：《赠陈贡士上春官序》，见《竹山文集·遗编》。
④ 同上。
⑤ 《竹山文集》内篇卷2《历官事迹》。
⑥ 《明史》卷74《职官志》。
⑦ 《菽园杂记》卷6。
⑧ 《明史》卷74《职官志》。

元至正二十五年（1365年）
生，一岁。
明洪武十七年（1384年）　　二十岁
往临江拜谒梁寅，执弟子礼。
洪武十八年（1385年）　　二十一岁
始从梁寅读书，专攻小戴礼记。
洪武二十四年（1391年）　　二十七岁
入江西吉安府学。以礼经就质于府学教授易庵父。
洪武二十六年（1393年）　　二十九岁
应江西癸酉乡试，中第十二名。
"登洪武二十六年癸酉举人"①
洪武二十七年（1394年）　　三十岁
甲戌科礼部会试，中八十六名。
三月初一日　殿试，中六十三名。赐同进士出身。
"登洪武二十七年甲戌进士。"②
三月初九日　选除行人司行人，特命翰林院讲习礼仪。
"初任迪功行人司行人，正八品。"③
五月初九日　为考究经书事往北平布政司征聘老儒赴京。
十月初四日　往西川布政司公干。
洪武二十八年（1395年）　　三十一岁
三月十七日　往西川布政司传旨。
六月十二日　往浙江、福建布政司给散书籍。
九月初五日　为秋粮事往山东开读诏书。
十月初五日　往凤阳祭祀信国公。
洪武二十九年（1396年）　　三十二岁
三月二十四日　往撒里畏兀尔地面招抚鞑靼。
十一月十九日　使安南解决边界领土纠纷。

---

① 《陈氏家谱》。见杨富学、曾采堂《陈诚史料的新发现》，《新疆历史研究》1987年第1期。
② 《陈氏家谱》。
③ 同上。

洪武三十年（1397年）　　　　三十三岁

六月初三日　升除翰林院检讨。

"二任从仕郎翰林院检讨，正七品。"①

建文二年（1400年）　　　　三十六岁

八月初一日　回江西省亲。

建文三年（1401年）　　　　三十七岁

五月初九日　往蒙古塔滩里招抚蒙古部落。

十一月十二日　升广东布政司左参议。

"三任升中顺大夫、广东等处承宣布政司左参议，从六品。"②

建文四年（1402年）　　　　三十八岁

二月十三日　到广东任所管事。

永乐元年（1403年）　　　　三十九岁

正月二十五日，因内官奉使船只在广东遇风，三司官不曾封艚获罪，谪居北京兴州屯田，冬，迁良乡屯戍，历时两年。

永乐三年（1405年）　　　　四十一岁

十一月十六日　除授吏部验封清吏司主事。

"四任承德郎吏部验封清吏司主事，正六品，兼赴内府文渊阁纂修《永乐大典》。"③

永乐四年（1406年）　　　　四十二岁

四月　命赴内府文渊阁与修《永乐大典》。

永乐九年（1411年）　　　　四十七岁

十月　《大典》书成，复回吏部。

永乐十年（1412年）　　　　四十八岁

十月十二日　升除吏部验封清吏司员外郎。

"五任升奉训大夫，吏部验封清吏司员外郎，从五品。"④

永乐十一年（1413年）　　　　四十九岁

---

①　《陈氏家谱》。"广东等处承宣布政司左参议，正六品"误。据《明史·职官志》，布政司左、右参议皆从四品。

②　《陈氏家谱》。

③　同上。

④　同上。

二月十五日，扈从明成祖驾幸北京。

八月初一日　差往西域撒马尔罕、哈烈等国护送使臣，历时三年。

永乐十三年（1415年）　五十一岁

冬，回京复命。"奏进《西域记》一本、《狮子赋》一本、《行程记》一本、西马七匹。"①

十二月初十日　升除吏部验封司郎中。

"六任升奉议大夫，吏部验封清吏司，正五品。"②

永乐十四年（1416年）　五十二岁

再使西域诸国，历时三年。

永乐十六年（1418年）　五十四岁

四月十一日　回国抵达北京。进马十五匹。

五月十一日　升除广东布政司右参议。

十月初二日　起程，仍往西域诸国，历时二年。

"七任升朝列大夫，广东等处承宣布政使司右参议，正四品。"③

永乐十八年（1420年）　五十六岁

十一月初一日　回京复命。进马三十五匹。

十二月初十日　升除广东布政司右参政。

"八任升亚中大夫，广东等处承宣布政使司右参政，从三品。"④

永乐十九年（1421年）　五十七岁

正月　复拟西域之行，以北京皇宫失火，停止四夷差使而罢止。蒙旨放回原籍候用。

六月　离北京由南京搬移家小。

九月十八日　举家还乡。

永乐二十一年（1423年）　五十九岁

二月　吏部差人召回北京。

永乐二十二年（1424年）　六十岁

---

① 《历官事迹》。
② 《陈氏家谱》。
③ 同上。
④ 同上。

五月　复受命出使西域，离京。

九月　太宗卒，仁宗即位，"诏赦天下，停止四夷差使"。陈诚行至甘肃将出塞，被召回。

洪熙元年（1425 年）　　　六十一岁

二月　吏部尚书题奏，仍记名放回原籍，听候取用。"以广东参政任满告老还乡。"①

宣德三年（1428 年）　　　六十四岁

正月　致仕。

宣德八年（1433 年）　　　六十九岁

作《历官事迹》以示后之子孙。

正统十二年（1447 年）　　八十三岁

陈诚《竹山文集》刊行。

天顺元年（1457 年）　　　九十二岁

任光禄寺右通政。②

天顺二年（1458 年）　　　九十三岁

卒于任。③

从这简略的年表中，我们不难看出，陈诚从三十岁选除行人司充行人后，其政治活动大体集中于洪武、建文、永乐三朝，洪熙元年（1425 年）"放回原籍，听候取用"，事实上已退出政治舞台，越三年正式致仕。现在的问题，是如何估价陈诚的仕宦经历。明万历时沈德符跋称："及诚还朝，仅得转布政司参议以还，后亦不显。"认为"陈诚所得止此，是必有说"④。其后，研究者也做过种种猜度。薛宗正《陈诚及其纪行诗》一文，在抄录了顺治重修《吉安府志·陈诚传》后，就曾不无感慨地说："陈诚生平大致可分为两个阶段，前期春风得意，历衔重命，曾为永乐帝求贤、蠲租，收揽民心，又奉诏出使安南和西域，其功可谓大矣。但完成了这一伟业的人物，却仅仅'擢广东参政'，其赐予却谈不上'厚'。这简直比苏武返汉后拜'典

---

① 《陈氏家谱》。
② 《明英宗实录》卷274，《国榷》卷30。
③ 《国榷》卷32。
④ 《万历野获编》卷30。

属国'之职还要低下，可见其后期'致仕'是政治失意的结果。这个评估是否恰当，恐怕还得从明初的政治和陈诚仕宦经历本身做些考察。"

旧志为乡贤立传，多有曲笔，时有隐讳。加之记述失于过简，很难看出人物全貌。《吉安府志·陈诚传》的记载，就是一个明显的例子。据此以评价陈诚，难免失当。

事实上，处在明初政局迭变中的陈诚，既非是个"春风得意"的人物，其后来的致仕，也谈不到是"政治失意"的结果。

吉水陈氏数代无仕宦者，生于鼎革之际的陈同，又逃避远离于这场群雄并起、建功立业的政治机缘。东南平定后，陈同以经商为业，往来四方，以复兴家业为己任。这样一个僻在一隅的普通商人之家，固然有一丰厚的家资，为子孙的教育发展提供可靠的经济保障，但却无法为子孙的仕途提供一个有力的政治背景。同封建时代大多数读书人一样，陈诚选择了以科举求取功名的道路。

明初选拔官僚，以荐举、国子学和科举并重，而科举则较荐举、国子学逊色，只是到仁宣之后，才逐渐形成"科目为盛，卿相皆由此出"的局面。故陈诚进士出身，仅得正八品充行人入仕。虽历衔朝命，"南逾岭海，北抵幽并，东之闽越，西自关陕，至于秦陇河湟，靡不涉历"①，又奉使安南，交涉领土争端，但职重而位轻。越三年，升除翰林院检讨，为正七品。建文三年（1401年），升广东布政司左参议，从四品。

曾为陈诚父陈同写过《墓表》的江西同乡（新淦人）、右副都御史练安（子宁），建文朝"与方孝孺并见信用"②。靖难之变中被执，以死抗争，断舌磔死，"姻亲逮死者百五十一人，戍边者数百人"③。陈诚与练子宁的关系也非同一般。本来，建文帝登极后，封赠朝臣先世告身，陈诚父陈同获"从仕郎翰林检讨"的封赠，陈诚为此请他的乡人（临川人）、四川按察司佥事胡诚撰写了《故处士赠从仕郎翰

---

① 吴勤：《赠翰林检讨子鲁官满归省序》。
② 《国榷》列传卷9《练子宁传》。
③ 同上。

林检讨陈公行状》。陈诚选择练子宁又复为其父陈同撰写《墓表》，一是练子宁在建文朝的显赫地位，二是练子宁与陈诚的私交很好，于是练子宁"予窃悲其言而嘉其意，乃采其说而叙之"，为陈诚父写了这篇传世《墓表》。

建文二年（1400年），陈诚回江西省亲，练子宁曾为题《送翰林检讨陈子鲁归省庐陵诗卷轴》，诗中反映了陈诚与他这位江西籍名人的乡情友谊。

永乐皇帝即位，在建文朝突受重用及与方孝孺、练子宁这些壬午殉难诸臣关系深切的陈诚，自然难逃一劫，不能不受到牵连。"三司官不曾封艍者"云云，不过是一个微不足道的口实罢了。于是先被"留京"，大约是审查甄别，后遭谪贬流放，毫无疑问这是"靖难之变"大清洗的一个余波。毕竟，陈诚与方孝孺、练子宁等人靠得太近，难免有"党附"之嫌。直到明成祖的统治逐渐稳定下来，这场骇人听闻的"瓜蔓抄"才慢慢终止。开始起用建文旧臣，量才加以任用。于是，陈诚得以复官，除授吏部验封清吏司主事。靖难前，陈诚任广东布政司左参议，已是从四品。永乐三年（1405年）十一月任吏部主事，仅正六品。是为降三级重新使用。陈诚在吏部验封司任事的时间并不长，第二年四月，即被选入内府文渊阁编修《永乐大典》，历时五年。

六

也许是陈诚在洪武时曾任行人，奉使过安南、撒里畏兀尔等地的经历，当明成祖"锐意通四夷"开拓海陆路交通时，陈诚便被作为理想的人选推荐给永乐皇帝。翰林学士兼左春坊大学士胡广记其事曰：

> 永乐十一年秋，上遣中使劳来之，择廷臣之能者以佐其行。众推吏部验封司员外郎陈诚子鲁才可当之。子鲁在洪武间以名进士为行人，辙迹遍四方，尝使子撒里畏（原本作"长"，误）吾儿，立安定、曲先、阿端五卫，又使塔滩里，招携胡虏，最后使

安南取侵地，以书反复晓其王，厥声甚彰。然则是行也，舍子鲁其谁欤？①

胡广的说法，简直有点西域之使非陈诚莫属的味道，推崇备至。但是，正像其他文献资料所反映的那样，胡广又透露出这样一个事实：明成祖"奉使多用中贵，西洋则和、景弘，西域则李达，迤北则海童，而西番则率使侯显"②。几次西使的使团，都任命李达等内官担任正使，陈诚始终是以"典书记"一类的职务"以佐其行"。即便是这样，由于陈诚在西使中的巨大贡献，明成祖对陈诚奉使之劳仍给以充分肯定和很高奖赏。从永乐十一年（1413年），陈诚以吏部验封司员外郎（从五品）参加使团，到永乐十六年完成了二使西域回国，升除广东布政司右参政，为从三品，其间也不过是六七年的时间，品秩四迁，官不谓不达。对像陈诚这样一个靖难后一度流放充军的人来说，可谓"皇恩浩荡""赏赉有加"了。

永乐年间，陈诚虽升任广东布政司右参政，但实际上并未去广东视事。长期以来，陈诚是作为西域特使住在京城，"仍在吏部关支"③。仁宗即位，明政府的对外政策发生了一个大的转折，仁宗在即位时宣布的"诏赦天下，停止四夷差使"，已是作为新皇帝登极时的一个姿态来公之于世的。其《即位诏》中，关于西域方面的政策十分明确：

> 往迤西撒马尔罕、失剌思等处买马等项，及哈密取马者，悉皆停止。将去给赐缎匹、磁器等件，就于所在官司入库，马、驼、骡匹官给者，仍交还官；系军民买办者，给还原买之人；原差去内、外官员，俱限十日内起程赴京，不许托故稽留。④

所以，陈诚于"永乐二十二年甲辰岁四月初四日，又往西域诸番

---

① 胡广：《送陈员外使西域序》。
② 《明史》卷330。"和"指郑和，"景弘"指王景弘。
③ 《历官事迹》。
④ 《明仁宗实录》卷1。

公干,赐盘缠钞五千一百贯。五月出京,行至陕西甘肃。将出塞间,九月十日闻太宗皇帝宾天,遗诏仁宗皇帝即位,复诏赦天下,停止四夷差使。取回。十一月终到京"①。

仁宣之际,统治者更多地注意到国内问题,对外关系上一反永乐时的积极进取政策,日趋消极保守。明初中西交通的黄金时代结束了。洪熙元年(1425年),陈诚年已六十一岁,"吏部尚书蹇义题奏,仍行记名,放回原籍,听候取用"②。实际上在宣德三年(1428年)才正式致仕。年事日高,使西域差使罢止,陈诚的致仕赋闲,也是情理中事,谈不到是"罢官"或"愤而辞官"③。

七

陈诚归里后,生活颇为安定,寄情山水、优游林下三十余年。从《竹山文集·居休遗稿》和友人诗文中看,他懂理家业,营建别墅,课子读书,诗酒会友,悠然自得。命堂曰"逸老堂",命园曰"奈园",其"恬澹夷逸之怀,优游闲适之趣,既可见矣"④。《居休遗稿》四十首及佚诗若干首,很能反映陈诚晚年的生活。陈诚晚年生活并不寂寞,"知音无俗客,讲道有英才"。他仍然生活在一个休闲的文人圈内。陈诚营造别墅后,有一首《题荆林别墅》云:"旧住前村岁月深,新营别墅徙荆林。烟霞泉石耽佳趣,弟宅田园遂夙心。令子贤孙书自读,芳邻贵戚酒同斟。辋川盘谷尽陈迹,留得清名照古今。"这颇能反映陈诚晚年远离尘世归隐终老的生活。"留得清名照古今",陈诚可以说是死而无憾了。

陈诚《居休遗稿》中有一组题画诗,表现了陈诚居休生活中的一种高雅情趣。诗作朴实无华,不事雕琢,自有一种韵味在。如《题画蜀葵》云:"潇洒精神雅淡妆,黄金冠盖绿罗裳。秋香不逐天风散,祇管倾心向太阳。"另一首《梅花五雀图》云:"不忆罗浮梦,幽栖

① 《历官事迹》。
② 同上。
③ 薛宗正:《陈诚及其西域记行诗》。
④ 曾棨:《逸老堂记》。见《竹山文集》外篇卷2。

心自怡",反映的是作者本人宁静恬淡的一种超然心态。从题画诗的数量看,陈诚的书画作品不多,亦不传世,大约只是文人晚年的自娱之作。其余,都是为友人的题画诗。如《题王学士画竹》:"袅袅銮坡上,高枝不可攀。夜深风月静,分影到人间。"确实是诗画相映的绝妙意境。后人评价陈诚"词令工也,风雅裕也",还是有一定道理的。

人老易怀旧,陈诚《居休遗稿》亦不能免。但这类怀旧诗很少凄凉感伤,反呈一种少年壮志气概,这恐怕与他一生的经历有关。如《寄吏部王尚书》:

忆别京华三十春,当时冠盖总情亲。祇今林下相思处,白首知心有几人。

编简初停按牍劳,又酬知己费嗟毫。大冲不叙三都赋,那得东京纸价高。

这位王尚书,应为正统年间做过吏部尚书兼国史总裁的王直。他是陈诚的同乡,江西泰和人。陈诚《竹山文集》编就,王直曾为之作序。虽一在朝一在野,但私交看来是不错的。当时王直的年龄也不小了,故云"白首知心有几人",是老朋友了。

扬州还有一位"张给事",是陈诚西使时的同行伙伴。据下文永乐皇帝致沙哈鲁的国书,可能就是张扶。陈诚在《寄扬州张给事》一诗中说:"昔年曾共驾轺车,异域驱驰十余载。"是回顾他与张给事屡使西域的共事经历。次则说自己蒙圣恩"赐归林壑",过着渔樵归隐的闲适生活。再次表别后的思念之情。毕竟,西使的共同经历,在彼此的一生中,留下了深深的回味。

陈诚的《居休诗》中,还保留了他早年奉使安南的一些诗篇。也许,这里有他当年的归作。如《宿安南丘温县》:

使车连夕驻丘温,东道殷勤礼意敦。炬爇榄油香满座,酒封蕉叶绿盈樽。

啼螀聒耳春声切,毒雾绕空夜色昏。父老拳拳重译问,祇今圣德溢乾坤。

由诗中可知，陈诚奉使安南，交涉丘温县的领土归属纠纷时，曾在丘温县驻留过多日，以便考察现状、志乘，为与安南交涉思明府五县的领土归属问题，做过充分的准备。所以，后到安南，能在《与安南辩明丘温地界书》中，引经据典，言之有据。诗中弥漫的是一种南国风情。另一首《安南女》则描绘了安南少女特有的梳妆："楼叶槟榔染齿唇，短袍叙袂当衫裙，生来总不知簪履，足跣头童老此身。"

陈诚居休的三十余年间，并非不出闾门。他不时出游，与友人徜徉于名山大川，把酒登临，寄情山水。杨富学、曾采堂访获的陈诚家谱资料中，就有《竹山文集》未收的这类题材的诗作若干首。《竹山文集》结集于明英宗正统年间，如以王直作序的正统十二年（1447年）为最后付梓时间，那么，这些逸诗当为陈诚正统十二年至天顺二年（1458年）的诗作。亦即说，是陈诚在83岁至93岁去世十年间的诗作。因此，为《竹山文集》漏收。

从这些诗作中看，他不仅出游过吉安一带的名山胜迹（见《同友游石莲》《重游青原山》等），而且去过南昌，游览滕王阁，其《乙酉重游滕王阁》即为游览之作。甚至，他还远去杭州，观看西湖的龙舟比赛。他在《西湖午日观舟》中写道："橹声摇碎孤忠影，渡竞争传千古忧。"毕竟是人到暮年，西湖竞舟也激发不了他的任何豪情壮志，心境是十分低调的。

陈诚晚年的家居日子并不省心，他在《年老感怀》中诉说道：

　　事欲为人愧老颜，嫌劳偏不获安闲。全无学问功难用，尚有儿孙债未还。

　　硕纵为田多恶岁，花虽想艳是冬山。何时谢却人门傍，自在家园茶树间。

老且老矣，然"嫌劳偏不获安闲"，人事、家事不时冲击困扰着他的居休生活。连年歉收，岁用不敷，一大家人的日子也不好过。"儿孙债"句未详所指，但总是他的一个心理包袱。"人门傍"之

"傍"应为"谤",陈诚晚年家居生活的环境并不平静。《年老感怀》就是他欲安居晚年而又不能的真实写照。

八

天顺元年(1457年),九十二岁高龄的陈诚,被再次起复任用,命为光禄寺右通政。次年,即卒于任。

陈诚于天顺元年(1457年)的最后一次起用,书于宣德八年(1433年)的陈诚《历官事迹》自然失载。仅见于《陈氏家谱》①及《国榷》天顺二年八月乙丑"署光禄寺事右通政陈诚卒"的记载。应是可靠的。杨富学、曾采堂调查到《陈氏家谱》中陈诚《竹山文集》失载的逸诗中,就有陈诚的《到任有作》:

> 到此英雄虽白头,衣冠参拜也风流。西河席没圣人慰,东鲁堂开君子游。
> 群望春风送缕絮,均沿化雨换轻裘。胡州小效今朝用,他日还期布政游。②

从诗中看,"英雄白头"而"衣冠参拜",陈诚显然不是一个虚衔。由江西再赴北京,"他日还期布政游",仍想外放走一走。

陈诚在九十二岁高龄时重新起用,恐与"南宫复辟"有关。"土木之败"被瓦剌也先俘虏的明英宗朱祁镇,送回后禁锢"南宫"七年。天顺元年(1457年)以"夺门之变"重新上台。拥立英宗的徐有贞、石亨、曹吉祥等人,又在朝廷大肆杀戮清洗,杀害爱国忠士于谦等人,"榜示谦党人示天下"③,造成中枢空虚。九十二岁高龄的陈诚竟至重新起用,也从一个侧面反映出明王朝当时政治的昏暗腐败。

---

① 杨富学、曾采堂:《陈诚史料的新发现》。
② 同上。
③ 《明通鉴》卷27。

天顺二年（1458年），陈诚走完了他的一生，卒于光禄寺右通政任上，享年九十三岁。

陈诚晚年曾作《自述画像赞》云：

> 藐焉一躯，腰金纡银。人谓其实，我知其虚。初无超卓之气岸，徒有迂阔之规模。语文章则疏浅之学，较事业亦庸禄之辈。既不愧又不怍，又谁毁而谁誉噫。
>
> 没世之后，使乡里称为善人足矣，岂敢谓杰然者欤！

这篇内心自白，是自己对一生的总结，也是他人生观的直率真情流露。英雄迟暮，他对"谁毁""谁誉"已不在乎，文章、事业，不过尔尔，只要"使乡里称为善人足矣"。昔日辉煌，不过是过眼烟云，"岂敢为杰然者欤！"

九

陈诚的著述，《明史·艺文志》仅著录《西域行程记》二卷。[①] 清修《四库全书》，著录二种："《使西域记》二卷（编修程晋芳家藏本）[②]、《竹山文集》（江西巡抚采进本）。"[③] 黄虞稷《千顷堂书目》著录："陈诚《西域行程记》三卷。"[④] 吴骞《拜经楼藏书题跋记》著录："陈诚《奉使西域行程记》三卷。"[⑤]

《明史·艺文志》著录的"《西域行程记》二卷"、《四库全书总目》著录的"《使西域记》二卷"，当为传世的《西域行程记》和《西域番国志》，应无问题。但《千顷堂书目》《拜经楼藏书题跋记》皆作"三卷"，原书迄今不复得见，不好遽定。推测"三卷本"中，可能增加了陈诚的《狮子赋》一种。毕竟，《狮子赋》也是陈诚奉使

---

① 见《明史》卷97《艺文志地理类》。
② 见《四库全书总目》卷64《史部·传记类存目》。
③ 见《四库全书总目》卷175《集部·别集类存目》。
④ 见《千顷堂书目》卷8。
⑤ 见《拜经楼藏书题跋记》卷2。

西域的一个副产品，收《使西域记》中是有理由的。

但在杨富学、曾采堂调查所获的《陈氏家谱》中，又出现了"《西域文集》十余卷梓行传世"的记载。① 此《西域文集》未见于任何著录，也无人见到"梓行传世"之本，恐怕永远是个谜了。

《西域研究》2005 年第 2 期

---

① 见《陈诚史料的新发现》。

陈诚家世生平续考

刘海花

陈诚，江西吉水人。明洪武、永乐年间，曾五使西域，有《西域番国志》《西域行程记》传世。其生平、业绩、著述一直受到中外学者的关注，研究成果颇丰。但于陈诚在建文新政、靖难之变前后大起大落的这段人生经历，一向隐匿在云山雾障之中，不得其详。陈诚在建文新政期间越五级提升和靖难之变后获罪流放，笔者已在《陈诚家世生平考述》①中做了系统论述，今对陈诚起复再做考察，以见当日情事。猜度臆断处，尚祈指正。

一

永乐元年（1403年）正月，三十九岁的陈诚在广东布政司左参议任上因事获罪，被发配到北京兴州（今河北承德市西南）屯田。洪武中，明太祖曾在此建过左、右、中、前、后五屯卫。冬天，又迁良乡（今北京市西南良乡镇）屯戍，经历了他一生最困难的一段岁月，"二年居此，颇涉艰辛"②。永乐三年，陈诚为明成祖重新起用，再度出山。先是，当年"冬十一月十六日除授吏部验封清吏司主事"。次年"夏四月赴内府文渊阁修《永乐大典》"③。

陈诚与修《永乐大典》是他结束了流放生涯后的初次任用。从大

---

① 王继光：《陈诚家世生平考述》，《西域研究》2005年第2期。
② 陈诚：《历官事迹》，《竹山文集》内篇卷2。
③ 同上。

局看，永乐皇帝的统治逐渐稳定，平反昭雪一些冤假错案，借以收揽人心，消弭朝野间的不平之气，当为情理中事。但具体到陈诚其人，他与壬午殉难诸臣，如方孝孺、练子宁等人的关系过于深切而受牵连，系重点清查惩治对象。流放两年后即被起复任用，是必有说。

考究永乐皇帝即位后的文官班底，探索陈诚的生平交游，发现三件趣事：

其一，永乐首建内阁，七人入值文渊阁，"朝夕左右"，"时言之宫中"，深为永乐亲信倚重。其中五人为江西籍官员，解缙、胡广为吉水人，杨士奇为泰和人，金幼孜为临江人，胡俨为南昌人，几乎是清一色"江西内阁"。

其二，陈诚与首任内阁的"江西帮"大都有同寅经历，兼之乡谊关系，私交非一般可比。七人内阁中非江西籍的杨荣（福建建安人）、黄淮（浙江永嘉人）与陈诚皆有文字之交。

其三，永乐朝官僚集团中的"江西帮"不止内阁五人，举凡政府各要害部门，皆有"江西帮"存在。事无大小，"江西帮"都取共同行动。《竹山文集》中反映出，陈诚回乡省亲、出使西域，"江西帮"皆"各为诗以赠之"，勾连得很紧。

二

根据《竹山文集》及相关材料，我们辑录了陈诚当时交游的江西乡人名单：

解　缙	吉水人	翰林学士兼右春坊大学士
胡　广	吉水人	翰林学士兼左春坊大学士
金幼孜	临江人	翰林学士兼文渊阁大学士
胡　俨	南昌人	国子祭酒兼翰林侍讲
杨士奇	泰和人	翰林编修、左谕德
周　述	吉水人	翰林编修、左春坊谕德
王　英	临川人	翰林侍读
周孟简	吉水人	翰林编修
钱习礼	吉水人	翰林侍读

邹　　缉	吉水人	翰林侍讲兼左春坊左中允
周　　忱	吉水人	刑部员外郎
王　　直	泰和人	翰林修撰
吴　　溥	临川人	国子嗣业
曾　　棨	永丰人	翰林侍读、左春坊大学士
许鸣鹤	吉水人	中书舍人
庞　　叙	吉水人	中书舍人
陈彝训	永丰人	中书舍人
吴　　均	临江人	中书舍人
卢　　翰	南康人	吏部主事
梁　　潜	泰和人	翰林修撰
李　　桢	庐陵人	礼部郎中
练　　安	临江人	吏部侍郎署左都御史
胡　　诚	临川人	四川按察司佥事
陈　　循	泰和人	翰林修撰

以上，当然不是一个完整的名单，也非全都在陈诚的起用上施加过影响。但引起我们瞩目的是解缙、胡广、金幼孜、胡俨、杨士奇等几位永乐朝的天子近臣。

解缙、胡广等人是在靖难之变中"迎附"朱棣继大统的人物。明成祖即位，对这些诚心归服新朝的旧臣宿儒，给予加官重用。明成祖创设内阁，首命解缙与杨士奇、胡广、杨荣、金幼孜、黄淮、胡俨"并直文渊阁，预机务。内阁预机务自此始"①。明成祖对解缙等人曾说："尔七人朝夕左右，朕嘉尔勤谨，时言之宫中。"② 可见明成祖对他们的信任倚重。内阁七人之中，有五人是陈诚的江西同乡，解缙又是编修《永乐大典》的总裁，他们与陈诚有不同程度的交往，乡谊、私交都可能起些作用。虽然我们没有直接的材料印证，但以理揆之，陈诚起用和入选《永乐大典》书局，当与这些成祖近臣有关。至少，他们中的某些人是施加过影响并有可能鼎力相助的。

---

① 《明史》卷147《解缙传》。
② 同上。

三

解缙，字大绅，江西吉水人，小陈诚三岁（洪武元年，1368年生），但中进士却在洪武二十一年（1388年），早陈诚六年，年仅二十岁，可谓少年得志。以翰林庶吉士改御史，为言官近臣。解缙锋芒毕露，恃才傲物，为明太祖不容，洪武年间两次受罚被谪。建文即位，召入为翰林待诏。靖难之变后，列名于群臣劝进表中，是迎附朱棣继位的知名人物。解缙才学过人，很快就得到明成祖的欢心赏识，以文渊阁大学士侍奉于成祖左右。解缙与陈诚同郡同邑，洪武、建文朝又有同僚之谊。如今身处权力中枢，自然不会对远在北方屯戍的陈诚置之不顾。从《竹山文集》所收缙绅与陈诚交往的诗文看，陈诚与解缙的私交不错。建文二年（1400年），解缙曾应陈诚之请，为之撰写《黄帷记》。①

同年，陈诚任翰林检讨官满回庐陵省亲，"陈诚乡人之仕在京者，各为诗以赠之"②，解缙则为之作《送子鲁陈翰林还江西序》③，序文中解缙对他这位年长几岁的吉水同乡的为人、品德是十分了解的，而且心悦诚服，说"子鲁之待人无偏心，故其自处无烦心；子鲁之行听于天，故天亦惟听之也"。评价陈诚"不沾沾以求媚，不汲汲于近名，不跃跃于求得，不瞿瞿于患失。既不以得失为心，故不以事物为累"，二人"与心相知"，私交至为密切。

明成祖即位之初，除赏赐随他"靖难"的一批军功贵族外，对解缙这些儒士文臣尤为倚重，做出种种姿态以消弭朝野间的不平之气。解缙以才气名重一时，深得成祖宠信，"朝夕左右"，以备顾问，建言说话的机会很多。因此，陈诚起复任用也就是情理之中的事了。

再论陈诚与胡广的关系。胡广亦为江西吉水人，生于明洪武三年（1370年），小陈诚七岁。胡广，字光大，号晃庵，建文二年（1400

---

① 《陈竹山文集》外篇卷2。
② 解缙：《送子鲁陈翰林还江西序》。
③ 《陈竹山文集》外篇卷2。

年）以对策擢进士第一，赐名"靖"，授翰林院修撰。时陈诚任翰林院检讨，同邑而又同事的机缘，自然使二人关系非同一般。下引诗文中，颇可窥见当日情势。

靖难之变后，朱棣即位，胡广复旧名，与解缙一起被选为翰林侍从之臣，自侍讲累官至文渊阁大学士。一时制命典策，多出其手。胡广敦厚周慎，居官缜密，存心以爱人为要，深得成祖信赖。明成祖出巡征伐，必命胡广充侍从，备顾问，永乐一朝，始终恩宠不衰。在陈诚这位同乡的起复上，胡广是完全有能力起作用的。

永乐十一年（1413年），陈诚奉命出使西域，与陈诚交游的朝廷同仁皆赋诗以赠之，翰林学士兼左春坊大学士胡广作《送陈员外使西域序》书于卷端。《序》称：

> ……永乐十一年秋，上遣中使劳来之，择廷臣之能者以佐其行，众推吏部验封员外郎陈诚才可当之。子鲁在洪武间以名进士为行人，辙迹遍四方。尝使于撒里长（当为"畏"）吾儿，立安定、曲先、阿端五卫（"三卫"之误）。又使塔滩里，招携胡虏。最后使安南取侵地，以书反复晓其王，厥声甚彰。然而是行也，舍子鲁其谁欤。昔者使于外国者，非择果勇之士，则必智术之人，其侥幸成功于数万里外，鲜有不取败辱者。国家以德绥万方，遐邦异域，不令而化，无所用乎果勇智术，故独取忠厚笃实之士而使之。盖示以诚信，俾益知所尊向。不然，则所择者傅介子、班超之徒，又恶用夫章缝之流哉。吾知子鲁之将命，必能使远人益化于观感之间，则不负于所择矣。①

从《序》中看，胡广对陈诚的品格才能是深切了解的，出于"德绥万方"的国策，以为陈诚是西域使者最恰当的人选。全《序》流露出对陈诚的欣赏，并寄予厚望：

> 子鲁宜考其山川，著其风俗，察其好尚，详其居处，观其服

---

① 《陈竹山文集》外篇卷1。

食，归日征诸史传，求有合焉者，则予言为不妄也。他日国家修纂志书，稽诸西域，以见声教之达，其有待于子鲁之是行乎。①

永乐十三年（1415年），陈诚使西域回国，胡广有七律三首相赠。② 陈诚与这位永乐新贵、吉水同乡的莫逆之交，于此可见一斑。

金幼孜生于洪武元年（1368年），小陈诚四岁，是毗邻吉安府的江西临江人，与陈诚也是同乡之谊。金幼孜，号退庵。建文二年（1400年）进士，授户部给事中。朱棣即位，改翰林院检讨，与解缙、胡广等同充天子侍臣，务机要。成祖巡狩，皆与扈从。金幼孜为人简易温裕，泛爱无所忤，学问渊博，文章丰畅，深得成祖宠信倚重。建言起用陈诚，对他来讲，不过是小事一桩。他与陈诚的私交，今存诗文中都有反映。

金幼孜曾作《陈大参画像赞》，对陈诚的品格极为推崇。其《赞》曰："绩学乡郡而发身科第，列官词林而亲承于帝制。怀谨畏以自持，守俭约而不肆。适遭遇于圣明，遂超跻于秩位。爰周历于遐陬，重敷宣于德意。恒夙夜以兢兢，戒渊冰于颠坠。浩乎而气益充，毅焉而操愈厉。于乎！是所以永保终誉而克享富贵者也。"③

陈诚西使回国，金幼孜又有诗相赠。④ 从诗文中不难看出，陈诚与金幼孜的乡谊、私交都很密切。

内阁中的胡俨，字若思，是江西南昌人，是陈诚的大同乡。生于元至正二十一年（1361年），年长陈诚五岁。成祖即位，以解缙荐，授翰林院检讨，寻迁侍讲，充天子近臣。他与陈诚的文字之交仅见一首送行诗。诗云："旌旗西征逸气雄，玉关春早听鸣鸿。紫驼夜渡交河日，骢马晨嘶翰海风。古碛黄河行处见，寒烟白草几村同。莫言万国昆仑外，总在是仁覆育中。"⑤

内阁中的另一位江西同乡是杨士奇。他是泰和人，与陈诚的家乡

---

① 《陈竹山文集》外篇卷1。
② 同上。
③ 《陈竹山先生文集》外篇卷2。
④ 《陈竹山文集》外篇卷1。
⑤ 《陈竹山先生文集》外篇卷2。

庐陵同属吉安府，两县离得很近，乡谊胜于他人。又与陈诚同龄，都生于元至正二十五年（1365年）。他给陈诚的题赠诗文中，常署"同郡杨士奇"。杨士奇建文初年以"荐举"入翰林院，充《太祖实录》纂修官，后任吴王府审理副，仍兼史馆职，时陈诚任翰林院检讨，与杨士奇同衙供事。同郡而又同事，自然过从甚密。杨士奇曾有一篇《陈大参画像赞》相赠。①

杨士奇与陈诚一直保持着良好的私人关系，直到陈诚致仕归里后，仍有书信往来。杨士奇为陈诚所作的《柰园记》中说："君以洪熙元年解组归里，后三载致书与余曰：老臣无一金遗后，仅有柰一株，昔年使西所得者，今成林矣，幸为我记之。余喜君之能忍耐而成君命也，于是乎书。"②

明成祖信任倚重的七人内阁中，非江西籍的只有杨荣和黄淮。杨荣是福建建安府（明初以建德路改名，治所建德县，今浙江建德县东北梅城镇）人，黄淮是浙江永嘉（今浙江温州市）人。都与陈诚有文字之交。其中杨荣与陈诚的关系始于建文朝。建文二年（1400年），杨荣进士及第，授翰林院编修，因与任翰林院检讨的陈诚交往。后来，杨荣在《送大参陈君归庐陵小序并歌》中记其事云：

> 予时至京师，与吉郡陈君子鲁为同寅，情谊相好也。其后子鲁拜广东参议，以事谪居良乡，用荐再起，历吏部验封主事转员外郎，升郎中。屡使绝域，官至广东参政。兹以恩命赐归其乡，荣耀至矣。予以故旧情不能舍，为赋此赠别，且以谂予之私焉。

杨荣所谓的"予始至京师，吉郡陈君子鲁为同寅，情谊相好也"，即指同在翰林院供职的同寅经历，"情谊相好"，"自我来京师，同君处词林。心亲迹更密，谊重情亦深"。情谊深厚，关系自然非泛泛之交。陈诚遭贬流放，杨荣断不致不援手相救。陈诚于宣德三年（1428年）正式致仕，离开朝廷。杨荣"申章以为别，悠悠千里心"，流露

---

① 《陈竹山文集》外篇卷2。
② 同上。

的是一种依依不舍之情。杨荣后来在题《陈大参画像赞》中颇多溢美之词。①

　　杨荣性机敏，善观察形势，揣摩帝意，在明成祖的代言近臣中处于十分特殊的地位。朱棣将入南京，杨荣迎驾，问朱棣说："殿下先入城耶？先谒孝陵耶？""燕王悟，遂谒孝陵，毕，入城。"②深得明成祖信赖，大事悉令参决。杨荣历事四朝，在阁三十八年，以善断称，大政难决者，片言即决。以杨荣在永乐朝的地位而言，在陈诚起复任用上，是完全有能力起作用的。杨荣《序中》"以事谪居良乡，用荐再起"及诗中所谓"复起振羽翮，鸾凤相和吟"，必有所指。应该是说得很明白的。人缘、机缘不错的陈诚因这一批永乐朝中枢人物的关系而得举荐，重新起用。

四

　　陈诚在永乐朝的人际关系当不限上述诸人，同为江西吉水人的翰林编修周孟简、翰林编修兼左春坊谕德的周述、翰林侍读钱习礼、翰林侍讲兼左春坊、左中允的邹缉、刑部员外郎的周忱、中书舍人的许鸣鹤与庞叙，江西临川人翰林侍读王英、国子嗣业吴溥、四川按察司胡诚，江西永丰人翰林侍读兼左春坊大学士曾棨、中书舍人陈彝训、江西泰和人翰林修撰王直、翰林修撰梁潜、翰林修撰陈循，江西临江人中书舍人吴均，江西南康人吏部主事卢翰等等，皆与陈诚保持着良好的私人关系。

　　考察了陈诚与明成祖即位后这批天子近臣的关系，诚在流放二年后于永乐三年（1405年）的很快起用也就不难理解了。中枢有那么多人建言说话，这个机缘并不是每个人都有的。

　　陈诚于永乐三年（1405年）重新起用，十一月十六日除授吏部验封清吏司主事。次年四月，"命赴内府文渊阁预修《永乐大典》"③。

---

①　《竹山文集》外篇卷2。
②　《明史纪事本末》卷16。
③　陈诚：《历官事迹》。

当时，主持其事的正是陈诚的同乡、挚友解缙。

永乐朝首任内阁"江西帮"的崛起，是值得研究的。前列名单中，江西籍文官集团的阵容强大，是很说明问题的。限于篇幅，容再稽考。但陈诚的起复任用，足证这一帮派的实力。

《西域研究》2006 年第 1 期

陈诚及其《西域行程记》与《西域番国志》研究

段银霄

明代的中西交通，因郑和七下南洋、开通海路的盛举，多少使陆路交通显得有些黯然失色。尤其近百年来，中外学者对郑和率领宝船队遍历南洋诸国事迹的关注和研究，高潮迭起，陆路交通往往被掩盖，陆路使节和旅行家亦受冷落。其实，有明一代，域内域外交通的繁荣活跃。岂止南洋一路：丝绸古道虽曾遭受过宋元时代的战乱破坏，但也经历了蒙元大帝国的开拓扩展，迄明初近百年间，仍不减汉唐气象。漠北的鞑靼、瓦剌，尽管与明王朝不时处于战争状态，然相互奉使不绝，政治联系和贸易往来始终在曲折地推进。而辽阔的藏族地区，由于蒙古人的征服和经营，不仅纳入中原王朝的直接统治之下，而且也成为通向南亚诸国的一条新的通道。清代的封建史家在描绘明初中西交通之活跃时说："洪武中，太祖欲通西域，屡遣使诏谕"，"自成祖以武定天下，欲威制万方，遣使四出招徕。由是西域大小诸国莫不稽颡称臣，献琛恐后。又北穷沙漠，南极溟海，东西抵日出没之处，凡舟车可至者，无所不届"[1]。而"威德遐被，四方宾服，受朝命而入贡者殆三十国。幅陨之广，远迈汉唐，成功骏烈，卓乎盛矣"[2]。其中，陈诚西使就是发生在这"兼汉唐之盛而有之"的15世纪初的一个重大事件。

陈诚西使，有《西域番国志》和《西域行程记》传世，当时，

---

[1] 《明史》卷332《西域传四》。
[2] 《明史》卷7《成祖纪三》。

明代朝野为之瞩目，见于公私著录。清修《明史·西域传》，多所采撷。20世纪初，张星烺、谢国桢诸前辈，或采编行纪，或刊印明抄，于二书的流布，厥功甚伟。① 国外学者，如日本的满井隆行、神田喜一郎等人，亦有介绍研究。② 近年来，随着中外文化交流的加强，中西交通史研究空前活跃，陈诚西使再次引起学术界的关注。1983 年，有鲁深先生《关于李暹及其西行》一文，③ 对李暹其人及西行做了有益的探索，自然也触及与李暹同使西域的陈诚。1985 年，薛宗正先生发表了《陈诚及其西域记行诗》一文，④ 对陈诚西使所历及著述做了较为全面的介绍论述。筚路蓝缕之功，不可忽也。然而，正像薛先生在他的论文结末时指出的：:"陈诚西使乃是明代中西交通史上的一大盛事，其功是不可泯的。但其若干隐蕴的问题，迄今尚未为世注目，值得继续研究。"基于这一认识，本文将对陈诚生平事迹及其西使，著述做进一步的考察。纰谬失当之处，尚祈指正。

一 陈诚的家世与生平

陈诚《明史》无传，其生平事迹仅限于几种方志的简略记载，一向不得其详。然翻检史乘，爬梳探求，明代这位西域使者的家世仕历亦不难考见。笔者最近有幸检阅了世所稀见的陈诚从曾孙陈汝实编辑的《陈竹山先生文集》，不仅重新发现了《西域番国志》传世的最佳版本，而且给我们提供了陈诚家世、生平的大量资料。

陈诚，字子鲁，号竹山。据《竹山集》遗编所载胡诚《故处士赠从仕郎翰林检讨陈公行状》和练安《明处士赠从仕郎翰林检讨陈公墓表》，陈诚祖籍为江西临川（今江西抚州市），五世祖仕宋为吉川吉水县（今江西吉水县）主簿，遂因家于吉水县同水乡。吉水陈

---

① 见张星烺《中西交通史料汇编》《北平图书馆善本丛书》第一集《西域行程记》《西域番国志》谢国桢跋。
② 满井隆行：《明代陈诚的西使》，载《山下先生还历纪念东洋史论文集》，1938 年；神田喜一郎：《明的陈诚使西域记》，《东洋学报》第 16 卷第 3 期，1927 年。
③ 载兰州大学《西北史地》1983 年第 3 期。
④ 载《西域史论丛》第二辑，新疆人民出版社 1985 年版。

氏，世以儒为业，其高祖曰予成，曾祖曰季文，祖曰仕可，三世皆无仕宦者。陈诚父陈同，字玉章，生当元末动乱之际，"四方豪杰并起，天下骚然"。陈氏家族亦未能免于兵燹，"宗族之罹疾疫、陨锋镝者不下数十人"①。而陈同独置身于这场风暴之外，"既而山泽之豪，有以非义招之者，君好言以谢之，而以计自脱，崎岖穷谷间，滨于死者屡矣，卒不预其事"②。至朱元璋平定江右，陈同弃文从商，复兴家业，往来于南北。《墓表》说他"携其赀遍游江湖，南极岭海，北抵燕赵，如是者数年"。洪武二十一年（1388年），以疾卒于家，年五十一岁。有子六人，女二人，陈诚即其次子。世代业儒而又非风望显达的家庭环境，以及陈同"北游数千里，览山川之奇胜、都邑之雄壮、人物之富盛"的经历，不能不对陈诚的思想形成和生活道路发生一些影响。

陈诚的生卒年，典籍失载。但陈诚同郡的左春坊大学士翰林侍读学士兼修国史曾棨为之所作《逸老堂记》云：陈诚"自释褐授官，迄今三纪，历事四朝，而年已六十四矣"。《逸老堂记》作于宣德三年（1428年）正月，据此上溯，陈诚当生于元顺帝至正二十五年（1365年）。明王朝建立，陈诚年仅四岁。又崇祯十六年（1643年）七月，翰林修撰承务郎、同邑刘同升为陈诚《竹山文集》所写的《序》中说："先生（指陈诚）以名进士历国朝之久，享年九十有三。"则陈诚卒年应为明英宗天顺二年（1458年）。陈诚于明仁宗洪熙元年（1425年）赋闲，宣德三年致仕。清顺治重修《吉安府志·陈诚传》说他："居闲三十余年。"这与我们对陈诚生卒年的推算是吻合的。

明代江西有"文献甲天下"之名，吉水所在的庐陵（吉安府）又号称"文献之邦"，士以经术贡者盛于他处。陈氏世代业儒，陈诚父陈同虽一度外出经商，但致富后"立返梓里，买田筑室，延师命友"。陈同笃守"遗子黄金满籯，不如教子一经"之古训，诸子各令读书。据陈同说：陈诚"资质虽愚下，而笃于问学"。于是，"具书

---

① 《陈竹山先生文集遗编·故处士赠从仕郎翰林检讨陈公行状》。
② 《陈竹山先生文集遗编·明处士赠从仕郎翰林检讨陈公墓表》。

币束脩，遣使往临江从石门梁先生授礼学"①。梁先生名寅，字孟敬，时以经术闻名，教授其乡，四方从学者尝数百人。洪武十七年（1384年），陈诚初次谒见梁寅，梁寅写了《赠陈茂才子鲁序》给陈诚，《序》云："子鲁言，继今以往，来春将受业于予。"那么，陈诚从学梁寅的时间，应始于洪武十八年（1385年）春，陈诚二十一岁。梁寅对他这位弟子的印象很好："观其貌端而悫，聆其言谦而实，察其志将益励于学。"② 认为是个可造之才。在谈到陈诚的读书时又说："其来学于石门山中，日夕勤励，恂恂然自持，尤颛志于小戴氏之礼学。"③ 陈诚从梁寅读书有年，洪武二十四年（1391年）入吉安府学，又以礼经就质于府学教授易庵父，④ 学问渐进。

陈诚的科举道路颇为顺利。洪武二十六年（1393年），陈诚应江西癸酉乡试，以礼记中第十二名。次年（1394年）甲戌科礼部会试，中八十六名。及殿试，以六十三名赐同进士出身，旋即选入行人司充行人。⑤

明代行人司始设于洪武十三年（1380年），陈诚入行人司正值洪武二十七年（1394年）朱元璋"定设行人司官四十员，咸以进士为之"。皇权高度强化，规定行人司官"非奉旨，不得擅遣。行人司官之职始重"⑥。是故陈诚之任行人，品秩只是正八品，但职司所系却是典出王命。

宣德八年（1433年），陈诚归田居休时，曾手订《历官事迹》一篇，将个人仕宦履历"逐一开记"，述之甚详，实为陈诚生平之珍贵资料。如果再参照有关文献，我们即可作出一个简略的《陈诚年表》：

元至正二十五年（1365年）　　　生
明洪武十七年（1384年）　　　　二十岁

---

① 《陈竹山先生文集遗编·故处士赠从仕郎翰林检讨陈公行状》。
② 《陈竹山先生文集》外篇卷2《赠陈茂才子普序》。
③ 《陈竹生先生文集》外篇卷2《敬亭记》。
④ 见《陈竹山先生文集》外篇卷2《赠陈贡士上春官序》。
⑤ 《陈竹山先生文集》内篇卷2《历官事迹》。
⑥ 《明史》卷74《职官志》。

往临江拜谒梁寅，执弟子礼。

洪武十八年（1385年）　　　　二十一岁

开始从梁寅读书，专攻小戴礼记。

洪武二十四年（1391年）　　　　二十七岁

入江西吉安府学。以礼经就质于府学教授易庵父。

洪武二十六年（1393年）　　　　二十九岁

应江西癸酉乡试，中第十二名。

洪武二十七年（1394年）　　　　三十岁

甲戌科礼部会试，中八十六名。

三月初一日　殿试，中六十三名。赐同进士出身。

三月初九日　选除行人司行人，特命翰林院讲习礼仪。

五月初九日　为考究经书事往北平布政司征聘老儒赴京。

十月初四日　往西川布政司公干。

洪武二十八年（1395年）　　　　三十一岁

三月十七日　往西川布政司传旨。

六月十二日　往浙江、福建布政司给散书籍。

九月初五日　为秋粮事往山东开读诏书。

十月初五日　往凤阳祭祀信国公。

洪武二十九年（1396年）　　　　三十二岁

三月二十四日　往撒里畏兀尔地面招抚鞑靼。

十一月十九日　使安南解决边界领土纠纷。

洪武三十年（1397年）　　　　三十三岁

六月初三日　升除翰林院检讨。

建文二年（1400年）　　　　三十六岁

八月初一日　回江西省亲。

建文三年（1401年）　　　　三十七岁

五月初九日　往蒙古塔滩里招抚蒙古部落。

十一月十二日　升除广东布政司左参议。

永乐元年（1403年）　　　　三十九岁

正月二十五日　因内官奉使船只在广东遇风，三司官不曾封舣获罪，谪居北京兴州屯田，后迁良乡屯戍，历时二年。

永乐三年（1405年）　　　　　　四十一岁

十一月十六日　除授吏部验封清吏司主事。

永乐四年（1406年）　　　　　　四十二岁

四月　命赴内府文渊阁预修《永乐大典》。

永乐九年（1411年）　　　　　　四十七岁

十月　《大典》书成，复回吏部。

永乐十年（1412年）　　　　　　四十八岁

十月十二日　升除吏部验封清吏司员外郎。

永乐十一年（1413年）　　　　　四十九岁

八月初一日　差往西域撒马尔干、哈烈等国护送使臣，历时三年。

永乐十三年（1415年）　　　　　五十一岁

冬，回京复命。

十二月初十日　升除吏部验封司郎中。

永乐十四年（1416年）　　　　　五十二岁

再使西域诸国，历时三年。

永乐十六年（1418年）　　　　　五十四岁

四月十一日　回国抵达北京。进马十五匹。

五月十一日　升除广东布政司右参议。

十月初二日　起程，仍往西域诸国，历时二年。

永乐十八年（1420年）　　　　　五十六岁

十一月初一日　回京复命。进马三十五匹。

十二月初十日　升除广东布政司右参政。

永乐十九年（1421年）　　　　　五十七岁

正月　复拟西域之行，以北京皇宫失火，停止四夷差使而罢止。蒙旨放回原籍候用。

六月　离北京由南京搬移家小。

九月十八日　举家还乡。

永乐二十一年（1423年）　　　　五十九岁

二月　吏部差人召回北京。

永乐二十二年（1424年）　　　　六十岁

五月　　复受命出使西域，离京。

九月　　太宗卒，仁宗即位，"诏赦天下，停止四夷差使"。陈诚行至甘肃将出塞，被召回。

洪熙元年（1425 年）　　　　六十一岁

二月　吏部尚书题奏，仍记名放回原籍，听候取用。

宣德三年（1428 年）　　　　六十四岁

正月　致仕。

天顺二年（1458 年）　　　　九十三岁

卒于家。

从这简略的年表中，我们不难看出，陈诚从三十岁选除行人司充行人后，其政治活动大体集中于洪武、建文、永乐三朝，洪熙元年（1425 年）赋闲，事实上已退出政治舞台。现在的问题是，如何评价陈诚的仕宦经历。明万历时沈德符跋称："及诚还朝，仅得转布政司参议以还，后亦不显。"认为"陈诚所得止此，是必有说"。其后，研究者也做过种种猜度。薛宗正先生《陈诚及其纪行诗》一文，在抄录了顺治重修《吉安府志·陈诚传》后，就曾不无感慨地说：

> 陈诚生平大致可分为两个阶段，前期春风得意，历衔重命，曾为永乐帝求贤、蠲租，收揽民心，又奉诏出使安南和西域，其功可谓大矣。但完成了这一伟业的人物，却仅仅"擢广东参政"，其赐予却谈不上"厚"。这简直比苏武返汉后拜"典属国"之职还要低下，可见其后期"致仕"是政治失意的结果。

这个评价是否恰当，恐怕还得从明初的政治和陈诚仕宦经历本身做些考察分析。

旧志为乡贤立传，多有曲笔，时有隐讳。加之记述失于过简，很难看出人物全貌。《吉安府志·陈诚传》的记载，就是明显的一个例子。据此以评价陈诚，难免失当。

事实上，处在明初政局迭变中的陈诚，既非是个"春风得意"的人物，其后来的致仕，也谈不到是"政治失意"的结果。

吉水陈氏数代无仕宦者，生于鼎革之际的陈同，又远离于这场政治风暴，经商为业。这样一个普通的商人之家，不可能为陈诚的仕途提供一个有力的政治背景。同封建时代大多数读书人一样，陈诚选择了以科举求取功名的道路。明初选拔官僚，以荐举、国子学和科举并重，而科举则较荐举、国子学逊色，只是到仁宣之后，才逐渐形成"科目为盛，卿相皆由此出"的局面。[①] 故陈诚进士出身，仅得正八品充行人入仕。虽历衔朝命，"南逾岭海，北抵幽并，东之闽越，西自关陕，至于秦陇河湟，靡不涉历"[②]，又奉使安南，交涉领土争端，但职重而位轻。越三年，升除翰林院检讨。建文执政，升广东布政司左参议，从四品。此即杨荣赠诗中所谓的"君忽获宠渥，方面寄足任。岭海万里余，宁辞瘴疠侵"[③]。然而不久，爆发"靖难之变"，朱棣即位，建文旧臣遭到一场大清洗。远离朝廷的陈诚，亦未能幸免，"一朝遂远谪，中道何崎岖"[④]。于永乐元年（1403年）正月被流放到北平兴州（后迁良乡）屯田。这对入仕未久的陈诚，无疑是个不小的打击。直到陈诚晚年，他还回忆起自己这段经历："彼时往来上下，盘缠颇艰"，"居此颇为艰辛"，连"拨补出仕"的水田都不得不卖出以应用度。[⑤] 陈诚《历官事迹》自述说，他之罹祸，是因"内官下番回至广东，遭风破船，三司官不曾封舶获罪"[⑥]。但联系到"靖难"之际的风云变幻，很使人怀疑陈诚的遭贬流放与那场大清洗有关。翻检《竹山集》所录诗文，似乎可以找到一些蛛丝马迹。早在洪武二十八年（1395年），即陈诚从仕的第二年，方孝孺就有《陈子鲁字说》一篇相赠，[⑦] 赞陈诚"端方雅重，好学有文章"，以曾子、汲黯相许。建文二年（1400年），陈诚回乡省亲，方孝孺又有《送翰林检讨陈君子鲁归省庐陵序》话别，[⑧] 预言陈诚"他日之来也，其必有发"，颇有扢扬援引之意。方孝孺在明初号称"读书种子"，以文

---

① 《明史》卷71《选举志》。
② 《陈竹山先生文集》外篇卷2《赠翰林陈检讨子鲁官满归省序》。
③ 《陈竹山先生文集》外篇卷2《送大参陈君归庐陵小序并歌》。
④ 同上。
⑤ 《陈竹山先生文集》内篇卷2《历官事迹》。
⑥ 同上。
⑦ 见《陈竹先生文集》外篇卷2。
⑧ 同上。

学侍从之士为建文帝倚重。南京陷落，方孝孺因不肯为朱棣写即位诏而被诛杀"十族"，门生故吏全被牵连，"谪戍绝徼死者不可胜计"。当此之时，陈诚先被"留京"，后遭谪贬流放，很可能是"方孝孺事件"的一个余波。直到明成祖的统治逐渐稳定下来，这场骇人听闻的"瓜蔓抄"才慢慢终止。开始起用建文旧臣，量才加以任用。于是，陈诚得以复官，除授吏部验封清吏司主事。靖难前，陈诚任广东布政司左参议，已是从四品。永乐三年十一月任吏部主事，仅正六品。是为降三级重新使用。陈诚在吏部验封司任事的时间并不长，第二年四月，即被选入内府文渊阁编修《永乐大典》，历时五年。

也许是陈诚在洪武时曾任行人，奉使过安南、撒里畏兀尔等地的经历，当明成祖"锐意通四夷"开拓海陆路交通时，陈诚便被作为理想的人选推荐给永乐皇帝。翰林学士兼左春坊大学士胡广记其事曰：

> 永乐十一年秋，上遣中使劳来之，择廷臣之能者以佐其行。众推吏部验封司员外郎陈诚子鲁才可当之。子鲁在洪武间以名进士为行人，辙迹遍四方，尝使子撒里畏（原本作长，误）吾儿，立安定、曲先、阿端五卫，又使塔滩里，招携胡虏，最后使安南取侵地，以书反复晓其王，厥声甚彰。然则是行也，舍子鲁其谁欤？①

胡广的说法，简直有点西域之使，非陈诚莫属的味道，评价是很高的。但是，正像其他文献资料所反映的那样，胡广又透露出这样一个事实：明成祖"奉使多用中贵，西洋则和、景弘，西域则李达，迤北则海童，而西番则率使侯显"②。几次西使的使团，都任命李达等内官担任正使，陈诚始终是以"典书记"一类的职务，"以佐其行"。即便是这样，由于陈诚在西使中的巨大贡献，明成祖对陈诚奉使之劳仍给以很高的奖赏。从永乐十一年（1413年），陈诚以吏部验封司员

---

① 《陈竹山先生文集》外篇卷1《送陈员外使西域序》。
② 《明史》卷304《侯显传》。和为郑和，景弘指王景弘。

外郎（从五品）参加使团，到永乐十六年完成了二使西域回国，升除广东布政司右参政，为从三品，其间也不过是六七年的时间，品秩四迁，官不谓不达。对像陈诚这样一个靖难后一度流放充军的人来说，可谓"赏赉有加"了。

永乐年间，陈诚虽升任广东布政司右参政，但实际上并未去广东视事。长期以来，陈诚是作为西域特使住在京城，"仍在吏部关支"。仁宗即位，明政府的对外政策发生了一个大的转折，仁宗在即位时宣布的"诏赦天下，停止四夷差使"，已是作为新皇帝登基时的一个姿态来公之于世的。仁宣之际，统治者更多地注意到国内问题，对外关系上一反永乐时的积极进取政策，日趋消极保守。明初中西交通的黄金时代结束了。洪熙元年（1425年），陈诚年已六十一岁，"吏部尚书蹇义题奏，仍行记名，放回原籍，听候取用"[1]。实际上解甲归田，再未起用。年事日高，使西域差使罢止，陈诚的致仕赋闲，也是情理中事，谈不到是"罢官"或"愤而辞官"[2]。

陈诚归里后，生活颇为安定，优游林下三十余年。从《竹山集·居休遗稿》和友人诗文中看，他董理家业，营建别墅，课子读书，诗酒会友，悠然自得。命堂曰"逸老堂"，命园曰"柰园"，其"恬澹夷逸之怀，优游闲适之趣，既可见矣"[3]。《居休遗稿·题琴书轩》一诗写道：

> 高车谢轮鞅，窗户少尘埃。
> 白昼丝桐响，青春缥帙开。
> 知音无俗客，讲道有英才。
> 欲乐此中趣，投簪归来去。

另一首《题荆林别墅》又说：

---

[1] 《陈竹山先生文集》内篇卷2《历官事迹》。
[2] 见薛宗正《陈诚及其西域纪行诗》。
[3] 《陈竹山先生文集》外篇卷2《逸老堂记》。

>旧住前村岁月深，新营别墅徒荆林。
>烟霞泉石耽佳趣，弟宅田园遂夙心。
>令子贤孙书自读，芳邻贵戚酒同斟。
>辋川盘谷尽陈迹，留得清名照古今。

颇能反映陈诚晚年远离尘世归隐终老的生活。"留得清名照古今"，陈诚可以说是死而无憾了。

二　奉使安南和预修《永乐大典》

陈诚一生中还有两件事值得特别注意，一是奉使安南，二是预修《永乐大典》。

安南，古称交阯，蒙元时代曾数次派兵征服。立万户府，遣兵戍守。至明王朝建立，安南国王陈日煃奉表称臣，专使朝贺，明太祖朱元璋遣使赍印，仍封陈日煃为安南国王。其后，安南屡次内乱，但始终奉使朝贡不绝。然而，元末动乱之际，安南侵夺边境领土的问题并没有解决。洪武二十九年（1396年），广西思明府土官知府黄广成上书报告明政府：

>本府自故元设置思明州，后改思明路军民万户府，所辖左江一路州县洞寨，东至上思州，南至铜柱。元兵征交阯，去铜柱百里立永平寨军民万户府，置兵戍守，且命交人供具军饷。元季挠乱，交人以兵攻破永平寨，遂越铜柱二百余里，侵夺思明属地丘温、如嶅、庄远、渊、托等五县，逼民附之。以是五县岁赋皆令土官代输。前者本府失理于朝，遂致交人侵迫益甚。及告礼部尚书立站于洞登，洞登实思明地，而交人乃称属铜柱界。臣尝具奏，蒙朝廷遣刑部尚书杨靖核实其事，况今《建武志》尚有可考。乞令安南以前五县还臣旧封，仍止铜柱为界，庶使疆域复正，岁赋不虚。①

---

① 《明太祖实录》卷248。

为了妥善地解决思明府五县的归属问题，明太祖派出了当时任行人的陈诚和他的同僚行人吕让出使安南，"上令户部具其所奏，遣诚等往安南谕还之"①。

陈诚、吕让一到安南，即与安南政府交涉归还思明府五县之地。时安南国王为陈日焜，但国事皆决于国相黎季犛。"季犛执不从。"②故"议论往复，久而不决。诚以译者言不达意，乃自为书与日焜"③。书中摭引前代之典籍，晓以利害大义，希望安南"还疆之利，幸其早图"④。由于黎季犛的阻挠，陈诚与陈日焜的直接谈判并未获得结果。黎以国王名义复书，以旧志不足信，坚持五县为安南属地。"诚等得书，复与之辩论不已。"此时，陈日焜馈赠陈诚等明政府使者黄金二锭、白银四锭及沉檀香等礼品，陈诚严词拒绝。⑤

洪武三十年（1397年）四月，陈诚、吕让回到南京，向政府报告这次出使的经过。朱元璋召集大臣讨论这件事，有人主张派大军征讨，以武力解决。但朱元璋的态度却是："蛮夷相争，自古有之，彼恃顽不服，终必取祸，姑待之而已。"⑥表现了一种根深蒂固的民族偏见和目光短浅。

思明府五县领土的归属交涉最后未获成功，但却表现了这位年轻的外交家杰出的才干和可贵的品格。无疑为他以后出使西域增长了见识，积累了经验。陈诚在奉使安南中的表现，也为他赢得了声誉。永乐十九年（1421年），国子司业吴溥曾经回忆说：

> 予昔在翰林时，尝与修《太祖皇帝实录》，获睹公安南二书，皆高古简要，读之令人慨然，思欲竭力与相驱驰而有不可得者。⑦

吴溥的这段话代表了当时士大夫阶层的看法，皆以陈诚不辱使

---

① 《明太祖实录》卷248。
② 《明史》卷321《外国二·安南》。
③ 《明太祖实录》卷250。
④ 《陈竹山先生文集》内篇卷1《与安南辨明丘温地界书》。
⑤ 《明太祖实录》卷250。
⑥ 同上。
⑦ 《陈竹山先生文集》外篇卷2《送广东参政陈公子鲁还庐陵诗序》。

命，有外交之才。

陈诚在回国后不久，即由行人升除翰林检讨。

陈诚预修《永乐大典》是他结束流放生涯后的初次任用。从陈诚仕宦交游中分析，陈诚的复官与参与书局，恐怕与他的一批江西同乡有关。根据《竹山集》的材料，我们辑录了陈诚当时交游的乡人名单：

解　缙	吉水人	翰林学士兼右春坊大学士
胡　广	吉水人	翰林学士兼左春坊大学士
金幼孜	临江人	翰林学士兼文渊阁大学士
胡　俨	南昌人	国子祭酒兼翰林侍讲
杨士奇	泰和人	翰林编修、左谕德
周　述	吉水人	翰林编修、左春坊谕德
王　英	临川人	翰林侍读
周孟简	吉水人	翰林编修
钱习礼	吉水人	翰林侍读
邹　缉	吉水人	翰林侍讲兼左春坊左中允
周　忱	吉水人	刑部员外郎
王　直	泰和人	翰林修撰
吴　溥	临川人	国子司业
曾　棨	永丰人	翰林侍读、左春坊大学士
许鸣鹤	吉水人	中书舍人
庞　叙	吉水人	中书舍人
陈彝训	永丰人	中书舍人
吴　均	临江人	中书舍人
卢　翰	南康人	吏部主事
梁　潜	泰和人	翰林修撰
李　桢	庐陵人	礼部郎中
练　安	临江人	吏部侍郎署左都御史
胡　诚	临川人	四川按察司佥事
陈　循	泰和人	翰林修撰

以上，当然不是一个完整的名单，也非全都在陈诚的起用上施加

过影响。但引起我们注意的是解缙、胡广、金幼孜、胡俨、杨士奇几人。

解缙、胡广是在靖难之变中"迎附"朱棣继大统的人物。明成祖即位，对这些诚心归服新朝的旧臣宿儒，都给予加官重用。明成祖创设内阁，首命解缙与杨士奇、胡广、杨荣、金幼孜、黄淮、胡俨"并直文渊阁，预机务。内阁预机务自此始"。明成祖对解缙等人曾说："尔七人朝夕左右，联嘉尔勤谨，时言之官中。"① 可见明成祖对他们的信任倚重。七人之中：有五人是陈诚的江西同乡，解缙又是编修《永乐大典》的总裁，他们与陈诚有不同程度的交往。虽然我们没有直接的材料印证，但以理揆之，陈诚起用和选入《永乐大典》书局，当与这些成祖近臣有关。至少，他们中的某些人是施加过影响的。

《永乐大典》是我国最大的一部类书，也是至今举世公认的一部最大的百科全书。清代史家全祖望评论《大典》"戢香并包，不遗余力，虽其间不无汗漫陵杂之失，然神魄亦大矣"②。堪称中国古代文化史上的巨编杰作。《永乐大典》初修于永乐元年（1403 年），次年书成奏进，"上览所进书，向多未备，遂命重修"③。陈诚是永乐四年参加书局的，自然是在重修过程中参与其事的。由于文献无征，陈诚在编修《永乐大典》中的活动已无从查考，但五历春秋，毫无疑问，为《大典》的成书付出了辛勤的劳动。在他的一生中应该是一件大事，也是陈诚在学术上的一大贡献。

关于《永乐大典》成书的时间，向有永乐五年（1407 年）说和永乐六年说，全书装订的册数一般都认为是 11095 册。然而，令人饶有兴味的是，陈诚《历官事迹》却于此提出了一种新的说法：

> 永乐九年十月，书（指《永乐大典》）完奏进，共该一万九百五十本，送赴文渊阁收。

---

① 见《明史》卷 147《解缙传》。
② 《鲒（鱼+奇）亭集》外编卷 17。
③ 《明太宗实录》卷 36。

陈诚手记《历官事迹》是宣德八年（1433年），上距他预修《大典》去时未远，记忆失真的可能性似乎不大。

这样，《永乐大典》的成书时间和装订册数，由于这位亲历者的自述材料的发现，又产生了歧异。而对《永乐大典》编修始末的研究，无疑是一份有价值的资料。

三 五使西域

陈诚一生的主要业绩是出使西域，这在他的政治生涯中占有重要地位。正如他所希望的那样："姓名不勒阴山石，愿积微勋照汗青。"① 奉使西域给他带来了不朽的声誉。但是，陈诚的西使至今仍遗留不少问题，如陈诚出使西域的次数、时间、活动等等，诸说纷纭，多囿于见闻而不得其真，故此，我们根据陈诚《历官事迹》等自述材料，参照《实录》，分述于后。

第一次，洪武二十九年（1396年）三月至九月，往西域撒里畏兀尔地面建置安定等卫。

这是见于记载陈诚最早出使西域的时间。时陈诚官行人，三十二岁。其《历官事迹》记叙其事云：

> 洪武二十九年三月二十四日，往外夷撒马（应为里）畏兀尔地面招抚鞑靼。

明代的撒里畏兀尔，"其地广袤千里，去甘肃一千五百里，东抵罕东，西距天可里，北迩瓜沙州，南界土番"②。其地望即今甘青新交界、柴达木盆地西北一带，传统上亦属西域。陈诚西行来此，肩负着重要使命。《明太祖实录》卷245载：

> 遣行人陈诚立撒里畏兀儿为安定卫指挥使司。初，自安定王

---

① 《陈竹山先生文集》内篇卷2《西域往回纪行诗·土尔番城》。
② 《明太祖实录》卷90。

卜烟帖木儿遣使朝贡，诏立其酋长为四部，给铜印，守其地。后番将朵儿只巴叛，遁沙漠，过其地，大肆杀掠，并夺其印去，由是其部微弱。兰玉西征，兵绚阿真，土酋司徒哈昝等惧窜，匿山谷间不敢出。及肃王之国甘州，哈昝等遣番僧撒尔加藏卜等至甘州见王，乞授官以安部属。王为奏请，于是遣诚立其部为安定卫，以铜印五十八给之，置官属如诸卫。

根据《明实录》的记载，陈诚是专为建安定卫而去西域撒里畏兀儿地面的。但永乐十一年（1413年），翰林学士兼左春坊大学士胡广在《送陈员外使西域序》中说："子鲁在洪武间以名进士为行人，辙迹遍四方，尝使于撒里长（应为'畏'）兀儿，立安定、曲先、阿端五卫。""五"当为"三"之误，应为立安定、曲先、阿端三卫。三卫同遭朵儿只巴之乱，曲先一度与安定合为一卫，胡广所言与《明实录》的记载似无多大出入。

安定、曲先、阿端三卫与罕东卫、赤斤蒙古卫、沙州卫、哈密卫合称"关西七卫"，在明太祖"隔绝羌胡"的西部战略布署中处于重要的地位。因此，在朵儿只巴之乱和蓝玉西征后出使西域的陈诚，肩负着处理善后、恢复撒里畏兀儿地区统治秩序的艰巨使命。而这位年轻的使节亦不负重任，重建安定等卫，稳定了西部局势。《明史·西域传》说："诚还，酋长随之入朝，贡马谢恩。"陈诚首使西域，显然圆满完成使命，取得了良好的结果。

第二次，永乐十一年（1413年）九月至十三年十月，护送西域哈烈等国贡使回国，并赍敕及礼品，赏赐西域诸国王子。

这次西使，是永乐时代第一次大规模的政府使团出使西域。《明太宗实录》卷143永乐十一年（1413年）九月甲午条载：

遣中官李达、吏部员外郎陈诚、户部主事李暹、指挥金哈兰护送哈烈等处使臣还。就赍敕并文绮、纱罗、布帛等物赐哈烈、撒马尔罕等处王子，报其来贡之勤也。

关于这次出使的缘起、历程及使团的组成，陈诚的职务，陈诚另有详尽的说明：

> 永乐癸巳春，车驾幸北京。秋七月，西域大姓酋长沙哈鲁氏不远数万里遣使来朝。皇上推怀柔之恩，命中官臣达、臣忠、臣贵、指挥臣哈兰伯，臣帖木尔卜花，臣马哈木火者，行报施之礼。且命吏部员外郎臣陈诚典书记。臣奉命惟谨，以是年九月初吉戒行，明年甲午春正月戊子发酒泉郡，出玉门关，道敦煌、月氏，经高昌、车师之故地，达蒙古、回鹘之部落，凡旌节所临，悉皆壶浆箪食，迎劳惟勤，是皆德化之流行，致远人之向慕也。十月辛未，至哈烈城。……①

这里所说"西域大姓酋长沙哈鲁氏"即帖木儿的第四子、当时帖木儿帝国国王沙哈鲁把都尔，他在永乐六年至七年（1408—1409年）平息了两个侄子争夺王位继承权的内乱后，成为帖木儿帝国的统治者。沙哈鲁一反帖木儿的东进政策，开始了一个与明帝国和平友好的时代。明成祖也做出了积极反应，把握住这一有利时机，以护送使臣"行报施之礼"的名义，向帖木儿帝国派出了以中官李达为首的政府使团，借以扩大政治影响。

这个使团的规模人数，至今尚无材料证实，根据《明实录》《西域行程记》和陈诚提供的名单，姓名可考者有九人。中官三人："臣忠。"似为《明史·西域传》中永乐十六年（1418年）出使别失八里的中官扬忠。"臣贵"即《明史西域传》中的李贵，永乐宣德时，屡使西域。至使团正使中官李达，《明史·宦官传》不录，其事迹散见于《明史·西域传》，早在永乐四年，即作为中官把太的副使出使过别失八里，② 以后很长时间一直活跃在西域，是个老资格的西域使者。指挥三人：哈兰伯，即《明史·西域传》中的金哈兰伯，《实录》作"兰金哈"，误。"帖木尔卜花"，很可能是《明史·西域传》中的刘帖木儿，永乐四年，曾以鸿胪丞出使过别失八里、火州、柳城

---

① 《陈竹山先生文集》内篇卷1《狮子赋》。
② 《明史》卷332《西域四·别失八里》。

等地。"马哈木火者",《明史·西域传》作马哈麻火者,永乐四年三月立哈密卫,被任为哈密卫指挥。此三人大约都是蒙古人。文臣二人:陈诚、李暹。李,已有鲁深先生专文述及。《明实录》言李暹官职是"吏部主事",然明抄《西域番国志》《西域行程记》皆署"苑马寺清河监副"。陈诚在使团中"典书记",从《西域番国志》《西域行程记》署二人名推测,李暹大约协助陈诚"典书记"。另,《西域行程记》中提到,永乐十二年五月十五日,使团行至衣烈河时,"差百户哈三进马回京"。使团姓名可考的使者共九人。

护送使团沿丝绸古道西行,沿途"宣谕德意",联络西域诸国,历时三年,至永乐十三年(1415年)十月回国。陈诚在《奉使西域复命疏》中谈到这次出使时说:

> 臣自……领敕命由京师戒行,西出甘、肃州卫、嘉峪山关,抵哈烈、撒马尔罕诸国,经行数万里,所历西域一十六处。虽以臣藐藐一身,深入不毛之地,酋长、部落咸知敬礼。咨谕所及,罔不率俾疆界立正,慕义无穷,乃复各遣信使随臣入朝毕献方物……

看来,西使产生了巨大的政治影响,李达、陈诚归国时"西域诸国哈烈、撒马尔罕、火州、吐鲁番、失剌思、俺都淮等处各遣使贡文豹、西马、方物"[①]。加强了相互了解,密切了双边关系。为此,明成祖对使团人员给予升赏。十二月十日,陈诚即"升除吏部验封司郎中,正五品散官奉议大夫,又赐钱钞四万七千贯,纻丝二表里"[②]。

这次西使的另一成果,就是在使团"典书记"的陈诚、李暹,记其行程道里、录其亲历见闻的《西域行程记》和《西域番国志》的产生。

当陈诚领受使命即将启程时,胡广为他送行,曾讲过这样一段话:

---

① 《陈竹山先生文集》内篇卷1。
② 《明太宗实录》卷169。

　　　　子鲁宜考其山川，著其风俗，察其好尚，详其居处，观其服食，归日征诸史传，求有合焉者，则予言为不妄也。他日国家修纂志书，稽诸西域，以见声教之达，其有待于子鲁之是行乎！①

身为内阁大学士的胡广，是颇有远见卓识的。他的这番临行嘱咐，肯定会对陈诚有所启发。似乎可以这样说，陈诚的《西域番国志》《西域行程记》的撰写，很大程度上，是受了胡广的影响。

《明实录》在陈诚回国后载："诚上《使西域记》，所历凡十七国，山川、风俗、物产悉备焉。"② 其实，陈诚当时"汇呈御览"的不止《使西域记》一种。《奉使西域复命疏》云：

　　　　顾臣一片赤心，三寸强舌，驱驰往回，三阅寒暑，逾越险阻，凡数万程。周览山川之异，备录风俗之宜，谨撰《西域记》一册，《狮子赋》一册，《行程记》一册，并所与安南辨明地界往复书札汇呈御览。

《疏》中《西域记》和《明实录》所录的《使西域记》，即以后传世的《西域番国志》。《四库全书总目》称《使西域记》是陈诚"永乐十一年返命，上之"③，时间有误。

第三次，永乐十四年（1416年）六月至永乐十六年四月，出使地点与使命同前。

关于这次出行，《明太宗实录》卷177载之甚详：

　　永乐十四年六月己卯
　　　哈烈、撒马尔罕、失剌思、俺都淮等朝贡赐臣（应为使臣）辞还，赐之钞币。
　　　命礼部谕所过州郡宴饯之。仍遣中官鲁安、郎中陈诚等赏

---

① 《陈竹山先生文集》内篇卷2《历官事迹》。
② 《陈竹山先生文集》外篇卷1《送陈员外使西域序》。
③ 《明太宗实录》卷169。

赍敕偕行。赐哈烈王沙哈鲁等及撒马尔罕头目兀鲁伯等、失剌思头目亦不剌金、俺都淮头目赛赤答阿哈麻答罕等白金、纻丝、纱罗、绢布等物有差,并赐所过俺的干及亦思弗罕等处头目文绮。

这次西使,距陈诚回国只有半年多的时间。当时,明成祖继永乐八年（1410年）重创鞑靼部后,又在永乐十二年忽兰忽失温战役中大败瓦剌部,迫使瓦剌入朝谢罪。出于稳定西部局势的需要,明政府显然加强了对西域地区的外交攻势,如此频繁地派出使团。西域各国盛情接待了鲁安、陈诚一行,帖木儿帝国沙哈鲁王甚至让陪同他们回国的使臣带给明成祖一封劝奉伊斯兰教的书信。明成祖的复函虽然回避了这个令他难堪的建议,但却表示:"相隔虽远,而亲爱愈密,心心相印,如镜对照。"诚挚希望:"愿自是以后,两国国交日臻亲睦,信使商旅,可以来往无阻,两国臣民,共享安富太平之福也。"① 这种真诚友好关系的建立和发展,与陈诚这些西域使者的努力是分不开的。陈诚使团于永乐十六年四月十一日回到北京,五月,明成祖下令:"升行在吏部郎中陈诚为广东布政司右参议,嘉其奉使哈烈之劳也。"②

第四次,永乐十六年（1418年）十月至永乐十八年十一月,出使地点与使命同前。

这个时间表,我们是根据陈诚自述确定的。《历官事迹》述之颇详:

> 母罗氏太恭人于戊戌年三月十九日丧,赐站夫铺马回家安葬。八月初五日抵家,廿七日祔葬罗氏太恭人于先茔之次,通行甓砌祖坟,事毕,十月初二日起程,仍往西域诸番国公干。永乐十八年庚子岁十一月初一日又回到北京,进马三十五匹。十二月初十日,升除广东布政司右参政,从三品散官亚中大夫,仍给马

---

① 《四库全书总目》卷64《史部·传记类存目六》。
② 张星烺：《中西交通史料汇编》第四册《古代中国与伊兰之交通》。

钱钞十万二千贯，赏纻丝三表里。

陈诚母亲罗氏之丧，是永乐十六年（1418年）三月十九日，时陈诚尚在第三次奉使西域的回国途中。四月回到北京，他才回江西奔丧，八月五日抵家，八月二十七日安葬了母亲。因为使西域差事的需要，陈诚甚至连"丁忧守制"都不可能，他在老家待了不到两个月，就又踏上使西域的征途。

这次出使，可从《明太宗实录》卷204中得到印证：

> 永乐十六年九月戊申
> 　　哈烈沙哈鲁、撒马尔罕兀鲁伯使臣阿尔都沙辞还，遣中官李达等赍敕及锦绮纱罗等往赐沙哈鲁、兀鲁伯等。并赐哈密忠义王兔力帖木耳、亦力把里王歪思及所过之地酋长彩币。与阿尔都沙等偕行。

九月下达差遣命令，陈诚于十月初二日由江西吉水老家启程，前往西域，途中会合使团，时间上是吻合的。而《明实录》所载永乐十八年（1420年）六月己西"广东布政司右布政陈诚为右参政，命同郭敬等使哈烈诸国"的记录可能有误。陈诚是永乐十八年十一月一日回到北京的，六月恰好在返国途中，断无再次出使之理。而且，直到十二月，陈诚仍在北京，"复拟西域之行"，由于次年四月八日，北京皇宫失火，延烧三殿，十一日"大赦天下，停止四夷差使"，陈诚得"蒙恩旨记名，放回原籍，听候取用"①。《历官事迹》所载陈诚此后的行踪说：

> （永乐十九年）六月离北京，由南京搬移家小，九月十八日到家。因见所居屋宇未曾完结，乃命匠烧造砖瓦。永乐二十年壬寅岁，甃砌粉饰各项完结。十一月初四日，不幸妻贺氏病故，祔葬新淦虎湾祖茔之右。……永乐二十一年癸卯岁正月初九，行在

---

① 《明太祖实录》卷200。

吏部差人材杨昱驰驿起取至急，十一即行，二月初一到北京。复命之后，一向听候一年，十二月间，再娶刘氏。……

很清楚，陈诚从永乐十九年（1421年）正月政府诏令停止四夷差使后，搬家回原籍，修建房舍，丧妻，再娶妻，先后在吉安、北京，三年中并无远行。故《明实录》所载陈诚同郭敬的西域之行，大约只是政府当时的一个计划，实际并未成行。修《明史》者不察，在《西域传》中屡载中官郭敬与陈诚的出使，造成陈诚西使研究中的某些混乱和失误，应予订正。

第五次，永乐二十二年（1424年）四月至十一月，中途召回，未达西域。

陈诚最后一次出使西域，已是六十高龄。

《历官事迹》云：

> 永乐二十二年甲辰岁四月初四日，又往西域诸番公干，赐盘缠钞五千一百贯。五月出京，行至陕西甘、肃，将出塞间，九月初十日闻太宗文皇帝宾天，遗诏仁宗皇帝即位，复诏赦天下，停止四夷差使，取回，十一月终到京。

纵观陈诚的五使西域，除赴撒里畏兀儿重建安定卫，安抚葱岭以东汉唐旧疆别失八里诸地外，其主要使命均为与帖木儿帝国的通使往来。

明王朝与帖木儿帝国的通使往来可以追溯到洪武二十年（1387年）。以后几年，帖木儿屡次遣使，向明朝称臣纳贡。但这只是一种表象。帖木儿的终身梦想是要征服世界，结束与明帝国的藩属关系。据巴托尔德《中亚简史》，帖木儿曾经这样说："世界整个有人居住的空间没有大到可以有两个国王的程度。"这种狂妄的语言和他的征伐表明，帖木儿对明帝国的称臣纳贡和屡遣使者，不过是迷惑明廷，窥探形势，绝无友好诚意。所以，到洪武二十八年，就羁留傅安、郭骥等一千五百人的明政府使团。洪武三十年，又扣押了陈德文率领的明政府使团。据当时目睹这一事件的西班牙人克拉维约所著《东使记》中透露，帖木儿公然辱骂明朝皇帝，虐待这些使臣。明成祖即位时，帖木儿正歼灭了奥斯曼帝国的数十万大军，俘获其苏丹巴耶塞特一世，国力盛极一时。不久，又兴起征明之师。然而，仅仅因为帖木儿病殁于东征途中，帝国陷入混乱，两国之间的战争才没有发生。沙哈鲁成为帖木儿帝国的统治者后，奉行与明政府和平友好的外交方针。两国关系进入了一个新的时代。更由于明成祖的雄才大略和积极态度，帖木儿帝国及其他中亚诸国和明帝国的友好往来得以恢复和长足发展。美国人莫里斯·罗萨比在《明代到亚洲腹地的两位使者》一文中估计，在永乐皇帝在位的二十二年间（1403—1424年）：大约有二十个左右的使团来自撒马尔罕和哈烈，另外还有数十个使团来自中亚的其他城镇。明政府亦往往派出相应的使团回访，"西域之使岁岁不绝"。《明史·西域传》描绘中国内地与中亚各国频繁往来的盛况时说："站驿相通，道路无壅，远国之人，咸得其济。"因元末战乱和割据一度阻塞的丝绸之路上，又出现商旅相望于途、使节络绎不绝的盛况。这大概是在海路交通已经勃兴的15世纪初，古丝绸之路上最后一段辉煌岁月。无疑加强了中外联系，推进了中西文化交流。陈诚西使的贡献和意义，正在于此。

  同时，陈诚的五使西域，也表现了中国古代这位杰出的外交使节不畏艰险不辞劳苦的献身精神和杰出的外交才干。我们完全可以想象，在自然条件十分恶劣的大西北，交通手段又极落后的15世纪初叶，跋涉在丝绸古道上的陈诚及其使团，需要克服何等的艰难险阻：茫茫戈壁、皑皑雪山、荒峡野岭、急流险滩、旅途人烟绝迹，气候瞬息万变。陈诚及其同行者仗节西行，风餐露宿，翻山越水，"才逾鸟道穷三峡，又蹑丹梯上九霄"[1]。常常是忍着饥渴，冒着寒冷、炎热，"马带征鞍卧软沙，人拥毡裘坐终夕"[2]。可谓龙沙万里，忧患备尝矣。然而，他们毕竟以惊人的毅力和吃苦耐劳的精神，克服了种种困难，成功地完成了和平外交使命，从而增进了明政府与西域诸国的友好关系，加强了中原内地与新疆地区的交流往

---

[1] 《陈竹山先生文集》内篇卷2《西域往回记行诗·过打班》。
[2] 《西域往回记行诗·过川谣》。

来和相互了解。对我国统一的多民族国家的形成和发展,无疑是一大贡献。

陈诚西使,还留下了《西域往回记行诗》九十二首,从一个侧面,反映了他的经历见闻。这些诗作不事雕琢,朴实无华,在塞外荒寒壮阔的背景上,展现了当时西域诸国的社会风貌。可视为明代西域的一幅历史画卷。有些诗则描写了他跋涉万里的艰难历程,充满着慷慨报国的英雄气概和不畏艰难的乐观精神。试读陈诚的《出塞图》一诗:

> 紫骝踏雪度阴山,奉使重临绝域还。
> 羽箭丝鞭停素手,貂裘绒帽正苍颜。
> 乘槎博望寻河易,仗节中郎报国难。
> 仰载圣皇威德重,此生三入玉门关。

作为一位封建王朝的外交使节,陈诚"仰载圣皇威德重",时刻不忘"诞敷声教及天涯"。他在《土尔番城》一诗中所说:"九重雨露沾夷狄,一统山河属大明",就是他的理想和报国思想的充分表露。正因为如此,陈诚希望建立张骞那样的业绩,钦慕汉使苏武,称颂"苏武边庭十九年,烨烨芳名重千古"[1]。鄙视丧失民族气节的李陵,"可惜终夷虏,千秋秽令名"[2]。在《出京别亲友》中表示:"丹心素有苏卿节。"陈诚每以苏武自勉,并非毫无所指。明初的西域关系,时有紧张因素存在,拘留政府使节的事件屡见不鲜。前面谈到,洪武二十八年(1395年),当明政府派遣给事中傅安、郭骥率领使团前往撒马尔罕时,即为帖木儿扣留。洪武三十年,明政府使臣、北平按察使陈德文亦遭拘留。洪武二十四年,主事宽彻、御史韩敬、评事唐钲使别失八里,因无厚赐,正使宽彻被别失八里王黑的儿火者扣留。其中,傅安、郭骥被羁留"凡十三年,艰苦备尝,志节益励"。同苏武一样,傅安出使时,"方壮龄,比归,须眉皆白。同行御史姚臣,太

---

[1] 《西域往回记行诗·过川谣》。
[2] 《西域往回记行诗·过李陵台》。

监刘惟俱物故。官军千五百人，而生还者，十有七人而已"[1]。陈诚在傅安、陈德文回国六年后出使哈烈、撒马尔罕诸国，显然是有这样的思想准备的。

西域的山川风光，各地的风土人情，在陈诚《西域往回忆行诗》中，都有真实生动的描绘。那里，固然不免"远塞深春无过雁，古台落日有栖鸦"[2]的荒漠孤寂，但亦有"绿野草铺茵，空山雪积银"[3]交相辉映的动人景色。沙漠中的绿洲，竟使他们产生"恍疑风景似中原"[4]的感觉。那"峰连剑阁迷云栈，水注银河喷雪涛"[5]的冰达坂，"层峦叠嶂几千重，百折溪流一径通"[6]的渴石峡及"城郭楼台连草树，街衢巷陌满人烟"[7]的哈烈都市繁华，"梵宫零落留科像，神道荒凉卧古碑"[8]的古高昌佛教的凋零衰落，都给人留下深刻的影响。

明政府使团的出使，在西域诸国引起了强烈的反响，赢得了普遍的欢迎，"凡旌节所临，悉皆壶浆箪食，迎劳惟勤"。[9]各族人民十分友好地接待了明朝使臣："灵风景星争快睹，壶浆箪食笑相迎"[10]；"握手相亲施回揖让，低头重译问平安"[11]。他们捧出葡萄美酒，"开樽酌酝绿"，以"不用匙翻手自拈"的独有佳肴款待使团，给远道而来的中原客人表演射葫芦的骑射术，[12]赠送礼品，这充分说明，汉唐以来西域与中原内地源远流长的友好关系有着深厚的基础。

---

[1] 陈继儒：《见闻录》。
[2] 《西域往回记行诗·过卜隆古河》。
[3] 《西域往回记行诗·夏日遇雪》。
[4] 《西域往回记行诗·蜡烛城》。
[5] 《西域往回记行诗·复过打班》。
[6] 《西域往回记行诗·过渴石峡》。
[7] 《西域往回记行诗·望哈烈城》。
[8] 《西域往回记行诗·哈密火州城》。
[9] 《陈竹山先生文集》内篇卷1《狮子赋》。
[10] 《西域往回记行诗·哈密城》。
[11] 《西域往回记行诗·至别失八里国王马哈木帐房》。
[12] 射葫芦是流行于中亚一些游牧民族地区的一种骑射游戏，《西域番国志·哈烈》有记载。《西域往回记行诗》中有《射葫芦》一首云："长竿笔立高插天，葫芦斜系虚空悬。羌儿马上逞好手，角弓满控黄金弦；当场跃马流星过，翻身一箭葫芦破。冲起霜翎天上飞，大家拍手相称贺。"葫芦中藏白鸽一双，故云"冲起霜翎天上飞"。

陈诚西使路线图

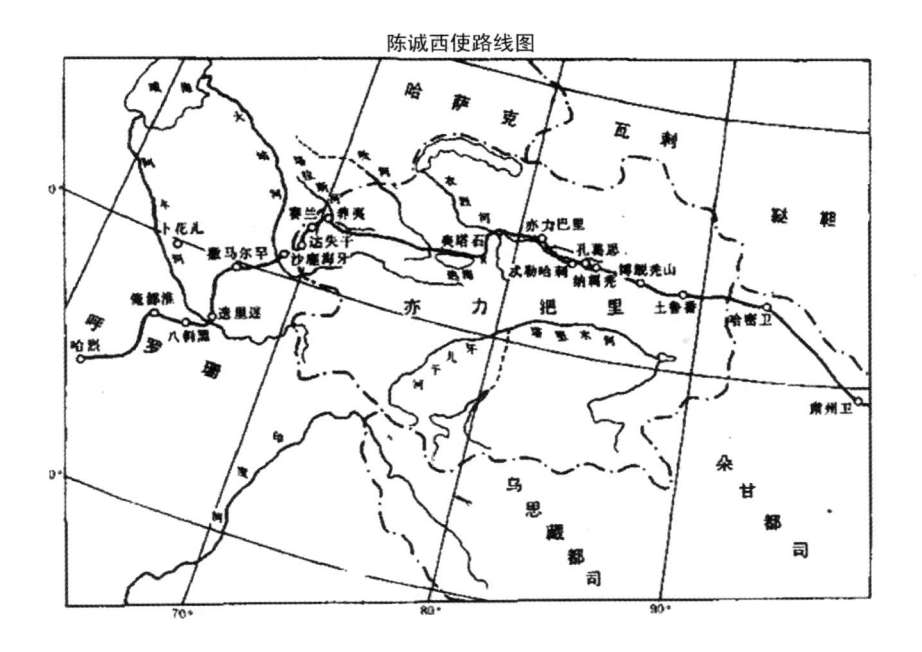

四 《西域行程记》及别失八里西迁之考察

如前所述，永乐十三年（1415年）十月，陈诚二使西域回国后，将所撰《西域记》一册，《狮子赋》一册，《行程记》一册，并所与安南辨明地界往复书札"汇呈御览"，献给明成祖。然《陈竹山先生文集》独不收《西域行程记》，《西域行程记》仅以明抄本流传，后收入《国立北平图书馆善本丛书》第一集。署名为陈诚、李暹。《竹山集》所收陈诚诗文著述，几于纤细无余，何以舍弃了如此重要的一部著作呢？这很使人怀疑，身为典书记的陈诚，并未亲手记录沿途的行程道里，这项琐细的工作很可能是由他的助手李暹笔录的。李非李达，鲁深《关于李暹及其西行》一文辨之甚明，可正谢国桢跋及薛宗正文之误。陈诚西使，足迹最远到达哈烈，故《西域行程记》录肃州（今甘肃酒泉）至哈烈之路途道里，按日计程，书为全帙无疑。薛宗正文载《西域行程记》明抄本小字批注"陈公出使祭告天地始末载《渊鉴类函》"为"始末载《渊鉴类函》"，进而断定"此书仍须辑补，方为全帙"。乃又一明显失误。

据《西域行程记》，永乐十二年（1414年）二月二十四日，使团从吐鲁番附近的崖儿城分南北二路西行。五月十二日，使团抵衣列河（今伊犁河）畔，沿河西行，十五日"南北路皆至此河两岸安营"。隔河相望，一度会合，但仍分路前进。过了一个多月，六月二十九日，使团在养夷城（今哈萨克斯坦境内江布尔城）西南哈卜速地方安营，"塞兰头目差人来接，北路亦先至此，相会，住一日"。可知李达、陈诚使团从崖儿城南，一直是分南北二路西行的，李达率北路，陈诚、李暹走南路。《西域行程记》乃南路使团的行程，故署名陈诚、李暹而不署正使李达之名。南北二路时分时合，至养夷城附近才合为一路，前往塞兰（今哈萨克斯坦境奇姆肯特）、达失干（乌兹别克斯坦塔什干）、哈烈（今阿富汗赫拉特城）等地。至北路的行程路线，没有留下文字记载，无从考究。因此，我们对这次西使路线的考察，主要是南路使团的历程。

《西域行程记》所录，为明政府使团从肃州出发至哈烈的全部行程，主要是穿越今新疆地区及哈萨克斯坦的路线。该书按日计程，兼及沿途风物、地貌和气候，甚为详尽，对明代西域和丝绸之路的研究，实为宝贵史料。

按汉唐以来穿越今新疆境内的丝绸之路，大致分南道、北道、中道三条。《西域行程记》所示明政府使团的路线，似与上述三道不尽相同。从《行程记》看，李达、陈诚、李暹等使团人员，从陕西肃州卫北门外出发，"祭西域应祀之神以求道途人马平安"，先取古丝绸之路的北道西行，出玉门关，直趋哈密。然后越火焰山、流沙河，经鲁陈、火州抵吐鲁番转入中道，在吐鲁番一带执行使命。但是，使团并未沿丝绸之路的中道继续向西南方向前进，而是在吐鲁番附近的崖儿城停留后，分二路西行。北路由李达率领，推测是沿丝绸之路的北道西行，南路则选择了一条与前人不同的新路线。

陈诚、李暹所率南路使团既没有沿丝绸北道，也没有沿丝绸中道西进，而是在北道、中道之间穿行，他们绕窟丹纳兀儿湖，跨博脱秃山，径直向西，艰难地翻越了天山山脉的阿达打班，四月十七日到达孔葛思河（今新疆巩乃斯河）畔的忒勒哈剌，遇到了前来迎接他们的别失八里王马哈木的使臣。明政府使团在马哈木驻地盘桓了十三天，然后越阿力马力山口，渡衣烈河，一度会合北路使团，折向西南，绕亦息渴儿（即热海，今吉尔吉斯斯坦伊塞克湖）西行、六月二十九日在赛兰附近的哈卜速再度会合李达率领的北路使团，经由赛兰、达失干、沙鹿海牙、撒马尔罕等地，永乐十二年（1414 年）闰九月初一日到达这次西使的终点帖木儿帝国沙哈鲁王庭所在地哈烈。

值得注意的是，《西域行程记》原本尚有陈诚西使的行程图。上海图书馆收藏有署"谭仲修手校一过"的《豫恕堂丛书·独寤园丛抄四种》拟刊写样本，目次为《西域行程记》一卷、《西域番国志》一卷、《北虏事迹》一卷、《西番事迹》一卷。其中《西域行程记》一卷下小字标注云：

> 原抄本有图，此未补。

寥寥数字，向我们透露了一个重要事实：《西域行程记》原抄本是图文并行，此图当为陈诚西使的行程图。《豫恕堂丛书》为清人沈登善编辑，成于光绪年间。可见直至清末，陈诚的西使行程图仍留存人间。沈登善将《西域行程记》收入《豫恕堂丛书》时，录文而弃图，《西域行程记》遂失全貌。《北平图书馆善本丛书》第一集据馆藏"独寤图稿"（即《豫恕堂丛书》本）影印《西域行程记》，也就文存图缺。故此，本文选录了日本前屿信次和加藤九祚主编的《丝绸之路辞典》"陈诚"条堀直先生绘制的"陈诚西行图"，以供参考。

《西域行程记》所录西域地名近百处，这对新疆及中亚史地的研究，是一份珍贵的资料。

从《西域行程记》中，我们还发现一个令人饶有兴味的问题：别失八里西迁伊犁河的时间。

别失八里是察合台汗国崩溃后察合台后裔建立的国家，立国在 1370 年，是洪武三年。"究其故疆，东连哈密，西至撒马尔罕。后为帖木儿驸马所夺，今止界于荞夷，西北至脱忽麻，北与瓦剌相接，南至于阗。"① 先建都于别失八里（今新疆吉木萨尔），后迁亦力把里

---

① 《西域番国志·别失八里》。《竹山文集》本。其余各本节删有误。

（今新疆伊宁市一带），国亦改称亦力把里。关于它西迁的时间，《明实录》记载说：

> 永乐十六年二月庚戌，别失八里头目速哥、克剌、免剌等来朝贡方物，具言其王纳黑失只罕为从弟歪思弑之而自立，徙其国西去，更号亦力把里。①

《明史》卷 332《别失八里》照抄实录，亦系于永乐十六年（1418 年）。此后的历史学家，均以《实录》《明史》为据。沿袭既久，遂成定论，直到近年来的一些著作，仍采此说。②

但是，《西域行程记》的材料，却向我们提供了别失八里西迁伊犁河流域的一个新的时间表。

首先，我们注意到李达、陈诚使团离开肃州后在几个大站的住宿时间：

二月初九日，至哈密城，住五日；

二月二十五日，至鲁陈城，住四日；

三月初一日，至火州城，住三日；

三月初五日，至土尔番城，住一日；

三月初七日，"晴，移营于城西三十里崖儿城边水草便处安营，住十七日"③。

令人大惑不解的是，使团在几个大站的居留多则五日，少则一

---

① 《明太宗实录》卷 197。

② 比较有代表的如《维吾尔族史料简编》第七章第三节说："别失八里地方王国于 1418 年西迁，更名亦力把力"；《新疆简史》第一册第七章第一节说："马哈麻以后著名的察合台后王是歪思汗（一四一八——一四二八）、在歪思汗时期，瓦剌人开始进入蒙兀儿斯坦境域。歪思汗率部落西迁到伊犁河流域，以后，别失八里就改称为亦里把里"；新本《辞海》"别失八里"条则云"1418 年迁都亦力把力"。1985 年民族出版社出版的《维吾尔族历史》（上编）不仅确认了上述的西迁时间，而且在第十章《明朝初期的天山南北》第一节第二部分中，用很大的篇幅探讨了所谓汉、维文资料中"都忽略了"的"导致歪斯西迁的背景和原因"。作者认为，这一问题，"恰好构成了十五世纪维吾尔民族历史上的一段重要过程。因此，在叙述这一时期维吾尔历史活动的时候，上述问题是无法回避的"（详见 321—324 页）。

③ 见《西域行程记》。

日，为何在小小的崖儿城一住就是十七日呢？

崖儿城的方位，《行程记》说在土尔番"城西三十里"，实际是在土尔番城之西北，是土尔番通向别失八里城的必经之路。使团在崖儿城的逗留，必然是在等待有关别失八里国的某种消息。果然：

> （三月）二十四日，晴，明起。由崖儿城南顺水出山峡，向西南行。以马哈木王见居山南，遂分南北两路。

马哈木，《明史》作"马哈麻"，是继黑的儿火者、沙迷查干的别失八里王。"山南"似指天山南麓，具体方位不详。分析这个简单的记录，我们不难看出：第一，李达、陈诚所率使团在崖儿城逗留了十七天后，终于得到了有关别失八里国的确切消息：别失八里王马哈木已离开了原居地别失八里城，"见居山南"。第二，马哈木离开别失八里城的时间不会很长，以致明政府使团在土尔番、火州一带还未得到确切消息，不得不派出使者打探，在崖儿城居留等待。第三，由于马哈木离开别失八里城不久，原驻牧地留下的人对马哈木的去向不是十分清楚，"见居山南"指出的只是大致方位。为此，政府使团不得不临时决定，兵分两路，前去寻找马哈木，以向他转达明政府的赏赐，进行双边关系的会谈。这是明政府使团分路西行的真正原因，也是陈诚南路使团为什么选择了一条艰难新路的目的所在。

根据上述分析，我们可以断定：至晚在永乐十二年（1414年）年初，马哈木王统治时期，别失八里本部已离开别失八里城西迁了。

至于西迁的地点，让我们沿着陈诚的踪迹再来考察。

三月二十四日，明政府使团在崖儿城分路后，陈诚一行由此折向西南，再向西行，中经托逊城，奚者儿卜剌、阿鲁卜古迹里、窟丹纳兀儿湖、哈喇卜剌、博脱秃山、点司秃、塔把儿达剌、尹秃司、斡鹿海牙、阿达打班、纳剌秃，四月十五日到达孔葛思河畔的孔葛思，安营住一日。

> 四月十七日，晴，明起，向西行约有五十余里，地名忒勒哈剌，近夷人帐房处安营。马哈木王遣人来接，住一日。

> 十九日，晴，明起，顺河西下五十里，近马哈木王帐房五、七里设站舍处安营，住十三日。①

孔葛思河，即今新疆巩乃斯河，是伊犁河的一个支流，中、上游流经今新疆新源县境，下游经今新疆巩留县境。孔葛思即今新源巩乃斯草原，与纳刺秃俱在巩乃斯河北岸。忒勒哈刺在南岸。由忒勒哈刺顺巩乃斯河西下，行五十里，"近马哈木王帐房"，则到达今新源县城附近。那么，马哈木时代别失八里西迁的地点，当在巩乃斯河南岸的新源县城附近。

现在，我们再来分析《明实录》的记载。

马哈木似卒于永乐十三年（1415年），继承其王位的是从子纳黑失只罕，《明史·西域传》云：

> 十一年，……明年冬，有自西域还者，言马哈麻母及弟相继卒。……已而马哈麻亦卒，无子，从子纳黑失只罕嗣。十四年春，使来告丧。命安及中官李达吊祭，即封其嗣子为王，赉文绮、弓刀、甲胄，其母亦有赐。

接着在永乐十六年（1418年），就有别失八里的贡使速哥等人向明政府报告，歪思杀其从兄纳黑失只罕自立，"徙其部落西去，更国号曰亦力把里"。歪思的西迁，实际上是在伊犁河流域的一次短距离的迁徙，从孔葛思河上游迁往衣烈河南岸的亦力把里，即由现在的新源县附近迁到伊宁市一带。并非如历来的史家所理解的，由别失八里城迁都于亦力把里城。

明政府对西域局势的了解，不外乎三个来源，一是政府使臣回国后的报告，二是西域诸国贡使的报告，三是西部边卫搜集的情报反映。这些片断的、不甚连贯的报告反映在官修《实录》中，难免出现一些遗漏、讹误。正像在别失八里国西迁的历史进程中，《明实录》的记载恰恰缺少了马哈木王时代西迁巩乃斯河流域的关键一节，

---

① 见《西域行程记》。

导致了后世史家对别失八里西迁问题的某些误解。而《西域行程记》以其亲历的真实记录，存佚补阙，填补了史籍记载的不足，纠正了别失八里西迁研究中的重大失误，显示了它很高的史学价值。正如清人唐肇在《藏纪概·叙》中所说："举昔人纪注外国之书，惟陈员外《西域使程记》稍为典实。盖其身历，非采摭传闻者可比，故史家不得弃之。"

五 《西域番国志》的版本、内容及史料价值

与《西域行程记》相比，陈诚的《西域番国志》似乎更受到后世重视，当时即见载于《明太宗实录》。明人涉西域之书，几乎都曾取资于《西域番国志》，如李贤《明一统志》、何乔远《名山藏》、罗曰褧《咸宾录》等。清修《明史·西域传》，亦多所采摭。清代以来，更著录于多种丛书。除《豫恕堂丛书·独寱园丛抄》和《国立北平图书馆善本丛书》第一集收录有《西域番国志》外，尚有题名《使西域记》而实为《西域番国志》节本的《学海类编》本和《丛书集成初编》本。其中《丛书集成》本系《学海类编》本的过录刻本；而以据明抄影印的《北图善本丛书》本和《豫恕堂丛书》本较为完整。

然而，在丰富多彩的明代史料中，还蕴藏着尚未被人注意的《西域番国志》的若干种版本。经粗略翻检，零星小种不计，以下几种，颇有价值。

（一）《明实录》本

永乐十三年（1415年）十月，李达、陈诚使团回国后，陈诚曾将西使的著作三种、出使安南辩明边界的书信几封"汇呈御览"，献给明成祖。明成祖诏付国史馆，作为一朝档案保存起来。至宣德朝纂修《明太宗实录》，独取《西域番国志》过录，《明太宗实录》卷169在"诚上《使西域记》，所历凡十七国，风俗物产悉备焉"句下，全文移录，但有不少删节。共保留了二千三百余字。又可称进呈节本。

(二)《竹山集》本

《竹山集》大约结集于明英宗正统年间,其最早的序是正统十二年(1447年)资政大夫吏部尚书兼国史总裁王直序。《竹山集》内篇卷一首篇为《奉使西域复命疏》,接下来就是《西域番国志》,题为《进呈御览西域山川风物纪录》。① 目次中小字标注:"计五十七条。"其中哈烈为多,三十八条,西域十七地各一条,归休后补遗"葱岭""蔷薇露之说"二条,正合五十七条之数。王直序中称:"公所上书,诏付之史官,而藏其副于家,后之君子,欲征西域之事,而于此考览焉。"可知《竹山集》所收录者,乃陈诚上书后的家藏副本。此本全文约六千八百字,较《西域番国志》的任何一种版本为全,是为足本无疑。又可称家藏本。

(三)《万历野获编》本

《万历野获编》30卷,《补遗》4卷,明沈德符撰。是书搜采宏富,于明代典章制度、治乱得失及山川风物、琐事逸闻均有涉及。其卷30"外国"有《西域记》一条云:"中官李达、吏部员外郎陈诚等使西域还,西域诸国哈烈、撒马尔罕、火州、吐鲁番、失剌思、俺都淮等处,各遣使贡文豹、西马、方物,诚上《使西域记》,所历凡十七国,山川风俗物产悉备焉。"以下正文以国分段,西域十五处十五段,约二千三百字,与《明实录》本同。从上引的叙述文字看,脱胎于《明实录》的痕迹很明显,应为《明实录》的早期传抄本。据沈德符自序,《万历野获编》成于万历三十四年(1606年)。此本又可称万历本。

丛书著录本四种,合《明实录》本(即进呈本)、《竹山集》本(即家藏本)、《万历野获编》本(即万历本),共计七种。而《竹山集》所收《进呈御览西域山川风物纪录》又较《北图善本丛书》本和《豫恕堂丛书》本为胜,是家藏原本。陈诚《西域番国志》的原貌,唯赖此以存。对校勘《西域番国志》和订正《明史·西域传》,

---

① 《竹山集》正文标题与目次标题略有差异,目次标题为《西域山川风物行程纪录》。

价值尤高。

首先,我们来看上述各种版本的比勘对照:

第一,书名。书名各家著录不一,向以《西域记》《使西域记》《西域番国志》之名传世。然究其所始,此书应题为《进呈御览西域山川风物纪录》。

第二,目次。家藏本目次为哈烈、撒马尔罕、俺都淮、八剌黑、迭里迷城、沙鹿海牙、塞兰城、达什干、卜花儿、渴石、养夷、别失八里、土尔番、崖儿城、盐泽、火州、鲁陈城、哈密、葱岭、蔷薇露之说。除去陈诚归休后补遗的"葱岭""蔷薇露之说"二条,其余各条依其地理方位,再参以《西域行程记》,排列颇为整齐,大体是由西向东,与《行程记》形成逆向排列。也就是说,行程道里取奉使西行的历程,山川风物则以归程次序记录。其余诸本,或失题混抄,或颠倒误置,或割裂文义,另立新题,均失原貌。薛宗正文在论及《西域番国志》时说:"其排列顺序颇无章法,未必是陈诚原书面貌。"陈诚家藏本完全证实了薛文的这一推测。如诸本皆将"达什干""卜花儿"二条置于书末"哈密"条之后,实乃移录或节录中脱漏而补书于后所致,传抄讹以传讹,遂致混乱。《竹山集》家藏原本,"达什干""卜花儿"在"塞兰城"之后,"渴石"之前,可正诸本之误。另如《北图善本丛书》本《西域番国志》目录"别失八里"条后有于阗一条。于阗位于塔克拉玛干沙漠之南,乃丝绸之路南道一古国,为陈诚二使西域足迹未涉之地。《西域番国志》所录皆亲历见闻,遥远的于阗何由见录?查《北图善本丛书》本《西域番国志》"别失八里"条有这样一段文字:

……究其故疆,东连哈密,西至撒马尔罕,西北至脱忽麻,北与瓦剌相接,南至于阗。阿端云:于阗有河,中产玉石。哈石哈地而出宝石、金银、桑麻、禾粟。其封域之内,惟鲁陈、火州、土尔番、哈石哈、阿力马力数处,略有城邑、民居、田园、巷陌。其他处所,虽有荒城故址,败壁颓垣,悉皆荒秽,人多居山谷间。……

以家藏本校正，"阿端"为"河志"之误。通读全文，不难看出，"于阗"在这里出现，是作为别失八里疆域四至的一个地名，而非专节记叙。以下所述鲁陈、火州等处，均为别失八里"封域之内"。除了引用《河志》称"于阗有河，中产玉石"一句外，再未发现涉及于阗的任何记述。毫无疑问，《北图善本丛书》本所列目次中的"于阗"一条，是误增。从版本上考察，《北图善本丛书》影印之明抄，讹误比比皆是，妄加窜定增省其文处不论，标目就有不少疏漏。独行标题的只有"哈烈"以下八条，余皆失题。尤可异者，"别失八里"条不仅失题，且混抄在"养夷"条内，致使眉目不清。原抄如此，确定标题目次也就难免发生上述伪谬。如校之以家藏本，此类失误皆可订正。

第三，版本源流。我们对《西域番国志》七种版本做了一个粗略统计，各种版本的字数如下：

《竹山集》本　　　　约六千八百字
《豫恕堂丛书》本　　约六千三百字
《北图善本丛书》本　约六千三百字
《明实录》本　　　　约二千三百字
《万历野获编》本　　约二千三百字
《学海类编》本　　　约二千三百字
《丛书集成》本　　　约二千三百字

这里，《豫恕堂丛书》本与《北图善本丛书》本较《竹山集》本所少的五百余字，是陈诚归休补遗的"葱岭""蔷薇露之说"二条。实际上与《竹山集》本应属一个系统，亦即说，二本所据，乃陈诚家藏本的传世之抄。至于后四种，同属一个系统，皆源于《明实录》家藏本和进呈节本，各为两个版本系统的祖本。

《西域番国志》分地记载，其中"哈烈"的内容最详，约占全书一半，三千余字；次则"土尔番"，约五百字；"别失八里"约四百字；"撒马尔罕""鲁陈"约三百字；余皆百余字，几十字。这与陈诚此行的主要使命和居留时间是相符的。该书文笔简洁，叙事翔实，虽仅六千余字的篇幅，但却包含着极丰富的内容，一般包括：

①该地方位。如记撒马尔罕，"在哈烈之东北，东去陕西行都司

肃州卫九千九百余里，西去哈烈二千八百余里"。

②山川形势。如记养夷，"城居乱山间，东北有大溪水西流"。

③居民。如记卜花儿，"街市繁华，户口万计"。

④隶属。如记八剌黑，"哈烈沙哈鲁遣其子守焉"。

⑤历史沿革。如记土尔番，"在唐为伊西庭节度使之地，在汉为车师国王所居"。

⑥得名之由。如记崖儿城，"二水交流，断崖居中，因崖为城，故名崖儿城"。

⑦疆域。如记别失八里，"究其故疆，东连哈密，西至撒马尔罕，后为帖木儿附马所夺，今止界于养夷，西北至脱忽麻，北与瓦剌相接，南至于阗"。

⑧古迹。如记盐泽，"城东有高冢二处，环以林木，周以墙垣。昔国主黑的儿火者夫妻之坟。坟近有小冢，云其平日亲匿之臣从葬也"。

⑨建筑。如哈烈条内关于国主宫殿、富家巨室、平民住房、市井街道的记录。

⑩气候、物产。此类资料特详。

⑪商品经济、集市贸易、货币、衡器、税收等。

⑫宗教。如记火州，土尔番一带僧堂佛寺之凋零，哈烈等地伊斯兰教的盛行。

⑬语言文字。如记鲁陈一带，"方音皆畏兀儿语言文字"。

⑭民俗。书中民俗学资料尤丰，不同等级人的服饰、喜好、饮食、婚姻、丧葬、祭祀、节日、游戏等，皆有反映，细致入微。

此外，《竹山集》本《西域番国志》有补遗的"葱岭"和"蔷薇露之说"二条。前一条内，因土尔番边僻一山"遍地多葱"，陈诚"料度此山必葱岭矣"。当系臆猜失误，后一条追记永乐十五年（1417年）四月初他复至哈烈时，当地蔷薇花盛开，蒸制花露水的情况。可补"哈烈"记载之缺漏。

不难看出，由于陈诚、李暹等人亲历其地，事事留心，这份西域考察报告所涉及的社会生活是极为广泛的。它对15世纪中亚社会和文化的研究，有着特别的意义。

正如两《汉书》之《西域传》取材于张骞、班勇的使西域报告，《魏书·西域传》多采宋云诸人的行纪，清修《明史·西域传》，西域不少国家地区的山川、人物、风土、物产等历史记载，也参考了陈诚的《西域番国志》。现在的问题是，第一，《西域番国志》的材料在《明史·西域传》中所占的比重如何估价；第二，《明史·西域传》在采撷《西域番国志》的材料时使用了哪个系统的版本。

第一个问题，我们只是做了粗略的初级的一些定量分析。《明史·西域传》共录五十三个国家和地区。[①]《西域番国志》录十八个国家和地区，见于《明史·西域传》的只十六处，其中某些地区的材料，《明史》全无采撷，如哈密卫、吐鲁番等。这样，以国家地区计，《西域番国志》提供给《明史》的采录范围，约占《西域传》的四分之一。另外，《明史·西域传》注重双边关系的叙述，大量的内容是记录明政府与这些国家地区的奉使往来、贡市贸易等活动，山川风物的记载只占这些传记的极少部分。因此，《西域番国志》的材料，在《明史·西域传》中所占的比重是有限的。

但是，这个总估价并不影响《西域番国志》在《明史·西域传》成书中的地位。《西域番国志》毕竟是西域一些国家、地区的亲历见闻，为明人的第一手记录，据《明史·艺文志》的著录，陈诚的行纪又是明代关于西域情况的唯一专著，吉光片羽，赖此以存，其史料价值不可低估。《明史·西域传》也正因采用了陈诚亲历的见闻资料，从而使其记叙更为完整、翔实生动。

第二个问题，采用的版本系统。《明史》之修，在二十四史中历时最久，其基本史料，源于明季历朝《实录》与《大明会典》，《明史·西域传》也不例外。有关国家地区的山川风物记载，大都取材于《明太宗实录》卷169陈诚进呈的《使西域记》节本。《明史·西域传》的有关记载，只是在《明实录》本的基础上精练文字，整齐其传。

[①]《明史·西域传三》"乌斯藏"分"乌斯藏大宝法王""大乘法王""大慈法王""阐化王""赞善王""护教王""阐教王""辅教王"。我们合八为一，作乌斯藏地区计。《西域传四》有坤城，后附以哈三等二十九部之名，我们仍只计作"坤城"一处。

然而，也正因为如此，《明史·西域传》在记叙哈烈诸国时，出现了一些令人遗憾的疏漏和明显的失误。如家藏本系统所记哈烈国共三十八条，三千余字，而《明实录》本删节仅留十余条不足八百字，不少有价值的材料都被忽略了。家藏本系统中所述之哈烈国的都市繁华、商品经济的高度发展：

  城市人家少见炊爨，饮食买于店铺，故市肆夜不闭门，终夕烧灯燃烛。
  ……铺店分各色行头，若弓矢、鞍辔、衣服之类，各为一行，不得掺杂。

国家大力提倡伊斯兰教，伊斯兰教在哈烈备受尊崇的记载：

  国中体例，有别色人愿为回回者，云以万钱给之，仍赐衣服鞍马之类。
  有通回回本教经义者，众皆敬之曰满剌，坐立列于众人之上，国主亦皆尊之。
  凡有祠祀，惟满剌诵经而已。

伊斯兰教教义已深入当地居民的生活习惯：

  服饰尚白，丧葬不用棺……
  ……人家畜养羊、马、鸡、犬、鹅、鸭，惟不养猪，亦不食其肉，此最忌惮。凡牺畜，非回回杀者不食。

宗教仪式亦虔诚：

  每月二次望西礼拜，名纳马思。若人烟辏集，则聚一所大土屋，名默息儿。凡礼拜之时，聚土屋下列成班行，其中一人高叫数声，众人随班跪拜。若在道途，随处礼拜。

家藏本系统中还反映出，汉唐以来，中国桑蚕与丝织术沿丝绸之路的西传，使中亚一带的纺织业达到很高水平：

多有蚕桑，善为纨绮，轻柔细密，优于中国。但不能如中国壮厚，且不解织罗。其绣成金线，可以回炉。布帛中有名琐伏者，一如纨绮，实以羊毛织成。

善织剪绒毛毯，颜色虽久不衰。绵布幅制尤宽，亦有甚细密者。

其他如哈烈一带风磨、风扇、浴室、乡村水窖、矿物、土产等记载，均因《明实录》本的删节而阙佚。

哈烈之货币，《明史·西域传》依据《明实录》只云"交易用银钱，大小三等"。而家藏本则详载之：

交易通用银钱，大者重一钱六分，名曰"等哥"；次者每钱重八分，名曰"抵纳"；又次者每钱重四分，名曰"假即眉"。……"假即眉"之下，止造铜钱，名曰"蒲立"或六或九当一。"假即眉"惟其地使用，不得通行。

此类问题尚多，不能一一列举，皆存佚补阙，足资考核。

此外，《明史·西域传》中出现的一些谬误，亦因《明实录》以讹传讹所致。如《明史·西域传》"哈烈"条中所记之伊斯兰教徒的把斋月，"昼不饮食，至夜乃食，周月始茹荤"；即为明显一例。核之于家藏本，应为"周月之后，饮食如初"。

可见，出于史家芟剪，造成《明史·西域传》大量资料的阙漏和某些失误。家藏本系统的《西域番国志》即可补其不足，订其舛误。

总之，堪称姊妹篇的《西域行程记》和《西域番国志》，一记行程道里，一叙山川风物，是明代唯一的亲历西域的实况记录，也是永乐时代积极开放的外交政策的产物。仁宣之后，内政紊乱，边事日纷，明帝国在内忧外患中败落下去。闭关锁国，势在不免。再也不可能出现这样具体翔实的域外记载，不仅明人借以获得对西域的认识，清以来留心边疆史地和中西交通的文人学者，无不重视这一历史记载。谢国桢先生指出："世徒知郑和之乘槎南洋，而不知陈诚李达之奉使西域，其功不减于和。"充分肯定了《西域行程记》和《西域番国志》可备"研治西域史者之探讨"的价值。[①] 陈诚的奉使之劳同著述之功，都是不可泯灭而永垂青史的。

中国中亚文化研究协会、中国社会科学院历史研究所中外关系史室编：《中亚学刊》第三辑，中华书局1990年版，第214—241页。

---

① 《西域行程记·跋》。

《西域番国志》与《明史·西域传》

李鲁平

陈诚的《西域番国志》《西域行程记》是明代唯一的亲历西域实录，一直受到中外学者的瞩目，对其专题研究已取得很大进展。但《西域番国志》与《明史·西域传》的关系问题，前人尚未涉及。故作此文，以文献比勘探讨《西域番国志》在《明史·西域传》中的作用。

一

《西域番国志》分地记载，其中"哈烈"的内容最详，三千余字，约占全书一半；次则"土尔番"，约五百字；"别失八里"约四百字；"撒马尔罕""鲁陈"约三百字；余皆百余字、几十字等。《西域番国志》所载内容与陈诚此行的主要使命和居留时间是相符的。该书文字简洁，叙事翔实，虽仅六千余字的篇幅，但却包含着极丰富的内容，一般包括：

（1）该地方位。如记撒马尔罕，"在哈烈之东北，东去陕西行都司肃州卫九千九百余里，西去哈烈二千八百余里"。

（2）山川形势。如记养夷，"城居乱山间，东北有大溪水西流"。

（3）居民。如记卜花儿，"街市繁华，户口万计"。

（4）隶属。如记八剌黑，"哈烈沙哈鲁遣其子守焉"。

（5）历史沿革。如记土尔番，"在唐为伊西庭节度使之地，在汉为车师国王所居"。

（6）得名之由。如记崖儿城，"二水交流，断崖居中，因崖为城，故名崖儿城"。

（7）疆域变迁。如记别失八里，"究其故疆，东连哈密，西至撒马尔罕，后为帖木儿驸马所夺，今止界于养夷，西北至脱忽麻，北与瓦剌相接，南至于阗"。

（8）古迹。如记盐泽，"城东有高冢二处，环以林木，周以墙垣。昔国主黑的儿火者夫妻之坟。坟近有小冢，云其平日亲匿之臣从葬也"。

（9）建筑。如哈烈条内关于国主宫殿、富家巨室、平民住房、市井街道的记录。

（10）气候、物产。此类资料特详。

（11）商品经济、集市贸易、货币、衡器、税收等。

（12）宗教。如记火州，土尔番一带僧堂佛寺之凋零，哈烈等地伊斯兰教的盛行。

（13）语言文字。如记鲁陈一带，"方音皆畏兀儿语言文字"。

（14）军事态势。如记养夷城，"荒城遗址，年久湮芜，盖其地界乎别失八里蒙古部落之间，与回鹘更相侵犯，故人民岁无宁居。惟留戍卒数百人，守此孤城而已"。

（15）民俗。书中社会、民俗学资料尤丰，不同等级人的服饰、喜好、饮食、婚姻、丧葬、祭祀、节日、游戏等，皆有反映，细致入微。

此外，《竹山集》本《西域番国志》有补遗的"葱岭"和"蔷薇露之说"二条。前一条内，因土尔番边僻一山"遍地多葱"，陈诚"料度此山必葱岭矣"，当系臆猜失误。后一条追记永乐十五年（1417年）四月初，他复至哈烈时，当地蔷薇花盛开，蒸制花露水的情况。可补"哈烈"记载之缺漏。

不难看出，由于陈诚、李暹等人亲历其地，事事留心，这份西域考察报告所涉及的社会生活情况是极为广泛的。它对15世纪中亚社会和文化的研究，有着特别的意义。

但陈诚的西使报告也存在着一些重大遗漏，美国学者莫里斯·罗萨比就曾敏锐地指出：

> 陈诚的报告集中于他所观察到的经济活动和特殊习惯。无疑

的，它为那些想促进和中亚贸易的人提供了有价值的资料。然而，由于陈诚是朝廷使节，他理应汇报他与沙哈鲁和其他统治者的会见与谈判的情况，但无记录可查。在他现存的关于中亚的报告中也没有提供军事情报。从明朝害怕外人入侵并进而强调建立可能的防御力量的观点来看，这是很奇怪的。[①]

罗萨比提出的两个缺漏，的确是事实。帖木儿之后的帖木儿帝国，仍具有强大的军事潜力，且当时帖木儿帝国正陷于军事纷争的内乱之中，军事情报理应是李达、陈诚使团关注的一个重点。作为政府使团，双边关系的会谈情况，是归国后汇报的一个核心内容。但这一切，陈诚报告中毫无反映。这使我们有理由推断，李达、陈诚使团归国后，另有一份执行上述使命的报告。很可能是以"奏折"形式汇报给永乐皇帝，以供决策。事涉国家机密，《实录》纂修中，不能不加以隐匿。私人著述，亦不得涉及。因此，流传后世的，也只有这份《进呈御览西域山川风物记录》了。

二

正如两《汉书》之《西域传》取材于张骞、班勇的出使西域报告，《魏书·西域传》多采宋云诸人的行纪，清修《明史·西域传》，在西域不少国家地区的山川、人物、风土、物产等历史记载中，也参考了陈诚的《西域番国志》。现在的问题是，第一，《西域番国志》的材料在《明史·西域传》中所占的比重如何估价；第二，《明史·西域传》在采摭《西域番国志》的材料时使用了哪个系统的版本。

第一个问题，我们只是做了粗略的初级的一些定量分析。《明史·西域传》共录五十三个国家和地区。《西域番国志》录十八个国家和地区，见于《明史·西域传》的只十六处，其中某些地区的材料，《明史》全无采摭，如哈密卫、吐鲁番等。这样，以国家地区计，《西域番国志》提供给《明史》的采录范围，约占《西域传》的

[①] 《明代到亚洲腹地的两位使者》，[美]《通报》第 62 卷第 3 期，1976 年。

四分之一。其次，《明史·西域传》注重双边关系的叙述，大量的内容是记录明政府与这些国家地区的奉使往来、贡市贸易等活动，山川风物的记载只占这些传记的极少部分。因此，《西域番国志》的材料，在《明史·西域传》中所占的比重是有限的。

但是，这个总估价并不影响《西域番国志》在《明史·西域传》成书中的地位。《西域番国志》毕竟是西域一些国家、地区的亲历见闻，为明人的第一手记录。据《明史·艺文志》的著录，陈诚的行纪又是明代关于西域情况的唯一专著，吉光片羽，赖此以存，其史料价值不可低估。《明史·西域传》也正因采用了陈诚亲历的见闻资料，从而使其记叙更为完整、翔实生动。

第二个问题，采用的版本系统。《明史》之修，在二十四史中历时最久，其基本史料，源于明季历朝《实录》与《大明会典》，《明史·西域传》也不例外。有关西域国家、地区的山川风物记载，大都取材于《明太宗实录》169卷陈诚进呈的《使西域记》节本。《明史·西域传》的有关记载，只是在《明实录》本的基础上精练文字，整齐其传。

三

这个推测是否可靠，还需做些比较研究。以下，我们选取了《西域番国志》两个版本系统的祖本——《明实录》本和《竹山文集》本的"哈烈"的相关记载与《明史·西域传》的《哈烈传》做一对照。

《竹山文集》本	《明实录》本	《明史·西域传》
哈烈	哈烈	哈烈传
……其地居一平川，广百余里，中有河水西流，四面大山。城近东北山下，方十余里。国主居城之东北隅，垒砖石以为屋，屋平方势若高台，不用栋梁陶瓦，中拱，虚室数十间。墙壁妆绘，金碧琉璃，门扉雕刻花文，嵌以骨角，地铺毡毯。	……其地四面多山，中有河西流。城近东北山下，方十余里，国主居城东北隅，垒石为屋，平方若高台，不用栋梁陶瓦，中敞，虚室数十间。窗牖门扉雕花纹，绘以金。地铺毯罽。	……王所居城，方十里。垒石为屋，平方若高台，不用梁柱瓦壁，中敞，虚空数十间。窗牖门扉，悉雕刻花纹，绘以金碧，地铺毡罽。

续表

《竹山文集》本	《明实录》本	《明史·西域传》
哈烈	哈烈	哈烈传
屋旁仍设彩绣帐房，为燕寝之所。中设金床，上铺茵褥数重，不置椅凳，每席地加趺而坐。国主衣窄袖衣贯头衫，戴小罩刺帽，以白布缠头。辫发俊髦，服色尚白，与国人同。国人皆尊之曰锁鲁檀，盖锁鲁檀者，犹华言君上之尊号也。国王之妻皆尊称之曰阿哈，其子则称米尔咱，盖米尔咱者，犹华言舍人也。凡上下相呼皆直叱其名，虽国主亦然。不设大小衙门，亦无官制，但管事之人，称曰刁完官，凡大小事皆由刁完官处置。凡相见略无礼义，惟稍屈躬道"撒力马力"一语而已。若久不相见，或初相识或行大礼，则屈一足，致再三跪。下之见上，则近前一跪，相握手而已，平交则止握手或相抱以为礼。男女皆然，若致意于人，则云"撒兰"。		
凡聚会，君臣上下男女长幼皆环列而坐。饮食不设匙箸，肉饭以手取食，羹汤则以小木觚汲饮。……不置凳桌，皆坐地饮食。若宴会则用低桌子。……	上下相呼皆称名。 相见惟稍屈身，初相识行大礼，则屈一足三跪，男女皆然。	国人称其王锁鲁檀，犹言君长也。 上下相呼皆以名。
市井乡坊，两旁筑室。…… 城市人家少见炊爨，饮食买于店铺，故市肆夜之闭门，终夕烧灯燃烛。交易通用银钱，大者重一钱之分，名曰"等哥"。次	饮食不设匕箸，酿酒多用葡萄。饭则坐于地。大宴会则设小机案。	相见止稍屈身，初见则一屈三跪。男女皆然。

续表

《竹山文集》本	《明实录》本	《明史·西域传》
哈烈	哈烈	哈烈传
者每钱重八分，名曰"抵纳"。又次者每钱重四分，名曰"假即眉"。此三等钱从人自造，造完于国主处输税，用印为记，交易通用。无印记者不使。"假即眉"之下，止造铜钱，名曰"蒲立"，或六或九当一。"假即眉"惟其地使用，不得通行。 斗斛不置，止用权衡。权衡之置，两端设盘，分中为准……	交易用银钱，大三等（大后脱一"小"字）。下人乱造无禁，造成输税于国主，用印记。无印者禁不用。 不置斗斛，惟用权衡。	食无匕箸，有瓷器。以葡萄酿酒。 交易用银钱，大小三等，不禁私铸。惟输税于酋长，用印记，无印者禁不用。
锐钱十分取二。交易则买者偿税，国全资此钱。 官府文书行移不用印信。国主而次，与凡任事之人有所施行，止用小纸一方，于上直书事体，用各人花押印记，即便奉行。花押之置，以金银为戒指，上铸本主姓名，别无关防，罔有为奸伪者。 国中少用刑法，军民罕见词讼。其有致伤人命，不过罚钱若干，其余轻罪，略加责罚，鞭挞而已。 酒禁甚严，…… 国中体例，有别色人种愿为回回者，云以万钱给之，仍赐衣服鞍马之类。 婚姻多以姊妹为妻妾，为一门骨肉至亲，虽同堂兄弟姊妹，一皆得为婚姻。至于弟受兄妻，兄受弟妇，亦其国之常事耳。 国中男子，髡首以素布缠头，妇人亦蒙衣素帛，略露双眸。如有丧制，反以青黑布易帻。惟幔皆用青黑，居丧不过百日即释服。丧葬俱不用棺，惟以布囊裹尸，置于椁中。富家巨室……	市易诸物皆有征税，什取其二，以资国用。 国主与管事者凡有事施行，用纸直书其事，各以花押为记。花押之制，以金银为戒指，上铸其名。 国无法律，不施刑罚，伤人命者，亦止于罚钱。 婚姻以姊妹为妻妾，同居男女相混。 男子髡首缠以白布，妇女亦白布蒙首，略露双眸。丧则易以青黑，居丧止百日。丧不用木棺，以布囊裹尸葬之。 常于坟墓设祭，家不祀祖宗，亦不祀鬼神，惟重拜天之礼。凡拜天，若聚会则择日行之。……	不知斗斛，止设权衡。 市易皆征税十二。 亦无刑法，即杀人亦止罚钱。 以姊妹为妻妾。 男髡首缠以白布，妇女亦白布蒙首，仅露双目。 居丧止百日，不用棺，以布裹尸而葬。

续表

《竹山文集》本	《明实录》本	《明史·西域传》
哈烈	哈烈	哈烈传
不祀鬼神，不立礼庙，不奉祖宗，不建家堂。惟于坟墓祭祀而已。每月二次，望西礼拜，名纳马思。若人烟辏集，则聚一所筑大土屋…… 每岁十月并春二月，为把斋月，白昼皆不饮食，至日暮方食。周月之后，饮食如初。开斋之际，乃以射葫芦为乐。 射葫芦之制，植一长竿，高数丈许，竿末悬一葫芦，中藏白鸽一双，善骑射者跃马射之，以破葫芦白鸽飞去者为得采。 有通回回本教经义者，众皆敬之，名曰满剌…… 有弃家业去生理者也…… 有好事之人…… 有善步走者，一日可行二三百里，举足轻便，疾于马驰。然非生而善走，盖自幼习惯而能，凡官府有急务，则令其持箭走报，以示急切。常腰悬小铃，手持骨朵，其行如飞。 男女少能负荷…… 妇女出外…… 国俗多侈，衣服喜艳色……四时气候，多暖少寒。 乡村僻处多筑水窖贮水…… 城市乡镇，广置混堂…… 水磨……风磨…… 道傍多筑土屋…… 正朔不颁，花甲不论，择日用事，自有完规。每七日一转，周而复始，七日之中，第一日……	每岁二月、十月为把斋月，昼不饮食，至暮乃食。周月始食荤，则聚众射葫芦。其制长竿高数丈，竿末腰葫芦，中藏白鸽一双，跃马射之，以破葫芦鸽飞者为得采。 有通回回教经者，众称曰满剌…… 有善步走者，日可行三二百里，盖自幼习步，有急务令持箭走报。 其俗侈靡，用度无礼节。其土沃饶，气候多暖少雨。 无月朔、甲子、择日，每七日为一转，周而复始。	常于墓间设祭，不祭祖宗，亦不祭鬼神，惟重拜天之礼。 岁以二月、十月为把斋月，昼不饮食，至夜乃食，周月始茹荤。 有善走者，日可三百里，有急事，传箭走报。 俗尚侈靡，用度无节。土沃饶，节候多暖少雨。 无干支朔望，每七日为一转，周而复始。

续表

《竹山文集》本	《明实录》本	《明史·西域传》
哈烈	哈烈	哈烈传
城市中有大土屋一所，名默得儿塞，四面房廊宽广，天井设一铜器，制如大锅，周围数丈，上刻文字如鼎状。前后左右房屋尤伟丽，多处游学生徒及通诸色经义者，如中国太学然。 　　（下略十二条）	城中置大土室，中设铜器，周围数丈。上刻文字，如古鼎状。游学子弟皆聚此，若中国太学然。 　　（下略）	城中置大土室，中置一铜器，上刻文字如古鼎状。游学者皆聚此，若中国太学然。 　　（下略）

　　"哈烈"是《西域番国志》记叙的重点内容，占全书文字的一半以上。也是《实录》本删节的重点。详尽的对照完全证实了我们的上述推测：《明史·西域传》所本，为《明太宗实录》卷169陈诚进呈明廷的《使西域记》节本。

《西北民族大学学报》（哲学社会科学版）2006年第1期

《西域番国志》版本考略

孟聪敏

《西域番国志》与《西域行程记》是明代永乐年间陈诚等人西使的亲历记录。作为研究明代中亚社会历史和中西交通的重要资料，历来受到国内外学者的重视。其中，《西域行程记》传世版本的差异不大，大体是据明抄翻刻流布。而《西域番国志》却有繁本与简本之别；且通行本又错漏百出，贻误匪浅，已经引起研究中的一些混乱。为正本清源，对《西域番国志》的版本源流做一探索考察，是十分必要的。故此，我们从蕴藏丰富的明代典籍中，又搜求到《西域番国志》的几种版本，据之以考源流嬗变，比勘传本之讹。专家通人，幸以教之。

一 《西域番国志》的传世版本

迄今为止，《西域番国志》尚无单刻本传世，[①] 流传的版本均收录于几种丛书。

其一，《豫恕堂丛书·独寤园丛抄》（以下简称《独寤园》本）。此《丛书》系清光绪中沈登善所编，仅有刊本的写样本存上海图书馆。其《独寤园丛抄》收录明代有关周边少数民族的著作四种：《西域行程记》1卷，《西域番国志》1卷，《北虏事迹》1卷，《西番事迹》1卷。所据版本未有交代，仅在目次前署"谭钟修手校一过"字样。《独寤园》本《西域番国志》约六千三百字，内容较为完整。惜

[①] 据闻，中华书局"中外交通史籍丛刊"即将刊印周连宽先生的校注本。

其未曾刊布，流传不广，鲜为人知。

其二，《国立北平图书馆善本丛书》第一集（以下简称《善本丛书》本）。此《丛书》收录有关明代中外关系及边疆史地的著作12种，计92卷，70册。《皇明九边考》等九种系据嘉靖、万历、崇祯三朝刻本影印，《安南国志》一种系据钱氏述古堂抄本影印；唯《西域行程记》《西域番国志》二种署"据明抄本影印"。这一明抄本的款式题记，据谢国桢先生跋称："每半叶九行，行十九字。有秀水朱氏潜采堂图书，朱昆田曾观是书大略朱文印。"又书口署"独寤园稿·西域番国志"，象鼻署"淡泉书屋"。可知，《善本丛书》本所据，乃《独寤园》本之旧抄，出自秀水朱氏潜采堂收庋。两本实为一种。《善本丛书》本较为易得，研究者习于采摭，影响最大。

其三，《学海类编》。其中的《西域番国志》题为《使西域记》，故《中国丛书综录》著录时与《西域番国志》另题标注。实则《使西域记》系《西域番国志》的节本，全书仅存二千三百余字。此本删削过甚，价值不大。

其四，《丛书集成》初编（以下简称《丛书集成》本）。《丛书集成》本仍题《使西域记》，文字与《学海类编》本同。

《西域番国志》的以上四种版本，《善本丛书》本与《独寤园》本为一个系统，是繁本；《学海类编》本与《丛书集成》本为另一系统，是简本。两个版本系统，不仅文字删削颇多，而且书名不同。现在的问题是，既为一书而书名不同、文字繁简相去甚远的这两个版本系统是怎样产生的？比勘研究上述四种版本，显然找不出《西域番国志》版本源流嬗变的脉络。

然而，在丰富多彩的明代史料中，还蕴藏着尚未被人注意的《西域番国志》的若干种版本。价值较高的，有以下几种：

（一）《明实录》本

永乐十三年（1415年）十月癸巳，李达、陈诚所率使团回京，《明实录》记载说："中官李达、吏部员外郎陈诚等使西域还，西域诸国哈烈、撒马尔罕、火州、吐鲁番、失剌思、俺都淮等处各遣使贡文豹、西马、方物。诚上《使西域记》,所历凡十七国,山川、风俗、物产悉备焉。"① 以下移录了陈诚进呈给明成祖朱棣的《使西域记》。《明实录》中用二千多字的篇幅,记录一位使臣的使西域报告,正说明明初统治者对当时西域局势的重视。可以这样推想,朱棣接到陈诚的《使西域记》后,披阅一过,即诏付国史馆存档。宣德朝纂修《太宗实录》,史臣据之以删节过录,即为我们今天还能看到的《明实录》本《西域番国志》。这个版本之可贵,在于它直接来源于政府存档的陈诚报告。

(二)《竹山文集》本

明英宗正统年间,陈诚从曾孙陈汝实辑陈诚的表状诗文,编成《陈竹山先生文集》。《文集》分内外篇,各 2 卷,合计 4 卷。内篇收陈诚诗文,外篇录当时缙绅士大夫送赠陈诚的诗文。其内篇卷 1 首篇为《奉使西域复命疏》,下面则为传世的《西域番国志》全文,题为《进呈御览西域山川风物记录》。资政大夫吏部尚书兼国史总裁王直在为《文集》所作的序中曾说:"公(指陈诚)所上书,诏付之史官,而藏其副于家。后之君子,欲征西域之事,而于此考览焉。"② 据此可知《竹山文集》本所收,乃陈诚进呈永乐皇帝报告的副本,为家藏本。此本保留了陈诚报告的原貌,是为足本无疑。《竹山文集》初刻年代不详,目前所能见到的是"嘉庆己卯重镌"本,嘉庆己卯为嘉庆二十四年(1819 年),拙文所用即为嘉庆二十四年重刻本。

(三)《万历野获编》本

《万历野获编》(明沈德符撰),搜采宏富,于明代典章制度、治乱得失及山川风物、琐事逸闻均多涉及,是很有价值的一部史料笔记。是书卷 30 "外国"部《西域记》一条云:"中官李达、吏部员外郎陈诚等使西域还,西域诸国哈烈、撒马尔罕、火州、吐鲁番、失剌

---

① 《明太宗实录》第 169 卷。
② 《陈竹山先生文集》卷首。

思、俺都淮等处，各遣使贡文豹、西马、方物。诚上《使西域记》，所历凡十七国，山川、风俗、物产悉备焉。"以叙述文字看，显然脱胎于《明实录》。以下正文以国分段，内容与《明实录》本同。《万历野获编》所录《西域番国志》，应为《明实录》本的早期抄本。据沈德符自序，《万历野获编》成书于万历三十四年（1606 年），此《西域番国志》亦可称万历本。

实录本、家藏本、万历本三种均为明代旧椠或旧抄，时间上早于前述四种丛书著录本。据之可考《西域番国志》的版本源流。

二 《西域番国志》版本之比较

首先，我们对各本的字数做一粗略统计：

家藏本约六千八百字　　　　　《独寤园》本约六千三百字
《善本丛书》本约六千三百字　　实录本约二千三百字
万历本约二千三百字　　　　　《学海类编》本约二千三百字
《丛书集成》本约二千三百字

上述比较，明显地可以看出《西域番国志》繁本与简本的两个系统。家藏本、《独寤园》本、《善本丛书》本属繁本系统；实录本、万历本、《学海类编》本、《丛书集成》本属简本系统。尽管繁本系统与简本系统的版本仍各有异同，但毫无疑义，家藏本乃繁本系统的祖本，实录本是简本系统的祖本。

如前所述，陈诚二使西域回国后，曾有使西域报告呈送成祖朱棣，成祖"诏付之史官"，亦即说，存档的陈诚报告应是完整的正本。然而宣德朝纂修《太宗实录》，对陈诚报告的正本进行了删削，保留了二千三百字，约存报告的三分之一强。这就是为什么会出现一个简本系统的原因。

阅家藏本《进呈御览西域山川风物记录》，全文六千八百字，条目较它本为多，在"葱岭""蔷薇露之说"两条后，有作者小字批注云："归休补遗"。可见这两条约五百字，乃陈诚致仕之晚年，根据回忆所做的补充，非原进呈明成祖报告的内容。亦为《独寤园》本、《善本丛书》本、《西域番国志》所未收。陈诚致仕归休，时在宣德八年（1433年）。①"葱岭"与"蔷薇露之说"两条的补遗，必在宣德八年之后。《独寤园》本与《善本丛书》本不收陈诚归休后补遗的"葱岭""蔷薇露之说"两条，似乎向我们透露了这样一个事实：陈诚的使西域报告在未有补遗前，也就是在宣德八年前，已经传抄流布。《独寤园》本与《善本丛书》本所据，当系这份报告在流传中的抄本。可以这样认为，陈诚使西域报告的原本，应是六千三百字，繁本系统的《西域番国志》，无疑是足本。

繁本与简本的异同，从目次上看，二者（以实录本与《竹山文集》本为例）差异不大，仅"别失八里"条至"哈密"条之间的五处地方排列次序略有不同。《竹山文集》本为土尔番、崖儿城、盐泽、火州、鲁陈城；《明实录》本为火州、柳城（即鲁陈城）、土尔番、崖儿城、盐泽。余皆次序一致。但在内容上，二者的距离就比较大了。最严重的是，陈诚西使报告提供的大量有价值的历史资料，被《明实录》删削了。一种情形是整段地略去。另一种情形是《明实录》为精减文字、概而言之所造成的资料遗漏。例如关于哈烈的货币制度，《竹山文集》本记录的很详细：

> 交易通用银钱，大者重一钱六分，名曰"等哥"；次者每钱重八分，名曰"抵纳"；又次者每钱重四分，名曰"假即眉"。此三等钱从人自造，造完于国主处输税，用印为记，交易通用，无印记者不使。"假即眉"之下，止造铜钱，名曰"蒲立"，或六或九当一。"假即眉"惟其地使用，不得通行。

《明实录》省略为：

> 交易用银钱，大三等（大后当脱一"小"字）。下人私造无禁，造成输税于国主，用印记，无印者禁不用。

---

① 《陈竹山先生文集》内篇卷二收录了陈诚自述的《历官事迹》，时间署"大明宣德八年岁在癸丑五月朔日"。《历官事迹》说："诚仰荷圣恩，三使异域，皆幸不辱君命，无负厥职。今蒙赐归田里，居休林下。将历官略节事迹，逐一开记，以示后之子孙。"据此，我们将陈诚的致仕定在宣德八年（1433年）。

具体的内容被抽掉了。又如哈烈的衡器,《明实录》只用"不置斗斛,惟用权衡"八个字概括,而《竹山文集》本作:

> 斗斛不置,只用权衡。权衡之置,两端设盘,分中为准。置大小铁石,分斤两轻重于一盘之中,以平为度。虽五谷亦以盘称,其斤两之则各处不同,略无一定之制。

这里不仅记录了哈烈衡器形制,用途之广泛,而且记载了国内衡制未能划一的情况。

《明实录》的节删,还造成了一些严重的失误。如《明实录》"哈烈"条记伊斯兰教的斋月:

> 每岁二月、十月为把斋月,昼不饮食,至暮乃食。周月始食荤,则聚众射葫芦。

稍具常识,即可看出"周月始食荤"是一个明显的错误。核之于《竹山文集》本所载:

> 每岁十月并春二月为礼斋月,白昼皆不饮食,至日暮方食。周月之后,饮食如初。开斋之际,乃以射葫芦为乐。

两相对照,当以《竹山文集》本为是。

应该指出的是,《明实录》删削的疏漏与失误,直接影响到《明史·西域传》的撰修。《明史·西域传》中一些国家、地区山川、人物、风土、物产等方面的取材,不能不受到局限,某些失误,亦因《明实录》的以讹传讹所致。

三 《竹山文集》本与《善本丛书》本之比较

既然繁本优于简本,且《竹山文集》本为繁本的祖本,那么,我们可依据《竹山文集》本对繁本系统的版本进行考察。《独瘖园》本流传未广，影响有限，与《善本丛书》本亦复相同，故此，我们选取《善本丛书》本与《竹山文集》本进行比较，以了解该书在流布传抄过程中的嬗变。

其一，书名。如前文所述，陈诚西使报告的原题为《进呈御览西域山川风物记录》，简本系统题为《使西域记》，尚接近原题。然《独寱园》本与《善本丛书》本皆改为《西域番国志》，是一大改动。二本所据，皆为明抄本。因此，我们有理由认为，该书在明代流布中，已经普遍采用了《西域番国志》的书名。由于《善本丛书》本的影响，《西域番国志》的书名已经定型，为学术界所通称。

其二，作者。《善本丛书》本《西域番国志》所据之明抄，作者署为"行在吏部验封清吏司员外郎臣陈诚　苑马寺清河监副臣李暹"。与《西域行程记》署名同，为陈诚、李暹二人。是说依据，无从查考。但从我们目前涉猎的材料来分析，李暹的署名缺乏佐证，值得怀疑。

首先，明焦竑《国朝献征录》所载李暹传记，康熙《陕西通志》、雍正《陕西通志》、乾隆《西安府志》、康熙《长安县志》、嘉庆《长安县志》所载李暹传记，均仅记述了李暹使西域凡五往返的事迹，然对李暹有关西域方面的著述，却无一字提及。相反，多种《江西通志》《吉安府志》《吉水县志》中的陈诚传，都提到陈诚西使"凡所涉历，录为西域志，使还上之"的事实。

其次，如果说《明太宗实录》卷169所载"诚上《使西域记》"还不足以说明《西域番国志》为陈诚独撰的话，那么，永乐十三年（1415年）陈诚西使回国呈送明成祖的《奉使西域复命疏》，说的就很清楚了。《疏》中云：

> 顾臣以一片赤心，三寸强舌，驱驰往回，三阅寒暑，逾越险阻，凡数万程。
>
> 周览山川之异，备录风俗之宜，谨撰《西域记》一册、《狮子赋》一册、《行程记》一册，并所与安南辨明地界往复书札，汇呈御览。用图王会之盛，允协万邦之和。①

---

① 《陈竹山先生文集》内篇卷一。

这里亦未提到李暹。从陈诚《狮子赋》所列永乐十一年（1413年）使团的名单①中看，李暹似非使团的高级成员，很可能是一般的随行人员。陈诚在使团中的职务是"典书记"，应对文书、备录山川、风俗、道里，应是他分内之事。在西域旅行居留三年，有不少的感性材料，撰辑这样一份六千余字的报告，恐非难事。陈诚后人编辑陈诚文集，将《西域记》作为陈诚最重要的作品，置于内篇卷一之首，足证该书的作者是陈诚一人。以理揆之，陈诚后人不会把陈诚与他人合撰的作品收入陈诚的集子。李暹预修是书，至少目前还缺乏根据。而且，《善本丛书》本影印明抄本"苑马寺清河监副臣李暹"的职衔与《明实录》所记"户部主事李暹"的职衔相抵牾，该书之李暹署名，实不足为据。

其三，目次。《竹山文集》本与《善本丛书》本关于西域诸国、诸地的编排次序略有差异。除"葱岭""蔷薇露之说"两条外，差异表现为二：第一，《善本丛书》本在"别失八里"条后增入"于阗"一条；第二，《善本丛书》本将《竹山文集》本第八"达什干"、第九"卜花儿"移在"哈密"条后，成第十八、十九。

关于第一点，《西域番国志》所录西域诸国、诸地，皆为陈诚西使的亲历见闻。于阗位于塔克拉玛干沙漠之南，乃丝绸南道一古国。从《西域行程记》的记载看，为陈诚使团二使西域足迹未涉之地，于阗何由见录？检阅《善本丛书》本"别失八里"条，末尾一段是：

> 究其故疆，东连哈密，西至撒马儿罕，西北至脱忽麻，北与瓦剌相接，南至于阗。阿端云：于阗有河，中产玉石。哈什哈地面出宝石、金银、桑麻、禾粟。
>
> 其封域之内，惟鲁陈、火州、土尔番、哈什哈、阿力马力数处略有城邑、民居、田园、巷陌，……

其中"阿端"二字，《竹山文集》本作"河志"。很显然，上引一段文字是记叙"别失八里"强盛时代的疆域四至以及境内的出

---

① 《陈竹山先生文集》内篇卷一。

产、城邑等情况，"南至于阗"及附带提及的"于阗有河，中产玉石"云云，并非"于阗"的单独记录。《善本丛书》本所据明抄有讹，编纂者又复不解文义，此"于阗"条实为误立之条目。缘其致误之由，恐系明抄自"别失八里"开始失题混抄，编纂失之于察，因以致误。

关于第二点，根据明初西域诸国、诸地的方位、地望，《竹山文集》本的目次是由西向东的一种排列，颇为整齐。此目次与《西域行程记》恰成逆向，无疑是该书原有的风貌。《善本丛书》所据之明抄将远在中亚撒马尔罕西北、东北的卜花儿、塔什干移在"哈密"之后，似未妥当。翻检《西域番国志》的各种版本，《明实录》本与《竹山文集》本的目次一致。亦即说，无论是繁本还是简本，两个系统祖本的目次是相同的。这一点是很能说明问题的。《独瘗园》本、《善本丛书》本及简本系统中的其余版本，出现相同的误置颠倒，很可能是传抄中脱漏了"达什干""卜花儿"两条，不得不补书于后。一个本子出了问题，传抄、刊刻沿袭不改，以讹传讹，这是不足为怪的。

其四，内容。取《善本丛书》本与《竹山文集》本对读，二者内容似出入不大，然文字相异处不少，约二三百处。兹就渴石、别失八里、土尔番、火州、哈密五条比勘如下：

表一

版本 篇名	《善本丛书》本	《竹山文集》本
渴石	四面多水田，东南山近，城中有园林一所，云故酋长帖木儿驸马所建，中有台殿数十间，规模宏博，门庑轩懿张。堂上四隅，……墙壁饰以金碧。	西南多水田，东北近山，城中有园林一所，云故国主帖木儿驸马所建，中有楼殿数十间，规模宏博，门庑轩豁，堂上四围……墙壁饰以金玉。
	多莓思檀果树。	多苾思檀果树。
	中有石峡，略通东西，石壁悬崖高数十丈，若如斧齐，路深二三里山峡口，有门名铁门关。	中有石峡，路通东西，峭壁悬崖高数十丈许，若斧截齐，路深二三里始出峡，峡口有关名铁门关。

《西域番国志》版本考略　169

续表

篇名＼版本	《善本丛书》本	《竹山文集》本
别失八里	（脱题）	别失八里　即蒙古部落地。
	别失八里地名沙漠间。	别失八里地居沙漠间。
	逐趁水草牧牛马。	逐水草牧羊马。
	簪鹧鸪翎，……妇女以白布裹首缠项。	簪鹧鸪翎毛，……妇女以布帛裹首缠头。
	究其故疆，东连哈密，西至撒马尔罕，西北至脱忽麻，……阿端云：于阗有河，中产玉石。	究其故疆，东连哈密，西至撒马尔罕，后为帖木儿驸马所夺，今止界于养夷，西北至脱思麻，……《河志》云：于阗有河，河中产玉石。
	犹能知尊长其所长而无变态者，故岂不由其我前人积德乎。	犹能知长其所长而无变态者，岂不由其前人积德乎。
土尔番	四山大而远，天气多暖少寒，稀鲜有雨雪，土宜麻麦，水稻不生，……城近而广人烟，广有屋舍。信佛法，僧寺居多。在唐为伊西庭节度之地，……则故交河县。	四面山大而远，多暖少寒，鲜雨雪，土宜麻黍，不种水稻，……城近人家，广有屋宇。信佛法，僧寺俱多。在唐为伊西庭节度使之地，……则故交河县治。
	相传为十万罗汉佛涅槃之处。	相传为五百罗汉佛涅槃之处。
	林木数亩。……前有一土池，一口不甚大，……远望纷若毛发状，云十方罗汉佛于此洗头削发，遗下此灵迹，……土上有白石成堆，……甚真坚硬，如石文缕分明，颜色光润，云十万罗汉佛涅槃于此白石成堆。……玉，高出地面三四尺，……四面峻壑穷崖，千态万状，不可胜计，草木不生，鸟兽稀少。	林木数丛。……前有一土池，……远望若毛发状，云罗汉佛于此池洗头削发，遗此灵迹。……土上有白石堆，……甚异坚硬，如石文缕光明，颜色温润，云罗汉佛涅槃于此白石堆者。……有白玉石一堆，莹洁如玉，高出地面二四尺，……四面峻壁穷崖，千态万状，不可悉记，草木不生，禽兽稀少。
火州	（脱题）	火州
	火州在鲁城之西七十里。……昔日人烟惟多，……东边有荒城基址，云古之高昌国治，汉西域长史、戊巳校尉并居焉，……今为马哈木所隶。自陕西行都司肃州嘉峪关至行一月程。	火州在鲁陈城之西七十里。……昔日人烟虽多，……城东有荒城遗址，云古之高昌国治，汉西域长史、戊巳校尉并居于此，……今为别失八里马哈木王子所隶。自陕西行都司肃州嘉峪山出关，至此一月程。

续表

版本 篇名	《善本丛书》本	《竹山文集》本
	（脱题）	哈密
哈密	住矮土房。……农耕须粪壤，惟穄麦豌豆大小二麦多陷卤。	住土屋矮房。……农耕虽粪壤，惟穄米豌豆。
	东南去肃州约一千六百余里，北至瓦剌地面疾行约一月程。西去火州三箇城，……凡经此处，必有求马。蒙古回回杂处于此，衣服礼俗各有不同。	东南去肃州卫约一千六百余里，中间亦有大川，约三百余里，二三日方出川。北至瓦剌地面疾行一月程。西去火州地约千里。……凡经过此处，必有求焉。蒙古回鹘杂处于此，衣服习俗各有不同。

以上比勘表明，作为通行本的《善本丛书》本《西域番国志》，存在着大量的失误。鲁鱼亥豕，失题混抄，自不待言；妄加窜定，肆意删削，亦复不少。遗憾的是，时至今日，学术界或汇抄资料，或专题研究，仍以错漏颇多的《善本丛书》本为据。这一现状，亟待改变。

总之，从《西域番国志》不同版本的比较研究中，我们不难发现，《竹山文集》本远较其他版本为优。它基本保存了陈诚西使报告的原貌，较少错误。可补传本之缺，可订传本之讹，其文献价值，应予充分肯定。

《文献》1989 年第 1 期

《四库全书总目》"使西域记提要"辨证

闪 烁

《四库全书总目》(下文简称《总目》)是清乾隆年间官修《四库全书》的副产品,也是中国古典目录学的集大成之作:"嘉道以后,通儒辈出,莫不资其津逮,奉作指南,功既巨矣,用亦宏矣……《提要》之作,前所未有,亦可为读书之门径,学者舍此,莫由问津。"① 自编定流布,就对学术界产生巨大影响。晚清学者张之洞在其《輶轩语》中说:"今为诸生指一良师,将《四库全书提要》读一过,即略知学问门径矣!"充分揭示了《四库全书总目》在读书治学上的功用。

乾嘉学者视《四库全书总目》为圣朝巨制,奉为圭臬,多不敢置一词,间有不满,微文讥刺而已。嘉道以来,文网渐疏,"信之者奉为三大法,毁之者又颇过当"②。谈不到学术意义的研究。真正学术考察的研究,始于20世纪初的文化变革时期。先后有陈垣、郑鹤声、柳诒徵、余嘉锡、胡玉缙、刘国钧、夏承焘、钱穆、金毓黻、孟森、王重民、杨家骆、陈乐素、郭伯恭、黄云眉、陈登原诸前辈学者,摆脱正统观念的桎梏,以科学的眼光审读《提要》,他们或拾遗补阙,或订误纠谬,或考索版刻,或探究得失,匡正其讹舛偏颇缺失处,奠定了《四库全书总目》研究的前期基础。正如余嘉锡先生所言:"愚则以为《提要》诚不能无误",《四库全书总目》"使西域记提要"

---

① 余嘉锡:《四库提要辨证》,《图书馆学季刊》第2卷4期,1928年。
② 余嘉锡:《四库提要辨证》。

即为明显之一例。

一

《四库全书总目》著录的《使西域记》，即为传世的明陈诚《西域番国志》，《总目》卷 64 列入"传记类存目"，所据之本，为四库馆编修程晋芳家藏本，四库馆臣为之撰写的提要云：

> 使西域记一卷
> 编修程晋芳家藏本
> 明陈诚撰
> 诚，吉水人，洪武甲戌进士。永乐中官吏部员外郎。诚尝副中使李达使西域诸国，所历哈烈、撒马儿罕等，凡十七国。述其山川、风俗、物产，撰成此记。永乐十一年返命，上之。[①]《明史·艺文志》载有《西域行程记》，即此书也。末有秀水沈德符跋。其所载音译，既多讹舛；且所历之地，不过涉嘉峪关外一二千里而止，见闻未广，大都传述失真，不足征信。

《四库全书总目》列入存目的标准，是根据乾隆上谕"其中有俚浅讹谬者，止存书名，汇为总目"。那么，陈诚《使西域记》当属"俚浅讹谬者"，四库馆臣为之撰写的评语也就不足为怪了。

二

这篇颇具权威的"提要"涉及对陈诚《使西域记》的评价，四库馆臣指斥该书的不足有二：（1）"其所载音译，既多讹舛"；（2）"且所历之地，不过涉嘉峪关外一二千里而止，见闻未广，大都传述失真，不足征信。"平心而论，四库馆臣对陈诚《使西域记》的评价是有失公允的。

[①] 此"永乐十一年"当为"永乐十三年"之误。

其一，作为明代唯一的一份西域诸国诸地的亲历记录，《使西域记》于译名译语均采用直言直译，音译基本准确。汉译的用词，有旧文可据者，大都沿用旧文，如"撒马儿罕""哈烈""俺得淮""沙鹿海牙"等国名、地名；无旧文可据者，则以汉文直译，如"锁鲁檀"，系阿拉伯语 sultan 的对音，亦作"算端""苏丹"，意为君主；"米尔咱"系波斯语 meer-za 的对音，是对王子的尊称，陈诚解释说："犹华言舍人也。""刁完"，系波斯语 deevan 的对音，朝廷辅臣之意；"撒力马力"，系波斯语 salām alaykum 的变音，平安、健康之意；"撒兰"，波斯语 salām 的对音，致敬问候之意；"纳马思"，波斯语 namaz 的对音，意为礼拜、祈祷。……诸如此类的音译，大多准确，无明显讹误，"既多讹舛"的评语，概因四库馆臣囿于成见，不通阿拉伯、波斯文字，主观臆断、无知昏聩所致。

其二，陈诚受命西使，最远抵达哈烈，即今阿富汗西部的赫拉特城，"且所历之地，不过涉嘉峪关外一二千里而止"的指责，既昧于地理，言不符实，哈烈距嘉峪关一万二千七百余里，撒马儿罕距嘉峪关九千九百余里，岂止"一二千里"；且于情理有悖。王命所系，陈诚出使西域诸国的地域，朝廷有明确指令，陈诚焉能跑到更远的地方。至于"见闻未广，大都传述失真，不足征信"云云，更是无知之妄语，其误尤甚。陈诚《使西域记》的亲历性、纪实性、唯一性，历来为学界认同，明人著述凡涉"四夷"者，于西域无不以陈诚《使西域记》为根本材料，清修《明史·西域传》，亦多有参考摭拾。随着这一专题研究的进步深入，陈诚《使西域记》内容之权威、翔实、可信，已为更多的研究者所重视，愈来愈显示出其珍贵的学术价值。

三

四库馆臣对《使西域记》的评判是否得当，还需从《使西域记》的内容做系统考察辨析。

《使西域记》足本六千余字，分十八节记载西域诸国、诸地面的情形，文字简洁，叙事翔实，蕴含着极丰富的内容。主要包括：

（1）该地方位，相距里程。如记撒马儿罕，"在哈烈之东北，东去陕西行都司肃州卫嘉峪关九千九百余里，西南去哈烈二千八百余里"。记达失干（即塔什干），"达失干城在塞蓝之西，去撒马儿罕七百余里"。各地记载皆方位清楚，道里准确。

（2）山川形势。如记养夷，"城居乱山间，东北有大溪水西流，一大川长数百里，多荒城遗址，年久湮芜"。记塞蓝，"城周回二三里，四面俱平原，略无险要，人烟稠密，树木长茂，流水环绕"。记迭里迷，"城临阿木河之东岸，依水崖而立。河水稍宽，非舟楫难渡通，稍略据险要"。记沙鹿海牙，"城筑小岗上，西北临山与河，河名水站，水势冲急，架浮梁以过渡，亦有小舟。南边山近，三面平川，城广不数里，人烟繁庶，依崖谷而居"。记撒马儿罕，"地势宽平，山川秀丽，土田地膏腴，有溪水北流，居城之东，依平原而建立，东西广十余里，南北径五六里。六面开门。旱干濠深险，北面有子城。国主居城之西北隅，壮观下于哈烈"。

（3）种族人口。如记别失八里王马哈木，"马哈木盖胡元之余裔，前世锡封于此"。记卜花儿，"街市繁华，户口万计"。记哈密，"蒙古、回回，杂处于此。衣服礼俗，各不相同"。

（4）隶属。如记八剌黑城，"哈烈沙哈鲁遣其子守焉"。记火州，"今为马哈木所隶"。记俺都淮，"虽为哈烈所隶，赋税止入其本处头目之家"。即只是名义上的领属关系。

（5）历史沿革。如记土尔番，"在火州之西仅百里，即古交河县之安乐城，……在唐为伊西庭节度之地，在汉为车师国王所居"。

（6）得名之由。如记崖儿城，"二水交流，断崖居中，因崖为城，故曰崖儿"。记盐泽，"城北有矮山，产石盐，坚白如玉，可琢磨为器，以盛肉菜，不必和盐，此盐泽之名是也"。记火州，"城近北山，地势卑下，山色青红若火，天气多热，故名火州"。

（7）疆域变迁。如记别失八里，"究其故疆，东连哈密，西至撒马儿罕，西北至脱忽麻，北与瓦剌相接，南至于阗"。

（8）古迹。如记盐泽，"城中有高冢二处，环以林木，周以墙垣。盖故国王黑的儿火者夫妻之坟。坟近有小冢，云其平日亲昵爱之臣从葬也"。记土尔番，"去城西北百余里，有灵山，相传为十万罗汉佛涅槃之处。近山有土台，高十余丈，云唐时所筑。台畔有僧寺，寺下有石泉一泓，林木数亩……"

（9）建筑。如"哈烈"条记国王宫殿，"国主居城之东北隅，垒砖石以为屋，屋平方，势若高台，不用栋梁陶瓦，中拱虚室数十间。墙壁窗牖妆绘金碧琉璃，门扉雕刻花纹，嵌以骨角。地铺毡罽，屋旁仍设彩绣帐房，为燕寝之所。房中设金床，上铺茵褥数重。不设椅凳，惟席地趺跏而坐"。

记富家巨室、平民住房："屋舍皆垒以砖石，豪家巨室，与国主同，甚者加以纨绮、撒哈剌之属，遮护墙壁，以示骄奢。其下户细民，或住平头土房，或为毡帐。屋皆不用瓦房，以其雨少，故不致倾颓也。"

记市井街道建筑："市井街坊，两旁筑屋，上设覆篷，或以砖石拱甃，仍穴天窗取明。晴不畏日，雨不张盖。遇干燥生尘，则以水浇洒。"

记浴室建筑及洗浴习惯："城市乡镇，广置混堂，男女各为一所，制度与中国不异。一堂之中，拱虚室十数间，以便多人澡浴者。初脱衣之际，各与浴布一条遮身，然后入室。不用盘桶，人各持一水盂，自于冷热池中，从便汲温凉净水，以澡雪洗淋其身，余水流出，并无尘积。亦有与人摩擦肌肤，揣捻骨节，令人畅快者。浴毕出室，各与浴布二条，一蒙其首，一蔽其身，必令干洁而后去，人以一二铜钱与之而已。"

记水磨、风磨建筑："水磨与中国同。间有风磨。其制筑垣墙为屋高处，四面开门，门外设屏墙，迎风室中。立木为表，木上周围置板乘风，木下置磨石，风来随表旋转动，且不拘东西南北之风，皆能运动，以其风大而多故也。"

记水窖的设施与建筑："乡村僻处，多筑水窖贮水，以饮人马。其制高砌土屋，广阔水池，甃以砖石，若水窖然，此流水少处故也。"

（10）气候、历法。"哈烈"条记当地气候："四时气候，多暖少寒，冬月如春，小草之生与荞麦同出，残腊则遍地已青青，农事兴作，人家少见围炉。虽远山积雪，平处稀有。春雨虽云多，亦不终日。陇亩田园，街衢巷陌，人家院落，皆引水通流，以净尘土。虽天降雨泽不多,而流水四时不断。"

"哈烈"条记当地通行的历法说:"正朔不颁,花甲不论,择日用事,自有定规。每七日一转,周而复始。七日之中,第一日为阿啼纳,二日为闪伯,三日为亦闪伯,四日为都闪伯,五日为且闪伯,六日为闪伯①,七日为攀闪伯,凡拜天聚会,以阿啼纳日为上吉,余日用事,各有所宜。"

(11) 资源物产。"哈烈"条记其地资源物产特详,细致入微:"地产铜铁,制器坚利。造瓷器尤精,描以花草,施以五采,规制甚佳,但不及中国轻清洁莹,击之无声,盖其土性如此。生产琉璃器,人家不常用,但充玩好而已。多以五色玻璃簿叶叠缀窗牖,以取光明,炫耀人目。"

"渴石地面产白盐,坚明与水晶同。若琢磨为盘碟,以水湿之,可和肉食。"

"多有金、银、宝贝、珊瑚、琥珀、水晶、金刚、朱砂、剌石、珍珠、翡翠,云非其所产,悉来自他所,有不可知。"

"多育蚕桑,善为纨绮,轻妙细密,优于中原,但不能如中国壮厚。且不解织罗。其织成金线,可以回炉。布帛中有名锁伏者,一如纨绮,实以羊毛织成。善织剪绒花毯,颜色虽久不衰。棉布幅制尤宽,亦有甚细密者。"

"土产桑、榆、杨、柳、槐、檀、松、桧、白杨,多植果树,自国主而次,有力之家,广筑果园,盛种桃、杏、梨、李、花红、葡萄、胡桃、石榴之类。葡萄有通明若水晶之状者,无核而甚甘。杏子中有名巴旦者,食其核中之仁,香美可尝。有若大枣而甜者,名忽鹿麻,未见其树。有若银杏而小者,名苤思檀,其树叶与山茶相类。李有小如樱桃有黄色者,有紫色者,滋味极甘。花红极大而脆,皆可收藏,经年颜色不改,以新旧相续为佳。"

"五谷之种,与中国同。麻、豆、菽、麦、谷、粟、米、粱,悉皆有之。但小豆有如珠圆者,棉花有淡红色者,为布若驼褐。然瓜种大而极甜。葱本有大如拳者,菜根有红而大者,重十余斤,若萝

---

① 原文如此,恐有误。

卜状。"

"耕种多卤莽，广播种而少耕锄，然所收不薄者，以其田美而多，每岁更休，地力得完故也。时雨稀少，虽早稻、棉花、小麦，皆借水浇，若水不到处，难于耕种矣。"

"多产良马，爱护甚密，皆于土房深处喂养，风日不及透，冬暖夏凉。人家畜养羊、马、鸡、犬、鹅、鸭，惟不养猪，亦不食猪肉，此最忌惮之。凡宰牲口，非回回宰杀者不食。"

"蜡烛以牛羊脂油浇灌，又以脂油和棉花捻成团块，置铁盘中，下植铁柱，以手持行，止则卓立于地上，风雨不避。暑天不知挥扇，或于帐房中高悬布幔，幔下多设须头，两面设绳索，牵动生风，名曰风扇……"

（12）社会经济。"哈烈"条记当地商品市场的发达状况时说："城市人家，少见炊爨，饮食买于店铺，故市肆夜不闭门，终夕烧灯燃烛交易。""撒马儿罕"条记："街巷纵横，店肆稠密，西南番客多聚于此。货物虽众，皆非其本地所产，多至诸番至者。"

记市场的行业分工："店铺各分行头，若弓矢、鞍辔之类，衣服及各为一行，不得掺杂。少见纷争，如卖马驼牲畜，亦各聚一所。""乡村多立圩市，凡交易处名把咱儿，每七日一集，以有易无，至暮俱散。"

记通行货币情形："通用银钱，大者重一钱六分，名曰等哥；次者每钱重八分，名曰抵纳；又其次者，每钱重四分，名曰假即眉。此三等钱，从人自造，造完于国主处输税，用印为记，交易通用，无印记者不使。假即眉之下，止造铜钱，名曰蒲立，或六或九当一假即眉，惟于当地使用，不得通行。""撒马儿罕"条记当地货币使用情况："交易亦用银钱，皆本国自造，而哈烈来者亦使。"

"哈烈"条记度量衡制："斗斛不置，止用权衡。权衡之制，两端设盘，分中为准，置大小铁石，分斤两轻重于一盘中，以平为度。虽五谷亦以盘称。其斤两之则，各处不同，无一定之制。税钱什分取二，交易则买者偿税，国用全资此钱。"

（13）行政司法。"哈烈"条记其行政司法："不设大小衙门，亦无官制，但管事之人称刁完官。凡大小之事，皆由刁完官计议处置。"

"国中不用刑法，军民少见词讼，若有致伤人命，亦不过罚钱若干，无偿命者。其余轻罪，略加责罚鞭挞而已。""官府文书行移，不用印信。国主而次，举凡任事者，有所施行，止用小纸一方，于上直书事体，用各人花押印记，即便奉行。花押之制，以金银为戒指，止镌本主姓名，别无关防，罔有为奸伪者。"

（14）宗教。15世纪的西域，盛行千余年的佛教已呈衰落之势。"火州"条记："昔日人烟虽多，僧堂佛寺过半，今皆零落。"而伊斯兰化进程已深入到社会生活的各个层面。"哈烈"条记："不祀鬼神，不立庙社，不奉宗祖，不建家堂，惟以坟墓祭祀而已。每月数次望西礼拜，名纳马思。若人烟辐辏之处，一所筑大土屋，名默西儿。凡礼拜之时，聚土屋下，列成班行。其中一人高叫数声，众人随班跪拜。若在道途，亦随处礼拜。"

"每岁十月并春二月为把斋月，白昼皆不饮食，至日暮方食。周月之后，饮食如初。开斋之际，乃以射葫芦为乐。"

"有通回回本教经义者众皆敬之，名曰满剌。坐立列于众人之右。虽国主亦皆尊之，凡有祭祀，惟满剌诵经而已。"

"酒禁最严，犯者以皮鞭决责。故不酿米酒，酝以葡萄。间有私买者。凡有操履之人，多不饮酒，以其早暮拜天，恐亵渎也。"

"撒马儿罕"条记伊斯兰教清真寺："城东北隅有土屋一所，为回回拜天之处，规制甚精，柱皆青石，雕镂尤工，四面迴廊宽敞，中堂设讲经之所。经文皆羊皮包裹，文字书以泥金。"

有苦修僧侣，"哈烈"条云："有等弃家业，去生理，蓬头跣足，衣敝衣，披羊皮，手持怪杖，身掛骨节，多为异状，不避寒暑，行乞于途，遇人则口语喃喃，似可怜悯，若甚难立身。或聚处人家坟墓，或居岩穴，名为修行，名曰迭里迷失。"

（15）语言文字。如"鲁陈"条记："方音皆畏兀儿语言文字。"

（16）文化教育。"哈烈"条记："都城中有大土屋一所，名默得儿塞，四面房廊宽广，天井中设一铜器，制如大锅，周围数丈，上刻文字如鼎状。前后左右房室尤伟丽，多贮游学生徒及通诸色经义者，若中国之太学然。"

（17）军事态势。如记养夷城："荒城遗址，年久湮芜，盖其地界于别失八里蒙古部落之间，与回鹘更相侵犯，故人民岁无宁居，惟留戍卒数百人，守此孤城而已。"

（18）民俗风情。《西域番国志》中，社会民俗学资料尤丰。各阶层人的服饰、喜好、饮食、婚姻、丧葬、祭祀、节日、游戏等等，皆有反映，细致入微。

"哈烈"条记："国主衣窄袖衣及贯头衫，戴小罩刺帽，以白布缠头，髡发后髽。服色尚白，与国人同，国人皆称之曰锁鲁檀。锁鲁檀者，犹华言君主之尊号也。国主之妻，皆称之曰阿哈，其子则称为米儿咱。盖米儿咱者，犹华言舍人也。凡上下相呼，皆直比其名，虽称国主亦然。""凡相见之际，略无礼仪，惟稍屈躬，道撒力马力一语而已。若久不相见，或初相识，则屈一足，致有三跪。下之见上，则近前一跪，相握手而已。平交则止握手，或相抱以为礼，男女皆然。若致意于人，则云撒蓝。凡聚会之间，君臣、上下、男女、长幼，皆环列而坐。"

"饮食不设匙箸，肉食以手取食。羹汤则多以小木瓢汲饮。多嗜甜酸油腻之味，虽常用饭内，亦和以脂油。器皿多用瓷瓦，少用朱漆，惟酒壶台盏之类则用金银。不置桌凳，皆坐地饮食。若宴会则用低桌饮食，诸品羹汤，一时并进。食既，则随即撤去。"

"婚姻多以姊妹为妻妾，为一门骨肉至戚，虽同祖胞兄弟姊妹，亦皆得为婚姻。至于弟娶兄妻，兄娶弟妇，亦其常事耳。国中男子髡首，以素布缠头，妇女亦蒙以素帛，略露双眸。如有丧制，反以青黑布易之。惟幔皆用青黑，居丧不过百日即释服。丧葬俱不用棺木。惟以布囊裹尸，置于椁内。富家巨室，多于坟上高筑土室，恣为华靡。贫民下户，坟墓止于居室旁，绝无所禁忌。"

"男女少能负荷，乘载全仗马骡驴驼。若少轻之物，则以头戴趋走，摇扬不致覆坠。"

"妇女出外皆乘马骡，道路遇人，谈笑戏谑，略无愧色。且恣出淫乱之辞以通问，男子薄恶尤甚。"

"国俗尚侈，衣服喜鲜洁，虽所乘马骡鞍辔，多以金银彩色饰之，遍身前后，覆以毡罽，悬以响铃。豪门子弟，俱系翡翠装绣衣袍，珍宝缀成腰带。刀剑鞘饰以金玉，或头簪珠宝，以示奢华。"

"凡宴会之际，尊者饮酒，则下人皆跪。酒进一行，则陈币帛，次进珍宝及金银钱，杂和为一，分散四座，余者乱撒座间及前后左右，观望执服事之人，使之竟拾，喧哗叫笑，以示豪奢，名曰喜钱。"

"撒马儿罕"条记："街坊禁酒，屠牛羊，卖者不用腥血，设坎埋瘗。"

就以上的内容展示，我们不难看出，陈诚《使西域记》的纪实性、广博性是毋庸置疑的。由于陈诚等人亲历其地，事事留心，如实记录，细致入微，这份西域考察报告所涉及的社会内容是极为广泛的，蕴含了十分珍贵的史料价值，它对15世纪中亚社会和文化的研究，有着特别的意义。这在同一时代伊斯兰史家的著作中皆可得到印证。《四库全书总目》指斥《使西域记》"见闻未广，大都传述失实，不足征信"，实在是一个大大的失误。

四

作为18世纪中国古典目录学的一部学术精品，《四库全书总目》以"剖析条流、斟酌古今、辨章学术，高挹群言"为其纂修宗旨，缘何在《使西域记》提要上发生如此偏差？似可做一考察。

乾隆朝修纂《四库全书》，征召天下硕学鸿儒，一代名士，云集京师，会聚了当时学术界的一大批精英。如纪昀、戴震、法式善、翁方纲、程晋芳、周永年、邵晋涵、朱筠、王念孙、彭元瑞、姚鼐、赵怀玉、陆锡熊等人，皆为名重一时的朴学大师。伴随《四库全书》编纂而产生的《四库全书总目》，当为中国古代学术渊源流变的一次大总结。但是，我们不能不看到，清代前、中期的学术，以传统经学为中心，以复兴汉学为主旨，边疆四夷之学非其所长所专，其学有偏颇缺失之处。渗透于其间的思想观念、学识水平、价值取向显现出很大差异，忽略少数民族文献、轻视边疆四夷之书即为其一大弊端。间或抄缮著录、评骘失当处不一而足。陈诚《使西域记》既不收入全书，仅列存目，而提要又复评述舛误只不过是其中突出的一例。

另外，《四库全书总目》于陈诚《使西域记》的评述舛误，很可能是对版本异同考核未实。

前些年，我曾对陈诚《使西域记》的书名、版本做过考察，据考，《使西域记》的版本流传中，有繁本、简本两个系统。① 繁本系统出自陈诚家藏本，见载于陈诚《竹山文集》，为足本。简本系统则源于《明实录》，② 是陈诚使西域报告的过录节本。

明清二代，较为易得而通行的版本是简本系统，即《明实录》抄录陈诚使西域报告的删节本，最先为明沈德符《万历野获编》刊录，③ 后收入《学海类编》《丛书集成》（初编）二种丛书，均题为《使西域记》。直到清光绪年间，沈登善编纂《豫恕堂丛书》，其《独痦园丛抄》汇抄明代《西域行程记》一卷、《西域番国志》一卷、《北虏事迹》一卷、《西番事迹》一卷，计四种。内《西域番国志》即为陈诚西使报告原件的首次披露。但《豫恕堂丛书》虽然编定但并未刊行，仅有写样本存上海图书馆，世人并不知是书的真实面目。直到谢国桢刊印《国立北平图书馆善本丛书》第一辑。收入"据明抄影印"的《西域番国志》《西域行程记》，方使陈诚的两种西域专书呈现于世。

根据陈诚《使西域记》在明清二代版本流传情况，我们判定，乾隆朝纂修《四库全书》，征集到的《使西域记》应属简本系统，是陈诚原书的删节传本。其书名题《使西域记》而不题《西域番国志》，即可证明。

繁本系统的《西域番国志》约六千三百字，简本系统的《使西域记》仅二千三百字，文字上相去甚远。经比对研究，简本系统的刊削，导致了《使西域记》严重的疏漏和明显的讹误，许多翔实细微的记录，在简本中统统删除了，尤其是关于15世纪中亚西域社会生活的大量细部资料，几乎芟除殆尽，严重影响了《使西域记》的文献价值。据之以评判，难免失误。

综合上述两个因素，《四库全书总目》"使西域记提要"出现偏颇失当，不是不可理解的。

---

① 见《〈西域番国志〉版本考略》，《文献》1989年第1期。
② 见《明太宗实录》第69卷。
③ 《万历野获编》第30卷，中华书局《元明史料单词丛书》本。

应当指出,《四库全书》纂修中,搜罗到的并非只是"编修程晋芳家藏本"的简本《使西域记》。尚有刊载足本的《陈竹山文集》。《四库全书总目》列入"别集类存目",系江西巡抚采进本,其"提要"云:"诚有《使西域记》,已著录。是集分内外二篇。内篇二卷,皆其奉使时所撰述,仅文十余首,诗一百三十余首。"但四库馆内分工明确,各有所司,一在"史部",一在"集部"。遂使"史部"馆臣无缘窥见陈书原貌,因以致误。

《西域研究》2008 年第 4 期

《西域行程记》与别失八里西迁考

陈海博

永乐十三年（1415年）十月，陈诚二使西域回国后，将所撰《西域记》一册、《狮子赋》一册、《行程记》一册，并所与安南辨明地界往复书札"汇呈御览"。献给明成祖。然陈诚的《竹山文集》独不收《西域行程记》，《西域行程记》仅以明抄本流传，后收入《国立北平图书馆善本丛书》第一集。署名为陈诚、李暹。《竹山文集》所收陈诚诗文著述，几于纤细无余，何以舍弃了如此重要的一部著作呢？这很使人怀疑，身为典书记的陈诚，并未亲手记录沿途的行程道里，这项琐细的工作，很可能是由他的助手李暹笔录的。因此，在合刊《西域番国志》《西域行程记》的二种明抄本中，出现了"行在吏部验封清吏司员外郎陈诚、苑马寺清河监副李暹"的合作署名。当然，这只是揆之于情理的推测、一个假设，尚无有力的证据。李暹非李达，鲁深《关于李暹及其西行》[①] 一文辨之甚明，可正谢国桢跋及薛宗正文之误。

陈诚西使，足迹最远到达哈烈，故《西域行程记》录肃州（今甘肃酒泉）至哈烈之路途道里，按日计程，书为全帙无疑。薛宗正《陈诚及其西域记行诗文》[②] 文载《西域行程记》明抄本小字批注"陈公出使祭告天地始末载《渊鉴类函》"为"始末载《渊鉴类函》"，进而断定"此书仍须辑补，方为全帙"。乃又一明显失误。

---

① 文载《西北史地》1983年第3期。
② 文载《西域史论丛》第二辑，新疆人民出版社1985年版。

一

据《西域行程记》，永乐十二年（1414年）二月二十四日，陈诚使团从吐鲁番附近的崖儿城分南北二路西行。五月十二日，使团抵衣列河（今伊犁河）畔，沿河西行，十五日"南北路皆至此河两岸安营"。隔河相望，一度会合，但仍分路前进。过了一个多月，六月二十九日，使团在养夷城（今哈萨克斯坦境内江布尔城）西南哈卜速地方安营，"塞兰头目差人来接，北路亦先至此，相会，住一日"。可知李达、陈诚使团从崖儿城南，一直是分南北二路西行的，李达率北路，陈诚、李暹走南路。《西域行程记》乃南路使团的行程，故署名陈诚、李暹而不署正使李达之名。南北二路时分时合，至养夷城附近才合为一路，前往塞兰（今哈萨克斯坦境内奇姆肯特）、达失干（今乌兹别克斯坦塔什干）、哈烈（今阿富汗赫拉特城）等地。至北路的行程路线，没有留下文字记载，无从考究。因此，我们对这次西使路线的考察，主要是南路使团的历程。

二

汉唐以来穿越今新疆境内的丝绸之路，大致分南道、北道、中道三条。《西域行程记》所示明政府使团的路线，似与上述三道不尽相同。从《行程记》看，李达、陈诚、李暹等使团人员，从陕西肃州卫北门外出发，"祭西域应祀之神以求道人马平安"，先取古丝绸之路的北道西行，出玉门关，直趋哈密。然后越火焰山、流沙河，经鲁陈、火州抵吐鲁番转入中道，在吐鲁番一带执行使命。但是，使团并未沿丝绸之路的中道继续向西南方向前进，而是在吐鲁番附近的崖儿城停留后分二路西行。北路由李达率领，推测是沿丝绸之路的北道西行，南路则选择了一条与前人不同的新路线。

陈诚、李暹所率南路使团既没有沿丝绸之路北道，也没有沿丝绸之路中道西进，而是在北道、中道之间穿行，他们绕窟丹纳兀儿湖，跨博脱秃山，径直向西，艰难地翻越了天山山脉的阿达打班，四月十七日到达孔葛思河（今新疆巩乃斯河）畔的忒勒哈剌，遇到了前来迎接他们的别失八里王马哈木的使臣。明政府使团在马哈木驻地盘桓了十三天，然后越阿力麻里山口，渡衣列河，一度会合北路使团，折向西南，绕亦息渴儿（即热海，今哈萨克斯坦塞克湖）西行，六月二十九日在赛兰附近的哈卜速再度会合李达率领的北路使团，经由赛兰、达失干、沙鹿海牙、撒马尔罕等地，永乐十二年（1414年）闰九月初一日到达这次西使的终点——帖木儿帝国沙哈鲁王庭所在地哈烈。

明抄本《西域行程记》末尾小字附注云："计在途九匝月，尚在哈烈"。据之可判定《西域行程记》的成书时间在永乐十二年（1414年）九月至永乐十三年（1415年）年初，明政府使团在帖木儿帝国哈烈居留期间，陈诚、李暹等据西行日志整理成编。《西域番国志》的成书，应在同时。值得注意的是，《西域行程记》原本尚有陈诚西使的行程图。上海图书馆收藏有署"谭仲修手校一过"的《豫恕堂丛书·独寱园丛抄四种》拟刊写样本，目次为《西域行程记》一卷、《西域番国志》一卷、《北虏事迹》一卷、《西番事迹》一卷。其中《西域行程记》一卷下小字标注云：原抄本有图，此未补。寥寥数字，透露了一个重要事实：《西域行程记》原抄本是图文并行，此图当为陈诚西使的行程图。《豫恕堂丛书》为清人沈登善编辑，成书于光绪年间。可见直至清末，陈诚的西使行程图仍留存人间。沈登善将《西域行程记》收入《豫恕堂丛书》时，录文而弃图，《西域行程记》遂失全貌。《北平图书馆善本丛书》第一集据馆藏"独寱园稿"（即《豫恕堂丛书》本）影印《西域行程记》，也就文存图缺。故此，日本前屿信次和加藤九祚主编的《丝绸之路辞典》"陈诚"条堀直绘制的"陈诚西使路线图"，可供参考。

《西域行程记》所录西域地名近百处，且标明其方位、行程道里、生态环境等，至为细致，这对新疆及中亚史地的研究，是一份珍贵的资料。特别是一些小地名的记录，于判定陈诚南路使团的具体路线、研究沿途的地名、古迹、民族、人口、气候等等，都具重要参考价值。

三

　　从《西域行程记》中，我们还发现一个饶有兴味的问题——别失八里西迁伊犁河的时间。公元 1370 年，即明朝建国之第三年，与跛子帖木儿争夺中亚统治权的察合台后王贺则尔和卓（即下文"黑的儿火者"），连续在伊塞克湖畔、阿力麻里城下遭到重创。复兴察合台汗国的梦幻破灭了，贺则尔和卓率残部辗转东撤，在天山北麓的别失八里重新建都。从此，在 14 世纪末 15 世纪初的西域，出现了一个别失八里王国。

　　"别失八里"是汉文史籍所用的称谓，其他文种史籍中，普遍称为"蒙兀儿斯坦"。如米尔咱·马黑麻·海答尔的《中亚蒙兀儿史——拉失德史》等。"别失八里"是突厥语，意为"五城"，是唐代北庭大都护府所在地，成吉思汗西征，驻守其地的畏兀儿亦都护以城归附。元朝在此设别失八里行尚书省以管辖西域军站。地望在今新疆维吾尔自治区吉木萨尔县境。

　　洪武永乐时，重新立国的别失八里，与明政府保持着频繁的往来和联系。因此，在汉文典籍中，保存了不少有关别失八里的历史记载，从不同角度描述了别失八里的历史进程。《明史》称其为"西域大国"，谈到其疆域、方位。沿革时说："南接于阗，北达瓦剌，西抵撒马尔罕，东抵火州，东南距嘉峪关三千七百里。或曰焉耆，或曰龟兹。元世祖时设宣慰司，寻改为元帅府，其后以诸王镇之。"永乐时代屡使西域的陈诚，在《西域番国志》中勾画其疆域四至时说："究其故疆，东连哈密，西至撒马尔罕。后为帖木儿驸马所夺，今止界于养夷，西北至脱忽麻，北与瓦剌相接、南至于阗。"明朝与别失八里的交往始于洪武二十四年（1391 年）。[①] 出于稳定西部、抵御北元的需要，在别失八里使团抵达南京仅二月后，明太祖即派出以主事宽彻、御史韩敬、评事唐钲为首的政府使团，专程往别失八里，以结与好。由于别失八里介于明"关西七卫"与蒙古瓦剌之间，明太祖

[①] 《明史》第 332 卷《西域传》。

的这一举措，显然是想在明王朝与瓦剌间寻找一个盟友充作缓冲地带，以保障明朝的西部边疆安全。为此，使团带去了明太祖致别失八里王黑的儿火者的一份国书。① 明太祖的这封国书用心良苦，他很现实地承认了别失八里"友邦远国"的独立地位，一反他当年起兵反元时"驱逐胡虏，恢复中华"的"种族革命"姿态，表彰"元世祖肇基朔漠，入统中华，生民赖以安靖七十余年"的正统地位和历史功绩。真诚地希望两国之间永远保持"通好往来，使命不绝"的友好密切关系。这是他"中国居内以制夷狄，夷狄居外以奉中国"② 国策的一个实践。但别失八里王黑的儿火者并未理会明太祖的这番深意，他更看重的是与明朝贡赐贸易中的商业利益。所以，"彻等既至，王以其无厚赐，拘留之。敬、钲二人得还"③。

　　明太祖并未因此而放弃和别失八里与结盟好的既定国策。在宽彻被扣留后，明政府曾扣留来中原贸易的别失八里商人以示报复，迫使别失八里就范，放回被扣留的明政府使团。这一招未能奏效后，明政府又遣返被扣留的别失八里商人，并于洪武三十年（1397年）正月再一次派遣使者持国书谕之。④ 也许是明太祖这份恩威并施、至情至理的交涉文书打动了别失八里王黑的儿火者，更重要的是，东邻别失八里的帖木儿帝国，连年发动征战，取得辉煌战绩，此时国势达于鼎盛，其征服野心和强大的军事实力已严重威胁到别失八里的生存。米尔咱·马黑麻·海答尔的《拉失德史》中，记载了这样一件事。帖木儿在准备发动对明帝国的战争准备阶段，曾派使者告知别失八里王黑的儿火者，询问别失八里的"土地是否可以耕种"，为帖木儿的征明之师"供应粮食"。当时，别失八里宫廷正在举行马奶子宴会。"黑的儿火者一听大惊，马奶子杯失手落地。"⑤ 这说明帖木儿帝国的强盛，已震慑了别失八里。帖木儿使臣的到来，居然惊吓得黑的儿火

---

① 见《明史》第332卷《西域传》。
② 《弇山堂别集》第85卷"谕中原檄"。
③ 《明史》第332卷《西域传》。
④ 《明太祖实录》第249卷。
⑤ 米尔咱·马黑麻·海答尔：《中亚蒙兀儿史——拉失德史》第一编第二十六章，新疆社会科学院民族研究所译，王治来校注，新疆人民出版社1983年版。

者"马奶子杯失手落地"。《拉失德史》还写道：由于帖木儿咄咄逼人，别失八里"国祚摇摇欲坠"。出于维护王国自身安全的考虑，别失八里也迫切希望与东邻的明王朝与结盟好，以为抵御帖木儿帝国吞并的奥援。毕竟，在当时亚洲的政治舞台上，明王朝是唯一可以和帖木儿帝国抗衡的一个强大帝国。

彼此的需要使两国关系出现了新的转机，别失八里送回了被拘禁六年的明政府使臣宽彻，两国关系中的隔阂障碍得以最后消除。明王朝与别失八里的关系进入了一个睦邻友好的新时期。雄才大略的永乐皇帝即位后，双方遣使不绝，政治联系、经济交流得到进一步加强。仅从《明史·西域传》的记载看，这一时期两国之间的往来联系就非常频繁密切。

永乐年间，最能反映明王朝与别失八里王国的睦邻亲密关系的，有几件事：其一，永乐初，明廷敕封的哈密忠顺王安克帖木儿为可汗鬼力赤毒死，别失八里沙迷查干王立即率师讨之，明确表示维护明王朝在西域统治的权威。这一举动使明成祖非常感动，"帝嘉其义，遣使赉以彩币，令与嗣忠顺王脱脱敦睦"[1]。其二，永乐五年（1407年）四月，别失八里王沙迷查干遣使入贡，"且言撒马儿罕本其先世故地，请以兵复之"[2]。当时，帖木儿帝国正因帖木儿的去世（1405年）陷于争夺汗位的混乱中，别失八里王沙迷查干显然认为这是收复撒马儿罕、扩张势力的一个机会，因此就商于明政府，希望得到明成祖的支持。明成祖对此采取极审慎的态度，专门派出中官把泰、李达、鸿胪寺丞刘帖木儿的政府使团，赍书谕沙迷查干："宜审度而举事，慎勿轻动以取危辱。"[3] 也许是明成祖出于和双方都保持友好关系的目的，也许是明成祖对别失八里的出兵撒马儿罕没有把握，因之，专门派政府使团会商，劝沙迷查干王，"慎勿轻动""审度而举事"。从中反映了明王朝与别失八里王国双边关系的亲密程度。其三，沙迷查干死后，弟马哈麻嗣为别失八里王。当时瓦剌使者言马哈麻将

---

[1] 《明史》第332卷《西域四·别失八里》。
[2] 《明太宗实录》第66卷。
[3] 同上。

袭击瓦剌部落，在事实真相尚不明朗的情况下，明成祖仍谕别失八里王马哈麻"顺天保境之义"。其四，永乐十五年继马哈麻为别失八里王的纳黑失只罕遣使来贡，"言将嫁女撒马儿罕，请以马市妆奁"。①明成祖派中官李信为使，专门送去绮、帛各五百匹以充嫁妆。其五，永乐十六年，别失八里王国爆发内乱，歪思弑别失八里王纳黑失只罕自立为汗。永乐皇帝采取不干涉内政的原则，"帝以番俗不足治"，一方面任命报告消息的速哥为都督佥事，另一方面，"遣中官杨忠等赐歪思弓刀、甲胄及文绮、彩币，其头目忽歹达等七十余人并有赐"。继续推行与别失八里睦邻友好的国策。

可以认为，洪永时代明王朝与别失八里王国的政治、经济联系，为以后的双边关系奠定了坚实基础。终明之世，别失八里（后为亦力把里）始终与明王朝保持着频繁的外交往来。

四

贺则尔和卓，《明史》作"黑的儿火者"，死后传子沙迷查干，永乐初，马哈麻承袭兄位为别失八里王。马哈麻死后无子，继子纳黑失只罕嗣位。这时，别失八里王国内部爆发了争夺汗位的激烈斗争。纳黑失只罕为其从弟歪思所袭杀。② 于是，在汉文史料中，便出现了别失八里西迁的记录：

> 永乐十六年二月庚戌，别失八里头目速哥、克剌、免剌等来朝贡方物，具言其王纳黑失只罕为从弟歪思弑之而自立，徙其国西去，更号亦力把里。③

《明史·西域传·别失八里》照抄《明实录》的这条材料，将别失八里"徙其部落西去，更国号曰亦力把里"亦系于永乐十六年

---

① 《明史》第332卷《西域四·别失八里》。
② 同上。
③ 《明太宗实录》第197卷。

（1418年）。此后的历史学家，谈及别失八里的西迁，均以《实录》《明史》为据。沿袭既久，遂成定论。直到近年来的历史著作，仍采此说。①

毫无疑问，别失八里西迁伊犁河流域，是15世纪初中亚历史上的一个重要事件。而西迁的时间，则是一大关键。

人们至今尚未注意到，上面提到的那位屡使西域的陈诚，在他与李暹的《西域行程记》中，向我们提供了别失八里西迁时间的新的说法。

永乐十三年（1415年），陈诚奉使西域回国，曾将记录其亲历见闻的几种著作汇呈给明成祖。其中，《西域行程记》所录，是明政府使团从陕西行都司肃州卫（今甘肃酒泉）出发至哈烈（今阿富汗赫拉特）的全部行程，时间是永乐十二年正月十三日至当年闰九月十四日，历时九月。该书按日计里，录其道里行止兼及沿途风物、地貌、气候，甚为详尽。对明代西域史地的研究，是一份翔实可靠的资料。

读《西域行程记》，首先引人注意的是明政府使团离开肃州卫后，在几个大站的住宿时间：

（二月）初九日，晴，明起，向西北行，皆平川，约行九十里，至哈密城。东南果园边安营，住五日；

二十五日，晴，早起，向西北行。道北山，青红如火焰，名火焰山。道南有沙岗，云皆风卷浮沙积起。中有溪河一派，名流沙河。约行九十里至鲁陈，于城西安营，住四日；

三月初一日，晴，明起，向西行。中道有小城。人烟甚富，好田园，约行五十余里，至火州城。于城东南安营，住三日。

初五日，晴，明起，向西北平川地，约有七十余里，至土尔番城，于城东南安营，住一日。

三月初七日，移营于城西三十里崖儿城边水草便处安营，住十七日。

---

① 冯家昇、程溯洛、穆广文编著：《维吾尔族史料简编》上册，民族出版社1981年版，第124页。

令人疑惑的是，明政府使团在几个大站的居留多则五日，少则一日，为何在小小的崖儿城一住十七日呢？翻检《西域行程记》，这是使团居留一地的最长时间。

崖儿城的方位，《行程记》说在土尔番"城西三十里"，实际是在土尔番城之西北，是当时土尔番通向别失八里城的必经之路。使团在崖儿城的逗留，必然是在等待有关别失八里的某种消息。果然，《行程记》在记录使团在十七天以后的行程时说：

（三月）二十四日，晴，明起，由崖儿城南顺水出山峡，向西南行。以马哈木王见居山南，遂分两路。

这里所称的马哈木王，即《明史·西域传》中的别失八里王马哈麻。"山南"似指天山南麓，具体方位不甚清楚。分析《行程记》的这条简单记录，我们不难看出：

第一，明政府使团在崖儿城的长时间逗留，是为了等待别失八里的消息，会见马哈木王。十七天后，终于得到了确切消息，别失八里王马哈木已离开了原居地别失八里城，"见居山南"。

第二，马哈木离开别失八里城的时间不会很长，否则，明政府使团在土尔番、火州一带一定会获得消息，没有必要在崖儿城长时间地驻留。

第三，由于马哈木王离开别失八里城不久，原驻牧地留下的人对马哈木的去向不是十分清楚，"见居山南"指出的只是大致方位。为此，明政府使团不得不临时决定，分南、北二路、前去寻找马哈木王，以向他转达明政府的赏赐，进行双边关系的会谈。这是明政府使团分路西行的真正原因，也是陈诚南路使团为什么要选择一条艰难新路的目的所在。

根据对《西域行程记》记载的上述分析，我们可以断定，至晚在永乐十二年（1414年）年初，马哈木王统治时期，别失八里本部已离开别失八里城西迁了。至于西迁的地点，让我们沿着陈诚使团的踪迹再来考察。三月二十四日，明政府使团在崖儿城分南、北二路后，陈诚所率之南路一行先由此折向西南，再径直向西，中经托逊城、奚者儿卜剌、陈鲁卜古迹里、窟丹纳兀儿湖、哈喇卜喇、博脱秃山、点司秃、塔把尔达剌、尹秃司、斡鹿海牙、阿达打班、纳剌秃，大体上是在古丝绸之路的北道和中道之间的地带穿行。二十天后，陈诚使团翻越天山，进入了伊犁河谷。《行程记》记载这一段行程道：

> （四月）十五日，大雪，午后晴起北行，过一山约行五十余里。下山，东西一大川，有河水西流，地名孔葛思，安营住一日。
> 十七日，晴，明起向西行，约有五十余里，地名忒勒哈剌，近夷人帐房处安营。马哈木王遣人来接，住一日。
> 十九日，晴，明起，顺河西五十里，近马哈木王帐房五七里设站舍处安营，住十三日。①

翻越天山后，"东西一大川"，当指今新疆新源县境内的巩乃斯草原。"有河水西流，地名孔葛思。""河"即巩乃斯河，蜿蜒向西，流经现在的新源、巩留县境，在今伊宁市南汇入伊犁河。"孔葛思"，即今称为巩乃斯的地方，在巩乃斯河北岸。西行五十余里，到达被称作忒勒哈剌的地方，从地图上看，似在巩乃斯河南岸，在这里与前来迎接明政府使团的马哈木王使臣相遇。四月十九日，使团由忒勒哈剌顺河西下，行五十里，"近马哈木帐房"，则到达今新源县城附近。从这里设有用以接待各处使臣的"站舍"这一情况分析，西迁来此的别失八里王庭已颇具规模了。除《西域番国志》专书记叙了别失八里王国的疆域、气候、风俗、人情外，陈诚尚有《至别失八里国主马哈木帐房》诗二首以记其行，也印证了马哈木时别失八里西迁的史实。

综上所述，我们认为，至晚在永乐十二年（1414年）初，即李达、陈诚使团抵达伊犁河流域之前，马哈木王统治时期，别失八里王国已西迁到伊犁河流域——巩乃斯河上游的新疆新源县附近。《明实录》的记载显然有误。

---

① 《西域行程记》，《国立北平图书馆善本丛书》第一集。

五

那么，我们如何理解《明实录》中歪思西迁的记载呢？

马哈木的生卒年代，《帖木儿武功纪》《中亚蒙兀儿史——拉失德史》等史书失载，唯《明史》卷332《西域传·别失八里》记其卒年为永乐十三年（1415年），继承其为别失八里王的是他的从子纳黑失只罕。《明史·西域传》记叙这段历史说：

> 十一年……明年冬，有自西域还者，言马哈麻母及弟相继卒。……已而马哈麻亦卒，无子，从子纳黑失只罕嗣。十四年春，使来告丧。命安及中官李达吊祭，即封其嗣子为王，赉文绮、弓刀、甲胄，其母亦赐。

接着在永乐十六年（1418年）就有别失八里的贡使速哥等人向明政府报告，歪思杀其从兄纳黑失只罕自立。"徙其部落西去，更国号曰亦力把里。"歪思夺取汗位后的西迁，实际上是在伊犁河流域的一次短距离迁徙。从巩乃斯河上游迁到伊犁河南岸的亦力把里，即由今日之新源县城附近迁到伊宁市一带。并非如历来的史家所理解的，由别失八里城迁于亦力把里城。这个草原游牧王国的西迁，主要是在马哈木时代进行的，歪思不过使西迁更进一步，从而使亦力把里成为王国的统治中心。

一般说来，明政府对西域局势的了解，不外乎三个来源，一是政府使臣回国后的出使报告，二是西域诸国贡使的报告，三是西部边卫汇集的情况反映。这些片断的不甚连贯的报告反映在官修《实录》中，难免出现一些遗漏、讹误。正像别失八里西迁的历史，《明实录》的记载恰恰缺少了马哈木王时代西迁巩乃斯河流域的关键一节，导致了后世史家对别失八里西迁问题的某些误解。而《西域行程记》以其亲历的真实记录，存佚补阙，填补了史籍记载的空白，纠正了别失八里西迁研究中的重大失误，显示了它很高的史学价值。正如清人唐肇在《藏记概·叙》中所说："举昔人记注外国之书，惟陈员外《西域行程记》稍为典实。盖其身历，非采撷传闻者可比，故史家不得弃之。"

关于别失八里的这次西迁，反映这段历史的权威性著作，米尔咱·乌黑麻·海答尔的《中亚蒙兀儿史——拉失德史》并未提及，但是，书中却记载了马哈木时代的另一件事，该书第一编第二十七章在"黑的儿火者之子马哈麻汗"的标题下叙述了马哈麻汗的业绩，其中提到：

> 马哈麻在策特尔湖的峡谷北边修建了一个拉巴特。在建筑这所建筑物时，他用了特大的石头。只有在克失迷儿的寺院才能见到这样大的石头。其入口处的门厅有二十加兹高。从正门进入时，须沿着一条三十加兹长的走廊向右面走，然后进入一个二十加兹宽的圆厅，其配置十分匀称。圆厅周围也有一条走廊围绕，走廊内有一间间的华美小屋。西边有一座十五加兹高的礼拜殿。殿内装有二十多个门……①

从书中的描绘看，这座建筑精美的"拉巴特"，实际上是一座伊斯兰教礼拜寺。因为"马哈麻汗是一位富有的王子和虔诚的穆斯林。他以公平与正义律己，并诲人不倦，所以当他在位的吉祥时期，大多数蒙兀儿部落都皈依了伊斯兰教"②。而策特尔湖，据学者考订，即地图上的察尔提尔库里。③ 今地名称恰特尔乔尔湖，这个湖位于热海西南，新疆乌恰县之北，在今哈萨克斯坦境内。从地理位置上讲，距离伊犁河谷比别失八里要近得多。假如马哈木王仍驻牧于别失八里一带，他似乎不会在相距如此遥远的策特尔湖畔去建造一座礼拜寺。这一点虽然不能直接证明马哈木王时代别失八里的西迁，但却间接地反映了马哈木的西迁和活动范围。为上述我们提出的别失八里西迁的时间提供了一个佐证。

《西域研究》2007 年第 2 期

---

① 《中亚蒙兀儿史——拉失德史》，第 233 页。
② 同上。
③ 同上。

《陈竹山文集》的史料价值与版本

段银霄

陈诚[1]是明代著名的西域使者,曾五使西域,《陈竹山文集》(下文简称《文集》)是他的个人文集,分内外篇,内篇二卷,外篇二卷,共四卷。另有遗编"前后遗赠杂录",但书口仍刻"外篇卷二"。全书合计167页,每面9行,行20字,约6万余字。内篇为陈诚自著,卷一收《奉使西域复命疏》《西域山川风物行程记录》《与安南辨明丘温地界书》《狮子赋》;卷二收《西域往回纪行诗》九十二首、《居休诗》四十六首、《像赞》《历官事迹》等。外篇皆缙绅大夫题赠诗文,"遗编"收陈诚父陈同的《行状》《墓表》等。

《文集》具有很高的文献价值,它为研究陈诚家世、生平、交游、仕历明王朝的西域经略及《使西域记》的版本渊源提供了大量的新资料,陈诚及其西使记研究中长期隐晦不清、久悬不决的一系列重大问题,由此得以廓清,获得突破性进展。陈诚五使西域的真实确认,即为一例。细心披览,其价值当不止此。

首先,陈诚的家世生平事迹获得可靠确证与详尽披露。清修《明史》,不为陈诚立传。其生平事迹仅见于王鸿绪《明史稿》[2]及江西的几种方志。[3]大多辗转相抄,失于简略。且内容主要述其使西域史

---

[1] 有关陈诚家世详见笔者《陈诚家世生平考述》一文,见《西域研究》2005年第1期。

[2] 《明史稿》列传二三。

[3] 主要有康熙《江西通志》《吉安府志》、光绪《吉安府志》、康熙《庐陵县志》、乾隆、雍正《江西通志》、光绪《江西通志》、万历《吉安府志》、顺治《吉安府志》、乾隆《庐陵县志》、道光《庐陵县志》等。

实,至于陈诚的家世、仕履、生平等等一系列重大问题,扑朔迷离,一向不得其详,猜测臆断,亦复不少。但《文集》中,陈诚的祖籍、家世、生卒、登科、仕宦、交游、谪戍北平良乡、予修《永乐大典》、一使安南、五使西域、家居赋闲、晚年起用等等生平活动轨迹,均一一浮现出来,由知之甚少到基本厘清。

《文集》遗编收录了胡诚《故处士赠从仕郎翰林检讨陈公行状》、练安《明处士赠从仕郎翰林检讨陈公墓表》,皆为陈诚父陈同的传记资料,当出陈诚口述,为可靠的信史资料,由之知陈诚祖籍为江西临川,五世祖仕宋为吉水主簿,遂因家焉。其可考世系为:予成→季文→仕可→同→威、诚、戒、咸、我、武。

《文集》卷二收录有陈诚手书的《历官事迹》,是宣德八年(1433年)即陈诚致仕的第五年撰写的个人履历表,或者说是一份简明自传,陈诚时年69岁。陈诚的本意是"将历官略节事迹逐一开记,以示后之子孙俾知"。却为后世留下了个人生平行止的第一手史料,一生经历基本清晰,准确无误,澄清了以往研究中的诸多臆断失误。

陈诚的一生并非一帆风顺。最值得注意的是建文新政至靖难之役永乐上台前后,明朝政局风云突变,朝野震动,首先波及的便是当时的官僚集团。陈诚虽非权力中枢人物,但却经历了他一生中最为大起大落、崎岖坎坷的一段岁月。此为陈诚生平中极其隐秘而扑朔迷离之处,鲜为人知,一向不得其详。建文即位不久,陈诚突然由正七品的翰林检讨越五级擢升从四品的广东布政司左参议,《历官事迹》言之凿凿,同僚诗文中亦屡屡提及,应毋庸置疑。然其内幕,当事人讳莫如深,真相隐藏于云山雾障之中。

解读现存文献,尤其是《文集》的材料,陈诚擢升之谜还是可以找到一些蛛丝马迹的,最关键的人物便是建文新政谋主方孝孺。方孝孺在明初人称"读书种子",声望显赫,深得建文帝倚重,言听计从。陈诚为方孝孺门生,颇得青睐。在建文新政中飞黄腾达,不是没有根基缘由的。以《文集》记录的相关诗文考究,陈诚拜谒方孝孺门下在洪武年间。洪武二十八年(1395年),方孝孺曾有《陈子鲁字说》[①]。

---

① 见《陈竹山文集》外篇卷2。

一篇赠陈诚，赞陈诚"端方雅重，好学有文章"，"其言止仪度，俨乎可望而畏也"。以曾子、汲黯相许。建文二年（1400年）陈诚回乡省亲，时同在翰林院任侍讲学士的方孝孺又有《送翰林检讨陈君子鲁归省庐陵序》①话别。《序》中以"吾友庐陵陈君子鲁"相许，盛赞陈诚"笃厚而文，静重而敏"，颇为赏识，预言陈诚"他日之来也，其必有发"，颇有抑扬援引之意。果然，陈诚第二年便越五级升除广东布政司左参议。其中与方孝孺的举荐和建文帝更新人事、推行新政的一些举措不无关系。而南京陷落后，方孝孺因不肯为朱棣写即位诏而被诛杀"十族"，门生故吏全受牵连。与陈诚在建文朝走红和永乐即位后遭贬流放有涉的另一个关键人物，是陈诚的同乡（江西新淦）、为其父写过《墓表》的练安（子宁），建文朝任右副都御史，"与方孝孺并见信用"。靖难之变中被执，以死抗争，断舌磔死。

永乐皇帝即位，在建文朝突受提拔重用及与方孝孺、练子宁这些壬午殉难诸臣关系深切的陈诚，自然难逃一劫，不能不受到牵连，"三司官不曾封舟者"云云，不过是一个微不足道的口实罢了。于是陈诚先被"留京"，大约是审查甄别，后遭贬流放，毫无疑问这是"靖难之变"大清洗的一个余波。毕竟陈诚与方孝孺、练子宁等人靠得太近，难免有"党附"之嫌。《文集》载有永乐、宣德朝内阁大学士杨荣宣德三年（1428年）的《送大参陈君归庐陵小序并歌》，印证出陈诚的这段非常经历。其中写道："君忽获宠渥，方面寄重任。岭海万里余，宁辞瘴疠侵。一朝遂远谪，中道何崎岖。复起振羽翮，鸾凤相和吟。"杨荣的这八句诗皆为写实，前四句指建文二年（1400年）陈诚突然发迹，由正七品的翰林检讨越五级擢升从四品的广东布政司左参议，故云"方面寄重任"；五、六句指永乐元年（1403年）陈诚被发配北平良乡屯戍，"一朝遂远谪，中道何崎岖"；七、八句则指永乐三年赦免回京，重新起用，"复起振羽翮"。

陈诚在永乐元年（1403年）流放北平两年后，缘何很快重新起用。永乐三年"冬十一月十六日，除授吏部验封清吏司主事"，虽则是降三级起复，但一步又进入政府核心的人事部门。从大局看，永乐

---

① 见《陈竹山文集》外篇卷2。

皇帝的统治逐渐稳定,平反昭雪一些冤假错案,借以收揽人心,消弭朝野间的不平之气,当为情理中事。但具体到陈诚其人,他与壬午殉难诸臣,如方孝孺、练子宁等人的关系过于深切而受牵连,系重点清查惩治对象。流放二年后即被起复任用,是必有说。而《文集》外篇二卷辑录的缙绅士大夫题赠诗文,为解读陈诚起复之谜提供了翔实的资料。

考究永乐皇帝即位后的文官班底,探索陈诚的生平交游,发现:其一,永乐首建内阁,七人入值文渊阁,"朝夕左右","时言之宫中",深为永乐亲信倚重。其中五人为江西籍官员,解缙、胡广为吉水人,杨士奇为泰和人,金幼孜为临江人,胡俨为南昌人,几乎是清一色的"江西内阁"。其二,陈诚与首任内阁的"江西帮"大都有洪武、建文朝的同寅经历,兼之乡谊关系,私交非一般可比。七人内阁中非江西籍的杨荣(福建建安人)、黄淮(浙江永嘉人)与陈诚皆有文字之交,私人关系密切。其三,永乐朝官僚集团中的"江西帮"不止内阁五人,举凡政府各要害部门,皆有"江西帮"存在。仅《文集》所载与陈诚有文字之交的就有江西吉水人翰林编修周梦简、翰林编修兼左春坊谕德周述、翰林侍读钱习礼、翰林侍讲兼左春坊左中允邹缉、刑部员外郎周忱、中书舍人徐鸣鹤与庞叙,江西永丰人翰林侍读王英、国子嗣业吴溥、四川按察司胡诚、翰林侍读兼左春坊大学士曾棨、中书舍人陈彝训,江西泰和人翰林修撰王直、翰林修撰梁潜、翰林修撰陈循,江西临江人中书舍人吴均,江西南康人吏部主事卢翰等等,皆与陈诚保持着良好的私人关系。事无大小,"江西帮"都共同行动。《文集》中反映出,陈诚回乡省亲、出使西域,"江西帮"皆"各为诗以赠之",勾连得很紧。上述三点发现,予陈诚流放两年后很快起复有至关重要的作用。"朝内有人好做官",有这么一批"江西帮"奥援,陈诚的起复任用,也就不足为奇了。日后,出使西域与这批"江西帮"的举荐亦不无关系。

《文集》的文献价值还在于它澄清了《西域番国志》一书的版本源流,订正出该书传本的众多讹误。陈诚的西域使记著作中,《西域行程记》传世版本差异不大,大体上是据明抄翻刻流布,而《西域番国志》却有繁本与简本之别。简本系出自《明太宗实录》卷

169，是陈诚永乐十二年（1414年）二使西域回国后"汇呈御览"原件的节抄本。大约2300字，自明以降，此节抄本最先为明沈德符《万历野获编》过录，后收入《学海类编》《丛书集成初编》两种丛书。因删削过甚，造成资料大量遗漏，讹误太多，价值不大。繁本系统则有《独寤园丛抄》本、《国立北平图书馆善本丛书》本和《文集》本。1989年，我在《〈西域番国志〉版本考略》[①]一文中，曾推测《文集》本是繁本系统的祖本。后经比勘对读，繁本系统中的《独寤园丛抄》《国立北平图书馆善本丛书》两种，实为《西域番国志》的明抄本，由象鼻署"淡泉书屋"观之，当出自嘉靖间郑晓的家藏。而《文集》本是陈诚家藏的原件。最明显的证据是《文集》本《西域番国志》（标目为"进呈御览西域山川风物记录"）多出陈诚归休后补遗的"葱岭""蔷薇露之说"两条，为两种丛书本不载。如是，则繁本《西域番国志》又有明抄本、《文集》两个系统。两相对照，显然《文集》本为优。

其一，《文集》初刻于明英宗正统年间，时陈诚以83岁高龄仍然健在，文字信实，必据原件过录而得作者认可。《西域番国志》当为陈诚西使报告原件的过录本，可作为原刊本以订正明抄本的众多讹误。其二，《文集》本《西域番国志》增出陈诚"归休后补遗"的两条内容，为两种丛书所不载，这两条新材料可加深对明代西域的认识。20世纪80年代，中华书局"中外交通史籍丛刊"出版由周连宽先生校注的《西域行程记》《西域番国志》，所据底本为《国立北平图书馆善本丛书》。后经笔者以《文集》本复校，发现文字相异处多达二百余处，明显的错讹凡三四十处。尤为严重的是目次失序，将应在"塞兰"之后的"塔什干""卜花儿"漏抄而补于文末；而自"别失八里"以下则失题混抄，以致《国立北平图书馆善本丛书》本误增出"于阗"一目。这些问题，均由《文集》本复校而得以订正。显现出《文集》在校勘学上的学术价值。《文集》的价值之三，在于它记录保存了明初某些重大事件的原始文献。最突出的个案便是洪武三十年的明与安南领土交涉。前文述及，洪武三十年（1397年），明

---

① 《文献》1989年第1期。

太祖派行人司行人陈诚、吕让出使安南，交涉安南归还侵夺广西思明府五县领土之事。当谈判陷于僵局时，陈诚直接致书安南国王陈日焜，希冀从最高层解决问题，陈诚与安南国王往复的这七封书信，即刊于《文集》内篇卷一。实为洪武三十年明与安南领土交涉的原始文献，于考究明代中越关系至为重要，可补《明实录》及其他明代文献的疏漏不足。

《文集》的价值，以上只是举其大端，若深加考究，当续有所得。如《文集》载有"西域往回纪行诗"92 首，这些诗作不事雕饰，朴实无华，在塞外荒寒壮阔的历史背景下，展现了当时西域诸国的社会风貌，可视为 15 世纪西域的历史画卷。又如《永乐大典》的最后成书时间、装订册数等问题，《文集》以亲历者的自述材料揭出新的说法，皆可做进一步的探究。

《文集》有明刊本两种、清刊本两种。

（1）正统本　正统十二年（1447 年），陈诚从曾孙陈汝实编就《文集》，前有资政大夫、吏部尚书兼国史总裁王直序。《序》中说："公所上书，诏付之史官，而藏其副于家。"明白揭出《西域番国志》家藏本存在的事实。时陈诚仍然健在，年 83 岁。此为《文集》的初刻本。

（2）崇祯本　崇祯十六年（1643 年），陈诚嗣孙陈大纬、陈起泰重梓《文集》，翰林修撰刘同升序称"先生裔孙辈出，皆能世其家，编先生遗集，重梓以行，请余为序"。此为崇祯重刊本，较正统刻本，多出刘同升序一篇，置于王直序后。

（3）雍正本　雍正七年（1729 年），陈诚后裔三刊《文集》。三刊本据崇祯本重梓，后附刻高乃听序文一篇。纂修《四库全书》，江西巡抚采进本的《文集》四卷应即雍正七年三刊本。

（4）嘉庆本　嘉庆己卯（嘉庆二十四年，1839 年），陈诚后裔再刊《文集》，从版式上考究，虽题"重镌"，实则是据雍正七年（1729 年）本补刻。一是将雍正本高乃听序移前，置于王直序、刘同升序之后；二是楷书补刻了建文二年（1400 年）解缙为陈诚撰写的《黄帷记》、宣德四年（1429 年）杨士奇应陈诚所请为之撰写的《奈园记》。封面所谓"板藏仁厚里"，即江西吉水陈氏世居之仁厚里。

据多年考察，正统本、崇祯本两种明刻本《文集》均已亡佚，国内仅存两种清刻本。雍正本一册，仅藏于江西省图书馆，现收入《四库全书存目丛书》集部26；嘉庆本两册，分藏于江西省图书馆、甘肃省图书馆。

《西域研究》2010年第1期

18 世纪中国第一部安多藏区史

——《明史·西番诸卫传》的现代诠释

王明江

在传统的卫藏、安多、康三大藏区中,安多藏区一直是藏学研究的一个薄弱区域。这种状况,近年来方有改观。但学术界至今尚未注意到,成书于清乾隆四年(1739 年)的官修《明史》中,已经以专传的形式,纂修了一部安多藏区史。它从中央政府对安多藏区经营治理的角度,记录了元明时期安多藏区的历史变迁。从这个意义上讲,《明史·西番诸卫传》实为我国第一部安多藏区史。其学术价值应予重新认识评估。本文拟对《明史·西番诸卫传》做一初步考察和现代诠释,予该传以准确的学术定位,以期引起学术界对我国第一部安多藏区史的关注和研讨。

一

"安多",又作"阿多""安木多",源于藏语 amdo。公元 7 世纪,吐蕃王朝征服吐谷浑,曾将活动在青海及其东部的吐谷浑、党项、白兰等部族统称为"安多"。[①] 并派军长期驻守;吐蕃本土大批部族亦纷纷迁入,与境内民族重组融合,形成以吐蕃人为主体的民族聚居区,"安多"逐渐成为一个地理区域概念。最有代表性的,就是成书于清同治四年(1865 年)的藏族学者智巴·贡却丹巴绕吉的

[①] 王尧、陈庆英主编:《西藏历史文化辞典》,西藏人民出版社、浙江人民出版社 1998 年版。

《安多政教史》，该书第一章"藏族地区概述"对安多藏区的地域界定和得名之由解释为：

> 自通天河的色吾河谷，北逾巴颜喀拉山，其东麓有阿庆岗嘉雪山与多拉山，据说由于摘取这两座山峰之名的首字，合并起来把自此以下的区域称为"安多"云。

按色吾河谷，在今青海玉树藏族自治州曲麻莱县；阿庆岗嘉雪山，即阿尼玛卿山，为青海柴达木、玉树和果洛三区的界山，位于巴颜喀拉山的西部，横亘甘青川三边；多拉山，即藏文典籍《塔尔寺志》中所称的"多拉仁摩"[1]，一般认为指祁连山的主峰。如是，"安多"是指祁连山以南、阿尼玛卿山以北的地区，包括了今青海、甘肃西南、四川西北的辽阔地域。以藏语方言区划分，即国外藏学家所称的东藏方言区。

二

《明史·西域传》布置在《明史》的最末4卷，即卷329至332。其中，卷329为嘉峪关外的哈密、吐鲁番、柳城、火州；卷330为西番诸卫、关西七卫；卷331为乌斯藏地区；卷332为撒马尔罕等西域诸国、于阗等西域各地区。这些大致反映了明清时代的西域观。

卷330《西番诸卫传》下则小字明确标注"西宁、河州、洮州、岷州等番族诸卫"，涵盖的地域即安多藏区。我们说《明史·西番诸卫传》是一部安多藏区史，其因在此。翻检二十四史，这是唯一的以安多藏区为地域单元的一个专传。

三

《西番诸卫传》开头便是对该地区的历史追述：

---

[1] 《塔尔寺志》汉译本，西宁：青海人民出版社，1986年。

> 西番，即西羌，族种最多，自陕西历四川、云南西徼外皆是，其散处河、湟、洮、岷间者，为中国患尤剧。汉赵充国、张奂、段颎、唐哥舒翰，宋王韶之所经营，皆此地也。

"西番，即西羌"是沿旧史之说，当不足据。文中述汉、唐、宋的河、湟、洮、岷地区经营，则有一含混不清的问题：汉赵充国、张奂、段颎的经略西北，面对的是两汉间族种繁多、时起时伏的羌人。而唐哥舒翰、宋王韶的经略，则是针对盘踞西北的吐蕃。这里透露出一个安多藏区形成的时间问题。

长期以来，不少学者囿于后起的地域概念，喜欢作"古已有之"的历史追述，进而去作一本"全史"。这其实是认识上的一大误区。青海出了一本《安多藏区史略》即如是说。安多藏区，绝非"古已有之"。试想，战国秦汉间，这里是"羌人"活动区。汉武帝建"河西四郡"以隔绝羌、胡；东汉频繁对羌用兵。西晋"永嘉之乱"，东北鲜卑族拓跋部吐谷浑入据青海，立国达3个世纪，这里何尝有藏人的影子。公元7世纪，松赞干布统一吐蕃各部，青藏高原崛起了一个吐蕃王朝。面对雄踞中原的唐王朝，南部受喜马拉雅山阻断，"北上东进"一直是吐蕃王朝的军事战略中心。而强盛一时的唐王朝，在解决突厥问题、稳定北部边防之后，不得不把防御的重点转向吐蕃。唐高宗龙朔三年（663年），吐蕃大败吐谷浑，吐谷浑国王诺曷钵与弘化公主被迫逃亡凉州；唐高宗咸亨元年（670年）唐派大将薛仁贵征讨吐蕃，助吐谷浑复国，但在大非川（今青海省海南兴海大河坝一带）战役中全军覆没，立国3个多世纪的吐谷浑彻底败亡，唐改灵州（今宁夏灵武境）为安乐州，安置亡国之君诺曷钵与弘化公主，唐军势力退至日月山以东。

唐中宗景龙三年（709年），在文成公主嫁松赞干布70年后，唐以金城公主再次和亲于吐蕃赞普，吐蕃以重金贿赂护送使臣、鄯州都督杨矩而获九曲之地（即今青海省黄南自治州一带），吐蕃的北上战略又前进了一步。后虽经赤岭（日月山）划界，但唐蕃冲突未曾稍息。唐玄宗开元间，设陇右节度使于鄯州（今青海省乐都）、河西节度使于凉州（今甘肃武威），以遏制吐蕃势力，任名将哥舒翰、崔希逸为二节度使，冲突加剧。双方和战无常。之后，"安史之乱"的爆发，也打乱了唐王朝的防御部署。唐玄宗急调哥舒翰率关陇铁骑"入靖国难"，移防潼关，针对吐蕃的防御体系出现了一个长长的缺口。吐蕃便趁机扩张，长驱直入，河西、陇右"尽没吐蕃"。从敦煌吐蕃文书中可以看出，吐蕃在今甘青地区长达一个世纪的占领，推行"吐蕃化"政策甚见成效，吐蕃的"部落制"移植到甘青地区，安多藏区略见端倪。

需要指出的是，吐蕃人与羌人同处青藏高原，地理环境、生产方式、生活习俗等方面比较相近，这使得羌人的"吐蕃化"过程显得更为自然一些，更容易获得民族认同。学术界一些人经常说"羌藏同源"，不是没有道理的。同时，青海境内的吐谷浑人和汉人也部分地融入吐蕃。史书上说的中唐安史之乱后，陇右、河西"尽没吐蕃"，实际上有两层意思，一是指吐蕃东进的军事占领，二是陇右、河西的"吐蕃化"过程。这一点在敦煌汉藏文献晚唐文书中有很多反映。笔者与郑炳林教授合写过一篇《敦煌汉文吐蕃史料研究综述——兼论吐蕃占领时期的职官制度》[①]，其中用很大的篇幅探讨了吐蕃占据河西、陇右地区的"节儿""部落使"等职官设置，发现吐蕃控制时期，已将吐蕃原有的"部落制"移植到河西、陇右。而且，吐蕃王朝崩毁后，卫藏地区出现众多的封建割据势力，家族统治与农奴制领主庄园发展起来，部落体制基本解体。而在安多藏区，藏族部落制组织依然存在，并保持了相对的稳定，持续至今。宋代以青唐为中心的唃厮啰政权和以凉州为中心的六谷部政权，都是在部落联盟基础上建立起来的。

至张议潮归义军起义，举瓜沙十三州之地归唐，又复将吐蕃统治势力驱出河西，将其压制在今青海、甘肃南部、四川西北之地。因之，安多藏区实始于中唐安史之乱，军事殖民性质的"吐蕃化"政策导致了境内民族融合重组，形成日后的安多藏区。

蒙元时代的空前统一，不仅将西藏纳入中央版图，而且对安多统治体系进行了新的整合。蒙古人承认了安多藏区存在的现实，但以吐

---

① 《中国藏学》1994年第3期。

蕃宣慰司名义将其置于中央宣政院统治之下，成为汉藏、蒙藏交流的一座桥梁。中央政府直接统辖安多格局基本形成。

明承元制，在安多藏区创设"西番诸卫"，分隶于陕西行都司、四川行都司之下。

至清雍正年间，平定罗卜藏丹津之乱，于安多藏区分置郡县，确立盟旗，安多藏区的独立生存的地位事实上已经消失。民国年间，甘宁青三省分治，安多藏区行政区划遂分在四川、甘肃、青海三省。究其所始，还是元明模式。清修《明史》，于《西域传》立《西番诸卫》，实为中国第一部安多藏区史。《明史·西番诸卫传》的解读诠释，应是安多藏区史研究的一个起点。

四

蒙古汗国对吐蕃地区的用兵和征服，是由安多藏区启其开端的。1227年（南宋宝庆三年，金正大四年），成吉思汗第六次发动灭夏战争，先在灵州（今宁夏灵武）击溃西夏主力，分兵进围中兴府（今宁夏银川），然后自率一军南下，攻占了临洮府、积石（今青海循化）、西宁、洮（今甘肃临潭）、河（今甘肃临夏）等州。[①] 兵锋已深入安多藏区。四年后（1231年），托雷假道南宋伐金，蒙古大军途经阶（今甘肃武威）、文（今甘肃文县）及川北蕃汉杂居区，安多藏区为之震动，而对吐蕃地区的归属和中国统一多民族国家的形成最具影响力的事件，则是窝阔台汗次子阔端对吐蕃地区的大规模用兵与萨迦·班智达的"凉州会谈"，由此奠定了藏族地区隶属中央政府的基础。

元朝建立后，对蒙古汗国时期的治藏方略进行了一系列调理、整合与完善，其基本格局是蒙古宗王分封出镇以及帝师、宣政院领属下的三大宣慰司并行的"双轨制"。宗王分封出镇很大程度上是宗教供施关系与突发事件的处理，真正履行管理吐蕃事务的是帝师、宣政院领属的三大宣慰司。而管理安多藏区的则为治所河州（今甘肃临夏）

---

① 《元史》卷1《世祖记》。

的吐蕃等处宣慰司都元帅府。此即《明史·西番诸卫传》所说的"元封章吉驸马为宁濮郡王镇西宁，于河州设吐蕃宣慰司，以洮、岷、黎、雅诸州隶之，统治番众"。不过，清代明史馆臣在这里漏载了分封与出镇安多藏区最重要的二位宗王，即西平王与镇西武靖王。

西平王奥鲁赤是元世祖忽必烈的第七子，其受封与出镇吐蕃事见载于拉施特《史集》[①] 藏文典籍《汉藏史集》[②] 及《元史》[③] 诸书，受封时间在元世祖至元六年（1269年），[④] 张云先生认为："封立奥鲁赤为西平王，是忽必烈在吐蕃结束分封制、建立郡县制同时，采取的一项重要措施。它在表面上与诸王出镇旧例相同，但实际上标志着元朝在吐蕃新的格局的形成。"[⑤] 如是，那么西平王出镇吐蕃是至关重要的。拉施特《史集》说西平王"驻于汉藏交界之处，亦曾前来乌斯藏，多次镇压反叛"。显然是元世祖控制吐蕃地区的重要布置。奥鲁赤之后，其子八的麻加的、其孙贡哥班相继为西平王，[⑥] 但对吐蕃事务的参与绝少记载。真正继承奥鲁赤监管吐蕃事务的是奥鲁赤的另一个儿子——镇西武靖王铁木尔不花及其后裔[⑦]铁木尔不花受封镇西武靖王在元成宗大德元年（1297年）三月。[⑧] 此后，历代镇西武靖王皆干预吐蕃事务，直至明初，末代镇西武靖王卜纳剌归降。显见，终元之世，继西平王奥鲁赤后，镇西武靖王一直是控制监管吐蕃地区的皇族宗室的主体，《明史·西蕃诸卫传》所说的"元封驸马章吉为宁濮郡王，镇西宁"事，在元世祖至元二十四年（1287年）。[⑨] 但无可讳言的是，章吉虽封王而出镇吐蕃地区的西宁州，其地位、权势远非西平王系、镇西武靖王系可比，封藩而不治藩，有事"从征"而已。

可以认定，清代明史馆臣于《明史·西番诸卫传》元代经略的追

---

① 《史集》第2卷，余大均等译本，第285页。
② 《汉藏史集》，陈庆英等译本，第266页。
③ 《元史》卷6《世祖本纪·三》。
④ 同上。
⑤ 张云：《元代吐蕃地方行政体制研究》，中国社会科学出版社1998年版。
⑥ 《元史》一九卷《成宗纪二》。
⑦ 同上。
⑧ 同上。
⑨ 《元史》卷《地理志·三》。

述，存在着重大失误，远未把握住元代治理安多藏区的行政格局。

五

明朝建立，北伐成功，徐达奉命西征。洪武二年（1369年）四月，徐达会诸将于凤翔（今陕西凤翔），议师之所向。确定了先攻"西通番夷，北界河湟"的陇右重镇临洮（今甘肃临洮）的战略方针。接着，在沈儿峪（今甘肃定西境内）击溃残元势力。明军采取军事打击、安抚诏谕并重的策略。五月，派遣故元陕西行省员外郎许允德招抚吐蕃后，次年五月，西征军左副将军邓愈"自临洮进克河州"[①]。徐达又遣邓愈招抚吐蕃，很快取得成效。《明史·西番诸卫传》在记录这段历史时说：

> 洪武二年，太祖定陕西，即遣官赍诏诏谕，其酋长皆观望。复遣员外郎许允德招之。乃多听命。明年五月，吐蕃宣慰使何锁南普等以元所授金银牌印宣敕来上，会邓愈克河州，遂诣军前降。其镇西武靖王卜纳剌亦以吐蕃诸部来纳款。

由于吐蕃宣慰使和镇西武靖王在安多藏区的统摄位置，何锁南普及卜纳剌的归降意义重大，它标志着安多藏区纳入明政府的统治之下，整个藏区的门户已经打开。"于是河州以西，甘朵（朵甘）、乌斯藏等部皆来归，征哨极甘肃西北数千里始还。"[②]

这种情势下，在吐蕃宣慰司统辖的安多藏区建立一种什么样的行政体制，如何安置归降的元故官、各部酋长，就成为一个至关重大的问题提到议事日程上来了。

洪武三年（1370）元月，何锁南普归降，十二月底，何锁南普等到南京贡马及方物，受到明太祖的礼遇。10天后，即洪武四年正月辛卯，明太祖就决定建河州卫指挥使司，以何锁南普为河州卫指挥同

[①]《明太祖实录》卷52。
[②]《明史纪事本末》卷10。

知，予世袭，"设千户所八，百户所七，皆命其酋长为之"①。河州卫指挥使司的建置是明太祖对安多藏区实施统辖管理的一个行政机构模式。继洪武四年河州卫设立后，明政府先后在安多藏区设立了西宁卫、洮州卫、岷州卫、松潘卫，下隶若干千户所、百户所，基本形成以军卫制为特征的管理体系。兹略述如次：

西宁卫　西宁（今青海西宁市）卫建置于洪武六年（1373年）正月。②但《明史·西番诸卫传》所谓"又遣西宁州同知李喃哥等招抚其酋长，至者亦悉授官。乃改西宁州为卫，以喃哥为指挥"。乃史实舛误。笔者在《明代青海史事杂考》③及《明史西域传订误》④中，根据李喃哥洪武、建文朝来贡时"所镇抚""卫镇抚"下级军官身份，断定西宁卫建置与李喃哥无关。后在新发现的《李喃哥墓志》⑤中再次印证了这一论点。明代西宁卫统辖区域大致为青海省西部，东部则为河州卫管辖区。行政建置上，隶属于设在甘州（今甘肃张掖）的陕西行都司。

洮州卫　洮州（今甘肃临潭）在元为吐蕃宣慰司辖地，自明初招抚后，于洪武四年（1371年）设洮州军民千户所，隶河州卫。洮州卫建置于洪武十二年（1379年），其直接原因是洮州西番十八族的叛乱及征西将军沐英的平叛。《明太祖实录》卷122载：

洪武十二年正月甲申
洮州十八族番酋三副使汪舒朵儿瘴嗦子乌都儿及阿卜商等叛，据纳邻七站之地，命征西将军沐英移兵讨之。

为迅速平叛，同年二月，明太祖又派曹国公李文忠"督理军务"，"边境事宜悉从节制"⑥。当月，明太祖遣使敕李文忠：

---

① 《明史》卷330《西番诸卫传》。
② 《明太祖实录》卷78。
③ 文载《藏学研究论丛》第二辑，西藏人民出版社1990年版。
④ 文载《新疆社会科学》1988年第3期。
⑤ 明《金文靖公集》，文渊阁四库全书本。
⑥ 《明太祖实录》卷122。

二月二十五日报至，知大军已入西番。朕思之，自河州至西番多不过五六日，今诸将已至其地，胜负必决矣。符至，尔即率师从洮州铁城之地取道而出。朕尝有密谕，当遵而行之，事宜速成。山西之军即令还卫，洮州尤宜择人守之。①

三天后，沐英平息洮州叛乱，"遂于东笼山南川，度地势筑城戍守，遣使来报捷"②。对此，明太祖指示：

洮州，西番门户。今筑城戍守，是扼其咽喉矣。遂命置洮州卫，以指挥聂纬、陈晖、杨林、孙桢、李聚、丁能等领兵守之。③

洮州虽然建卫，但交通险阻，军需供应困难。李文忠等遣使报告："官军守洮州，馈运甚艰，民劳不便。"④有撤守之意。明太祖当即明确"令将士镇守"⑤。

鉴于洮州"备边之要地"的战略地位，明太祖的这一决策，是颇具眼光的。终明之世，洮州卫始终是作为"秦陇藩篱"而发挥其作用的。洮州卫军民指挥使司隶陕西都司，领千户所五。⑥

岷州卫　岷州（今甘肃岷县）元代仍为吐蕃宣慰司辖地。明初置岷州千户所，隶河州卫。由岷州千户所而置岷州卫，是邓愈、沐英西征吐蕃后安多藏区行政建置上的一大调整。

洪武九年（1376年）七月，发生了一件震惊朝野的事："通事舍人巩哥琐南等，诏谕吐蕃还至川藏朵工之地，皆遇害。"⑦八月，"西番土官朵儿只巴叛，率众寇罕东"⑧。明政府当然不能容忍新归附区

---

① 《明太祖实录》卷122。
② 同上。
③ 同上。
④ 《明太祖实录》卷123。
⑤ 同上。
⑥ 《明一统志》卷27。
⑦ 《明太祖实录》卷107。
⑧ 《明太祖实录》卷108。

内发生的变乱，很快做出反应。第二年四月进行讨伐。① 川藏地当今甘青交界，故命邓愈发凉州等卫军士分戍碾北、河州等处，断叛军北窜之路。五月，讨伐成功。邓愈班师回京，由沐英处理善后。于是：

>洪武十一年七月辛巳
>
>命西平侯沐英率陕西属卫军士城岷州，置岷州卫镇之。又置碾北卫指挥使司。②

岷州卫、洮州卫的相继建置，表明政府稳定控制安多藏区的决心。也反映了明初安多藏区的行政建置还处在调整完善阶段。但其基本格局，大致在洪武朝已经定型。据《明史兵志》《地理志》，岷州卫隶右军都督府属的陕西都司。

松潘卫　明政府对川西北藏区的用兵和经营始于洪武十年（1377年）。《明太祖实录》卷116载：

>洪武十年十一月甲辰
>
>四川威茂等处土酋董贴里叛，劫杀人民。命御史大夫丁玉为平羌将军，率师讨之。

十二月，丁玉平定威州，"诏置威州千户所守之"③。第二年二月，四川都司派指挥胡渊、童胜平定茂州，"乃诏立茂州卫，留指挥楚华将兵三千守之。渊等仍会平羌将军御史大夫丁玉，帅师征松潘等处"④。威、茂二地的平定和威州千户所、茂州卫的设立，打开了川西北藏——松潘的门户。

洪武十二年（1379年）正月，丁玉讨平松州，⑤ 请立军卫。四

---

① 《明太祖实录》卷111。
② 《明太祖实录》卷119。
③ 《明太祖实录》卷116。
④ 《明太祖实录》卷117。
⑤ 《明太祖实录》卷122。

月，明政府诏"置松州卫指挥使司"①。明太祖极为关注松潘局势。亲自敕谕丁玉说："松州为西羌诸蛮要地，军卫不可罢。"②

随着松州卫的设立和军事威慑，明政府同时展开了对松潘藏区的招抚，并取得明显成果：

> 洪武十四年正月乙未
>
> 置松潘等处安抚司，以龙州知州薛文胜为安抚使，秩从五品。又置阿昔洞等十三族长官司，秩正七品。曰勒都族、阿昔洞族、北定族、牟力结族、蜡匝族、祈命族、山洞族、麦匝族、者多族、占藏先结族、包藏先结族、班班族、白马路族，以土酋傅益雪南等为各族副长官。③

松州卫设立后，很好地履行着管辖川西北藏区的职责，清理户籍，额定土赋；④纳马置驿，以供徭役。⑤但由于松州卫不宜屯种，卫所军卒所需的粮食等军用物资运输艰难，有人主张把松州卫移至成都西北的茂州。《明太祖实录》卷一七一载：明太祖奏曰："松州卫，吾尝欲罢之，以其控制西番要地，不可动也。军士粮饷其令旁近州县运给之。"明太祖显然了解松州卫驻军的诸多不便，但是从朝廷管辖川西北藏区的大局出发，"以其控制西番要地，不可动也"。表现出了一个最高统治者正确的战略抉择。

洪武二十年（1387年），明政府在川西北藏区的行政建置上做了两项重大调整：一是"改松州卫为松潘等处军民指挥使司"⑥；二是"改四川松潘安抚司为龙州"⑦。使行政管理体系更趋完善、合理。洪武二十二年（1389年），又"改四川龙州为军民千户所"⑧，进一步

---

① 《明太祖实录》卷124。
② 《明太祖实录》卷125。
③ 同上。
④ 《明太祖实录》卷135。
⑤ 《明太祖实录》卷151。
⑥ 《明太祖实录》卷180。
⑦ 同上。
⑧ 《明太祖实录》卷197。

理顺了行政关系。嗣后，松潘卫隶属的长官司有一些增益变化，但终明之世，川西北藏区在行政建置上始终维持洪武定制，相沿不改。

六

明代军制，"自京师达于郡县，皆立卫所。外统之都司，内统于五军都督府"。所谓"边腹内外，卫所襍置，以军隶卫，以屯养军"，构成了一套完整的军制体系。洪武二十六年（1393年）定天下都司卫所，共计内外卫329，守御千户所65。后多增设、撤并、裁革、调整，卫所增至493，千户所395，另有"蕃边都司卫所"等470，是"洪武、永乐间边外归附者，官其长"的"羁縻卫所"。① 《明史》单独立传的仅西域的哈密卫、安定等"塞边七卫"。西番诸卫中，河州卫、洮州卫、岷州卫隶陕西都司，西宁卫隶陕西行都司（治甘州），松潘卫隶四川都司，非"羁縻卫所"是显而易见的。但由于安多藏区特殊的地理位置，复杂的民族构成及元代统治格局遗留的政治遗产，使明政府在该地区的行政建置、统辖治理显现出与普通卫所决然不同的特点。

首先，西番诸卫普遍实施军政合一体制。如河州洪武四年（1371年）建卫，洪武六年（1373年）正月，"河州卫请设州县，专掌钱粮。诏从其请，置河州各府、州、县。寻罢之"②。洪武七年（1374年）七月，又"诏置西安行都指挥使司于河州，升河州卫指挥使司韦正为都指挥使，总辖河州、朵甘、乌斯藏三卫"③。但两年后亦被裁撤。④ 至洪武十二年（1379年），明政府在经历过反复试行之后，显然意识到府县志在河州这样的边卫的诸多不便，干脆宣布："改河州右卫指挥使司为河州军民指挥使司，革河州府。"⑤ 进一步明确了河州卫军政合一体制的性质。这种军事民事统于一卫的管理体制，大

---

① 《明史》卷89、卷90《兵志》。
② 《明太祖实录》卷78、卷90《兵志》。
③ 《明太祖实录》卷91。
④ 《明太祖实录》卷110。
⑤ 《明太祖实录》卷125。

约持续了 100 年。随着河州社会经济的发展，人口的增加以及河州在西北边防地位上的一些变化，河州等西番诸卫的军事管制局势必然也要做些调整。明宪宗成化九年（1473 年），复设河州，军民分治。①

又如安多藏区的岷州（今甘肃岷县）也曾设立过州县，《明史·西番诸卫传》追述这段历史时说：

> （洪武）二十四年设岷州，隶巩昌府。岷西临极边，番汉杂处。洪武时，改土番十六族为十六里，设卫治之，俾稍供徭役。自设州之后，征发繁重，人日困敝。且番人恋世官，而流官不乐居，遥寄治他所。越十余年，督抚合疏言不便，乃设卫如故。

这里所说的"自设州之后，征发繁重，人日困敝"恐非主要原因。根本上还是岷州"西临极边，番汉杂处"的地理、民族环境。川西北藏区的松潘，也是如此。洪武二十年（1387 年）"改松州卫为松潘等处军民指挥使司"后，二十二年（1389 年）又"改四川龙州为军民千户所"，还是理顺到军政合一的轨道上。

其次，西番诸卫在职官配备上采用一种特殊"土流参设制"。此即《明史·西番诸卫传》上说的"又遣西宁等四卫土官与汉官参治，令之世守"。

明清以来，河湟洮岷地区有一批大大小小的土司，他们世袭周替，雄踞一方，对当地社会产生过重大影响。但明代《土官底簿》《明史·土司传》却不列甘青地区。这是笔者多年前接手国家社科基金项目"甘青土司研究"时最感困惑的问题之一，认真解读，方知是明代西番诸卫"土流参设制"的遗留物。直到近代，《清史稿》的纂修者才为甘青土司立传，应是对甘青土司的认可。"流官"即"汉官"，其身份为从征驻防西北的明军将校；"土官"即"土司"，其身份为归顺明朝的元故官及当地的番族首领。"土流参设"即在军官组成上，实行"流官"与"土官"的混合编制。流官由政府派遣，土官由子孙世袭。

---

① 《明宪宗实录》卷 123。

从历史上考察，促使明政府在西番诸卫建立"土流参设制"的因素很多，但根本一点是，这些地区复杂的民族状况和所处的战略地位。朱元璋起兵江左，统一全国，建立明王朝，但败退于漠北草原的蒙古人始终是明王朝的重要威胁，心腹大患。尤其使明代统治者担心的是"北虏"与"西番"连成一片，导致中原两面受敌，难于应付。所以，明政府对待"北虏"与"西番"，首先是"拒虏抚番"，其次是隔绝"虏番"。所谓"备虏十九，备番十一"是很说明问题的。终明之世，这两条是作为既定国策奉行的。处于汉藏走廊的河、湟、洮、岷一线，在明政府看来，既是"内华夏外夷狄"的一条缓冲地带，又是控制藏地抚谕"诸番"的前哨阵地，隔绝"羌胡"的南翼防线。明代的统治者，不可能也不愿意把如此重要的战略要地交给那些当地的少数民族首领去管理控制。所以，西番诸卫尽管有元代敕封的大量土官，但明政府在这一地区并未推行单一的土司制度，也没有全部任命当地部族首领以建羁縻卫所。

然而，明王朝又不能不正视这一地区的现实："西番，即西羌，种族最多，自陕西历四川、云南西檄外皆是。其散处河、湟、洮、岷间者，为中国患尤剧。"而元代在河州建吐蕃宣慰司，对这些地区的统治，从根本上说，是通过任命各部族首领来实现的。"因其部落，官其酋长。"明太祖当然不可能照搬元人的一套做法，但是为了控制这一地区，保持稳定的统治秩序，又不能不妥善地安置明初归降的一大批元故官和各族首领。于是，我们看到，洪武四年（1371年）正月河州卫宣布建置，何锁南普、朵儿只、汪家奴等归降的元故官立即被安插任职。一批批元代降官都成为卫所军官。在卫所军人"世官"的名义下，准于"子孙世袭其职"，保持其原有的地位和世袭特权。但另一方面，明又驻重兵于西番诸卫，如河州，额定驻军超过普通军卫的一倍，统兵的大将宁正充任河州卫指挥使，执掌卫事。后河州卫改为军民指挥使司后，宁正已升任都指挥使，改由凤阳寿州人徐景任指挥使，[①] 权力始终掌握在统率军队的汉人军官手中。"土流参设制"，要害是以流管土，以土治番。

---

① 明《河州志》卷2。

河州卫的建置是一个模式,它标志着朱元璋在甘青地区创立土流参设制的开始。继洪武四年(1371年)河州卫建立,西宁、洮州、岷州等卫所次第设置,一批批元故官及各地的部族首领随即编入各个卫所,令之世袭世守。利用他们的势力和影响,控制"番众",稳定地方。而这些人为保持自己的特权和地位,亦效忠于明王朝,服从征调、守卫、朝贡、保塞之令。① 从明代历史上考察,甘青地区的土流参设制度,以流管土,以土治番,是很有远见的一项战略措施,在安定西北方面,起了积极的作用。

　　推行这种土流参设制的区域,据英宗正统二年(1437年)"给陕西河州等八卫备边土官俸"② 的记载,至少有八卫之多,大体分布在河、湟、洮、岷一带。而各卫的土流比例,恐怕不尽一致。目前可考的是庄浪卫,《万历庄浪汇记》中有"汉官指挥千百户共五十九员""土官指挥千百户二十六员"的记载。土官有职无俸,正统二年始有俸。流土各官月俸大致相等,但流官另有一份可观的"折俸",在汉中府关领。

　　简单地考察了西番诸卫的土流参设制,可以看出大批少数民族上层对明王朝诏谕的归顺,固然是为了保持其权势地位,但这一事实却表明,秦汉以来中央王朝对这些地区的开发经营,中原地区发达的物质文明及与西北地区的频繁交流,在安多藏区少数民族聚居区有着十分深远的影响,使他们重视与中原王朝的联系。这对我国统一的、多民族的国家的形成与发展,有着积极的意义。

七

　　军政合一体系下土流参设制的确立,只是明王朝统治管理安多藏区的基本行政框架。如何有效地实施控制,还需要一系列相辅的政策和措施。从《明史·西番诸卫传》看,明王朝在安多藏区的政策措施是颇具特色而行之有效的,有积极经营开发边疆的意义。

---

① 《清史稿》卷517。
② 《明英宗实录》卷27。

（一）因俗而治，尊崇藏传佛教

《明史·西番诸卫传》云："初，西宁番僧三剌为书招降罕东诸部。又建佛刹于碾伯南川，以居其众，至是来朝贡马，请敕护持，赐寺额。帝从所请，赐额曰瞿昙寺。立西宁僧纲司，以三剌为都纲司。又立河州番、汉二僧纲司，并以番僧为之，纪以符契。自是其徒争建寺，帝辄赐以嘉名，且敕护持，番僧来者日众。永乐时，诸卫僧戒行精勤者，多授喇嘛、禅师、灌顶国师之号，有加至大国师、西天佛子者，悉给以印诰，许之世袭，且会岁一朝贡。"按西宁、河州僧纲司的设立在洪武二十六年（1393年）三月，① 但明太祖似乎很早就注意到藏传佛教在蒙藏地区的影响和力量，早在洪武三年（1370年）对西北用兵之初，即"命僧克新等三人往西域诏谕吐蕃"②。洪武六年（1373年），元摄帝师喃加巴藏卜归降明朝并举元国公南哥思丹八亦坚藏来京朝贡，直接导致了乌斯藏地区的归服和乌斯藏朵甘卫指挥使司的设置。③ 明政府不费一兵一卒而使辽阔的藏地纳入明帝国的版图，元摄帝师喃加巴藏卜是起了决定性作用的。从中也反映出元朝崇奉藏传佛教及"帝师之命与诏敕并行于西土"④ 国策的深远影响。

尊崇藏传佛教是明代与元代一脉相承的政策，但在具体实施中有大的调整和新的变化。首先，明代废止了元代帝师制，洪武六年（1373年），故元摄帝师喃加巴藏卜来朝，明太祖当即"改摄帝师为炽盛佛宝国师"⑤，皇权惟尊，僧权退出中枢权力机构，体现了明代极度强化中央集权的趋势。其次，一改元代独尊萨迦派使之凌驾于各教派之上的局面，予藏传佛教各派系以平等地位，以收分其势之效。因此，明代尊崇藏传佛教政策表现出多封众建的显著特点，"欲其率善道，阴助王化"⑥ 的世俗目的十分明确，敕封各教派番僧的记载在

---

① 《明太祖实录》卷226。
② 《明太祖实录》卷53。
③ 《明太祖实录》卷79。
④ 《元史·释老传》。
⑤ 《明史》卷331《西域三》。
⑥ 《明太祖实录》卷226。

明代历朝史不绝书，仅永乐一朝（1403—1424 年）受封的番僧就有五王、二法王、二西天佛子、九大灌顶国师、十八灌顶国师。① 正如正德年间礼部尚书刘春所言：

> 西番俗信佛教，故我祖宗以来，承前代之旧，设立乌斯藏诸司，阐化、阐教诸王，以至陕西洮岷、四川松潘诸寺，令化导夷人，许其朝贡。②

这里的"陕西洮岷、四川松潘"，即指安多藏区。也就是说，安多藏区同乌斯藏地区一样，广为敕封僧人、兴建佛寺、设置僧官，给以名号，纳入朝贡。

20 世纪以来，国际藏学界将明代敕封卫藏、康区的大宝法王、大乘法王、大慈法王、阐化王、赞善王、护教王、阐教王、辅教王合称"八大法王"，给予了相当的关注与研究，并由此探讨明代的藏传佛教政策及与多教派的关系，但却很少注意到安多藏区的法王系统。

其实，由于安多藏区的地理区位和历史渊源，更容易贴近联络中央王朝，在与明王朝的政治、经济、宗教诸方面的关系上，表现得更为直接，更为活跃，更为紧密。仅就明朝敕封藏传佛教最高规格的法王系统，安多藏区就有七大法王，其最著者如大敏法王端竹领占、大悟法王札巴坚参、大敬法王领南坚参、大应法王札实巴等。其他敕封西天佛子、大国师、国师、尚师、禅师者不可胜记。

从《明史·西番诸卫传》及明代史料看，明代敕封的各级僧人不仅拥有宗教封号，且多担任宗教管理的世俗职务，即都纲、僧纲、僧正等世职，更甚者，有一批僧官如同西番诸卫的土官一样，享有"世袭其职"的特权。或叔侄相传，或"兄为僧纲，弟为土司"，形成明清以来甘青地区特有的僧职土司家族。多年前，笔者在《安多藏区僧职土司初探》③ 一文中，初步介绍过中国土司制度发展史上的这一特

---

① 《明会要》卷78。
② 《明武宗实录》卷125。
③ 文载《西北民族研究》1994 年第 1 期。

例。现在看来，它是明清王朝经略安多藏区宗教政策方面的重要一环，在继承调整元代的帝师承袭制合理内核的基础上，唯及"多封众建"，造成各教派平衡、各宗教势力互不统属的有利控制态势。这一政策的实施，无异在安多藏区组织了一支披着袈裟的僧侣队伍，他们接受皇帝封号，"自通名号于天子"，定期朝贡，效忠政府。不仅用宗教的力量收揽人心，安定地方秩序，而且领受政府差遣，执行多种世俗的使命。他们受命招抚番族部落，参与对安多藏区的军事行动和茶马贸易活动，并频繁地出入乌斯藏地区，代表明政府密切与乌斯藏的联系交流。从有明一代的汉藏关系看，安多藏区的番僧发挥了无可替代的中介桥梁作用，以共同信仰的宗教为纽带，强化了政府对全藏区的控制与经营，于中国多民族大家庭的形成有积极意义，故清代明史馆臣也承认"以太祖制驭为善"。

（二）实施"岁一朝贡"制度，"自达名号于天子"

朝贡是历代中原王朝对周边地区领属关系的象征，明朝自不例外，洪武初就开始制订朝贡制度，其中，对安多藏区的朝贡规定尤为特殊。《明史·西番诸卫传》云：西番诸卫的番僧、土官"许之世袭，且令岁一朝贡"。"其它族种，如西宁十三族、岷州十八族、洮州十八族之属，大者数千人，少者数百，亦许岁一朝贡。"明代的朝贡制度，本身是一项政治领属关系名义下的经济活动，因其笼络羁縻的政治目的，"宁厚勿薄"，厚赐来者，这种随意性完全违背商品的等价交换原则，形成依附于政治的畸形经济贸易形态。立国之初，"以不战为上兵，以羁縻为奇计"，笼络收服的政治目的达到了，但"祖宗成法"行之既久，弊端日渐突现。厚利驱使下的"朝贡"贸易呈现膨胀扩散发展态势，首先出现的问题是西番诸卫的"冒贡"。《明史·西番诸卫传》云：

> 成化三年，陕西副使郑安言："进贡番僧，自乌斯藏来者不过三之一，余皆洮、岷寺僧冒贡。进一羸马，辄获厚值，得所赐币帛，制为战袍，以拒官军。本以羁縻之，而益被寇掠，是虚国帑而赀盗粮也。"章下礼部，会廷臣议，请行陕西文武诸臣，计

定贡期、人数、存留、起送之额以闻，报可。已而奏上，诸自乌斯藏来者皆由四川入，不得径赴洮、岷，遂著为例。

成化三年为1467年，距明朝立国（1368年）刚好百年，西番诸卫寺僧"冒贡"问题已严重到非解决不可的程度。然"会廷臣议"的对策也只限于改变乌斯藏的贡道，实际上只是治标不治本的权宜之计。

处置了"冒贡"问题，"滥贡"的问题又凸显出来。《明史·西番诸卫传》谈道：（成化）八年，礼官言："洮、岷诸卫送各族番人赴京，多至四千二百余人……"当时，"冒贡""滥贡"的日趋严重，根本上还是制度本身的问题。贡、赐之间巨大的经济差额，必然驱动违法、违例的朝贡，一旦国家政令松弛，自然会酿成严重的社会问题。"回赐"的数量愈大，政府的财政负担愈重。无序失控的"冒贡""滥贡"，是造成明代中期财政危机的一个重要因素。这是我们在研究明代的朝贡制度及汉藏关系中不能不注意的一个问题。

（三）以茶易马，经济上加强控制

明代与西番地区的茶马贸易，已有不少研究成果，相关著述亦颇多涉及，不再赘述。但应指出的是：

（1）中原王朝与周边少数民族之间的茶马贸易，并不始于明，所谓"以摘山之利而易充厩之良"，唐宋既已有之。然而将这种贸易制度化体系化而作为政府的一件大事来抓，是明代。无论就其主导思想、管理体制，还是政策调整、贸易规模，都达到前所未有的成熟与完备。可以说，明代的茶马贸易，是趋于成熟达于鼎盛的一项经济活动，所体现的封建王朝统治之下的民族关系是十分突出而典型的。

（2）研究者尚未注意到，明朝初建，对安多藏区的茶马贸易曾经过一个短暂的"市马"阶段。此即《明史·西番诸卫传》所述："帝以西番产马，与之互市，马至渐多。而其所用之货与中国异，自更钞法后，马至者少，患之。"显然，易代之际的货币更变，边远地区接受推行还有个过程，"马至者少"应是正常的。但明初对蒙古的征伐、防御又急需大量战马。明太祖适时调整，改"市马"为"茶马",以实物交换。"茶马""绢马"贸易初期,明政府"率厚其值以偿"的策略,明显是激励活跃马贸易的市场规模。

(3) 当"厚值"市马、拉拢诸番的工作取得一定成效,西番地区日渐稳定时,封建统治者奴役各族人民的本性就暴露出来了。这在洪武十六年(1383年)朱元璋给松州卫指挥佥事耿忠的敕谕中就已有所流露。朱元璋说:"西番之民,归附已久,而未尝责其贡赋。闻其地多马,宜计其地之多寡以出赋。如三千户则三户共出马一匹,四千户则四户共出马一匹,定为土赋。庶使其知尊君亲上奉朝廷之礼也。"① 这里所说的"三千户则三户共出马一匹,四千户则四户共出马一匹"的设想,是毫无道理的。但"征赋"的意思是说得再清楚不过了。所以,洪武二十五年(1392年)三月,"遣尚膳太监而聂、司礼太监庆童赍敕往谕陕西河州等卫所属番族,令其输马,以茶给之"②。由"市马"演变为"令其输马,以茶给之",已明显表现出明政府茶马贸易政策的微妙变化。终于导致了洪武二十六年金牌信符制的颁布施行:

洪武二十六年二月癸未

遣使往西凉、永昌、甘肃、山丹、西宁、临洮、河州、洮州、岷州、巩昌沿边诸番,颁给金铜信符。敕谕各族部落曰:"往者朝廷或有所需于尔,必以茶货酬之,未尝暴为征也。近闻边将无状,多假朝命挠害尔等,使不获宁居。今特制金铜信符,族颁一符。遇有使者征发,比对相合,始许承命。否者,械送京师,罪之。"③

分析一下这条材料,不难发现:第一,金牌信符制的施行区域,大体在今河西走廊及河、湟、洮、岷一线,正是明政府"断匈奴右臂"的防线。毫无疑问,金牌信符制是作为"隔绝羌胡"的重要手

---

① 《明太祖实录》卷151。
② 《明太祖实录》卷217。
③ 《明太祖实录》卷225。

段来强化对这一地区的控制的。第二，敕谕多少反映了当时"边将无状，多假朝命挠害"番民的真实情况。第三，在敕谕冠冕堂皇的言辞背后，宣布了政府的明确方针，"市马"变为"征发"，以金牌信符的"比对相合"，实行国家垄断，不许他人插手。为此，明政府三令五申，严禁茶叶走私。对于违反禁令贩卖私茶的人，处以严酷的刑罚。连驸马都尉欧阳伦也因私茶"坐死"。

所谓"金牌"，实一铜牌。《明史·食货志》云，篆文上曰"皇帝圣旨"，左曰"合当差发"，右曰"不信者斩"。实际上，这仅是铜牌背面的文字。据河州地区一家土司所藏铜牌实物，正面尚有编号和"信符"二汉字。①"下号金牌降诸番，上号藏内府以为契。三岁一遣官合符。"② 无疑，这种铜牌还带有炫耀武力、弹压"番夷"、协调关系等多种使命。

那么，金牌信符制度下的马价如何呢？明代与西番地区的茶马贸易，因时因地，马价各不相同，差异很大。总的来说，金牌制下的马价偏低。我们举永乐年间河州的一个数字：

> 永乐八年十一月己丑
> 　镇守河州卫陕西都指挥同知刘昭奏："陆续收到河州卫各番族马七千七百一十四匹。上马每匹茶六十斤、中马四十斤，下马递减之。……"③

以当时的物价计，所纳"差发"马的马价，最好的"上马"，折银还不足4两。这完全是国家控制下的一种不等价交易。而在统治阶级看来，这是理所应当的。明代一谈起朱元璋创设的金牌信符制度，无不交口称颂。弘治年间，御史杨一清督理马政，他在"议复茶马旧制"的奏疏中说道："……所谓以摘山之利而易充厩之良，戎人得茶不能为我害，中国得马足以为我利。计之得者，宜无出此。至我朝纳

---

① 《循化志》卷5。
② 《明史》卷80《食货四》。
③ 《明太宗实录》卷110。

马,谓之差发,如田之有赋,身之有庸,必不可少。彼既纳马,而酬之茶斤,我体既尊,彼欲亦遂,较之前代曰互市、曰交易,轻重得失,较然可知。"他又说:"以马为科差,以茶为价,使知虽远外小夷,皆王官王民,志向中国,不敢背叛。且如一背中国则不得茶,无茶则病且死,是以羁縻之贤于数万甲兵矣。此制西番以控北虏之上策。前代略之,而我朝独得之矣。"[1] 其实,国家控制下的这种不等价交易,弊病是很多的。首先,不等价交易的剥削,最后都落在诸番的下层牧民头上,引起普遍的逃亡。即使是在明代的官方记录中,逃避差发马的事例是屡见不鲜的。其次,不管政府颁布什么样的严酷刑罚,都禁止不了私茶。政府压低差发马价,使得贩卖私茶成为一项极有利可图的事。茶叶走私已变成一股不可遏止的潮流。金牌信符制颁布后,政府严厉打击走私而走私之风愈炽,是很说明问题的。从这个意义上讲,金牌信符制对西北少数民族地区和中原地区的交流往来是一个障碍。宣德以后,政府不得不放弃。《明史·食货志》将金牌制的废止归结为"番人为北狄所侵掠,徙居内地,金牌散失"是不确切的。实则是这种制度自身行不通。

(4)宣德以后,明代政治日渐腐败,军事形势日益恶化。因之,对与西北少数民族地区的茶马贸易,已失去章法。"听其以马入贡"而给予赏赐,在茶马贸易中占的比重愈来愈大。茶禁亦时严时弛,无定例。士马日益亏损,严重地影响到明王朝的国防力量。终明之世,政府主持下的茶马贸易,再也没有起色。相反地,民间贸易日渐兴盛,继续着中原地区和西北少数民族地区的经济联系。

八

审读《明史·西番诸卫传》,不难发现,作为元明清三朝经营治理藏区的中间环节,明代的治藏方略有承前启后的意义。

首先,明代一改元代统治藏区三大宣慰司的行政区划格局,析出吐蕃等处宣慰司辖地,改设"西番诸卫",将元吐蕃等处宣慰司统辖

---

[1] 《明经世文编》卷115《杨石淙奏疏》。

的安多藏区以卫所建置收事权于中央五军都督府，分隶于陕西都司、四川都司，变更了元代大藏区的行政布置，从地理区位、行政管理上形成压制缩小态势。明代西番诸卫的设立与管理，无异于建立了联系控制西藏的基地与桥梁。同时，为明代中期以后安多藏区郡县化奠定了基础，开启了清代治理安多藏区的先河。无论从边疆开发还是加强汉藏联系、促进统一的多民族国家的形成等各个层面上讲，明太祖创设西番诸卫是元代治藏政策的一大调整和一大进步。

其次，明代西番诸卫的战略地位对明王朝有双重含义，它既是"北拒蒙古，南捍诸番""隔绝羌胡"的南翼防线，又是汉藏交通的要道之一。其设置与经营治理，有重要的战略意义，控制与稳定为其基本目标。因之，明代对西番诸卫的政策，呈现出特殊性、灵活性的显著特点，基本思想是"因俗而治""因势利导"政治、经济、军事、宗教手段并重，政策是缜密而有成效的，影响深远，及于清而延至近代。而西番诸卫的稳定，维护保证了中央王朝与西藏的联系，加强与推进了汉藏政治、经济、文化交流。

最后，明代的西番诸卫，不仅履行守边保塞之责，而且受征调频繁地参与明王朝在西北的军事行动，对保卫边疆、稳定西部、维持古丝绸之路的通畅，发挥了重要作用。永乐末，明廷派中官乔来喜、邓诚出使西域，在今青海、新疆交界处遭安定、曲先番寇劫掠，乔来喜、邓诚遇害。仁宗继位之洪熙元年（1425年）八月，即命陕西行都司土官都指挥李英与必里卫土官指挥康寿讨之。"英等率西宁诸卫及降奔国师贾失儿监藏、散丹星吉等十二番族之兵"[1] 进击，逾昆仑山西行数百里，至雅令阔之地，多所俘获，受到明廷嘉奖。李英率西宁卫土官、番僧、番兵出征只是明代西番诸卫参与政府军事行动之一例。据近世张维《甘肃青海土司志》统计，西番诸卫的土官、土兵，"明代征调，多至百余次"。见载于《明史·兵志》的"庄浪鲁家军"，就是"旧隶随驾"的由鲁土司家族世袭指挥随时听明政府征调的一支特种部队。

清代顺康雍三朝近百年间，定鼎中原的满族统治者稳定局势，理

---

[1] 《明宣宗实录》卷7。

顺关系，修明内政，开拓疆域，表现了一个新兴政权的勃勃生机和进取精神，至乾隆朝纂修《明史》，迫切需要总结前朝得失，以资借鉴。《西番诸卫传》的设置和编纂，存真求实，颇具匠心，是对明王朝治藏方略的一个回顾与系统料理。明史馆臣有段结论性的叙述：

> 原夫太祖甫定关中，即法汉武创河西四郡隔绝羌、胡之意，建重镇于甘肃，以北拒蒙古，南捍诸番，俾不得相合。又遣西宁等四卫土官与汉官参治，令之世守。且多置茶课司，番人得以马易茶。而部族之长，亦许其岁时朝贡，自通名号于天子。彼势既分，又动于利，不敢为恶。即小有蠢动，边将以偏师制之，靡不应时底定。自边臣失防，北寇得越境阑入，与番族交通，西陲遂多事。然实其时之所患，终在寇而不在番。故议者以太祖制驭为善。

出自于封建史家笔下的评议，自然不免其固有的民族歧视与偏见，但对明王朝设立和经营西番诸卫的措施、意义的总结，仍不失公允，足以借鉴于当时。

通过对《明史·西番诸卫传》的解读诠释，我们认为，明王朝的治藏方略，在元代格局的基础上，有许多创造性、建设性的拓展，开启了清代强化管理藏区的先河，有利于统一的多民族国家的形成和发展。可以说，明代西番诸卫是安多藏区历史变迁中的重要阶段。研究《明史·西番诸卫传》的意义，正在于此。

《中国藏学》2006 年第 4 期（总第 76 期）

安木多藏区土司家族谱探研

——以《李氏宗谱》《鲁氏世谱》《祁氏家谱》为中心

王明江

一 安木多地区的土司

包括今甘肃南部、河西走廊、青海高原及四川西北的安木多地区，即国内外一些藏学家习称的东藏方言区，是与我国中原地区西北邻接的少数民族聚集区。安木多一词，源于藏语。据藏文典籍《塔尔寺志》①说，藏地传统上分为卫、康、安木多三区。安木多亦作阿垛，系"阿钦岗日伊甲日"和"垛拉仁摩"之合音。"阿钦岗日伊甲日"指今昆仑山脉中支的阿尼玛卿山，横亘甘、青、川三边；"垛拉仁摩"即今临夏州境之积石山脉。实际上，安木多表示的地域还要更广阔一些。

安木多地区是中国早期文明的发祥地之一。以湟水、洮水流域为中心的古文化遗址星罗棋布，丰富多彩。很早以前，羌人就活动在这一地区。其后，匈奴、月氏、鲜卑、吐谷浑、吐蕃、党项、女真、蒙古等少数民族都曾在这里纵横驰骋，角逐争雄，演出过波澜壮阔的历史画面。而统一的中央王朝对这一地区的重视、开发和经营，早在秦汉之际，即已开始。西汉赵充国率兵万人屯田湟水流域，东汉继之而建屯田三十四部，隋炀帝巡狩西平，唐设都州都督府，在赤岭与吐蕃划界立碑，北宋王韶发动"河湟之役""熙河之役"，都含有积极经

---

① 《塔尔寺志》全名《塔尔寺历代座主活佛及庙堂僧院佛象经塔等目录专辑具义美妙梵音》，成书于光绪二十六年（1900年）。作者色多·罗桑崔臣嘉措，系塔尔寺第六十三代赤钦大主座。

营、开发边疆的意义。公元 11 世纪初，建都青唐城（今青海西宁市）的吐蕃唃厮啰政权，是少数民族势力割据安木多地区的最后一幕。两个世纪后，成吉思汗亲率西征军回师攻克西宁，蒙古铁骑席卷河湟洮岷，安木多地区成为蒙元大帝国的直接统辖区。元以章吉驸马为宁濮郡王驻西宁，设吐蕃宣慰司于河州（今甘肃临夏市），形成统治安木多并进而控制卫藏的军政格局。明建"西番诸卫"于安木多，作为"关陇藩翰"。尊崇藏传佛教，推行"土流参设"，开展茶马贸易，政治、经济、军事并重，强化对安木多的控制。至 18 世纪初清王朝平定罗卜藏丹津之乱，安木多地区已与中原郡县无异。可以认为，历元、明、清三代的开发经营，中原王朝直接统治下的安木多地区，在政治体制、经济结构、民族融合、文化形态诸方面经历了深刻的变革，逐渐消失其独立性。土司制度就是安木多地区在这一历史进程中曾经发挥过重大作用的一种特殊政治体制。

元、明两代在安木多地区到底设置过多少土司，已经无从稽考，很难确知。据清代兵部档案，清代安木多地区的土司凡土指挥使八人，指挥同知七人，指挥佥事八人，千户七人，百户九人，西宁办事大臣管辖番族千户一人，百户二十五人，土守备一人，土千总十六人，土把总二十人及玉树、果洛千百户百余人。[1] 如果加上地方官署扎委而不达于兵部的，安多地区土司的数量总有数百家之多。不过，影响较大而权势显赫的土司家族仅十余家而已。其中，尤以甘肃临洮赵土司、卓尼杨土司、永登鲁土司，青海民和李土司，西宁二祁土司的势力为甚。其家族源远流长，世袭罔替，雄踞一方，对安木多地区的历史变迁，曾经产生过重大影响。

这些著名土司家族的先祖，均为活跃于安木多地区的少数民族，[2]但在漫长的历史岁月里，潜移默化，接受了汉文化的影响，程度不同地趋于"汉化"。不仅多采用汉姓，即观念意识、生活习俗、文字语言，亦日被华风，从一个侧面反映了安木多地区的民族融合和历史变

---

[1] 见《甘肃青海土司志》，《甘肃民族研究》1983 年第 1、2 期合刊。
[2] 安木多地区土司家族的先祖，除西宁世袭指挥陈土司为汉族外，其余均为蒙古族、藏族、撒拉族、维吾尔族、土族等少数民族。

迁。一批土司家族谱的纂修和流传，就是绝好的例证。

二 土司家族谱存佚概况

安木多地区土司的兴盛及其家族谱的纂修均在明、清两代。但明、清以来，安木多地区屡遭兵燹，变乱较一般省区频繁，波及面广。政府、民间所存公牍、档案、谱牒，多致散失，湮没无传。然家之有谱，犹国之有史，土司承袭，须征信于谱。故土司后裔极重家谱，以弘扬祖业，维护世袭特权，后世续修、补纂者尚多。虽价值稍逊原谱，亦足可观，家族兴亡盛衰之迹，大略可见。特别是某些续谱，照录祖谱再加以续纂，史学价值仍可与原谱相埒。如青海省民和县土族土司辛氏家族，祖传明本《辛氏宗谱》一函。20 世纪 50 年代初，辛土司后裔将此谱交当地乡政府。后建制变动，几经转交，遂致遗失。现各地辛氏后裔中，尚有清制宗谱四种。其中，清嘉庆间续修的总谱，前据明朝宗谱复制，所载先祖世系、职官、事迹，保留了明谱的原貌。据之以考辛土司家族及安木多地方史事，可取证处不少。[①]

安木多地区土家族谱毁失最大者莫过于"十年动乱"，风暴所及，民间私藏几无一幸免。最令人遗憾的是甘肃临洮世袭指挥使赵土司家族《赵氏家乘》的焚毁。

赵土司的先祖，最早可以追溯到北宋中期活跃于安木多历史舞台的唃厮啰，也就是藏族史诗《格萨尔王传》中的传奇英雄格萨尔王，其家族属吐蕃亚陇觉阿王系。北宋大中祥符年间，他以青唐城为中心，建立过统治安木多地区的唃厮啰政权。在漫长的北宋与西夏的战争中，唃厮啰不断助宋攻夏。他们不仅接受宋王朝的官爵与赏赐，而且一直沿用赵宋皇帝的赐姓为赵氏，成为汉姓的吐蕃家族。唃厮啰政权解体后，其苗裔仍统率着散居于安木多地区的吐蕃部落。金灭北宋，偏安江南的南宋王朝甫经立国，即委任唃厮啰的从曾孙益麻党征（宋赐名赵怀恩）"措置湟善事"，希图牵制金人南侵。

---

① 参见辛土司后裔辛存文《对辛土司的考察纪略》，《青海史志研究》1985 年第 1、2 期合刊。

唃厮啰后裔在金代最著者为结什角，曾统领安木多地区的吐蕃四部，号称王子，"其疆域共八千里，合四万余户"。结什角为夏人攻杀，金任其侄赵师古为四族都钤辖。[①]

赵土司的直系祖先，是"世居临洮"的唃厮啰后裔，吐蕃首领巴命，巴命传子赵阿哥昌，"金贞祐中，以军功至熙河节度使"。金亡后，招抚部众，投顺蒙古，皇子阔端封他为叠州安抚使。[②] 赵阿哥昌一子赵阿哥潘，元世祖任为临洮府元帅，随宪宗蒙哥南侵攻宋，在钓鱼城战役中有奇功，蒙哥赐号"拔都"。死事蒙元帝国，谥桓勇。阿哥潘子曰重喜，先为阔端亲卫，袭父职，后为临洮府达鲁花赤，佩金虎符，升巩昌二十四处宣慰使，卒谥桓襄。重喜子官卓斯结，袭临洮府达鲁花赤。官卓斯结子德寿，做过云南行省左丞。[③] 至元明之交，镇守临洮的是赵琦，其父华严禄，系官卓斯结孙，源于巴命一系。[④] 赵琦字仲玉，一名脱帖木儿，阿哥昌六世孙，元授荣禄大夫陕西中书省平章政事，守临洮，明初率众归附，授临洮卫指挥佥事兼同知临洮府事。[⑤] 洪武二十六年（1393年），赵琦坐罪死于蓝玉党案，累及从弟赵安，遂"谪戍甘州"。永乐元年（1403年），赵安"进马，除临洮百户。使西域，从北征，有功，累进都指挥同知"。以其对统治者的效忠，重新获得明王朝的信赖和任用。宣德二年（1427年），"松潘番叛，充左参将，从总兵陈怀讨平之，进都督佥事，……使乌斯藏，四年还。明年，复以左参将从史昭讨曲先，斩获多。九年，中官宋成等使乌斯藏，命安率兵千五百人送之毕力术江。寻与侍郎徐晞出塞讨阿台，朵儿只伯，败之。"正统元年（1436年），赵安进都督同知，充右副总兵官，协任礼镇守甘肃。赵安"勇敢有将略"，与定西伯蒋贵、宁远伯任礼"并称西边良将"。正统三年，赵安与王骥、任礼、蒋贵分道出师，"至刁力沟执右丞、达鲁花赤等三十人。以功封会川伯，禄千石"[⑥]。赵安卒于正

---

① 见《金史》卷91《结什角传》。
② 见《元史》卷123《赵阿哥潘传》，钱大昕《元史氏族表》。
③ 见《元史》卷123《赵阿哥潘传》。
④ 《甘肃青海土司志》。
⑤ 《元史氏族表》。
⑥ 参见《明史》卷155《赵安传》。

统九年，他的后代世袭临洮指挥使之职，成为历明、清数百年而雄踞陇右的赵土司。

民国建立，土司制度废除，末代土司赵柱（字天一）被任为临洮县保安大队长。1950年镇反中被杀。

赵土司家原藏明正统五年（1440年）赐会川伯赵安铁券一，土司金印一方，《赵氏家乘》一函。金印在1950年上交后不知下落，铁券仍存，今藏甘肃省渭源县文化馆。唯《赵氏家乘》由土司子孙传替保存，近世张维纂修《甘肃通志稿》之"土司志"，曾借观摭录，以订补史传之伪漏。该谱历载其先祖唃厮啰以来之世系、任职、事迹，兼载诏敕、诰命、墓志、碑记，于藏族史、安木多地区史、唃厮啰家族史及宋、元、明、清几代在安多地区之施政诸方面的研究，颇有参考价值。笔者于1984年曾数次查找土司后裔，多方访求《赵氏家乘》，最后得知：《赵氏家乘》在新中国成立后一直由赵柱侄保存，"文革"初迫于形势，转交其表亲代为收藏，不久，其表兄惧祸及于己，辗转于土司族人赵某，赵某将《家乘》在赵土司祖茔悄悄烧毁，这份极有价值的少数民族家谱遂不复于人世。据说，《赵氏家乘》尚有分谱，惜迄今为止未能访获。

《赵氏家乘》的焚毁，只是"十年动乱"中土司家族损失严重之一例。劫后幸存者，十之二三而已。本文将述及的《李氏宗谱》《鲁氏世谱》《祁氏家谱》就是现存土司家族谱中较有价值的三种。

三　《李氏宗谱》《鲁氏世谱》《祁氏家谱》介绍

（一）《李氏宗谱》

经折式册页一册，原稿本，书皮大字题签《世袭宗谱》。系20世纪50年代青海民和县李土司后裔上交当地政府之家藏本，今存民和县档案馆。青海省图书馆有节抄本。

是谱前有二序一跋：

《世系谱序》署"古燕眷盟弟张伟绩拜识"，时为"顺治丁酉岁季夏"。

《李氏宗谱序》署"岁进士金城眷晚生陈睿览顿首撰并书"。序云："……值清圣龙飞，特录忠荩，敕授原职，仍加以贰师，带砺之盟，河山之誓，永永勿替。公奋然更新，益笃前烈。独念改玉之后，家珍沦于寇攘，编籍付之煨尘，将列祖前休恐致湮没。先营建祀祠，重摹绘谱，与昔之图形麟阁，勒名钟簴者，共昭然不朽。令后之子若孙睹兹谱而克绍先烈，以陨越家声。"

《题跋》署"大清顺治十四年岁次丁酉仲夏月吉赐进士第中宪大夫奉敕整饬抚治西宁等处兵备道陕西按察司副使通家倚生郑龙光拜撰"。

谱后有李土司九世孙李天俞跋。《跋》中叙其建祠修谱之由云："罹闯逆之变，……故甘冒寇锋，危于朝露，妻孥粉骨，昆弟碎身，……幸祖宗式灵嘿佑，值皇清龙兴之会，悯其孤忠，召著平台，奉命安抚河西。宸念积劳，荷其宠渥，世袭祖职，颁赐敕印，受命朝永。时感圣恩之旷典，承列祖之庇休。仰瞻庙祀倾圮，像谱煨烬，犹不胜其凄怆。于是建祠修谱，希请名公珠玉胪列于前，不独润色绘图，而有光列祖。"末署"大清顺治十四年岁次丁酉秋七月望日"。

据之可知，李土司家族在明末曾遭李自成起义军的沉重打击，"家珍沦于寇攘，编籍付之煨尘"、"庙祀倾圮，像谱煨烬"，九世土司李天俞得清王朝委任后，于顺治十四年（1657年）重新"建祠修谱"。此谱实际上是顺治时重修《世袭宗谱》（以下称《李谱》）。

李谱之修，以图为纲，后虽附"大宗世袭图"表，但各代承袭序次，以列祖画像先后排纂。列祖画像工笔彩绘，各饰厅堂背景，线条细密，着色绚烂。唯人物造型呆板，恐系家谱画之通病，计十二帧。每幅画像之后，各录与谱主相关之文，或诏敕、诰命，或墓志、碑记。计诏敕七，铁券文一，碑记四，祭文二，墓志一。核之于李土司家族在明代的军政活动，《李谱》所录，必多阙漏。显然，谱中所载，只是兵燹后的残存部分。虽则如此，其史料价值仍不可低估。

由于《李谱》是辑录式的家族文献汇编，录文概仍其旧，不事改作。因此，为后世保存了不少原始资料。《李谱》一直受到研究者的重视，这是一个重要因素。

《李谱》后空十数页，中二页有居正、于右任等近代名人来民和"敬观""拜读"是谱的题词、签名，于研究近代人物亦有裨益。

以上是《李谱》之大略，有关问题，容后论述。

（二）《鲁氏世谱》

线装一册，清咸丰间刻本，封面大字题签"鲁氏世谱"，署"管束庄浪土官土军世袭指挥使十五世裔孙纪勋重纂"。按鲁纪勋于乾隆五十七年（1792年）袭职，道光年间，征张格尔，征安集延，鲁纪勋皆受命承办驮运军粮，加二品顶戴。道光三十年（1850年）卒。是谱记事始自明太祖洪武元年（1368年），终于咸丰元年（1851年），且谱中明载："道光三十年庚戌六月二日卯时，纪勋卒。十月十二日午时葬武功澹人府君于下享堂。"故纪勋卒后，是谱经其后人续纂方授梓刊行，为咸丰元年刻本。此谱可称道光时重修《鲁氏世谱》（以下称《鲁谱》），但有续纂。

《鲁谱》较《李谱》体例严整，全谱由二部分组成，一为"世系谱"，载鲁土司家族传承世系表；二为"年谱"，以年月为序，记录了鲁氏家族的事迹。前各有小序。"世系谱"篇幅不大，《鲁谱》的主体部分是"年谱"，约占全谱的百分之九十五。"年谱"为编年体，以事系年，年经事纬，鲁氏家族兴亡盛衰之迹，莫不备载其中。

鲁土司是明清以来安木多地区最显赫的家族之一，但在明末农民战争中，遭到李自成贺锦部的打击而损失惨重。鲁纪勋由这次变乱谈到纂修宗谱的体例与内容时说："余家自崇祯癸未遭贺锦之乱，图书法物，烬于兵燹。且朝不一代，代不一人，人不一事，而欲年经人纬，括数百年于尺幅，呜呼难矣！今撮其大略：书投诚，识天命也；书战功，纪先烈也；书敕诰赐予，重君恩也；书生卒日月、坟墓地方，俾后世无忘祭祀也；疑者阙之，不敢以无据之词贻误后人，所以昭信也；大事则书，小事则不书，春秋例也；每一帝必纪元年者，奉正朔也。作年谱第二。"这篇序录将《鲁谱》的内容交代得十分清楚。根据"大事则书，小事则不书"的原则，主要记叙了鲁土司家族各代的战功、封赏、生卒年月及所受敕诰。其中，以敕诰内容为重，粗略统计，约七十余件，皆书年月，原文照录，对考察明清政府与鲁土司家族的关系，了解各代土司的活动，都是一些难得的材料。

《鲁谱》虽为咸丰间刻本，但刊印数量很少，历百余年至今，已世所稀见。据说鲁土司后裔尚存与此谱不同的两种家谱，惜未能一观，仅见到零星抄出来的一些土司传记，如记鲁土司始祖脱欢事迹生平的《始祖传》即出自《鲁氏家谱》之卷三，其中有不少《鲁氏世谱》失载之材料。如将鲁土司家族的几种谱对读进行综合研究，必有新的收获。

（三）《祁氏家谱》

线装一册，原稿本，封面大字题签"湟南世德祁氏祖家乘谱"，青海省图书馆收藏。

《祁氏家谱》（以下称《祁谱》）的内容较为庞杂，屡经续修的痕迹明显。考之于家谱纂修通例，较《李谱》《鲁谱》似更完善、成熟一些。现将目次内容及起讫年代开列于后：

1. 皇明镇国将军承袭世次功劳历履考

始于一世祖祁贡哥星吉洪武元年（1368 年）归顺明军，终于十七世祖祁昌寿时代"改土归流"，记事"至民国二十八年，土属兵马田地尽行绳丈，按粮苦（此字疑误）纳地亩款洋，始有土地主权。若子若孙，从事西畴淑载南亩矣"。此"历履考"可视为历代土司之传记，凡承袭世次、承袭时间、任职、经历、勋劳、卒年，皆一一详载。为《祁谱》的主干内容，价值亦最高。

2. 湟中华胄寄彦才沟祁氏世系略纪

"略纪"末署"顺治七年岁次庚寅夏四月吉日旦生员胡琏器书于祁氏官舍"。但从"吾祖之兴也""吾祖自宝公之能克复先绪而更有以庇荫子孙也，是为序"等句观之，第一，"略纪"出自祁土司后裔之手，很可能是当时任职的第十四代土司祁云鹗，抑或胡琏器代为立言，并书于祁氏官舍。第二，"略纪"实际上是一篇序，很可能是《祁谱》创修时的序。如果这个推断不错的话，那么，《祁谱》的初修年代应为顺治七年（1650 年）。"略纪"简单记叙了历代土司的传授序次，但于八世祖祁廷谏联合庄浪鲁土司、西宁李土司对抗李自成义军事记载独详，可与史传印证并补其不足。

3. 湟南祁氏家谱序

序末署"光绪三年岁次丁丑菊月上浣之吉西宁县儒学增广生员梅谷魏占魁甫顿首拜撰并书"。据序称："况我祖造谱之事由来久矣，世逢变乱，以致有而复失……"可为顺治创修家谱之证。因为"有而复失"，才有光绪三年（1877年）重修家谱之举。《祁谱》的主要内容，恐为光绪三年纂修之貌。

4. 立宗条例

不署年月，与一般家谱无异。

5. 皇明镇国将军都指挥佥事祁公墓表

此系祁土司六世祖祁凤的墓表，末署"民国庚寅岁仲秋节耳孙永邦谨录"。民国庚寅为1950年，祁永邦系祁土司家族二十世孙，最后一次家谱的续修由他执笔。"祁凤墓表"当为1950年续修中补入。

6. 祁氏接辈承替世官纪事颂

此系祁永邦为其列祖十七代土司世官所作的颂词，"纪事颂"下小字书"耳孙永邦拟词"。每代土司颂均为七律一首，可窥见这位蒙古族土司后裔的汉文化素养。

7. 续修宗谱序

此为1950年最后一次续修家谱的序，上距光绪三年续修，已七十余年。序仍为祁永邦所作，记录了这次续修家谱的经过。今青海省图书馆所藏《祁谱》，即为此次续修的稿本。

8. 祁氏谱系图考

"图考"题下有小字叙例。"图考"从一世到十八世，大宗旁支，皆胪列备载，甚为详明。此"图考"系据光绪谱增益而成。

四　李土司、鲁土司、祁土司家族的族源、族姓和先祖

安木多地区的土司，除青海西宁世袭指挥使陈土司家族是汉族外，[①] 余皆为藏族、蒙古族、土族、维吾尔族、撒拉族等少数民族，反映了我国土司制度的内容和特点，与西南土司区的设置无异。但由

---

① 陈土司始祖陈子明，江苏山阳（今江苏淮安县）人，仕元为淮安右丞，至元二十三年（1286年）降明，北征阵亡，子陈义，袭职调燕山右护卫指挥佥事。靖难之役，升山西潞州卫指挥同知，从成祖北征本雅失里，后从耿炳文驻防甘肃，授西宁卫世袭指挥使。子孙袭替，世居西宁。

于种种复杂的因素和民族变迁，有关这些少数民族土司家族的族源、族姓和先祖的历史记载，往往含混不清，真伪参半，存在不少失实之处，造成研究中的混乱。《李谱》《鲁谱》《祁谱》亦不例外。

我们先考察《李谱》。

土族，是元明以来在安木多地区形成的一个新的民族共同体，经调查确认，1952 年定名，现有人口 13 万余。① 由于李土司是土族中最显赫、最有影响的家族，李姓又是土族中的大姓，因此，李土司《世袭宗谱》中追记其家族源于唐代沙陀突厥李克用的说法，在土族族源研究中曾引起巨大反响。20 世纪 30 年代，有关青海的一些著作、调查记，凡涉及李土司或青海"土民"时，已经广泛地采纳了这一观点。② 1941 年，卫聚贤最先以《李克用后裔的族谱》为题，摘录公布了《李谱》的有关内容，③ 引起了学术界的注意。此后近半个世纪中，《李谱》关于李氏先祖的记载始终与土族族源问题的论争纠缠在一起，无法回避。然学者所据之卫聚贤录文，时有乖误，故据原谱，移录于后：

李氏世系谱。

> 按李氏初姓朱邪，沙陀人，先世事唐，赐姓李。僖宗乾符五年，防御使段文楚推李克用为留后。时河南盗起，沙陀兵马使李尽忠谋曰："今天下大乱，号令不行，此乃英雄立功名取富贵之秋也。振武军节度使李国昌子克用勇冠三军，若辅以举事，代北不足平也"。黄巢作乱，进军乾阬、渭桥，与巢军战于渭南，三战皆捷，黄巢力战不胜，焚宫室遁去。克用时年二十八，于诸将最少，而破黄巢复长安功第一，兵最强，诸将皆畏之。诏以为河东节度使，以复唐室之大功进爵陇西王。又进表诛田令改等。后

---

① 此为 1981 年人口普查的数字。
② 如乐天《青海之土人》，《公道》第 1 卷第 6 期，1933 年；《最近之青海》，新亚细亚学会，1934 年；庄学木《青海旅行记》，《西陲宣化使公署月刊》第 1 卷第 7、8、9 期，1936 年；陈秉渊《青海李土司世系考》，《新西北》乙刊第二期；丘向鲁《青海各民族移入之渊源及其分布之现状》，《新亚细亚杂志》第 5 卷第 3 期，1933 年；等等。
③ 《西北文化》第 3 卷第 10 期，1941 年 12 月；又见《说文》月刊第 2 卷第 10、12 期，1943 年。

加中书令，进爵晋王。上乃褒其忠款。复进表诛朱全忠，终为国患，不听，克用还晋阳。自兹肇迹工基，记载昭然，难以阐述。

后至李思恭，徙居西夏，遂传于宋。定难留后，李继捧入朝，献银、夏、绥、宥四州，宋太宗以继捧为节度使。及传至元，世长西夏，以武勋显白者甚众。其居西宁曰赏哥，元岐王府官，生梅的古。的古生管吉禄，为司马。司马生南哥，为西宁州同知都护事。明太祖平定天下，一世祖讳南哥率部众于洪武初内附，授西宁卫世袭指挥使……不肖鼐自惭非劣，忝为门下幕宾十有五载，深识其世业，特叙先后功绩，以见忠孝之肇基，文武之衍盛，节烈之标奇，……

大清顺治乙岁孟夏之吉泾干后学岳鼎谨识。

考之史传，唐僖宗乾符五年（878年）李克用起兵事似本于《通鉴》卷253"唐纪六十九"，僖宗乾符五年正月庚戌条载：

振武节度李国昌之子克用为沙陀副兵马使，戍蔚州。时河南盗贼蜂起，云州沙陀兵马使李尽忠与牙将康君立、薛志勤、程怀信、李存璋等谋曰："今天下大乱，朝廷号令不行于四方，此乃英雄立功名宦贵之秋也。吾属虽各拥兵众，然李振武官大功高，名闻天下，其子勇冠诸军，若辅以举事，代北不足平也。"众以为然。

会大同防御使段文楚兼水陆发运使，代北荐饥，漕运不继，文楚颇减军士衣米；又用法稍峻，军士怨怒。尽忠遣君立潜诣蔚州说克用起兵，取而代之。克用曰："吾父在振武，俟我禀之。"君立曰："今机事已泄，缓则生变，何暇千里禀命乎！"于是尽忠夜帅牙兵攻牙城，执文楚及判官柳汉璋系狱，自知军州事，遣召克用。克用帅其众趋云州，行收兵。二月，庚午，至城下，众且万人，屯于斗鸡台下。壬申，尽忠遣使送符印，请克用为防御留后。癸酉，尽忠械文楚等五人送斗鸡台下，克用令军士剐而食之，以骑践其骸。

略加对照，不难发现，《李谱》虽然取资《通鉴》，但在追叙李克用史事时做了拙劣的更动。李克用早年起兵反唐，助唐攻黄巢；李克用杀唐大同防御使段文楚，极其野蛮地"令军士剐而食之，以骑践其骸"，取而代之，被推为防御留后，《李谱》反以"防御使段文楚推李克用为留后"。颠倒历史，移花接木，实莫过于此。

《李谱》美化粉饰李克用而不惜篡改历史，自然是出于为李土司家族祖述李克用的良苦用心。但令人疑惑的是，为什么直到清朝定鼎之顺治年间，忽然出现了这么一篇奇文？

李土司发迹西土，封土司民是在明初洪、永之际，至顺治乙未（十二年，1655 年）已二百余年。其间，有关李氏家族之官私文书、墓志碑记甚多。即使是经历了明末战乱的冲击，今存于《明史》《明实录》《李谱》及一些地方文献辑录的资料亦复不少。如《李谱》所载之永乐三年、十年、十三年敕、洪熙元年敕、宣德三年敕、宣德二年《金书铁券》文，弘治《重修宁番寺记》《谕祭李昶文》《敕赐广福观感梦记》《新修札都水渠记》、正德《降母神祠庙记》、万历《李崇文墓志》及近代出土的《李英神道碑》等，从未提及李土司的先祖是晋王李克用。如果李土司先祖确系晋王李克用这样的显赫人物，这些官私文书、墓志碑记不会只字不提。至少，应有一些文字痕迹。因此，我们认为，《李谱》将李土司家族先祖世系追溯到晋王李克用，是李土司幕僚岳鼐的伪造，地地道道的一个骗局。攀援附会之迹甚彰，不可置信。20 世纪五六十年代土族族源调查中，在李土司家乡青海民和及邻近的互助土族群众中流传的土族是李晋王后裔的说法，盖源于此。

长期以来，《李谱》的这一伪造给李土司先祖世系的考察和土族族源的研究带来十分恶劣的影响，笼罩了一层迷雾。研究者不得不花很大的气力去爬梳探求，力图廓清这一迷雾。可喜的是，研究取得了很大进展，对李土司家族源于沙陀族李克用一说，学者们从不同角度予以辨析驳正，基本否定了《李谱》的附会。但是，应该指出的是，某些研究者并未真正地从这一层迷雾中解脱出来，他们从李克用"之后遂绝"的事实中否定了李土司家族系李克用后裔，却又沿着《李谱》伪造的始祖线索，去解"这个连环式的迷雾公式"，终于在李克用的众多养子中，为李土司家族找到了一位吐谷浑人的始祖——李嗣恩，[①] 作为土族源于吐谷浑人的一个佐证。

不能把李土司家族的先祖与土族族源等同看待，这是毫无疑义的。本文也无意于土族族源的论证。但李土司家族先祖是李嗣恩的推论，显然是缺乏根据的。其实，仍是在岳鼐的骗局中打圈子。

排除了《李谱》关于李氏家族源于晋王李克用的附会之辞，我们再来考察"后至李思恭，徙居西夏，遂传于宋"的记载。

顺治《李谱》叙李思恭及其后世系，皆本于明成化十一年（1475年）勒石之《会宁伯李英神道碑》[②]，碑文为当时巡抚陕西都察院左副都御史马文升撰写，据称，碑依《李英行状》为文，[③] 必出自李英子孙叙述行实，有相当之可靠性，《神道碑》云：

> 公讳英，字士杰，其先出于元魏，至唐拓跋思恭，以匡黄巢功赐姓李氏，世长□□□及元以武勋显白者甚众，其居西宁曰赏哥，元岐王官。子孙传袭，至管吉禄为司马。生南哥为西宁州同知。

拓跋思恭为党项羌拓跋部人，唐末夏州首任定难军节度使，因参与平定黄巢起义，赐姓李，封夏国公，[④] 统夏、绥、银、宥四州之地，在唐末五代的战乱中，夏州李氏发展实力，割据自保，"盖夏虽未称国，而自王其土久矣！"[⑤] 宋初削夺藩镇，夏州政权李继捧举夏、绥、银、宥四州八县之地归宋，引发了其族弟李继迁的举兵反宋，中经李德明的经营，终于在元昊时建立了与北宋对峙，与辽、金并立近二百年的西夏王朝。入元之后，党项人散居全国，任岐王府官的李赏哥遂定居于西宁地区。虽然，限于资料，尚多疑点，李土司家族先祖世系

---

① 见芈一之《土族族源考》，《青海社会科学》1981年第2期；辛存文《民和土族东伯府李土司世系考察》，《青海民族学院学报》1981年第3期。
② 碑石今毁，录文见张维《陇右金石录补》卷2。
③ 见《李英神道碑》。
④ 《资治通鉴》卷254。
⑤ 吴广成《西夏书事》卷2。

及传授序次还不清楚，但西夏王族的一支流落西宁，繁衍为李土司家族，不是没有可能的。

国内一些研究者考察李氏碑、谱记载时，往往以"其先出于元魏"与祖述拓跋思恭矛盾抵牾，而否定李土司家族是西夏王族的后裔。表面看去，元魏是鲜卑人，拓跋思恭是党项羌人，自不能源出一族。但这正好反映了党项羌人的西夏王族在民族融合中的复杂历程，一些学者力主西夏王室出于鲜卑族系，① 是颇有见地的，元昊称帝，建立西夏，向宋朝所进的表文中就曾说过："臣祖宗本出帝胄，当东晋之末运，创后魏之初基。"② 又说："况元昊为众所推，盖循拓跋之远裔，为帝图皇，又何不可。"③ 西夏罗世昌《夏国谱》亦称："元魏衰微，居松州者因以旧姓为拓跋氏。"④ 唐代林宝的《元和姓纂》、宋代郑樵的《通志·氏族略》都为此说提供了有力的证据；⑤ 鲜卑族慕容氏吐谷浑部中的大姓拓跋氏，与吐谷浑主结为姻亲关系，即西夏王族先祖；举四州之地归宋的李继捧祖母为鲜卑族的独孤氏。⑥ 这些都说明，西夏王族的先祖与魏晋以来西迁的鲜卑族有着密切的关系。《李英神道碑》将"其先出于元魏"与拓跋思恭联系起来，并非自相矛盾，反倒为李氏家族是西夏王族后裔提供了一个力证。李土司家族中李英之前五世"卒葬灵州"的原因，亦可由此获得满意的解答。

《李谱》所述之李土司先祖世系还有一些难点和疑点，限于资料，容后稽考。

下面考察《鲁谱》中追溯的鲁氏始祖元安定王脱欢。

《鲁谱》纂于道光年间，无独有偶者，将其始祖追溯到元安定王

---

① 参见唐嘉弘《关于西夏拓跋氏的族属问题》，《四川大学学报》1955 年第 2 期；吴天墀《西夏史稿》（增订本），四川人民出版社 1982 年版；吴天墀《论党项拓跋氏族属及西夏国名》，《西北史地》1986 年第 1 期；汤开建《关于西夏拓跋氏族源的几个问题》，《中国史研究》1986 年第 4 期。
② 《宋史》卷 485《夏国传上》。
③ 李焘：《续资治通鉴长编》卷 125。
④ 《金史·西夏传》。
⑤ 《元和姓纂》叙拓跋氏云："孝文帝迁洛阳，改为元氏。开元后，右监门大将军、西平公、静边州都督拓跋守寂，亦东北蕃也。孙乾晖银州刺史，侄澄岘今任银州刺史。"此拓跋守寂、乾晖等皆为西夏王族先祖。
⑥ 《宋史》卷 485《夏国传上》。

脱欢，亦在顺治年间。《鲁谱》及《明史》《实录》等所载明代官私文书、碑传行状均不及此，唯顺治二年（1645年）六月第九代土司鲁允昌妻杨氏上疏清廷云：

臣家谱名讳始祖脱欢，系元朝亲枝，册书安定王，寻兼一平章政事。因明兵兴，率领部落，避入河西，嗣后纳降，赐姓为鲁，敕封世守庄浪，迄今近三百年。①

于是，鲁纪勋在《世系谱序》中声称：

余系出自元宗室，而谱不及者，不敢祖天子也。

《鲁氏家谱》卷三之《始祖传》更有详尽的脱欢传记一篇：

始祖讳脱欢，元世祖之孙也。仁宗皇庆二年，晋爵安定王，历事英宗、泰定帝、明宗、文宗。元统至元之间，四方兵起，宇内分裂，明太祖龙飞淮甸，不数载群雄渐次削平。至正间，帅师北定中原，所向无不披靡迎降。公喟然涕曰：大势去矣！吾惟竭吾力耳。时朝廷号令所及，两都之外不过数百里，兵力寡微，战守俱不足恃。公与诸怯薛率数万疲敝之卒，夙夜守城。当饥馑之余，援饷悉绝，公惟以忠义鼓励，人心无不感奋。而兵势愈警，渐逼京畿，帝乃与太子、皇孙、诸王夜半逊国而去。公率数十骑扈从不及，又闻两都失守，遂流落北地。每言及帝，辄抚膺悲恸。明太祖闻而义之，命行人召赴行在。及进见，谕慰至再。欲官之，乃愀然曰：亡国贱夫，不足以辱圣世也。太祖益重之，使召集部落，仍守其地。洪武三年，王保保自甘肃来攻金城。上命西平侯沐英同公援韩温温，公随方设谋，固守无虞，屡乘其怠破之。明年，扩廓帖木儿入寇，陕西行省参政张良弼遁去，太尉李思齐以郡邑降，遂攻兰州。公以书招扩廓帖木儿，譬喻百端，不

---

① 《鲁谱》顺治二年六月条。

从。公守益坚，适大将徐达救至，城赖以全。八年，西何酋朵儿只巴叛，上命公与都督濮英帅师讨之，大破其众，焚其巢房，其部酋只巴仅以身免，师还叙功，命入京师，会因疾不果，明年遂卒。朝廷悯其功，授子阿失都百户……

细究上述记载，最令人怀疑的是，第一，身为元朝宗室的安王脱欢归顺明朝；且被朱元璋"召赴行在"，"谕慰至再"，当为鼎革之际的一件大事，缘何不见于《明史》《明实录》等明代史料的记录。第二，脱欢归明后，为明军固守兰州，抗击扩廓帖木儿（王保保），随濮英讨朵儿只巴，以元安定王归附后的表现，可谓功勋卓著，为何在长达八九年的时间里，未见明廷授一官半职。即使是脱欢初归时不愿为官，但受朱元璋之命"召集部落，仍守其地"，总需一个名义。此后，屡经征战，"师还叙功，命入京师，会因疾不果。明年遂卒"。期间，又不见明廷封赏赐官。脱欢卒后，其子阿失都仅封百户。

总之，这篇颇具情节的传记中，漏洞太多，确使人怀疑鲁氏先祖的脱欢，就是元宗室的安定王脱欢。

检索《元史》，元代以勋业事迹著录的脱欢无虑三四十人，封王者仅三人：镇南王脱欢、曹南王脱欢和安定王脱欢。安定王脱欢系成吉思汗六子阔烈坚的支裔，敕封于元仁宗皇庆二年（1313年）①，如以《鲁谱》所系之脱欢在洪武三年（1370年）归降，已历五十八年，似不大可能。据《元史》之《宗室世系表》《诸王表》、陶宗仪《南村辍耕录》之《大元宗室世系》，安定王脱欢为阔列坚之五世孙，元代既由其子朵儿只班承袭安定王，元安定王脱欢必卒于元代，何以洪武间再现？

相比之下，恐怕鲁土司四世祖鲁鉴之《墓志铭》中所说"曾祖为元平章"似更可信。《元史·宰相年表》载元顺帝至正元年（1341年）任过平章政事的有名脱欢者，大约即为鲁土司始祖。鲁土司家族当为蒙古人后裔。

奠定鲁氏家族业绩的关键人物是鲁失加、鲁鉴父子二代。见载于

---

① 《元史》卷108《诸王表》。

《明史》卷174《鲁鉴传》。脱欢子阿失都（《鲁谱》作阿实笃）受封百户。洪武十一年（1378年）卒后，由弟巩卜失加（《鲁谱》作巩卜失杰）嗣职，永乐八年（1410年）从明成祖北征，战殁于哈剌哈。子失加嗣职，次年便以军功升付千户，永乐十二年（1414年）以援宣府功升指挥佥事，二次扈从明成祖北征，累官庄浪卫指挥同知，并赐姓为鲁，更名鲁贤。"正统末，鉴嗣父职。久之，擢署都指挥佥事。成化四年，固原满四反，鉴以土兵千人从征。诸军围石城，日挑战，鉴出则先驱，入则殿后，最为贼所惮。贼平，进署都督同知。寻充左参将，分守庄浪。命其子麟为百户，统治土军。十七年坐寇入境，戴罪立功。寻充左副总兵，协守甘肃。寇犯永昌，被劾。鉴疏辩，第停其俸两月。俄命充总兵官，镇守延绥。自陈往功，予实授。孝宗立，得疾，致仕。弘治初，命麟袭指挥使，加都指挥佥事。已，进同知，充甘肃游击将军。鲁氏世守西陲，有捍御功，至鉴官益显，其世业益大，而所部土军生齿又日盛。"[①] 从阿失都做庄浪卫百户，至鲁鉴才三代，但已为鲁氏家族之世业奠定了基础。庄浪地方，除鲁氏大宗世袭指挥使外，其余宗族亲枝繁衍，因功世袭其职者尚多，至清初，鲁氏土司竟有八家之多[②]，皆出自一门，系脱欢后裔。永乐中成祖北征，曾檄调庄浪卫土军二百六十名，"旧隶随驾三千之数"，遣回后仍由鲁失加管领操练。[③] 庄浪鲁家军就在这个基础上发展起来，明代中期以后，动辄可调千人以上，《明史·兵志》："庄浪鲁家军，旧隶随驾中，洪熙初，令土指挥领之。万历间，部臣称其骁健，为敌所畏，宜鼓舞以储边用。"以骁勇闻名的鲁家军，已成为明政府在西北的一支重要的军事力量。

最后再来考察《祁谱》。

《祁谱》的问题比较简单。现存最早的家族文献是明嘉靖四十二年（1563年）第六代土司的《祁凤墓表》，仅云："其先始祖哥贡星吉，乃前元甘肃省理问所官。"但在清顺治七年（1650年）胡璉器代

---

① 《明史》卷174《鲁鉴传》。
② 《甘肃通志稿》卷76《土司志》。
③ 参见《明宣宗实录》卷10；《续文献通考》卷129。

祁氏所写的《祁氏世系略纪》中就开始铺衍了：

> 吾祖之兴地，在唐宋为札撒兔金革思汗，入元封金紫万户侯，铁券金印，子孙世守焉。至贡哥星吉者，官甘肃理问。明太祖洪武二年投诚，诏世袭千户⋯⋯

故其后世作颂云："发源唐宋迹难详，记得传呼思汗王。"所谓"在唐宋为札撒兔金革思汗"，时代跨度大，实难考究。入元封金紫万户侯事亦不详所指。根据祁氏早期的家族文献，确认祁土司家族先祖为元甘肃省理问所官祁贡哥星吉较为恰当。祁土司家族当为蒙古人后裔。

考察了三谱追述的先祖世系，我们感到：三谱在清朝定鼎的顺治年间，不约而同地先后攀附历史上少数民族的显贵人物，与明、清两代的民族政策不无关系。明代汉族政权恪守的"夷夏之防"的观念，由满族统治者入主中原而发生了重大变化。这种传统观念的变化与民族政策的调整更改，已经给远在安木多地区的少数民族上层分子传递了一种信息，他们在纂修谱系中争相攀附，毫无顾忌。但却没有料想到一个强大的中央集权制王朝的建立，迟早会对这些地方割据势力开刀。雍正年间大规模的改土归流，就是对他们的回答。安木多地区的土司虽然没有在这场风暴中被裁革，但有清一代，安木多地区土司制度的总趋势是衰落。随着清政权的巩固和对西北大规模的用兵，安木多地区土司的权势一步步地削弱。至清代中晚期，除了一些在藏族聚集区的土司（如甘南杨土司、青海玉树土司等）保持着原有的统治秩序外，府县隶属下的其他土司大多只有一种名义上的统治权了。

五　《李谱》《鲁谱》《祁谱》的史料价值

历史上，活跃于安木多地区的大小土司，世袭罔替，雄踞一方，历明、清两代，达数百年之久。作为中央王朝统治和经营西北的一支重要力量，曾经对这一地区的政治、经济、文化以至民族变迁，发生过重大影响。土司家族的活动踪迹，已远远超越了本家族的界限，扩及向整个社会。因之,安木多地区土司家族谱的价值,绝不限于对土司家族史的研究。明清王朝对西北的施政,西北少数民族史、地方史上的一些重大问题,均可从中获得极好的资料。

人们在论及安木多地区的土司制时,往往容易忽略这样一件事:明人所录《土官底簿》、明代官方文献《明会典》及《明史》之《土司传》,无一例外地不著录安木多地区的土司,似乎明代的土司区从不包括甘青地区(安木多)。另外,安木多地区在元明以来,确有一批大大小小的土司。这一矛盾的现象恰恰反映了安木多地区土司形成的曲折历史,与明政府在安木多地区的行政建制大有关系。

明初平定西北,一大批元故官、土官在明军的招抚下归降,安木多及卫藏地区,相继纳入明王朝的版图。如何安置这些人,如何在这些少数民族地区建立有效的统治,成为新王朝面临的一个新课题。朱元璋并未沿湖广云南之例,把管辖统治之权交给土官机构,而是在中央直接统治的前提下,建置卫所,安插归降的这批元故官、土官任职,为之辅佐。这就是朱元璋在西北少数民族地区创设的"土流参设制"。卫所军职身份的土官、土司,在使用上与流官没有什么区别,任命、征调、封赏、黜陟,皆出于政府,并接受流官节制,"以流管土"。但在卫所世官的名义下,其世袭职衔严守不替。事实上仍然承认他们的土官身份和世袭特权,有些非土官出身的部族首领亦在"土流参设制"下获得世袭特权,演变成为土司。

借助于明代的官方文献,大致可勾画出"土流参设制"的轮廓,考察安多地区土司形成的历史,但细致深入的资料尚多阙略。土司家族谱则可补其不足。

如《鲁谱》所记,蒙古人脱欢明初率部落归附,至其子阿实笃授庄浪卫百户,弟巩卜失杰仍嗣是职。三世鲁失加以军功升副千户,指挥佥事,先后调援宣府,调守甘州。永乐二十年(1422年)明成祖北征前,敕命鲁失加选兵扈从,十九年八月二十九日敕曰:

> 庄浪卫指挥使司:敕至即于本卫选拣能战土军土民及余丁舍人,不拘名数,委鲁某管领,各带器械,沿途关支行粮草料,限二十年二月初一日至北京。如敕奉行。

永乐二十三年（1425年）明成祖最后一次北征，又敕调鲁失加"率领原随征官军"到京随从。成祖虽崩于榆木川，但鲁失加这支二百六十人的从征部队却成为鲁氏家族的一支私家军，得到明政府的正式承认：

> 宣宗宣德元年丙午正月十一日奉敕
> 　　庄浪卫指挥使司、敕至即将原选随征官旗军民人等二百六十员名委都指挥佥事鲁某管领操练，防御边疆，听候调遣。如敕奉行。

以后，历代土司在承袭军职的同时，也承袭这支军队的领属权。鲁失加卒后，子鲁鉴袭庄浪卫指挥使，明政府敕谕鲁鉴："今特命尔照旧管束土官军余、指挥高等四百员名"（景泰二年七月二十六日敕）；弘治元年（1488年）鲁鉴乞休，子鲁麟嗣职，"照旧管束庄浪土官土军并各家口"（弘治二年四月初六日敕）；鲁麟卒，子鲁经由"代管"而正式受命"照旧管束前项土官土人家口"（正德三年十二月二十九日敕）；嘉靖间鲁麟乞休解兵，子瞻以副千户"照旧管束庄浪土官土军并各家口"（嘉靖六年十月二十六日敕）；……终明一代，鲁氏家族始终统领这支军队，进而管束庄浪卫的土官及土军家口，成为划地而治的土司。清因明制，敕命鲁土司"照旧管束土官、土军并各该僧俗家口"（顺治五年闰四月二十七日敕）。鲁土司家族在庄浪的统治遂延续到近代。

另外，土流参治下的土司，须受政府调遣和地方流官的节制，《鲁谱》所载其家族在西北频繁的军事行动，无一不出自政府征调。下面节录的这二道敕命，是颇能反映安木多地区土司的特殊处境的。其一，正德二年（1507年）四月二十日敕：

> 都指挥佥事鲁经，尔自祖、父以来管束庄浪地方土官、土军并各家口，人心信服。尔父鲁麟存日，尔为副千户代管，……今特升尔前职，照旧管束前项土官土军家口，尔须加抚恤，常加训练及禁约贼盗。一应军机重务，悉听甘肃镇巡等官节制调度，后

有军功，不吝升赏。……毋得私占役使科挠及纵容别项官员侵渔掊克，以致众情不附，有误边备。如违，罪有所归。……

其二，顺治五年（1648年）闰四月二十七日敕。

陕西庄浪卫指挥使鲁安，自尔土司归诚向化，故历代授官管束土军人等。

兹鲁允昌惨被贼祸，鲁安查系嫡枝，倾心本朝，特仍以先例命尔世袭，照旧管束土官、土军并各该僧俗家口。尔须钦承开国之殊恩，加意抚绥，务令得所，联属众志，禁捕寇盗，遇有边警，听调杀贼；一应军机重务，悉听镇巡官节制，有功一体升赏。……

两个王朝，对鲁土司的要求如出一辙。明、清王朝对安木多地区土司的控制，于此可见一斑。

明清两代，安木多地区的土司频繁地参与大小军事行动，"以听征调、守卫、朝贡、保塞之令"①。三种家谱都有程度不同的记录，可补其他史料之阙，于考订明清时代西北地方史事，获益良多。某些重大问题，隐晦不清处，可资以参考。三谱所述及李自成农民起义军在西北的活动就是一个例子。

明末农民大起义的风暴波及全国，李自成部曾数次进军甘青地区。其中尤以崇祯十六年（1643年）贺锦西征甘州、西宁的规模最大。

明清之际，有关明末农民起义的资料相当丰富，资料系统而集中的如《怀陵流寇始终录》《绥寇纪略》《明季北略》《平寇志》等，很少涉及这次远征。仅《明季北略》在"李自成陷甘州"条有简略的记载：

十二月，自成遣贼陷甘州，甘肃巡抚李日瑞，总兵郭天吉、

---

① 《明史·职官一》。

同知蓝台等并死之。西宁卫尚坚守不下，至明年甲申二月，诈降，杀伪官贺锦等。①

《明季北略》的作者计六奇当时即为资料缺略而遗憾，他不无感慨地说：

> 当时西安既陷，三秦无不望风归款，独西宁坚守不下，非有良将劲兵，何以能此？惜乎主者姓氏未著也。②

计六奇为明末清初人，康熙间撰《北略》《南略》，博闻广采，搜罗宏富，但对西宁战役连"主者姓氏"都无法考究。

现在看来，是役的有关情况，只有借三谱在顺治时的记载，方能梳理清楚。摘录于后。《李谱》：

> ……生李公讳天俞，袭锦衣卫指挥，……题授副总兵。后流寇猖獗，会兵捕剿，阵亡土兵三百余名。时当明末，遭闯逆乱，公抗节不屈，被逮河东。
>
> 伪将朱永福横恣妻孥，投于岩谷。昆仲毙于钢锋，部落死难者千余口。
>
> 雁闯逆之变，当时是，君父之仇恐未克（此句有伪误）殉国有负于朝廷，何敢屈节与伪，为先人愧。故甘冒寇锋，危于朝露，妻孥粉骨，昆弟碎身，旁观者几为堕泪。……

《鲁谱》：

> 余家自崇祯癸未遭贺锦之乱，图书法物，烬于兵燹。
>
> 崇祯十七年甲申正月，贼贺锦略河西，允昌率兵战西大通，兵败退守连城，十六日殉难。子宏被虏。

---

① 《明季北略》卷19"李自成陷甘州"。
② 同上。

顺治二年乙酉六月，允昌妻杨氏上疏云：……不意闯贼作乱，横肆夺关，又复侵寇河西。臣夫鲁允昌念切边疆，密约西宁土官祁廷谏、李天俞等合兵拒战。岂知神奸逆党，谋吞世业，与贼交通，引贼突至沙城抄掠。臣夫死于贼锋，嫡子鲁宏掳至西宁，至今存亡音信杳然。所遗土丁，尽为仇奸瓜分吞霸。……

《祁谱》：

至明甲申年，闯贼大坏三秦，逆贼贺锦率领凶党挠害西宁。适值廷谏率子兴周竭忠报国，点齐部落，斩贺锦，并杀贼党三千有余。彼时不期贼势愈炽，一木难支，将廷谏及子兴周尽行掳赴西安。其原受敕印号札并接辈宗图以及家资，俱被贼焚掠无存。……

崇祯癸未冬，逆闯据西安，逆党贺锦据甘州，率众掠西宁。谏约庄浪指挥鲁允昌、西宁指挥李洪远，推生员胡琏器为军师，斩贼党鲁文斌，拥众破城。

洪远公夫妇殉难。我祖廷谏，被执送于西安闯贼。兴周公夜奔长安，乞师都督孟乔芳，克复西宁、甘州全城，而闯贼以忠释之。……

根据上述记载和一些方志材料，西宁战役实际上是安木多土司对抗农民军的一场搏斗。

崇祯十六年（1643年）十二月，贺锦攻克甘州后，遣鲁文彬南下进攻西宁。时任西宁副总兵分守庄浪的鲁氏九世土司鲁允昌，密约西宁土司祁廷谏、祁兴周父子、李天俞、李洪远等，推胡琏器为军师，合兵拒战，鲁文彬在西宁城下失利被害。次年正月，贺锦亲率大军越祁连山南下，增援西宁，与鲁允昌战于西大通，鲁允昌兵败退守连城。当地群众响应义军，里应外合，十六日攻破鲁土司城堡，杀鲁允昌，俘其子鲁宏，"图书法物，烬于兵燹"，一直以骁勇善战著称的鲁家军顷刻瓦解，贺锦挥师再攻西宁，不意中伏牺牲，起义军被杀者三千余人。起义军在辛恩忠、朱永福等人率领下，三攻西宁，终于破城。坚决与起义军为敌的土司势力受到沉重打击，李洪远被杀，祁廷谏父子、李天俞等被俘，带往西安。

此外，关于明清王朝在西北的防务体系，军事行动，安多地区土司的"汉化"，土司家族与藏传佛教之密切关系，土司家族之互相联姻等等。三谱中都有为他书失载的不少材料。

《李谱》《鲁谱》《祁谱》的价值还在于订正史传之伪误。兹举《鲁谱》订正《明史·鲁鉴传》失误几处：

（一）《明史·鲁鉴传》云："祖阿失都巩卜失加，明初率部落归附；太祖授为百夫长，俾统所部居庄浪。"此述鲁鉴之先祖世系、事迹多误。

第一，"阿失都巩卜失加"应为"阿失都、巩卜失加"。非一人而系兄弟二人，据载，均为蒙古人脱欢子。《鲁氏世谱》云："洪武九年丙辰，脱欢公卒，长子阿实笃嗣。洪武十年丁巳，实笃公由兰州卫改调庄浪卫百户。洪武十一年戊午，实笃公擒逆番达官□只，斩之。即以目盲寻卒，二世祖巩卜杰嗣职……"《鲁谱》之"阿实笃"即《明史》之"阿失都"，"巩卜失杰"即"巩卜失加"。鲁鉴先祖世系，《鲁谱》载之甚明：

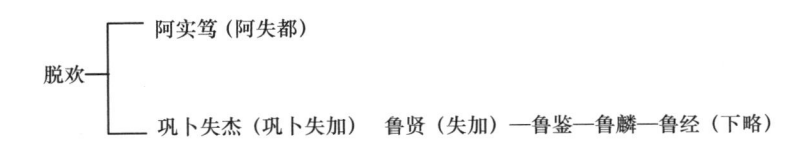

脱欢 ┬ 阿实笃（阿失都）
     └ 巩卜失杰（巩卜失加） 鲁贤（失加）—鲁鉴—鲁麟—鲁经（下略）

因此，确切地说，鲁鉴的先祖应为巩卜失加。

第二，依上列谱系，鲁鉴的先祖还可追溯到阿失都和巩卜失加的父亲脱欢。

《鲁谱》在洪武三年（1370年）五月条下载："徐达克兴元，遣邓愈诏谕西部，终祖脱欢公归附，从达北征，与扩廓帖木儿战沈儿峪。"《鲁谱》又载清顺治二年（1645年）六月，鲁鉴后裔鲁允昌妻杨氏在给顺治皇帝的呈文中称：鲁氏始祖脱欢，"因大明兴兵，率领部落避入河西，嗣后纳降，赐姓为鲁，敕封世守庄浪"。毫无疑问，明初率部落归附者乃脱欢，而非阿失都或巩卜失加。而阿失都所授职务则为百户。

（二）《明史·鲁鉴传》云："传子失加，累官庄浪卫指挥同知。"此述失加官职有误。

失加，即谱系之三世祖鲁贤，《明实录》称鲁失加，为巩卜失加子，鲁鉴父。永乐八年（1410年），巩卜失加扈从明成祖北征，战殁于哈喇哈，次年鲁失加即嗣职（见《鲁谱》）。失加南征北战，屡立功勋，其功绩最著者，为仁宗洪熙元年（1425年），随陕西行都司都指挥李英征罕东、安定与曲先三卫。《宣宗实录》卷10称其为"庄浪卫土官指挥同知鲁失加"。但次年，明廷给他的敕谕中即称失加为都指挥佥事（见《鲁谱》）。宣德年间，失加又因护送侯显出使乌斯藏、征哈思散即思等功，升右军都督府都督同知。英宗正统年间，失加屡次奉调参与许多军事行动，拜骠骑将军右军都督府佥事。正统十二年（1447年），鲁失加卒（见《鲁谱》）。故此，失加的累官，应至右军都督府都督佥事。

（三）《明史·鲁鉴传》云："正德二年，经既袭指挥使，自陈尝随父有功，乃以为都指挥佥事。未几，麟卒。"此处将鲁麟之卒系于正德二年（1507年）后，恐误。《鲁氏世谱》云："武宗正德元年丙寅，麟卒。事闻，赠右军都督佥事，遣陕西布政使参政周载谕祭三坛。"家谱一般记谱主生卒年较为可靠，故鲁麟之卒年，似以正德元年为是。

总之，三谱内容丰富，材料翔实，所反映的问题尚多，若进一步研究，必续有所得。本文仅为初探，抛砖引玉，望共研讨。

《西北民族研究》1988年第2期（总第3期）

明代的河州卫

——《明史·西番诸卫传》研究之一

王明江

明代学者解缙洪武间谪居河州（今甘肃临夏）时，曾写过一首题为《镇边楼》的七绝，诗云："陇树秦云万里秋，思亲独上镇边楼，几年不见南来雁，真个河州天尽头。"诗虽平平，但"河州天尽头"句，颇反映了明人的观念。由于明王朝是一个汉族人建立的中原王朝，它对地域辽阔、民族复杂、交通梗阻的西北地区的经营管理，必然受到很大的局限。因此，我们看到，在中世纪晚期的亚洲舞台上，明王朝既丧失了蒙元进军西北、横扫中亚的宏伟气魄，又缺乏清帝国前期大规模开发经营西北边疆的勃勃生气。拘谨防御的"备边"思想，始终是明王朝西北政策的主干。而作为"关陇藩翰"的河湟洮岷一线，在明代的西北防务中，不仅占有十分特殊的地位，而且，这些地区自身复杂的民族状况，又使明王朝的政策，表现出显著的民族特色和地方特色。故清修《明史》，把河州、西宁、洮州、岷州等"番族诸卫"合称"西番诸卫"列入《西域传》，是颇具眼光深得其奥的。

本文，拟就明代河州卫的建置沿革、开发经营做一初步清理。以区域性的研究，剖析《明史·西番诸卫传》。

一

据《元和郡县图志》《元丰九域志》，河州为"禹贡雍州之域，古西羌地也"。两汉名枹罕，属金城郡。前凉张轨立为晋兴郡。张骏二十一年（344年）分置，以《禹贡》"导河积石，至于龙门"，积石为州界，始称河州。乞伏炽磐曾都于此。后魏平定秦陇，改置枹罕镇。孝文帝太和十六年（492年），改镇复为河州。隋大业三年（607年）罢州改为枹罕郡。唐高祖武德二年（619年）讨平李轨，改置河州。唐代宗宝应元年（762年），陷于吐蕃。北宋神宗熙宁六年（1073年），收复仍旧置。① 元代为河州路，先属巩昌总帅府，至元六年（1269年），"以河州属吐蕃宣慰司都元帅府"。②

河州是古西羌地，"族种最多"，民族情况本身就很复杂。经历了魏晋时代民族融合大冲击后，又被吐蕃统治了三百余年。可以肯定，"吐蕃化"的倾向是主流。较之与中原内地，唐宋以来河州与藏族地区的政治、经济、文化联系，似乎更为紧密。在这里，民族是血缘的纽带，表现得更加强烈。但是另一方面，包括河州在内的河、湟、洮、岷地区又处于十分重要的战略地位，中原王朝视之为"西北屏藩"，吐蕃人则视之为通向中原内地的桥梁。事实上，自吐蕃民族兴起后，这一线已成为吐蕃与中原直接接触发生关系的交会点。对此，中原王朝从不掉以轻心，吐蕃人亦不敢等闲视之。所以，元朝尚未立国的宪宗三年（南宋理宗宝祐元年，1253年），蒙古人即建吐蕃宣慰司都元帅府于河州。并在元世祖至元六年（1269年），从陕西行中书省巩昌总帅府属下析出河州，直接划归吐蕃宣慰司，管辖洮、湟、黎、雅诸州。隶属于中央政府宣政院，从行政建制上，完善了统治藏地的体系，使河州成为管理卫藏以外藏区的一个军事重镇。元英宗至治以后，吐蕃宣慰司都元帅改由吐蕃上层人物担任。很显然，蒙古人是充分意识到河州的特殊地位的。

蒙古人统治的百余年间，河州在加强中原与藏地的联系上发挥了更大的作用。同时这一地区的民族构成也有一些新的变化。除蒙古人、汉人的成分有所增加外，还有一些新的部族的迁入，像早先生活在中亚的乌古斯部的撒鲁尔人，就是在元代，辗转进入河州地区。后来形成一个新的民族——撒拉族。加之藏传佛教（即喇嘛教）在蒙古

---

① 以上见《元和郡县图志》卷39，《元丰九域志》卷3。
② 《元史》卷60《地理志》。

人中的广泛传播，使得元代的蒙藏关系更为紧密。可以说，到公元1369年，明王朝进军西北时，蒙古人在河州一带的影响及当地民族构成的复杂程度，更甚于以往。

洪武二年（1369年），朱元璋命令徐达进军西北，徐达会诸将在凤翔议师所向，确定了先攻临洮的战略方针。一路破竹，连下巩昌、安定等地。接着，李思齐以"西通番夷，北界河湟"的陇右重镇临洮府降明，河州及洮、岷一带已直接暴露在明军的进攻之下。当时河陇一带的吐蕃人曾力图反击，夺回临洮，《明实录》中就有这样的记载：

> 洪武二年七月丁未西
> 西蕃达达寇临洮，会宁指挥杨广击走之。①
> 洪武二年九月乙卯
> 吐蕃寇临洮，屯于洮河原，指挥韦正率兵御之。②

吐蕃部落对明军的这两次军事行动，都发生在朱元璋遣使持诏谕吐蕃的五月之后。元朝灭亡，顺帝败退漠北，也已二年。深受蒙古人优待的吐蕃上层，仍然是忠于蒙古人的。

"吐蕃未即归命"，而且不断发动反击，并未影响朱元璋"诏谕为主，军事行动为辅"的战略决策。洪武三年（1370年）五月，明"左副将军邓愈自临洮进克河州"，军事上取得了决定性的胜利。然后"遣人诏谕吐蕃诸酋"③。在这之前，还派出归明的元陕西行省员外郎许允德招降吐蕃。针对吐蕃笃信喇嘛教的特点，又"命僧克新等三人往西域诏谕吐蕃"，④ 在这些使者中，最引人注目的是许允德，由于他元故官的身份，而取得了吐蕃上层的信任，替明政府招抚了吐蕃宣慰使何锁南普等一大批元朝委任的吐蕃首领，并使元宗室、镇西武靖王卜纳剌归降。从而，为明王朝在河湟一带建立西蕃诸卫所铺平

---

① 《明太祖实录》卷43。
② 《明太祖实录》卷45。
③ 《明太祖实录》卷52。
④ 《明太祖实录》卷53。

了道路。《明太祖实录》卷53载：

> 洪武三年六月乙酉[①]
> 　　故元陕西行省吐蕃宣慰使何锁南普等，以元所授金银牌印宣敕诣左副将军邓愈军门降，及镇西武靖王卜纳剌亦以吐蕃诸部来降。先是，命陕西行省员外郎许允德诏谕吐蕃十八族、大石门、铁城、洮州、岷州等处，至是何锁南普等来降。

攻克河州和何锁南普等一大批元朝委任的吐蕃首领的归降，表明了朱元璋决策的成功。同时，在藏族地区也产生了深远的影响，中原通向藏地的门户被打开了。"于是，河州以西、甘朵（当为朵甘）、乌斯藏等部皆来归，征哨极甘肃西北数千里始还。"[②] 这时，在原吐蕃宣慰司所在地的河州及其统辖区，建立什么样的一种行政体制，就成为一个至关重要的问题被提到议事日程上来了。

二

洪武三年（1370年）六月，何锁南普归降。十二月底，何锁南普到南京贡马及方物，受到明政府的礼遇，"帝喜，赐袭衣"[③]。十天之后，即洪武四年正月辛卯，朱元璋就决定建河州卫指挥使司，"以何锁南普为河州卫指挥同知，朵儿只、汪家奴为佥事。……仍令何锁南普子孙世袭其职"[④]。

《明史·兵志》云："明以武功定天下，革元旧制，自京师达于郡县，皆立卫所。外统之都司，内统于五军都督府，而上十二卫为天子亲军者不与焉。征伐则命将充总兵官，调卫所军领之；既旋则将上所佩印，官军各回卫所。盖得唐府兵遗意。"[⑤] 所谓"边腹内外，卫

---

① 《明史》卷330将何锁南普的归降时间系于洪武三年（1370年）五月，恐误。
② 《明史纪事本末》卷10。
③ 《明史》卷330。
④ 《明太祖实录》卷60。
⑤ 《明史》卷89。

所綮置，以军隶卫，以屯养军"①。构成了明代军制的一套完整体系。洪武二十六年（1393年）定天下都司卫所，共计内外卫三百二十九，守御千户所六十五。后多所增改，卫增至四百九十三，千户所三百五十九。另有"蕃边都司卫所等四百七"，是"洪武、永乐间边外归附者，官其长"的所谓"羁縻卫所"②。如东北奴儿干都司所属三百八十四卫、二十四卫，西北的塞外六卫及乌斯藏都指挥使司、朵甘卫都指挥使司等。河州卫属右军都督府陕西都司管辖，非"羁縻卫所"是不言而喻的。但是，处在明政府"内华夏外夷狄"分界线上的一个边卫，河州卫担负的任务不同，行政建置上与腹内诸卫也有很大的差异（说详后）。

河州建卫后的相当时期，事实上仍履行着元代吐蕃宣慰司都元帅府的职责，甚至还有所扩大。这在明初的史料中是有反映的。如：

> 洪武五年四月丁酉
>
> 河州卫言："乌斯藏帕木竹巴故元灌顶国师章阳沙加，人所信服。今朵甘赏竹监藏与管兀儿相仇杀，朝廷若以章阳沙加招抚之，则朵甘必内附矣。中书省以闻。诏章阳沙加仍灌顶国师之号，遣使赐玉印及彩缎表里，俾居报恩寺化导其民。"③
>
> 洪武六年二月癸酉
>
> 以摄帝师喃加巴藏卜为炽盛佛宝国师。先是遣员外郎许允德使吐蕃，令各族酋长举故官至京授职，至是喃加巴藏卜以所举故元国公南哥思丹八亦监藏等来朝贡，乞授职名。……未几，喃加巴藏卜等辞归，命河州卫镇抚韩加里麻等持敕同至西番，诏谕未附土酋。④
>
> 洪武六年十月乙酉
>
> 河州卫言："朵甘思宣慰赏竺监藏举西域头目可为朵甘卫指挥同知、宣抚司、万户、千户者二十二人。诏从其请，命铸分司

---

① 《明史》卷90。
② 同上。
③ 《明太祖实录》卷73。
④ 《明太祖实录》卷79。

印与之。"①

何锁南普本人也因奉使乌斯藏而受到朱元璋的表彰。河州卫或者向中央政府反映朵甘藏区的情况，或者受中央政府委派诏谕未附的吐蕃首领，甚至一些国师、卫所官员的任命，亦由河州卫拟请申报，实际上起着联系明政府与藏地的桥梁作用。正因为如此，明政府一度在河州建立西安行都指挥使司，以便更好地行使对藏地的管辖。《明太祖实录》卷91载：

> 洪武七年七月己卯
> 诏置西安行都指挥使司于河州，升河州卫指挥司②韦正为都指挥使，总辖河州、朵甘、乌斯藏三卫。升朵甘、乌斯藏二卫为行都指挥使司，以朵甘卫指挥同知琐南兀即尔、管招兀即儿为都指挥同知。

朵甘、乌斯藏二卫虽上升为行都指挥使司，仍由镇守河州的都指挥使韦正"提调"。河州的行都司工作了两年便被撤销，洪武九年（1376年）"罢西安行都指挥使司"③。后虽重新恢复，但已不设在河州了。十二年"复置陕西行都指挥使司于庄浪。后徙于甘州"④。

明初，河州也曾设立州县，司民事，掌钱粮，然"寻罢之"。⑤州县的建置在当时的河州，似无多大必要。河州卫既掌军事，亦监管民事，实施边境地区的军事管制。洪武十二年（1379年），明政府又宣布："改河州右卫指挥使司为河州军民指挥使司，革河州府。"⑥更进一步明确了河州卫军政合一的性质。永乐时，解缙在谈到河州行政建置上的这些变迁时说：

---

① 《明太祖实录》卷85，内"宣抚司"似为"宣抚使"之误。
② 此"指挥司"应为"指挥使"。
③ 《明太祖实录》卷110。
④ 《明太祖实录》卷122。
⑤ 《明太祖实录》卷78，洪武六年正月庚戌条。
⑥ 《明太祖实录》卷125。

国初置陕西行都司于河州,控西夷数万里,跨昆仑,通天竺,西南距川,入于南海。元勋大臣先后至其处,军卫既肃,夷戎率服,通道置驿,烟火相望。乃罢行都司,革河州宁河等府县,设军民指挥使司治之,与中原郡县等。①

解缙说的河州卫军民指挥使司"与中原郡县等",实际上指的就是河州卫履行着中原地区郡县的职责。这种军事民事统于一卫的管理体制,大约持续了一百年。随着河州社会经济的发展,人口的增加以及河州在西北边防地位上的一些变化,河州的军事管制局面必然也要做些调整。明宪宗成化九年(1473年),复设河州,军民分治:

成化九年十二月癸酉

复设陕西河州及文县、礼县。巡抚都御史马文升奏:"陕西布政司原有河州及文县、礼县。后革河州,而以其民属河州卫,又以卫为军民指挥使司;革文县,而以其民属文县千户所;革礼县,而以其民属秦州。然各州、县所管辖者皆土达人户,实被军职挠害,且地相隔远,赋役不便。乞复河州,仍隶临洮府,除知州、同知、吏目各一员,专除判官一员,监收河州卫仓粮。……"从之。②

马文升指出的"实被军职挠害"和"赋役不便",的确道出了军管的流弊,到了一定时候,设立州县也就势在必行了。

明代河州卫统辖的千百户所,亦有一些变化。《明史·西蕃诸卫传》云:"设千户所八、百户所七,皆命其酋长为之。"这个数字是不确切的。《明太祖实录》卷60曾列有河州建卫后所属千百户所的名称:

置千户所八:曰铁城、曰岷州、曰十八族、曰常阳、曰积石州、曰蒙古军、曰灭乞军、曰招藏军;军户千户所一:曰洮州;百户所七:曰上寨、曰李家五族、曰七族、曰番客、曰化州等

---

① 《明经世文编》卷11。《解学士文集·送习贤良赴河州序》。
② 《明宪宗实录》卷123。

处、曰常家族、曰爪黎族；汉番军民百户所二：曰阶文扶州、曰阳呕等处。

对照《明史》和《明实录》中的这两条材料，我们不难看出，《明史》在采摭《明实录》的这条材料时，出现了一个失误：脱漏了"军户千户所一"和"汉番军民百户所二"。这样一来，河州卫初建时，实际统辖的千户所百户所各为九个。当然，这些千户所还有一些升降变迁，如洮州千户所、岷州千户所，以后都上升为卫。但河州卫以后还陆续增置过一些千百户所，据《明实录》的记载，可考的千户所有：

（一）必里千户所
洪武四年十一月丁丑
置必里千户所，属河州卫。以朵儿只星吉为世袭千户。必里在吐蕃朵甘思界，故元设必里万户府，朵儿只星吉为万户。至是来降，河州卫指挥使韦正遣送至京，故有是命。①
必里千户所在永乐初上升为卫，事具《明太宗实录》卷20。
（二）喃加巴千户所
洪武八年正月辛巳
河州卫请以前喃加巴总管府为喃加巴千户所，酋长阿乩等六人为千百户，从之。②
（三）失保赤千户所
置失保赤千户所，以答木儿为正千户，世袭其职，隶河州卫。③
（四）川卜簇千户所
永乐元年五月辛巳
设川卜簇千户所，隶河州卫，以头目会真奔等为千百户，给

---

① 《明太祖实录》卷69。
② 《明太祖实录》卷96。
③ 同上。

印、诰，赐冠带、织金文绮袭衣。① 增置的百户所，因史籍缺略，多不可考了。

三

如前所述，河州卫非"羁縻卫所"，全由当地部族首领充任卫官。但与腹里诸卫相比，行政建置上又有很大的差异。这种差异，主要表现在卫官的组成上，是"汉官"和"土官"的混合编制。也就是西番诸卫所独有的"土流参设制"。《明史·西番诸卫传》云："又遣西宁等四卫土官与汉官参治，令之世守。"

从历史上考察，促使明政府在河州及其他西番诸卫建立"土流参设制"的因素很多，但根本的一点是，这些地区复杂的民族状况和所处的战略地位。朱元璋起兵江左，统一全国，建立明王朝，但败退于漠北草原的蒙古人始终是王朝的主要威胁，心腹大患。尤其使明代统治者担心的是"北虏"与"西番"连成一片，以致中原两面受敌，难于应付。所以，明政府对待"北虏"与"西番"，首先是"拒虏抚番"，其次是隔绝"虏番"。所谓"备虏十九，备番十一"是很说明问题的。终明之世，这两条是作为既定国策奉行的。"原夫太祖甫定关中，即法汉武创河西四郡隔绝羌胡之意，建重镇于甘肃，以北拒蒙古，南捍诸番，俾不得相合。"② 河、湟、洮、岷一线，在明政府看来，既是"内华夏外夷狄"的一条缓冲地带，又是控制藏地抚谕"诸番"的前哨阵地，隔绝"羌胡"的南翼防线。明代的汉族统治者，不可能也不愿意把如此重要的地区交给那些当地的少数民族首领去管理控制。传统的根深蒂固的民族偏见，封建统治者"家天下"的狭隘意识，总使他们对"远方蛮夷"心怀疑惧，这是他们永远也无法克服的。所以，河州及其他西番诸卫，尽管有元代敕封的大量土官，但明政府在这一地区并未推行土司制度，也没有全部任命当地民族首领以建羁縻卫所。

---

① 《明太宗实录》卷20。
② 《明史》卷330。

然而，明王朝又不能不正视这一地区的现实："西番，即西羌，族种最多，自陕西历四川、云南西徼外皆是。其散处河、湟、洮、岷间者，为中国患尤剧。汉赵充国、张奂、段颎，唐哥舒翰，宋王韶之所经营，皆此地也。"①而元代在河州建吐蕃宣慰司，对这些地区的统治，从根本上说，是通过任命各民族部族首领来实现的。朱元璋当然不可能照搬元人的一套做法，但是为了控制这一地区，保持这一带的统治秩序，又不能不妥善地安置明初归降的一大批元故官和各族首领。于是，我们看到，洪武四年（1371年）正月河州卫宣布建置，何锁南普、朵儿只、汪家奴等归降的元故官立即被安插任职。六月，"以吐蕃来降院使马梅为河州卫指挥佥事，故元宗王亨罗罕，右丞朵立只答儿为正千户，元帅克什巴卜、同知卜颜歹为副千户，同知管不失结等为镇抚百户"②。九月，又"以故元降臣汪瓦尔间为河州卫指挥佥事，赐文绮、袭衣"③。……一批批元代降官都成为卫所军官。在卫所军人"世官"的名义下，准于"子孙世袭其职"，保持其原有的地位和世袭特权。但另一方面，明又驻重兵于河州，率兵的大将宁正充任河州卫指挥使，执掌卫事。后河州卫改为军民指挥使司后，宁正已升任都指挥使，改由凤阳寿州人徐景任指挥使，④权力始终操在统率军队的汉族军官手中。所以"土流参治"，明显包含着以流管土的意图。

可以认为，河州卫的建置是一个模式，它标志着朱元璋在甘青地区创立土流参设制的开始。继洪武四年（1371年）河州卫建立，西宁、洮州、岷州、庄浪、临洮等卫所次第设置，一批批元故官、土官及各地的部族首领随即编入各个卫所，令之世守。利用他们的势力和影响，控制"番众"，稳定地方。而这些人为保持自己的特权和地位，亦效忠于明王朝，服从征调、守卫、朝贡、保塞之令，有"捍卫之劳，无悖叛之事"⑤。从明代历史上考察，甘青地区的土流参设制度，以流管土、以土治番，是很有远见的一项战略措施，在安定西北

---

① 《明史》卷330。
② 《明太祖实录》卷66。
③ 《明太祖实录》卷68。
④ 明《河州志》卷2。
⑤ 《清史稿》卷517。

方面，起了积极的作用。

推行这种土流参设制的区域，据英宗正统二年（1437年）"给陕西河州等八卫备边土官俸"①的记载，至少有八卫之多，大体分布在河、湟、洮、岷一带。而各卫的土流比例，恐怕不尽一致。目前可考的是庄浪卫，在《万历庄浪汇记》中有"汉官指挥千百户共五十九员""土官指挥千百户二十六员"的记载。土官有职无俸，正统二年始有俸。流土各官月俸大致相等，但流官另有一份可观的"折俸"，在汉中府关领。

河州卫的属官，据明《河州志》载，计有：指挥使三人，指挥同知三人，指挥佥事十人，正副千户十二人，镇抚五人，百户三十九人。这是嘉靖间的数字。较庄浪卫相去不远。但土流比例上，土官大约比庄浪卫要多。翻检《明实录》《明史》《河州志》《循化志》等书的记录，明初河州卫可考的土官有：

何锁南普	指挥同知
朵儿只	指挥佥事
汪家奴	指挥佥事
马梅	指挥佥事
汪瓦尔间	指挥佥事
李罗罕	正千户
朵立立答儿	正千户
克什巴卜	副千户
卜颜歹	副千户
管不失结	镇抚百户
神宝	百户
河州卫西番十八族千户所	
包完卜乱	正千户
七汪肖	副千户
河州卫必里千户所	
朵儿只星吉	千户

---

① 《明英宗实录》卷27。

阿卜束等十五人为千百户

河州卫喃加巴千户所

阿乱等六人为千百户

河州卫失保赤千户所

答儿木　　　　千户

河州卫川卜簇千户所

令真奔等　　　为千百户

以上所列，自然不是一个很完整的名单。余如河州卫初建时所属的铁城、岷州等九千户所，上塞、李家五族等九百户所，上表仅列出西番十八族千户所的正副千户，其他八千户所、九百户所也大体上是以元代土官、归降的当地部族首领为千百户。如洪武六年（1373年）二月，"置洮州、常阳、十八族等处千户所六，百户所九，各族都管十七，俱以故元旧官靽靼等为之"①。河州沿边原有老鸦、积石、乱藏等二十四关，《河州志》《循化志》有所谓"二十四关土司"的记载，后虽湮没失考，但追其先世，身份大多还是土官。故河州卫的"土流参治"中，安插的土官数量是相当大的。不过随着时代的推移，因为坐罪、更调、战乱、兵燹等多种因素，大多失去承袭，数传既废。至清代末年，只有何锁南普、神宝等人的后裔，节辈传替，成为割地而治的土司家族。实际上，是朱元璋在甘青地区创设的"土流参设制"的一个遗留物。

控制这样一个地处冲要、族种复杂、元代降官及少数民族地方上层大量任职的地区，明政府当然不能掉以轻心。其中一个重要措施，就是在河州派驻重兵。明代军卫一般为五千六百人，但河州卫建立时，额定的官军人数量九千八百八十八名，较一般卫多出将近一倍。弘治、正德以后，军丁大量逃亡，嘉靖时仅余五千五百五十九名，②仍够普通军卫兵丁人数的足额。于是，方有嘉靖三十八年（1559年）在河州"改设参将，增兵三千人"的疏议。③

---

① 《明太祖实录》卷79。
② 明《河州志》卷2。
③ 《明世宗实录》卷470。

简单地考察了河州地区的土流设制度,我们有一个感觉,大批少数民族上层对明王朝诏谕的归顺,固然是为了保持其权势地位,但这一事实却表明,两汉以来中央王朝对这些地区的开发经营,中原地区高度发展的物质文明与西北地区的频繁交流,在河州及其他少数民族聚集区有着十分深远的影响,使他们非常重视与中原王朝的联系,产生并保持着某种"内附"的向心力。对我国统一的、多民族的国家的形成与发展,有着积极的意义。而朱元璋创设的土流参设制,客观上顺应了这种历史发展的趋势,应该予以肯定。

四

作为一个少数民族聚集区,明代河州地区经济生活中占有突出地位的是茶马贸易。它对河州以及其他少数民族地区的政治、经济、民族关系都产生过十分深远的影响。

中原王朝与西北少数民族之间的茶马贸易,并不始于明。所谓"以摘山之利而易充厩之良",唐宋既有之。然而,将这种贸易制度化体系化而作为政府的一件大事来抓的,是明代。无论就其指导思想、管理体制,还是贸易规模,都达到了前所未有的成熟和完善。可以说,明代的茶马贸易,是趋于成熟达到鼎盛的一项经济活动,所体现的封建王朝统治下的民族关系是十分突出而典型的。

奠基江南的朱明王朝,在开国之初派军北伐时,就深感对马匹的需求。洪武三年(1370年),朱元璋在给进军西北的大将军徐达的敕谕中,就有"凡获牝马悉发临濠牧养"①的指令。第二年,户部开始筹划陕西汉中府各县茶园的茶叶收购,"每五十斤为一包,二包为一引,令有司收贮,令于西番易马"②。接着,户部又制定了四川"巴茶"的收购办法,"岁计得茶万九千二百八十斤,令有司贮,候西番易马"③。洪武五年(1372年),在"惟西番夷僚用之"的"剪刀"

---

① 《明太祖实录》卷51。
② 《明太祖实录》卷70。
③ 《明太祖实录》卷72。

茶的产地碉门、永宁诸处建立五茶局，预计每年收茶近百万斤。① 并先后建秦州（后迁西宁）、河州、洮州、雅州等茶马司，主持与西番地区的茶马贸易。"自碉门、黎、雅抵朵甘、乌斯藏，行茶之地五千余里。山后归德诸州，西方诸部落，无不以马售者。"②

河州茶马司建立于洪武七年（1374年），设大使副使二员，主要职责是"收放茶斤，招易番马，给以边操"③。洪武八年，就有在河州进行茶马贸易的记载：

洪武八年五月戊辰

遣内使赵成往河州市马。初上以西番素产马，其所用货泉与中国异，自更钱币，马之至者益少。至是，乃命成以罗绮绫帛并巴茶往市之。仍命河州守将善加抚循，以通互市，马稍来集，率厚其直偿之。成又宣谕德意。自是番酋感悦，相率诣阙谢恩，而山后归德等州西番诸部落皆以马来售矣。④

上述材料反映出：第一，洪武初，河州及其他西番地区与明政府的茶马贸易形式，是"互市"。明政府以布帛、茶叶，西番诸部以马，双方是地位平等、互通有无的交换。第二，在交换中，明政府"率厚其直偿之"。明政府并未把茶马贸易看成是一项纯经济活动，而是通过交易，以优厚的马价拉拢西番诸部，即所谓"用茶易马，固番人心，且以强中国"。第三，明政府派出的交易使者还担负着"宣谕德意"的使命，政治意图是十分显然的。可以说，朱明政权刚刚建立，影响还未达于边远地区，西番许多部落还在观望之际，明政府在河州等地的茶马"互市"及在交易中的姿态，产生了预期的效果，"自是番酋感悦，相率诣阙谢恩"。这一时期，扩大政治影响是首要的，因而市马的数量并不大。据洪武九年（1376年）十二月兵部所

---

① 《明太祖实录》卷77。
② 《明史》卷80《食货四》。
③ 明《河州志》卷1。
④ 《明太祖实录》卷100。

奏市马之数，"秦州、河州茶马司，市马一百七一匹；……"① 洪武十一年十二月，兵部所奏市马之数，"秦、河二州及庆远、顺龙茶盐马司所易马六百八十六匹"②。但从洪武十二年，似有激增：

  洪武十二年十二月壬辰
  兵部奏市马之数：秦、河二州茶马司以茶市马一千六百九十一匹；……③
  洪武十三年九月戊戌
  兵部奏：河州茶马司市马，用茶五万八千八百九十二斤，牛九十八头，得马二千五十四。④

市马的数字并不稳定。洪武十四年（1381年），秦、河二州以茶市马的数目又降到一百八十一匹。⑤ 十五年，秦、河、洮三州茶马司及庆远裕民司，市马仅五百八十五匹。⑥ 洪武十七年，秦、河州市马五百六十四。⑦ 从材料中看，四川、贵州市马的数量更大一些。如洪武十八年，"四川、贵州二都司送所市马一万一千六百匹至京师"⑧。明政府所缺马匹并不完全依赖各茶马司，需要时，政府派出使者直接到西番地区市马：

  洪武十九年九月癸亥
  行人冀忠往陕西市马还，得马二千八百七匹。⑨
  洪武二十三年九月甲寅
  陕西都指挥使聂纬以西安左右等卫所市马七千六十匹送京

---

① 《明太祖实录》卷110。
② 《明太祖实录》卷121。
③ 《明太祖实录》卷128。
④ 《明太祖实录》卷133。
⑤ 《明太祖实录》卷140。
⑥ 《明太祖实录》卷150。
⑦ 《明太祖实录》卷168。
⑧ 《明太祖实录》卷170。
⑨ 《明太祖实录》卷179。

师。以尝命户部运钞六十万锭往西宁、岷州、河州市易故也。①

同时，在西番地区的军事行动中，也可获一定数量的马匹，如洪武十一年（1378年），蓝玉同沐英率兵征西番，"擒其酋长瘿嗉子三副使，获马二万余匹，牛羊十余万头"②。

这时，虽已有"禁秦、蜀军民毋得入西番互市"的命令，③ 但因明政府在互市中"厚其马值"的做法，私茶易马的情况不多。

以上可视为明政府与西番地区茶马贸易的第一阶段——市马阶段，基本上是因袭唐宋旧法，无多大更动。河州市马地点在州境积石关。④

第二阶段，为金牌信符制时期。这一时期的下限不很清楚，大体始自洪武二十六年（1393年），中经永乐（一度停止），至宣德朝金牌信符制终止。

当"厚值"市马、拉拢诸番的工作取得一定成效，西番地区日渐稳定时，封建统治者奴役各族人民的本性就暴露出来了。这在洪武十六年（1383年）朱元璋给松州卫指挥佥事耿忠的敕谕中就已有所流露。朱元璋说："西番之民，归附已久，而未尝责其贡赋。闻其地多马，宜计其地之多寡以出赋。如三千户则三户共出马一匹，四千户则四户共出马一匹，定为土赋。庶使其知尊君亲上奉朝庭之礼也。"⑤ 这里所说的"三千户则三户共出一马，四千户则四户共出一马"的设想，是毫无道理的。但"征赋"的意思是说得再清楚不过了。所以，洪武二十五年三月，"遣尚膳太监而聂、司礼太监庆童赉敕往谕陕西河州等卫所属番族，令其输马，以茶给之"⑥。由"市马"演变为"令其输马，以茶给之"，已明显表现出明政府茶马贸易政策的微妙变化。终于导致洪武二十六年金牌信符制的颁布流行：

---

① 《明太祖实录》卷204。
② 《明太祖实录》卷194。
③ 《明太祖实录》卷106。
④ 《循化志》卷2。
⑤ 《明太祖实录》卷151。
⑥ 《明太祖实录》卷217。

洪武二十六年二月癸未

遣使往西凉、永昌、甘肃、山丹、西宁、临洮、河州、洮州、岷州、巩昌沿边诸番，颁给金铜信符。敕谕各族部落曰："往者朝廷或有所需于尔，必以茶货酬之，未尝暴有征也。近闻边将无状，多假朝命扰害尔等，使不获宁居。今特制金铜信符，族颁一符。遇有使者征发，比对相合，始许承命。否者，械送京师，罪之。"①

分析一下这条材料，我们不难发现：第一，金牌信符制的施行区域，大体在今河西走廊及河、湟、洮、岷一线，正是明政府"断匈奴右臂"的防线。毫无疑问，金牌信符制是作为"隔绝羌胡"的重要手段来强化对这一地区控制的。第二，敕谕多少反映了当时"边将无状，多假朝命挠害"番民的真实情况。第三，在敕谕冠冕堂皇的言辞背后，宣布了政府的明确方针，"市马"变为"征发"，以金牌信符的"比对相合"，实行国家垄断，不许他人插手。为此，明政府三令五申，严禁茶叶走私。对于违犯禁令贩卖私茶的人，处以严酷的刑罚。连驸马都尉欧阳伦也因私茶"坐死"。

所谓"金牌"，实一铜牌。《明史·食货志》云，篆文上曰"皇帝圣旨"，左曰"合当差发"，右曰"不信者斩"。实际，这仅是铜牌背面的文字。据河州地区一家土司所藏铜牌实物，正面尚有编号和"信符"二汉字。②"下号金牌降诸番，上号藏内府以为契。三岁一遣官合符。"③ 在我们现在所看到的明人记载中，这种征发的仪式、规模都颇为可观：

每三年一次。钦遣近臣赍捧（上号金牌）前来，公同镇守三司等官，统领官军，深入番境扎营，调聚番夷，比对金牌字号，收纳差发马匹，给予价茶，如有拖欠之数，次年征收。④

---

① 《明太祖实录》卷225。
② 《循化志》卷5。
③ 《明史》卷80《食货四》。
④ 《明经世文编》卷115《杨石淙奏疏》。

无疑，还带有炫耀武力、弹压"番夷"、协调关系等多种使命。

那么，金牌信符制度下的马价如何呢？明代与西番地区的茶马贸易，因时因地，马价各不相同，差异很大。总的来说，金牌制下的马价偏低。我们举永乐年间河州的一个数字：

> 永乐八年十一月己丑
> 镇守河州卫陕西都指挥同知刘昭奏："陆续收到河州卫各番族马七千七百一十四匹。上马每匹茶六十斤、中马四十斤，下马递减之。……"①

以当时的物价计，所纳"差发"马的马价，最好的"上马"，折银还不足四两。完全是国家控制下的一种不等价交易。而在统治阶级看来，这是理所应当的，"如田之有赋，身之有庸，必不可少"。

明代一谈起朱元璋创设的金牌信符制度，无不交口称颂。弘治年间，御史杨一清督理马政，他在"议复茶马旧制"的奏疏中说道："……所谓以摘山之利而易充厩之良，戎人得茶不能为我害，中国得马足以为我利。计之得者，宜无出此。至我朝纳马，谓之差发，如田之有赋，身之有庸，必不可少。彼既纳马，而酬以茶斤，我体既尊，彼欲亦遂，较之前代曰互市、曰交易，轻重得失，较然可知。"他又说："以马为科差，以茶为价，使知虽远外小夷，皆王官王民，志向中国，不敢背叛。且如一背中国则不得茶，无茶则病且死，是以羁縻之贤于数万甲兵矣。此制西番以控北虏之上策。前代略之，而我朝独得之矣。"② 其实，国家控制下的这种不等价交易，弊病是很多的。

首先，不等价交易的剥削，最后都落在诸番的下层牧民头上，引起普遍的逃亡。即使在明代的官方记录中，逃避差发马的事例也是屡见不鲜的。

其次，不管政府颁布多么严酷的刑罚，都禁止不了私茶。政府压低差发马价，使得贩卖私茶成为一项极有利可图的事。茶叶走私已变

---

① 《明太宗实录》卷110。
② 《明经世文编》卷115《杨石淙奏疏》。

成一股不可遏止的潮流。金牌信符制颁布后,政府严厉打击走私而走私之风愈炽,是很说明问题的。从这个意义上讲,金牌信符制对西北少数民族地区和中原地区的交流往来是一个障碍。宣德以后,政府不得不放弃。《明史·食货志》将金牌制的废止归结为"番人为北狄所侵掠,徙居内地,金牌散失"是不准确的。实则是这种制度自身行不通。

第三阶段,茶马贸易的紊乱。宣德以后,明代政治愈加腐败,军事形势日益恶化。因之,与西北少数民族地区的茶马贸易,已失去章法。"听其以马入贡"而给予赏赐,在茶马贸易中占的比重愈来愈大。茶禁亦时严时弛,无定例。士马日益亏损,严重地影响到明王朝的国防力量。终明之世,政府主持下的茶马贸易,再也没有起色。相反的,民间贸易日渐兴盛,继续着中原地区和西北少数民族地区的经济联系。

河州在明代的茶马贸易中占有十分重要的地位。洪武初年西北的"市马",大多在河州进行;金牌信符制颁行,四十一面铜牌中,河州的纳马番族给二十一面,额定的差发马数,超过了其他各地的总和。另有相当数量的商茶,亦在河州集散。据《循化志》卷三,清初河州还有明代商人所建茶库八十间。当时,运茶的通道有二:一是四川的碉门,二是河州。它已成为西北地区茶叶的集散地和贸易中心。这种地位,促进了河州地区的经济发展,密切了各族人民之间的关系和友好往来。

最后,我们要探讨一下河州地区的"纳马番族",考察金牌信符制对这些部族的影响。《明史·食货志》云:金牌"凡四十一面:洮州火把藏、思囊日等族,牌四面,纳马三千五百匹;河州必里卫西番二十六族,牌二十一面,纳马七千七百五匹;西宁曲先、阿端、罕东、安定四卫,巴哇、申中、申藏等族,牌十六面,纳马三千五十匹"。河州的纳马番族,这里作二十六族。《明会典》卷37、《明经世文编》卷115均作二十九族。但到了清代康熙年间,王全臣修《河州志》时,纳马番族可考的只有十九族,名称如下:

珍珠族　　　　　世袭国师一　禅师一　土舍一
弘化族　　　　　世袭国师

灵藏族　　　　　世袭禅师
乩藏族　　　　　世袭百户
沙马族　　　　　世袭指挥同知
葱滩族
老鸦族
撒剌族
牙塘族
川撒族
打剌族
向化族
古都族
巴咱族
红崖族
端言族
回回族
迭古族
仰化族①

纳马十九族，虽明代文献统称西番，实际上并非同一民族，如撒剌族，即为中亚迁入民族。不少纳马族以地而名，如老鸦族、葱滩族、牙塘族、红崖族等。一族内最初属同一民族，后来逐渐各族混杂。清初，珍珠族土司韩成璋向清政府呈报珍珠族户籍时，就有"番汉土民居址"之说。② 由于纳马族领有政府金牌信符，不承担赋役，有相当的独立性，形成"自相君长"、世代承袭的管理体系，不少纳马族首领即转化为分土司民的土司。此为甘青土司的一个来源。清初，曾任河州知州的王全臣就谈到这种情况，他说："查河州沿边有土司国师共十九族，其中如弘化族弘化寺国师张老卜藏坚错、灵藏族马营寺禅师赵罗藏锁南、珍珠族永昌寺韩且令札失俱奉旨颁有敕劄印信。他如沙马族土司苏成威、乩藏族土司王镇海，虽无印信，俱有部

---

① 此据清《河州志》卷2。
② 《循化志》卷4。

札号纸，世相承袭。其余则并无部札号纸，止因隶河司（河州茶马司）中马，遂各自分为族类，自立为头目者也。伊等各有衙门，各设刑具，虎踞一方，威势赫炎。"① 成为河州地区一个严重的社会问题。

但是我们不能不看到，明代在河州地区的茶马贸易，积极作用是主要的。解缙在永乐年间谈到它的影响时说："先太祖高皇帝因其利而利之也。置茶马司于河州，岁运巴陕之茶于司，官茶其民得以马易之，夷人亦知有法禁忌畏，杀害之风帖息，而茶之谬恶亦少。数年之间，河州之马如鸡豚之畜，而夷人亦往来，慕知识，效信义，在仕为宦者，不但茶马之贡而已。"② 平心而论，作为民族政策的重要一环，茶马贸易确实含有积极经营的意义。

五

元明之际的战火动乱，使河州地区人口流亡，社会经济残破。洪武三年（1370年）九月，大将韦正被派去镇守河州时，所见到的是"城邑空虚，人骨山积"。以致"将士见之，咸欲弃之"③。河州卫建立后，韦正被任为指挥使，即着手召流亡，恢复社会生产。"正日夜抚循军民，河州遂为乐土。"④ 韦正也因此而受到明太祖的嘉奖。明太祖亲赐玺书慰劳他说："卿守西疆今已九年，恩威远播于戎羌，号令严明于壮士，忠心昭著于朝野，朕甚嘉焉。"⑤ 其后，继任指挥使的徐景，永乐间镇守河州三十余年的刘钊等，对河州地区的开发经营，均有建树。

总的来说，由于明政府对河州的重视，各族人民的共同努力，河州地区的社会经济，在明代有较大发展。明人说河州在"秦陇川西，繁华称首"⑥，恐非夸大之词。但是，因资料缺略，我们已经很难知

---

① 清《河州志》卷2。
② 《明经世文编》卷11《解学士集·送习贤良赴河州序》。
③ 《明史纪事本末》卷10。
④ 同上。
⑤ 《明太祖实录》卷105。
⑥ 明《河州志》卷1。

道其全貌，只能从以下几个方面略做考察。

第一，河州地区的屯田。

河州地区的屯田主要是军屯。河州卫初建时，军丁的缺粮问题即很突出，指挥韦正不得不征得朱元璋的同意，"请以茶布给军，令自相贸易，省挽运之苦"①。以解决军粮供给。但这只能是权宜之计。根本的办法，还是朱元璋在腹里、边地大力推行的卫所屯田。

河州卫的屯田始于何时，没有明确的记载。《明史·陆聚传》说洪武八年（1375年），河南侯陆聚同卫国公邓愈屯田陕西。镇守河州的韦正是邓愈的部下，受邓愈节制。由此推想，河州卫的屯田亦应始于八年前后。到洪武十三年，包括河州卫在内的陕西诸卫的屯田，已逐渐推行而颇具规模了，故朱元璋"诏陕西诸卫军士留三分之一守御城池，余皆屯田给食，以省转输"②。规定屯守比例。河州卫军丁近万人，按照这个比例，屯种的军丁有六七千人。而屯种的土地则有三千四百五十二顷七十三亩。③ 据明《河州志》，嘉靖时河州有户五千二百八户，居民九万八百四十五口，而耕种的土地仅三千五百五十八顷八十四亩，与河州卫军屯的地亩几乎差不多。这几个数字的对比，说明河州卫旗军屯田在河州地区的农业生产中已占有相当大的比重。

以六七千之军丁，屯种三千四百余顷土地，河州卫军屯分地一分的亩数约五十亩。这和全国大多数军卫屯田分地亩数是相符的。④

明《河州志》所载河州卫的屯粮是二万六百九十二石三斗八升有奇，屯草额三万一千三十八束有奇。这是嘉靖以前的数字，也可认为是"原额"。平均每顷征收的屯田子粒是六石多，屯草约九束。明代军屯的定额征收和制度划一是明成祖即位以后的事，而且在英宗正统二年（1437年）"令每军正粮免上仓，止征余粮六石"⑤。也就是说，从正统二年以后，屯军每分地固定规定交纳的子粒（相当于地租）是六石。河州卫军丁分地每分约五十亩（半顷），那么河州卫每分地

---

① 《明史》卷134《宁正传》。宁正幼为韦德成养子，冒韦姓，后复宁姓。
② 《明太祖实录》卷133。
③ 屯地亩数和下面几个数字均见明《河州志》卷1。
④ 参见王毓铨《明代的军屯》。
⑤ 《大明会典》卷18《户部·屯田》。

征收的屯田子粒是三石多。如果这几个数字误差不太大的话，那么，河州卫屯田份地的征收率较大多卫所屯田子粒的征收率要低一半左右。这恐怕是因边卫所处地位特殊，政府的考虑应有差别。

河州卫的屯田组织是建所立屯、因屯设寨。卫下左、右、中、前、后、中前六个屯田所，加上归德千户的中左屯田所，共七所，每所建十个屯寨，河州卫共有七十屯寨。

明代的军屯，说到底是一种强制性的封建奴役制度。屯田的军户地位低下，负担沉重。随着明代政治危机的加深，军屯的积弊也日益严重。屯政大坏、军丁逃亡、屯田抛荒、屯粮失额的情况在明代河州卫的军屯中有相当典型的反映。请看下面我们根据明《河州志》的材料制作的简表：

	原额	现在
卫军	9888 名	5559 名（弘治正德后）
屯田	3452 顷	2666 顷（嘉靖后）
屯粮	20692 石	4716 石（嘉靖后）
地亩银	344 两	78 两（嘉靖后）
屯草折粮	2172 石	490 石（嘉靖后）

此表地亩顷以下、粮石以下、银两以下均略去不计

但是另一方面，我们也应看到明代军屯的积极作用，特别是像河州卫这样的边远地区，明代前期的军屯不仅部分地解决了卫所军人的俸粮，强兵足食，减轻了转运之劳；而且垦复了荒闲地，增加了生产。同时，也加强了各族人民之间的交流联系，军户的屯垦成边对开发河州有着积极的贡献。如河州卫有贵德千户所，永乐年间拨派军丁一百二十五名，建十屯以屯田。十屯之中有名吴屯者，"其先盖江南人，余亦有河州人。历年既久，衣服言语渐染夷风，其人自认为土人，而官亦目之为番民矣"[①]。这里所说，是清代乾隆年间的情况，去明未远。很能反映江南籍的屯田军户与河州当地人民共同开发建设

---

① 《循化志》卷4。

河州地区的巨大贡献。

第二，河州地区的集市与番厂。

河州地区的集市以粮食和畜类贸易为主。据明《河州志》的记载，有大市，即粮货市，中市即畜类市，"五谷充积""六畜咸集"，交易均"至午而散"。弘治八年（1495年）以后，又在州南六十里的宁河镇、州南一百二十里的定羌镇立市，每三日一聚。由于河州是明代西北茶马贸易的集散地，处在中原与藏地联系的重要桥梁地位，所以，四方商贾云集该地，汉藏贸易占有十分突出的地位。河州南关市有"客店一十八座，四方商贾居焉"①。此外，有所谓"番厂"之设。

番厂是专为藏族和其他一些少数民族来河州贸易所建的居留之地，据载，"周围一百三十八丈，长四十三丈，阔二十六丈。正厅七间，大门三间，二门三间，厢房一百二间"②。就当时而言，颇有些规模。透露出少数民族商业贸易繁荣的情况。但是，也应看到，河州番厂的设立，又是明代统治者民族歧视民族隔离政策的产物。明《河州志》说得很清楚："自建茶马司以来，诸番悉假居民舍，有识者病焉。至嘉靖己酉创建番厂，番汉截然，交通遂绝。"所谓"番汉截然，交通遂绝"，只不过是统治者的设想。各族人民之间的商业贸易和友好往来，岂是一个番厂所能限制的。

第三，河州地区的水利。

河州在明代二百多年间，自然灾害较多。洪武十三年（1380年）九月、十一月、十二月，河州连续三次发生强烈地震。③ 天顺五年（1461年）七月，河州南山发生山崩，大夏河为之阻断，数日不流。成化三年（1467年），"大旱，饥，人相食"。④ 成化十七年（1481年）五月，河州又有强烈地震。⑤ 嘉靖十四年（1535年），"大雨，洪水，河溢十余丈，东西六十里，淹没房屋人畜无数"。嘉靖四十四

---

① 明《河州志》卷1。
② 明《河州志》卷2。
③ 见《明太祖实录》卷133、134。
④ 明《河州志》卷1。
⑤ 同上。

年（1565年），河州遭大荒。"人相食，城池四野积尸无数。"①

以上，只是河州地区见于记载的特大灾害，至于旱涝等一般性的天灾，那就更多了。如洪熙元年（1425年）至宣德二年（1427年）连续三年"天旱薄收"，政府蠲免河州税粮一万六千八百四十一石，②即为一例。

在灾害如此频仍的自然条件下，兴修水利就成为河州发展农业生产的一个至关重要的问题。明河州地区河流纵横，北有黄河，南有大夏河、牛脊河，东有洮河，西有洪水河，东北大通河，西北银川河、样卑河、老鸦关河，东南广通河、三岔河，西南槐树关河，多可兴灌溉之利。而人工疏通的灌溉渠道，则以沟通州城西北的老鸦山口和州城东的九眼泉的灌溉系统为最著。据载，成化十九年（1483年），河州守备指挥康永设坝编次人户，"轮流浇灌，百五十里内田间，水道周流不息，民咸利焉"③。后因年久湮废，又于隆庆四年（1570年）重修，开渠疏通，"人民遇旱浇灌，甚有济焉"④。并且沿这条灌溉渠植树二千棵。

水力资源的利用不只是灌溉，明代河州地区的水磨在西北各地也是首屈一指的。《河州志》上说，河州境内的每渠都有水磨一轮、二轮、三轮不等，总数在一千八百以上。不仅便利了人民生活，而且水磨课税成为当地政府的一项稳定收入。它是河州地区农业生产发达的一个标志。

第四，河州地区的驿站和桥梁。

因为河州在明代汉藏交通和西北边防上所处的重要地位，政府很重视河州地区的驿站建设。元代河州境内有"纳邻七站"，即三岔、讨来、边多、保安、清水、长宁、银川七驿，明代仍之。每站置马八匹，军五名。此外，明代在通往西宁卫及安多藏区的交通要道上，增设了凤林驿和凤林递运所，在通往洮岷及乌斯藏的通道上增设和政驿、定羌驿和和政递运所、定羌递运所、三岔递运所。这样，明代河

---

① 明《河州志》卷1。
② 《明宣宗实录》卷37。
③ 明《河州志》卷1。
④ 同上。

州境内的驿站和递运所，相当于元代的两倍。在这条驿站遍置的大道上，政府使团、商旅及藏地朝贡使节往来不绝。加强了各族人民的政治、经济、文化交流，密切了汉藏关系。

河州地区河流纵横，见于记载的桥梁有大夏桥、左丞桥、折桥、洩湖桥、永济桥、南门桥、宁河桥、银川桥等，虽然并非全是明代所建，但大多在明代经过重修整治。此外，还有几个重要的渡口：一是通往西宁方向的黄河上渡，置官船二只，水夫二十名；二是通向庄浪卫的黄河下渡，明设千户一员把守，嘉靖时动支官银，造船二只，编佥水夫六名；三是通向兰州的洮河渡口，有船一只，水夫四名。这些桥梁和船渡，便利了交通。

第五，河州卫的杂造局。

像河州这样的边卫，军队的武器装备是怎样解决的呢。明《河州志》记载说，河州卫在明洪武年间，就建立了由军器库、匠房、官厅组成的杂造局。这个杂造局每年可制造：

甲	二百六十副	盔	一百六十顶
弓	二百张	刀	三百把
撒袋	二百副	箭	一千五百枝
弓弦	三百条	斩巴刀	四十把
长牌	四十面	涌珠炮	五十二位
快枪	三百五十九杆		

《河州志》在"快枪"后附注，称此为隆庆三年（1569年）河州参将张翼创造，"本营军前使用"[①]。

如果河州卫的杂造局每年都可按上述项目、指标完成制造的话，这个杂造局的规模、产量是相当可观的。它完全可以满足一个卫的军械供应和更替。虽然，限于材料，我们对河州杂造局的情况还不能有更多的了解，但仅此一点，对明代卫所建置的研究，也是很宝贵的材料。

《明史·西番诸卫传》在记述了明代河州等边卫的历史变迁后说："原夫太祖甫定关中，即法汉武创河西四郡隔绝羌胡之意，建重镇于甘肃，以北拒蒙古，南捍诸番，俾不得相合。又遣西宁等四卫土官与

---

① 以上均见明《河州志》卷2。

汉官参治，令之世守。且多置茶课司，番人得以马易茶。而部族之长，亦许其岁时朝贡，自通名号于天子。彼势既分，又动于利，不敢为恶。即小有蠢动，边将以偏师置之，靡不应时底定。……故议者以太祖制驭为善。"这段话，出自清初文人之手，自然带有浓厚的封建意识和民族偏见。但是，它也确实总结了明朝政府开发经营河、湟、洮、岷地区的历史。从这个意义上讲，河州卫的研究，是有价值的。

《西北民族研究》1986年第00期

明代中央政府赴藏地使者事辑（上）

王 玉

明代，是我国西部藏族地区和中央政府、祖国内地的政治联系、经济文化交流长足发展的时期。它上承元代开始的中央政府对藏族地区的直接统辖，下启清代中央政府对藏族地区行政体制的一系列重大改革，对这一地区的社会进程发生过深远影响。明政府在藏地建西番诸卫所，设置乌斯藏[①]、朵甘行都指挥使司及各宣慰司、招讨司、长官司，扶植佛教，册封各级僧人，确立朝贡制度和差发赋役，开展茶马贸易，其后果不只是魏源所说的"终明世元西番患"[②]，更重要的是加强了藏地与祖国内地的联系，增进了各族人民之间的友谊和交流。其中，明代中央政府派遣大批使者去藏族地区，就是这一联系不断加强的一个环节，在明代汉藏关系史上占有十分重要的地位。

当然，岁久传湮，载籍遗漏，考察全部使者的姓名、事迹，已属不能；即使是见诸典籍的使臣，亦有不少姓名失考者。但是，毕竟还有不少使臣，及丰富多彩的明代史料，得以留名，而其事迹，则可考见明代政府与藏地联系的一个侧面。故此，我们辑录了《明实录》具名的赴藏地使者计四十八人，略考其事迹行状，草为事辑一篇。其他文献所载之去藏使者，限于篇幅不录。

[①] "乌斯藏"也作"乌思藏"。
[②] 《圣武记》卷5。

一　许允德

明朝政府与藏地的联系，是从刚刚建国就开始的。洪武二年（1369年），徐达进军西北，朱元璋即派使者诏谕吐蕃。《太祖实录》卷42洪武二年五月甲午（1369年6月5日）条载：

> 遣使持诏谕吐蕃。诏曰："昔我帝王之治中国，以至德要道民用和睦推及四夷，莫不安靖。向者胡人窃据华夏百有余年，冠履倒置，凡百有心孰不兴愤。比岁以来，胡君失政，四方云扰，群雄纷争，生灵涂炭，朕乃命将率师悉平海内，臣民推戴为天下主，国号大明，建元洪武。式我前王之道，用康黎庶。惟尔吐蕃邦居西土，今中国一统，恐尚未闻，故兹诏示使者至吐蕃。"

元朝政府对吐蕃上层的优待政策以及朱明刚刚建国，在西北地区与蒙元残部的决战局势当时还不明朗，这些，都使吐蕃诸部首领心怀疑虑。所以，初次的诏谕，并未使他们立刻归附。"吐蕃未即归命，寻复遣陕西行省员外郎许允德往诏谕之。"①

许允德是降明的元陕西行省员外郎，明政府选择他作为使者去藏族地区，必然是因他具备了与藏族人打交道的经历和才干，并取得了朱明王朝的信任。在此期间，吐蕃一些部落与明政府军在新占领区的冲突不时发生。

许允德的最大功绩，是替明政府招抚了元吐蕃宣慰使何锁南普等一大批元朝委任的吐蕃首领，并使元宗室、镇西武靖王卜纳剌归降，为明王朝在河、湟、洮、岷一线建立西番诸卫所铺平了道路。

> 洪武三年六月乙酉
> 故元陕西行省吐蕃宣慰使何锁南普等，以元所授金银牌印宣敕诣左副将军邓愈军门降，及镇西武靖王卜纳剌亦以吐蕃诸部来

---

① 《太祖实录》卷42。

降。先是，命陕西行省员外郎许允德诏谕吐蕃十八族、大石门、铁城、洮州、岷州等处，至是，何锁南普等来降。①

不仅如此，卫藏地区吐蕃诸部的归明，乌斯藏、朵甘诸卫的设置，亦全赖许允德的招抚。《太祖实录》卷79载：

> 洪武六年二月癸酉
> 诏置乌斯藏、朵甘卫指挥使司宣慰司二、元帅府一、招讨司四、万户府十三、千户所四。以故元国公南哥思丹八亦监藏等为指挥同知、佥事、宣慰使同知、副使、元帅、招讨、万户等官凡六十人。以摄帝师喃加巴藏卜为炽盛佛宝国师。先是遣员外郎许允德使吐蕃，令各族酋长举故官至京授职，至是喃加巴藏卜以所举故元国公南哥思丹八亦监藏等来朝贡，乞授职名。

明政府不费一兵一卒，而使辽阔的藏族地区纳入它的版图，许允德是起了很大作用的。这一时期，许允德几乎成为明王朝出使藏族地区的全权代表，频繁地出入藏地：

> 洪武七年三月癸巳
> 陕西行省员外郎许允德自西番朵甘、乌斯藏使迁，赐冠带、罗衣及钱。②
> 洪武七年十二月壬辰
> 炽盛佛宝国师喃加卫藏卜及朵甘行都指挥同知锁南兀即尔等遣使来朝，奏举土官赏竺监藏等五十六人。诏增置朵甘思宣慰司及招讨等司……遣员外郎许允德赍诏及诰印往赐之。……③
> 洪武七年十二月甲午
> 上以员外郎许允德使朵甘、乌斯藏命给其家常俸外，月增米

---

① 《太祖实录》卷53。
② 《太祖实录》卷88。
③ 《太祖实录》卷95。

三石赡之。

许允德官至明使西番礼部员外郎，是见于史籍的唯一出使藏地的专职使者。他于洪武七年（1374年）十二月己未卒于河州，见《太祖实录》卷95：

> 使西番礼部员外郎许允德卒于河州。上痛惜之。允德先是陕西行省员外郎，升今官，至是卒。

二　克新

朱元璋似乎很早就注意到了藏族地区对佛教的崇尚，故遣人往藏地时因其习俗，以僧为使。汉僧克新，就是明政府第一次派往藏地的僧人使节。

《太祖实录》卷53洪武三年（1370年）六月癸亥条载：

> 命僧克新等三人往西域诏谕吐蕃，仍命图其所过山川地形以归。

反映了明初的统治者力图了解西部边疆地区的强烈愿望。

三　巩哥琐南

明初，政府对周边少数民族的主要工作是招抚，因而也就相应地设置了通晓各少数民族语言文字的翻译机构。这些机构中任职的，有不少是少数民族。如洪武七年（1374年）十二月，"以西番僧连贡隆为西番通事舍人，赐文绮、袭衣、靴帽"。[①] 这批"通事舍人"就常常作为政府使节出使各少数民族地区。《太祖实录》卷55洪武三年八月庚申条载：

[①] 《太祖实录》卷95。

遣通事舍人巩哥琐南等往西域诏谕吐蕃。

巩哥琐南是任通事舍人的藏族人，在沟通汉藏关系上，做出了贡献。最后，为汉藏人民的友好往来，他献出了生命：

洪武九年七月
是月，通事舍人巩哥琐南等，诏谕吐番还至川藏尕工之地，皆遇害。①

明政府对巩哥琐南之死极为震惊。为确保与藏地的交通联系，明政府严厉地处置这一事件。洪武十年（1377年）四月，"命卫国公邓愈为征西将军，大都督同知沐英为副将军，率师讨吐蕃。先是，吐蕃所部川藏邀杀使者巩哥琐南等，故命愈等讨之"②。五月，"征西将军邓愈兵至吐蕃，攻败川藏之众，追至昆仑山，斩首甚众，获马牛羊十余万，遂遣凉州等卫将士分戍碾北等处而还"③。

四　王伯彦

洪武时与藏族地区的联系极频繁，赏赐往往都派特使。

洪武四年八月己酉
遣工部主事王伯彦往河州，赐山后七驿世袭土官劳哥等文绮、银碗。④

五　韩加里麻

藏族聚居区之一的河湟洮岷一带，明政府先后设置了河州、西

---

① 《太祖实录》卷107。
② 《太祖实录》卷111。
③ 《太祖实录》卷112。
④ 《太祖实录》卷67。

宁、洮州、岷州等"西番诸卫"。这些卫所的军人，也常常被任命为政府使节，出使藏族地区。河州卫镇抚韩加里麻即是记载中最早派遣的卫所军人。

洪武六年二月

（乌斯藏炽盛佛宝国师）喃加巴藏卜等辞归，命河州卫镇抚韩加里麻等持敕同至西番，诏谕未附土酋。①

韩加里麻的出使是颇有成效的：

洪武七年十二月甲寅

乌斯藏怕木竹巴辇卜阇吉剌思巴、赏竺监藏巴藏卜等遣使进表及方物。

先是，命河南（"州"之误）卫镇抚韩加里麻同国师喃加巴藏卜特敕至乌斯藏诏谕未附番酋，并以文绮赐之。至是，来谢。诏赐文绮、禅衣及织金文绮有差。②

六　赵成

唐宋以来，中原与藏族地区的茶马贸易，至明代规模更大，制度更趋完善。大规模的茶马贸易，又成为出藏使者的一项重要使命。洪武八年（1375年），赵成往河州市马，就是茶马使者的初次记载：

洪武八年五月戊辰

遣内使赵成往河州市马。初，上以西番素产马，其所用货泉与中国异，自更钱币，马之至者益少。至是，乃命成以罗绮绫帛并巴茶往市之。仍命河州守将善加抚循，以通互市。马稍来集，率厚其直偿之。成又宣谕德意。自是番酋感悦，相率诣阙谢恩，

---

① 《太祖实录》卷79。
② 《太祖实录》卷95。

而山后归德等州西番诸部落，皆以马来售矣。①

这里反映的问题很多，但有一点很清楚，茶马使者兼有"宣谕德意"的使命，茶马贸易在统治者的心目中，绝非一项单纯的经济活动。

七　何锁南普

锁南普原为元吐蕃宣慰使，驻河州。洪武四年（1371年），受许允德招抚，诣邓愈军前归降，授河州卫指挥同知，赐姓为何，故名何锁南普。他出使藏地的年月、事迹失载，但《太祖实录》卷125洪武十二年（1379年）七月戊申条称：

> 河州卫指挥同知何锁南普、镇抚刘温各携其家属来朝。敕中书省臣曰："君子贵守信而行义，今何锁南普自归附以来，信义甚坚。前遣使乌斯藏宣布朕命，远涉万里，不殚勤劳。及归，所言皆称朕意。今与刘温各以家属来朝，宜加礼待，其赐何锁南普米、麦各三十石，刘温米十石，麦如之。"

何锁南普出使藏地的时间当在洪武四年（1371年）至十二年。又《太祖实录》卷87洪武七年正月壬午条有"赐河州卫指挥同知何琐南普等三人白金各二百五十两"的记载，很可能是出使归来而受到的赏赐，何锁南普卒后，其子何铭袭职，以后子孙世袭罔替，延续五百年之久，是甘青地区著名的土司之一。

八　宗泐

宗泐，是明初政府宗教与民族事务中相当活跃的僧人之一，他曾多次作为使节执行政府使命。宗泐出使的地区很广，与藏地有关系的

---

① 《太祖实录》卷100。

一次出使见于《太祖实录》卷140：

> 洪武十四年十二月乙卯
> 僧宗泐还自西域。俄力思军民元帅府、巴者万户府遣使随宗泐来朝，表贡方物。

宗泐在西域活动的时间很长，招抚吐蕃部落，似乎并不是他的主要使命。真正使他在中西交通史上享有盛名的，则是他经西域而去印度，取回《庄严宝玉》《文殊》等佛经。

九　钟顺

明政府对从藏地来归顺的元故官给以特别的礼遇与厚赐，有时还派人送还他们的专使，如洪武十五年（1382年）七月：

> 故元四川分省左丞瓦剌蒙遣理问高惟善等，自西番打箭炉长河西来朝，上故元所授银印。……命行人钟顺送故元来朝理问高惟善还西番。①

十　智光

汉僧智光，洪武十七年（1384年）曾奉玺书彩帛诸物至卫藏地区及邻近的尼八剌（尼泊尔），成祖即位，又一次派遣智光使藏。《太宗实录》卷11洪武三十五年八月戊午条云：

> 遣僧智光赍诏馆觉、灵藏、乌斯藏必力工瓦、思达藏、夭思、尼八喇等处，并以白金、彩币颁赐灌顶国师等，凡白银二千二百两、彩币百一十表里。

---

① 《太祖实录》卷146。

十一　高惟善

　　高惟善原为元四川分省左丞瓦喇蒙的理问官，洪武十五年（1382年）作为瓦喇蒙的专使去南京，"上故元所授银印"。他显然得到了朱元璋的赏识，不仅派行人钟顺送他回去，而且在洪武十六年四月，调高惟善为礼部主事，[①] 常常作为政府使节，以加强与川西藏区的联系。《太祖实录》卷188洪武二十一年二月壬戌云：

　　　　礼部主事高惟善自长河西、鱼通、宁远等处还，上言曰……

　　以下，有高惟善给朱元璋的长篇报告，纵论这一地区的形势，提出建议，对加强明政府对这里的统治，是有积极意义的。从中，也反映了朱元璋用人的眼光与魄力。

十二　侯显

　　明代宦官，自靖难之役，始掌出使、监军、专征、分镇、刺臣民隐事诸大权。司礼监太监侯显，即以"使西番"知名半册。《明史》卷304《侯显传》云："当成祖时，锐意通四夷，奉使多用中贵。西洋则和、景弘，西域则李达、迤北则海童，而西番则率使侯显。"而"显有辩才，强力敢任，五使绝域，劳绩与郑和亚"。从明一代使西番的次数、规模上讲，侯显都可称第一。

　　侯显第一次出使藏地在永乐元年（1403年）二月，《太宗实录》卷17载：

　　　　遣司礼监少监侯显赍赍书、币往乌斯藏，征尚师哈立麻。盖上在藩邸时，素闻其道行卓异，至是遣人征之。

[①]《洪武实录》卷153。

侯显此行数千里，至永乐四年（1406年）十二月始与哈立麻同来北京，《太宗实录》卷62云：

> 遣驸马都尉沐昕迎尚师哈立麻。先是，命中官侯显等往乌斯藏征哈立麻。至是，显遣人驰奏已入境，故遣昕迎之。

哈立麻至京，明成祖在奉天殿廷见，宠赉优渥，仪仗鞍马什器多用金银为之，道路煊赫。后敕封为如来大宝法王，领天下释教，给印诰制如诸王，而侯显则由奉使功劳，由少监擢太监。①

侯显在永乐十一年（1413年）、十三年、十八年又三次奉命出使，其足迹已远远地超过卫藏地区，活动在南亚大陆。

侯显末一次出使已到了宣宗时：

> 宣德二年四月
> 遣太监侯显赍诏敕往乌斯藏等处谕怕木竹巴灌顶国师阐化王吉剌思八监藏巴里藏卜、必里工瓦阐教王领真巴吉监藏、灵藏赞善王喃葛监藏、尼八剌国王沙的新葛、地涌塔王子可般、辅教王喃葛列思巴罗葛啰监藏巴藏卜等，各赐之绒锦、纻丝有差。②

这很像是一次中央大员对藏地的视察活动。为此，明政府——

> 以遣太监侯显往乌斯藏、尼八剌等处抚谕给赐，遣人赍敕驰谕都督金事刘昭，领指挥后广等原调洮州等六卫官军护送出境，仍敕川卜、川藏、陇答、罕东、灵藏、上笼卜、下笼卜、管牒、上邛部、下邛部、乌斯藏怕木竹巴、必里工瓦等处及万户、寨官、大小头目、军民人等，给道里费，且遣人防护。③

---

① 《明史》本传。
② 《宣宗实录》卷27。
③ 同上。

侯显的视察整整经历二年，宣德四年（1429年）四月始返京城：

> 太监侯显等归自乌斯藏，以乌斯藏所遣朝贡喇嘛僧人入见。……①

不久，侯显上奏皇帝，在谈到他这次的经历时说：

> "先使乌斯藏，至邛部之地，遇贼劫掠官军马牛，随行官军与贼对敌，有勇敢当先者，有齐力向前者，有擒贼者，有斩贼首级者，有阵亡者，通四百六十余人，悉具名闻。"上命行在兵部："擒贼及斩首与当先者，皆升一级；齐力向前者，加赐赏；阵亡者，升用（其子），仍恤其家。"②

仅立功及阵亡官兵就具名四百六十余人，随行人员的数目当更多，侯显所率的使团是相当庞大的。也许，这是明政府派往藏的最大使团。

十三　丹竹领占、格敦增吉等

明代承袭元代优容藏地佛教首领的政策，除册封一大批法王、国师、禅师之外，还任用藏族僧人在明廷担任僧官。同时，一些藏族僧人也充当政府使节，去藏地执行各种使命。从记载看，番僧使西番始于永乐初，而充任使臣姓名可考的第一批番僧就是丹竹领占、格敦增吉等人。《太宗实录》卷33永乐二年（1404年）八月癸巳条云：

> 遣番僧丹竹领占、格敦增吉等赍敕谕西番八郎、马儿咂、懒藏等族。

---

① 《宣宗实录》卷53。
② 《宣宗实录》卷62。

十四　刘昭等

为确保与藏地的联系，明王朝在通往卫藏的各交通要道上遍设驿站，这些建驿站的使臣往往兼有"抚安军民"的使命，如永乐五年（1407年）三月辛未：

> 敕都指挥同知刘昭、何铭等往西番、朵甘、乌斯藏等处设立站赤，抚安军民。①

后来，刘昭又率人使乌斯藏。其年月虽然失载，但在永乐十三年（1415年）二月，刘昭却因这次使命得到明政府的提升；与他同行的约七十七人，大多是西番诸卫的卫所军人。详见《太宗实录》卷161：

> 升陕西都指挥同知刘昭等官。先是，昭等七十七人奉使乌斯藏还，至灵藏莽站遇番贼。昭等与战，败之。贼死伤甚重，遂奔北。至是，上嘉其功，以昭为陕西都指挥使，河州卫指挥同知朱荝为本卫指挥使，洮州卫指挥佥事丁黻为本卫指挥同知，羽林前卫正千户吕敬，洮州卫正千户房旺各为本卫指挥佥事，其千户张健、百户旗军李雄等七十余人升授有差。

宣德初，刘昭又奉命诏谕洮州番族。《宣宗实录》卷18宣德元年（1426年）六月丁亥云：

> 行在兵部奏："比者陕西洮州思囊日簇番人屡窃思囊日、沙刺簇牛羊等物，已有旨命陕西三司及守洮州都指挥李达体审是实，就谕以祸福，令还所窃。今三司言，都督刘昭尝入番买马，番人信服。乞敕昭率兵与三司遣官偕往招谕。"从之。

---

① 《太宗实录》卷65。

刘昭得"番人信服",颇能反映刘昭在处理民族事务中的威望。次年五月,刘昭又被派往乌斯藏:

> 命备御甘州都指挥刘永守河州。初,都督佥事刘昭守河州,至是昭奉命往乌斯藏,请以永代守,故命之。①

作为河州的镇守官,刘昭在很长时间里,主持着河州地区的茶马贸易,从这个意义上讲,他又是官方贸易使团的主持人。如永乐八年(1410年)十一月己丑:

> 镇守河州卫陕西都指挥同知刘昭奏:"陆续收到河州卫各番簇马七千七百一十四匹,上马每匹茶六十斤,中马四十斤,下马递减之,共给茶二十七万八千四百六十斤,已选配牝马千四百三十四匹,发陕西、甘肃二处苑马寺孳牧。今以马六千二百八十匹送北京,命太仆寺牧养。"②

茶马交易的数额、留养、发送都是刘昭一手处理的。宣德间,刘昭奏乞致仕,明政府在挽留他的敕谕中称赞他"练达老成,久镇西陲、番人信服",似乎并非溢美之词。

十五　何铭

何铭即上文所述之何锁南普之子。见于记载的两次去藏地,均为设置驿站。看来,他是继承了乃父"克通译语"之才的。第一次为永乐五年(1407年),见上文刘昭条,第二次在永乐七年二月:

> 陕西都指挥同知何铭等六十人往乌斯藏等处分置驿站,还

---

① 《宣宗实录》卷28。
② 《太宗实录》卷110。

奏，赐钞币、衣服有差。①

十六　关僧

明成祖崇信佛教，继永乐元年（1403年）派侯显征召乌斯藏尚师哈立麻之后，永乐八年十月又派关僧征尚师昆泽思巴。《太宗实录》卷108载：

> 遣内官关僧赍书及白金、彩币，往西土征尚师昆泽思巴。

关僧返回的时间失载，但是，永乐十年（1412年）十二月"乌斯藏尚师昆泽思巴来朝，先遣人进舍利、佛像"②。永乐十一年二月，"尚师（《实录》作'思'，误）昆泽思巴入见。赐藏经、银钞、彩币、鞍马、茶、米等物"③。据此可推知关僧的回京时间，当在永乐十年底至十一年初。

十七　乔来喜

乔来喜是死于汉藏通使道路上的另一位使臣。他的出使，最早可追溯到永乐十五年（1417年）二月，《太宗实录》卷185云：

> 遣内官乔来喜等赍佛像、佛经、金银法器、彩币等物往乌斯藏，赐正觉大乘法王昆泽思巴。

永乐二十二年（1424年），乔来喜再率使团出使藏地，不料中途遇难。甘肃总兵官都督费瓛的报告说：

---

① 《太宗实录》卷88。
② 《太宗实录》卷135。
③ 《太宗实录》卷137。

安定、曲先、赤斤、密落等处，有贼千余人，于必力出江黄羊川杀伤朝使内官乔来喜等，劫夺彩币、马骡等物。①

政府给安定等卫的敕谕说：

比朝廷差内官乔来喜等，同乌斯藏等处贡使，赍敕及彩币等物，往乌斯藏、尼八剌等处公干，至必立出江黄羊川，遇安定、曲先、赤斤、密落等处贼徒五千余人截路，杀伤使臣、劫夺彩币、马骡牛等物，罪不可容……②

费瓛的报告和政府的敕谕均说"杀伤使臣"，但后来确知，乔来喜已遇害身死，同时遇难的还有另一位使臣邓诚。《宣宗实录》卷7洪熙元年（1425年）八月戊辰条云：

陕西行都司土官都指挥李英讨安定、曲先寇，败之，以捷闻。永乐末，朝廷遣中官乔来喜、邓诚等使西域，道经安定、曲先之地，番寇五千余人邀劫之，掠所赍赐币，来喜、诚皆被害。……

《实录》同卷西宁都督史昭亦言"劫杀使者"。

十八　邓诚

与乔来喜同时遇害的邓诚，也是出入藏地的一位使臣，他的最早出使，见诸《实录》在永乐十六年（1418年）八月戊寅：

尼八剌国王沙的新葛遣人贡方物。上遣中官邓诚赍敕往赐之锦绮、纱罗，与其贡使偕行。凡所经罕东、灵藏、必力工瓦、乌

---

① 《仁宗实录》卷2。
② 同上。

斯藏、野兰可般卜纳等处，头目皆有赐赉。①

邓诚此行是与尼泊尔朝使同行，代表明政府回赐尼泊尔国王的，但所经卫藏地区，对各部头目"皆有赐赉"，表明他的使命不是单一的。明政府注意笼络藏地各部头目，于此可见一斑。

邓诚之死见上，他也为汉藏人民之间的友好往来献出了生命。

十九　李本、凌友谅

招抚边远地区番族的工作直到永乐时还在进行。《太宗实录》卷223载：

> 永乐十八年三月癸未
> 遣鸿胪寺丞寺垂李本、凌友谅等往谕勒白等百余寨寨首目儿等。勒白在西南最远，朝贡未通，故遣使抚谕焉。

二十　戴兴

送还贡使、回赐礼物的使者戴兴，与乔来喜、邓诚俱为中官，其活动仅见于《太宗实录》卷258：

> 永乐二十一年四月己巳
> 乌斯藏怕木竹巴灌顶国师阐化王吉剌思巴监藏巴里藏卜等使臣端岳竹巴等辞还。遣中官戴兴等赍诏与俱往赐吉剌思巴监藏巴里藏卜等锦绮等物。

二十一　那那

那那的族属不明，其身份为罕东卫土官指挥。据载，他作为使

---

① 《太宗实录》卷203。

者，执行过一次特殊使命：

> 洪熙元年十一月己未
> 罕东卫土官指挥那那奏："所属番民桑思塔儿等一千五百人，例纳差发马二百五十匹，数年多逃居赤斤。近都督李英等率兵捕寇，逃者惊愕，欲聚众还归罕东，乞为招抚复业。"上谓行在兵部尚书张本曰："此初失抚绥致其逃窜，彼虽犷悍，我能安之，则彼亦安矣。其令费瓛等，差人同那那往招抚令归，无责其过，旧所负差发马悉免去"①。

那那的报告反映了这样一个事实，即明政府对西番、塞外诸卫所辖番民的差发马征收额是很重的，竟六人而均一匹，番民不堪如此剥削，只好逃避而迁居他地。宣德时的民族政策似还持重，"招抚令归，无责其过，旧所负差发马悉免去"。处置是较为得当的。

二十二　陈通

陈通是西宁卫指挥使，据《明实录》载，作为出使藏地的使者凡三次，而活动的地区则大体在安定、罕东诸卫的西番部落。

陈通第一次出使的时间在宣德元年或稍早一些。《宣宗实录》卷23 宣德元年（1426年）十二月甲子条载：

> 升西宁卫指挥使陈通为都指挥同知、指挥同知祁贤为指挥使。先是，朝廷遣通等往罕东、安定招抚番民，皆复业，而安定卫指挥使阿延拜子剌等及罕东卫密罗簇和尚端岳坚藏遣头目绰失加等来朝。遂命阿延拜子剌为都指挥佥事，绰失加为所镇抚，赐冠带、衣物，遣还。凡密罗簇大头目之复业未来朝者，皆升赏有差。而通等以招抚劳，亦皆得升云。

---

① 《宣宗实录》卷11。

第二次在宣德二年（1427年）三月，《宣宗实录》卷26云：

> 遣都指挥同知陈通等，往赐安定等卫归顺指挥使哈三等，及招抚回还官军指挥同知阿卜多儿等七百一十六人钞及彩币表里有差。

第三次在宣德三年（1428年）二月，《宣宗实录》卷37载：

> 遣都指挥陈通等赍敕往西番赐弘妙广济大国师吒思巴儿监藏、安定王亦攀丹等金织袈裟、禅衣、白金、文绮表里及纻丝、袭衣有差。

陈通三次使藏地的时间相距甚短，宣德三年（1428年）以后，再也未看到陈通使西番的材料。（待续）

《西藏研究》1986年第1期

明代中央政府赴藏地使者事辑（下）

李鲁平

二十三　何敏

何敏即上文所载的何锁南普之子、何铭之弟，父子三人皆充任使西番使者，亦属罕见。明政府的这一安排，显然是考虑到这样一个事实，即由于何锁南普曾任元吐蕃宣慰使，何氏家族在藏族地区是有影响的。

宣德初，松潘卫军人激变生番，发生松潘之乱，何敏的出使活动，即自此始。

> 宣德二年五月丙午
> 升行在鸿胪寺丞何敏为行在锦衣卫指挥事。敏习番语，始由通事进。至是命与都指挥事蒋贵往同松潘卫指挥吴玮招抚番寇。……①

何敏本人是藏族，又"习番语，故此一入松潘，即亲闻松潘之乱的真实原因"。《宣宗实录》卷31载何敏奏疏诸情形是饶有兴味的：

> 宣德二年九月乙巳
> 行在锦衣卫指挥何敏奏："七月内臣令番僧失剌藏卜等至诸族寨诏谕番蛮。麦匝寨番人结弟言：'我向化四十余年，未尝敢

---

① 《宣宗实录》卷28。

乱，近指挥陈杰、千户钱宏等率军卒至，遍索生口，不胜扰害，故杀杰等。今朝廷悉宥我罪，又赐彩币，请改过自新。'又言：'松潘所属生熟番一十族，计户万余，已从招抚。'黑水生番二处，就令结弟往招抚；占藏卜等九族未始从乱，今亦抚定。"时都指挥蒋贵闻敏抚谕向化，即遣人止陕西官军勿进，且具本附敏奏。上谓行在兵部臣曰："蛮輒服叛无常，敏既轻信、贵又昧于料事，辄止陕西之兵。若彼狙伺，复生异图，必有后悔。"

应该说，何敏的诏谕工作还是有成效的。但后来松潘之乱愈演愈烈，恐怕与宣宗朱瞻基"蛮夷叛服无常"的指导思想不无关系。

松潘之乱最后被明政府武力镇压，据总兵官都督陈怀报，四川、陕西、贵州都司并四川、陕西行都司所调官军从征松潘等处有功者既达48996人，可见出兵之巨。何敏亦得赏赐：

> 宣德四年三月丁未
> ……
> 赐行在锦衣卫指挥佥事何敏等四人钞，以招抚松潘番蛮还也。①

此后，记载中再也未见何敏的出使活动。

二十四　赵安、丁黻

赵、丁均为西番卫诸的军人。赵安的先祖，最早可追溯到北宋时代在河湟地区建立吐蕃政权的唃厮啰。元明之交，与兄赵琦归降明军，后以军功封会川伯，赐铁券。其子孙世袭，是甘青地区又一著名的土司。

赵、丁的出使年代及使命不详，仅《宣宗实录》卷63载：

---

① 《宣宗实录》卷52。

宣德五年二月丁亥

都督佥事赵安等七人、指挥同知丁散等七十五人还自乌斯藏。赐钞、彩币表里、金织纻丝素纻丝袭衣等物有差。

赵安还有过一次出藏使命。宣德九年（1434年），中官宋成使乌斯藏，朝廷"敕都督赵安率兵一千五百人送之毕力术江"①。

二十五　沈羽

明政府统治藏族地区，卫藏通过朵甘、乌斯藏二行都指挥使司，安多藏区通过陕西行都司属下的塞外及西番诸卫，而川西则以四川行都司下置卫所及宣慰使司。所有这些机构的官员承袭、委任、升进，都要经明政府册封认可。为此，明政府有时也要派出官员，宣布这种任命。宣德五年（1430年）十月，镇抚沈羽的出使，即属此类性质。《宣宗实录》卷71载：

赐四川董卜韩胡宣慰使喃葛所遣子奔卜喇嘛贾思巴僧结等彩币表里、纻丝袭衣等物有差。时喃葛奏乞致仕，请以长子领僧众，次子治民人。上从之。遣镇抚沈羽等赍敕及文锦、彩币、金织纻丝袭衣往赐喃葛，命其长子班丹也失为喇嘛、次子克罗俄监粲代为宣慰使。

二十六　刘祥

刘祥使乌斯藏使命不详，《明实录》只言"公干"。《宣宗实录》卷107载：

宣德八年十二月癸亥

命金吾等卫百户刘祥率官军五十一人往乌斯藏公干，赐钞及

---

① 《宣宗实录》卷109。

金织纻丝衣、䌷绢衣有差。

二十七　韦文

《宣宗实录》卷 108 载：

宣德九年二月乙卯
遣肃州卫指挥同知韦文赍敕往曲先等卫，赐指挥使那那罕等彩币表里有差。先是，曲先与罕东仇杀，民多离散，尝遣文抚之。至是，抚定复业，各遣人贡马谢恩，故有是赐。

二十八　宋成

宣德九年三月戊寅
遣中官宋成等赍敕往乌斯藏等处给赐。敕都督赵安率兵一千五百人送之毕力术江。①

"给赐"的对象乃藏族僧人，见《明史》卷 331：明成祖"以番俗惟僧言是听，乃宠以国师诸美号，赐诰印，俾岁朝。由是诸番僧来者日多，迄宣德朝，礼之益厚。九年命中官宋成等赍玺出，赐物使其地……"至于命赵安率兵护送，确由于路途遥远，使团以至护送使团的人员有时会遇到意外的袭击。《宣宗实录》卷 110 就有这样的材料：

宣德九年四月己酉
所镇抚拜不花以护送使臣往毕力术江遇寇被害，命其子阿奴速袭升副千户。
从安定王亦攀丹奏也。

---

① 《宣宗实录》卷 109。

二十九　吉祥

宣德九年（1434年），明政府在通往卫藏地区的交通枢纽之一的毕力术江地区，建立毕力术江卫指挥使司，以加强与卫藏地区的联系，保证通路的安全。西宁卫千户吉祥被派遣执行这一使命：

> 宣德九年四月癸丑
> 　设毕力术江卫指挥使司。毕力术江在西番，中国使者往诸番皆由其地。头目管着儿监藏等迎送有礼，又遣人朝贡，上嘉之，故立卫给印，而以管着儿监藏、阿黑巴为指挥佥事，其余为千、百户者二十一人。遣西宁卫千户吉祥等赍敕往赐管着儿监藏等彩币表里有差。①

三十　祁贤

祁贤，蒙古族，元金紫万户侯、甘肃行省理问所官祁贡哥星吉之孙。祁贡哥星吉于洪武初归附，以祁为姓，被任命于西宁卫，子孙世袭，至贤为西宁卫指挥使。祁贤曾多次受政府派遣，入藏地招抚部落，其活动主要在西宁以西的塞外诸卫。

祁贤最早的出使在宣德元年（1426年）或稍早一些，是作为西宁卫指挥使的副使往罕东、安定招抚番民，贤以此升西宁卫指挥使。②宣德九年七月，祁贤受甘肃总兵官的派遣，又一次率轻骑百余深入罕东，招抚番族。《宣宗实录》卷111载：

> 甘肃总兵官都督刘广等奏，罕东念剉族番寇札儿加等伏罪。初，札儿加杀伤朝使，劫杀敕书、赐币等物，上命广及都督刘昭等发兵讨之。广、昭会议，札儿加必惧罪远遁，若动众

---

① 《宣宗实录》卷110。
② 《宣宗实录》卷23，详前文"陈通"。

深入而不得寇，不足慑服外夷。先遣指挥祁贤以轻骑百余觇寇所止，然后进兵。贤以密罗族指挥怕尼为向导，行月余，渡毕力术江，抵普禄之地。闻寇潜处深山，遣人诏谕之。札儿加遂前告曰："本与安定有恶，欲复其仇，不意误犯朝使，故逃罪至此。请还所得敕书等物，仍贡马赎罪。"贤抚谕之，使还故处。……

至英宗正统四年（1439 年）正月，祁贤又奉命使安定、罕东：

安定国师赏竹领真化导部属人等来朝，使还。遣指挥祁贤赍敕并衣服、彩缎等件，安定王亦攀丹、安定卫都指挥桑哥阿延拜子剌阿剌乞巴、指挥把麻、罕东卫大国师吒思巴坚藏、都指挥绰儿加、头目葛剌失盼等俱赏赐有差。①

祁贤最后一次的使命在正统六年（1441 年），见《英宗正统实录》卷 81，事详下"哈剌卜花"。

三十一　阮至

正统元年七月甲寅
遣中官阮至等赍敕往赐净觉慈济大国师绰竹藏卜金印、诰命，弘慈广善国师锁南巴藏卜银印，诰命及袈裟等物。②

三十二　葛藏

英宗时代的番僧葛藏，是出入藏地使臣中的又一个引人注目的人物。他的首次使命，见于《英宗正统实录》卷 66：

---

① 《英宗正统实录》卷 50。
② 《英宗正统实录》卷 20。

正统五年四月壬午

遣禅师葛藏、昆令为正、副使，封怕木巴竹灌顶国师吉剌思巴永耐监藏巴藏卜嗣其世父为阐化王，赐之诰命、锦绮、梵器、僧服等物，并赐葛藏道里费。

葛藏等复私易茶、彩数万以以，迄官为运送至乌斯藏，礼部言："茶、彩出境有禁。"上以远卜特许之但令其自僦舟车。

有意思的是葛藏出使乌斯藏还公开兼做茶、彩的生意，礼部奏以违禁，然竟得皇帝特许。同时，明政府有关使西备差旅的有关规定，这次出使准备的一条材料有所透露。《英宗正统实录》卷 67 载：

行在户部奏："禅师葛藏奉命带喇嘛僧徒共二十名，赍诰命、敕书往乌斯藏封阐化王等官。给与锣锅、帐房等物并马、骡、犏牛驮载食用。自出境日为始给与本色粮料一月，其余以官库之物折充，悉取给于四川布政司及行都司。"从之。

景泰三年（1452 年），葛藏又奉使乌斯藏，因功被封为广善慈济国师：

净修禅师葛藏往乌斯藏公干回还，并其徒剌麻列巴禄竹等各贡方物。升葛藏为国师，赐彩币、僧衣等物有差。①

升番僧禅师葛藏为广善慈济国师，赐诰命、僧帽、僧衣、银币，以奉使乌斯藏有功也。②

葛藏在景泰七年（1456 年）使奉往乌斯藏册封辅教王，中途以科财害民，被监国之郕王下令收缴原给敕书，事见《英宗天顺实录》卷 278：

---

① 《代宗实录》卷 222。
② 《代宗实录》卷 223。

天顺元年五月癸未

遣灌顶国师葛藏、右觉义桑加巴等为正、副使，同答苍地面所遣剌麻沙加星吉等，往封辅教王。光禄寺署丞祁全伴送至四川，买办牛、马等驮载。指此为由，以一科十，伤财害民。上闻之，命四川三司同巡按御史将原给敕书奏缴。其正副使脚力等项，照例减半。仍将官库收有之物，估计时价给与两平，易买货物，不许科敛害民。

英宗复辟，仍以葛藏为正使往封辅教王。《天顺实录》卷282载：

天顺元年九月辛巳

遣正使顶灌国师葛藏、副使右觉义桑加巴等，赍敕诰并彩币、僧俗衣帽、铃杵等物，封答苍喃葛坚粲巴藏卜袭为辅教王，以其父喃葛列思巴罗竹坚粲巴藏卜奏年老不能视事故也。仍命葛藏等顺赍敕并彩币、宝石。伞幢等物，赐所经乌斯藏等处阐化王昆葛列思巴中耐坚参巴藏卜等，俾其护送使臣，不许下人生事阻滞。

三十三　祁全

祁全是正统年间多次出使藏地的使臣。他官鸿胪寺通事序班，自然精通藏语，史载"番蛮多见信服"，可见他在藏地的活动是卓有成效的。

祁全最初的出使时间不详，我们仅仅知道在正统五年（1440年）八月，他因出使功而得政府赏赐：

赐行在鸿胪寺通事序班祁全钞五百贯，以全赍敕往谕董卜韩胡及杂谷、叠溪、茂州，番夷多见信服也。①

---

① 《英宗正统实录》卷70。

祁全回京之后，向英宗报告了川西藏地的一些情况，这对了解明代中期这一地区的民族、宗教情形是一份不可多得的材料：

> 正统六年六月丁丑
>
> 行在鸿胪寺通事序班祁全奏："臣先奉命往四川勘事，切见松潘等处祁命等族寨番人杂处，有大姓、小姓之分，僧教、道教之别。如国师商巴罗只儿监藏等此道教为小姓。禅师绰领等此僧教为大姓。各有管摄，不相干预。近年以来，商巴因与离叭剌麻争夺境上，纠集番众，互相仇杀，乘机房掠军民孳畜，以致边境不宁，动扰兵众，深为未便。今商巴及绰领现在京师，乞各授敕一道，令照族姓分守地方，铃束番人，毋相侵犯，庶几蛮夷知警，边方宁谧。"从之。①

以政府的干预调解松潘地区藏族都落的仇杀，应该说，这个设想还是积极的。正统十年（1445年）三月，祁全又一次出使川西，往谕番寨，《英宗正统实录》卷127载：

> 四川黑虎寨贼首多儿太尝掠茂州境，为官军所获，与誓而释之。未几，复纠诸寨叛夷入掠。上命鸿胪寺序班祁全往谕诸寨，令擒多儿太来献者悉宥罪。至是，擒至京，命集四川来朝番人，诛多儿太，枭其首行劫处以徇。协从者，俱不问。以全有招抚劳，命升一级。

十年（1445年）四月，又下令：

> 赐序班祁全、千户李荣等一百五十五人彩币、绢布有差，以入番诏谕功也。②

---

① 《英宗正统实录》卷80。
② 《英宗正统实录》卷128。

正统十一年（1446年），已升为鸿胪寺署丞的祁全，充任山西副使寇深的助手，往松潘一带抚谕番部，事详下文"寇深"。

祁全的结局似乎不大光彩，《英宗正统实录》卷155载：

> 正统十二年六月癸亥
> 序班祁全招抚番僧于思囊儿之境，坐索赂诸罪。掌茂州事参议陈敏受全馈而酬以金，都察院请并敏执问，从之。

对祁全最后的处置，文献失载而不详。但他再也未有过出使活动。

三十四　哈剌卜花

藏族诸部落常发生武力械斗，连年仇杀。明政府在力所能及时，也派遣熟悉边情的附近诸卫所的军人，调解此类冲突：

> 正统六年七月乙巳
> 赐陕西都指挥佥事哈剌卜花、指挥祁贤彩缎表里有差。先是，罕东、安定二卫泪申藏族仇杀，总兵官宁远伯任礼承上命，遣二人赍敕抚谕宁辑以还，故有是赐。①

三十五　李荣

李荣原为四川叠溪千户所正千户，以"擒番寇功"升松潘卫指挥佥事，入番诏谕事见于《英宗正统实录》卷127，详上文"祁全"。

三十六　寇深

寇深原为山西按察副使，正统十一年（1446年）被召抚谕"松

---

① 《英宗统实录》卷81。

潘事件",《英宗正统实录》卷141载：

> 正统十一年五月己丑
> 既而御史复言："诸蛮不从抚顺，仍前攻劫，杲、广（指松潘卫镇守都指挥王杲、高广）委无御侮之才。"上命兵部会同管军大臣，推选智勇超异堪为总帅者二人以闻。……上终以抚循为意，命武臣且不差，既召山西副使寇深同鸿胪寺署丞祁全，仍往抚谕。果再不顺，就令提督杲等调兵剿捕。

不久，寇深即升为都察院右佥都御史、提督松潘兵备，松潘地区的国师、土官称他"抚治有方，番人畏服。乞留永镇边方"①。

三十七　锁南藏卜、札失班丹

明代中晚期，政府越来越多地以番僧为使，联系藏地。藏族僧人在汉藏往来中发挥着日益重要的作用。

> 正统十三年五月丁未
> 妙胜禅师锁南藏卜及喇嘛札失班丹出使灵藏等处地面还，以灵藏赞善王班丹坚刬所遣南嘉寺喇嘛桑儿结巴等朝见，贡马及氆氇、佛像等物。诏升锁南藏卜为国师，札失班丹为都纲，给诰命、敕谕、银印，赐宴并钞、彩缎表里、僧衣、靴袜有差。②

三十八　汤鼎、张如宗

应该说，在明政府与藏族地区的联系中，茶马使者是占有相当地位的。但《明实录》中所载茶马使臣，大都姓名失考，仅有洪武年间的赵成和英宗正统年间的汤鼎、张如宗。后者，还是一次未完成的

---

① 《英宗正统实录》卷176。
② 《英宗正统实录》卷166。

使命。汤、张的出使在正统十四年（1449年）六月：

> 遣通政司右通政汤鼎、光禄寺寺丞张如宗往陕西、四川运茶买马。陛辞，赐敕谕之曰："今陕西西宁等卫所属番族番民该纳马，特命尔等往四川与都、布、按三司巡按监察御史公同计议，就于保宁等府约量运茶八十四万三千六十斤至陕西界官司收贮；仍往陕西会同镇守三司官及巡按监察御史公同计议，起倩军夫运至各茶马司交收。内西宁茶马司收一十九万七千七百六十斤；河州茶马司收四十六万二千三百斤；洮州茶马司收一十八万三千斤。待收完日，随即具奏，差官前去收马。尔等务要公廉详慎，同心协力，酌量人情，抚恤攒运。或者不便之事，奏闻区处。仍严禁管运茶课官吏、差使人等，不许假公营私，生事剥削，致军民不安，自取罪愆。"①

汤、张的出使，中途作罢，第二年，即景泰元年（1450年）闰正月：

召通政使司右通政汤鼎、光禄寺寺丞张如宗还京。鼎等先奉敕往四川收茶，于（脱一"陕"字）西市马，至是，以边报未宁，民多馈运，故特召回。②

三十九　蒋斌

从镇守西宁的内官保受的一份奏折中，我们还得知"西番诸卫"的一些部落，抢掠卫藏地区派往内地的贡使，政府亦派员前往处置：

> 景泰六年正月丙寅
> 镇守西宁内官保受奏"河州卫果吉思答令等族千户竹卜等，剽掠乌斯藏使臣行李，且杀伤使臣一人。乞敕镇守陕西副都御使

---

① 《英宗正统实录》卷179。
② 《代宗实录》卷188。

耿九畴等会议，遣官同镇守河州都指挥蒋斌，亲诣该族，宣明朝廷恩威，令还使臣行李。其杀伤使臣一人，依番俗赏（当为偿）之以牛，庶边方宁谧"。从之。①

为了"边方宁谧"，因其番俗，平息事端，处理还是较为灵活的。

四十　板尖恭尼麻、绰失吉藏卜等

明代中期，政治腐败，朝贡制度的流弊日甚一日，诡名冒贡、滥费库贮，成为一个严重的问题。明政府曾多次予以整顿。成化三年（1467年），即委用游方番僧，就此事赍敕谕乌斯藏等处：

先是，乌斯藏等处番僧朝贡数多，敕镇守洮州指挥汪钊，选游僧三人，赍敕往谕灵藏赞善王禁约诈冒。至是还，礼部请每僧量赏彩缎等物，以酬其劳，从之。②

此乃以朝贡往谕赞善王。不久，阐教王又"违例朝贡"，明政府派遣西宁游僧板尖恭尼麻、绰失吉藏卜等，赍敕往谕。《宪宗实录》卷52云：

成化四年三月乙亥

礼部奏："西宁游僧板尖恭尼麻、绰失吉藏卜等，赍敕往乌斯藏阐教王等处开谕回还，宜赐番僧衣、彩缎、靴袜，以酬其劳。其随去徒众贡马，亦宜如例给赐。"从之。

四十一　班著尔藏卜

明代中期以后，以僧为使的情况越来越多：

---

① 《代宗实录》卷249。
② 《宪宗实录》卷39。

成化六年四月乙丑

西番国师都纲喇嘛班著尔藏卜等，使灵藏封赞善王还，各贡马。赐宴，并赐袭衣、彩缎等物有差。①

据载，班著尔藏卜以后被封为灌顶大国师，与这次出使似有关系。

四十二　端竹也失

在京番僧做使臣，奏请通事偕行，见于《宪宗实录》卷118：

成化九年七日癸巳

大慈恩寺灌顶大国师端竹也失奏："往陕西河州等处治公事，乞以鸿胪寺冠带通事张志通偕行。"既得旨允之……

四十三　锁南奔等

番僧"冒贡"虽经一再敕谕，仍无法禁止，故礼部奏请给藏地各教王勘合各二十道，以为进贡凭验，委西宁、河州、洮州等入藏地方分遣番僧送勘合：

成化二十年七月乙巳

升番僧都纲锁南奔为禅师，及赏喇嘛桑尔加藏卜、锁南札藏卜坚粲等彩缎表里有差。时近边番族多诡称乌斯藏各番王进贡，赐予不置，真伪莫辨。礼部奏请给番王勘合各二十道，贡时慎为左验，以革其弊。且请委西宁、河州、洮州分遣番僧送勘合，归日与升赏。至是，镇南奔等以送赞善王勘合回，礼部谓其涉历险阻，除边人冒贡之奸，省府库无穷之费，宜申前升赏之命。

---

① 《宪宗实录》卷78。

从之。①

这次奉使中出了问题，西宁所遣番僧锁南班著儿被锦衣卫逮究，事详《宪宗实录》卷274：

> 成化二十二年正月戊辰
> 上命锦衣卫逮究番僧锁南班著儿并通事人等原赍敕书、勘合。班著儿者，瞿昙寺灌顶大国师班绰儿藏卜之徒也。先奉命赍敕书、勘合付乌斯藏阐教王，伪为王印信番文复命，故命逮究以闻。

四十四　参曼答失哩等

奉旨敕封藏地诸王的使者，有时也会遇到一些意外的问题。弘治十年（1497年），参曼答失哩等出使乌斯藏，代表政府册封阐化王，因变故而改授其子即为一例：

> 初，乌斯藏阐化王死，其子班阿吉汪束札巴乞袭封阐化王。上命番僧喇嘛参曼答失哩为正使，锁南窝资尔副之，同喇嘛札失坚参等十八人，共赍诰敕并赏赐彩缎、衣服、食茶等物往封之。行三年至其地。时新王亦已死，其子阿汪札失札巴坚参巴班藏卜即欲受封，并领所赍诰敕诸物。参曼答失哩不得已授之，遂具谢恩方物并其父原领礼部勘合、印信、图书番本付参曼答失哩等赍回为左验。至四川，巡抚官劾其擅封之罪，逮至京坐斩。至是，屡奏乞贷死。上以为番人不足深治，特免死，发陕西平凉卫充军，副使以下宥之。②

平心而论，参曼答失哩的应变授封，在当时情况下，是灵活而可

---

① 《宪宗实录》卷254。
② 《孝宗实录》卷132。

行的。但参曼答失哩非但没因此受赏，反而以"擅封"之罪被劾，几乎送了性命。最后免死而充军，实在是很冤枉的。这很能反映明代中晚期封建官僚体制的腐败。

四十五　札巴也失

明代崇尚佛教，在京城多建寺院，其喇嘛教寺院招来藏族僧人住持。明政府的某些使命，亦派遣他们前往藏地执行。《武宗实录》卷29载：

> 正德二年八月乙亥
> 遣大慈恩寺都纲札巴也失充正使，大能仁寺都纲锁南短竹充副使，赍诰、赏物，往封灵藏赞善王端竹坚参，以其徒喇嘛十人与俱。而差来使臣喇嘛星吉等复奏："远赍赏赐，徒从稀少，不便防护，乞更容徒二十人以行。"礼部复奏。
> 上以其累请，仍添与十人。

札巴也失等人往返几达四年，至正德六年（1511年）六月始返京师：

> 大慈恩等寺都纲札巴也失等遣往灵藏封授赞善王回京，贡方物、驼、马。赐彩缎、钞锭等物有差。①

四十六　刘允

明武宗佞佛，在明诸帝中最为荒唐。正德十年（1515年），竟听信妄言，派太监刘允迎请"能知三生"的西域胡僧。《武宗实录》卷131载：

---

① 《武宗实录》卷76。

正德十年十一月

命司设监太监刘允往乌斯藏送番供等物。时左右近幸言："西域胡僧有能知三生者，土人谓之活佛。"遂传旨查永乐、宣德间邓成、侯显奉使例，遣允乘传往迎之。

刘允使藏，声势颇大，供费亦极铺张："以珠琲为幡幢，黄金为七供，赐法王金印、袈裟及其徒馈赐以巨万计，内库黄金为之一匮。"① 不仅如此，扰害地方，劳民伤财："允未发，导行相续，已至临清，运船为之阻载。入峡江，舟大难进，易以舳舻，相连二百余里。至成都，有司先期除所馆，督造旬日而成。日支官廪百石，蔬菜银一百两。锦官驿不足，傍取近城数十驿供之。又，治入番物料，估直银二十万。镇巡争之，减为十三万。取百工杂造，遍于公署，日夜不休。居岁余始行。"② 尤为荒谬的是，武宗"敕允往返以十年为期，得便宜行事。又，所经路带盐、茶之利，亦数十（当为千）万计"。"给长芦现盐一万引、两淮正课盐一万引、变卖应用。"③

正因为如此，大臣纷纷反对刘允的出使。监察御史徐文华指出：活佛之说，是"近幸欲售其奸而无由，乃神其术以动圣听"。他不无担心地说："今盗贼甫宁，疮痍未愈，乾清被烬，营建方兴，天下苦之，而蜀土尤甚。今复益以迎佛之扰，凋敝余黎何以堪命？不转死沟壑，则复啸聚为盗而已。或有奸人伺衅鼓乱，如元季白云宗弥勒教、白莲会之类纷然而起，将何以救止之邪？"④ 礼部尚书毛纪说："四川连年用兵……其财用之乏，军民之困，比之他处尤甚，若重加此累，恐生意外之变，咎将谁归？"⑤ 大学士梁储等奏言："……盖开中盐行本为供边，今虏患未宁，三边粮草缺乏，帑藏空虚，缓急接济惟此一策，且各运司盐引俱开中尽绝。若许其带盐，不过收买私

---

① 《武宗实录》卷76。
② 同上。
③ 同上。
④ 《宪宗实录》卷132。
⑤ 同上。

盐发卖射利，乘机夹带之弊不知几何！盐法为之大坏，边方何以仰给？"① 他们请求武宗"亟罢中使，将造言起事之人置诸刑戮"，"将番供等物照例请敕付原差大国师领还"。六科给事中叶相、十三道御史周伦等人，则更进一步对政府佞佛的迷信提出批评："比见番僧在京者，安之以居室，给之以服食，荣之以官秩，为其能习番教尔。请以其徒试之，今冬暖河流，天时失候，彼能调燮二气以正节令乎？四方告乏，帑藏空虚，彼能神输鬼运以赡国运乎？虏寇不庭，警报数至，彼能说法咒诅以靖边难乎？"② 武宗一意孤行，对这些劝谏一概不听。

刘允在成都居岁余始行，其出使情形见《武宗实录》卷131：

> 率四川指挥、千户十人，甲士千人，俱西逾两月至其地。番僧号佛子者，恐中国诱害之，不肯出。允部下人皆怒，欲胁以威。番人夜袭之，夺其宝货、器械以去。军职死者二人，士卒数百人，伤者半之。允乘良马疾走，仅免。
>
> 复至成都，仍戒其部下言讳丧败事，空函驰奏乞归。时上已登遐矣。

世宗即位，朝臣请肃清奸党，力争处置刘允，结果"姑降四级，罢还家"。③ 刘允《明史》卷304有传，可参见。又卷331《西域传》、卷185《丛兰传》、卷190《毛纪传》亦载其事。

四十七　领占札巴

武宗佞佛，昏庸无道，常自坏法度。所派使团，亦搜括民财，扰害地方。《武宗实录》卷164载：

---

① 《武宗实录》卷131。
② 《武宗实录》卷132。
③ 《世宗实录》卷4。

正德十三年七月丙午

遣大护国保安番僧觉义领占札巴等充正、副使,率其徒二十七人入乌斯藏国,封其酋为阐教王。札巴等乞给马快船三十只,贩载食盐,为入番买路之资。

户科驳其沮坏国梁,况入番授封,事在得已。户部亦执奏。上不听,命特给之。

札巴等在途科索亡厌,州县驿递俱被凌轹。至吕梁,群殴管洪主事李瑜濒死。

其纵恣如此。

武宗死,领占札巴等人也受到惩罚:

正德十六年七月乙亥

礼部参奏喇嘛领占札巴等二十七人及通事序班金通诸不法事,请逮治以彰国法。上乃命抚按官械送法司严鞫,既而狱,具法当论死。得旨:"俱发烟瘴地方充军,遇赦不宥。"①

四十八　远丹班麻等

武宗以后,往藏地遣使日少。使命虽大体仍旧,但使团的组成有些调整变化。《世宗实录》卷526载:

嘉靖四十二年十月癸丑

乌斯藏阐化等王请封。上以故事,遣番僧远丹班麻等二十二人为正、副使,以通事序班朱廷对监之。比至中途,班麻等肆为骚扰,不受廷对约束。

廷对还白其状。礼部因请自后诸藏请封,即以诰敕付来人还,罢番僧勿遣。

无已,则下附近藩司,选近边僧人赐之。上以为然,令著为

---

① 《世宗实录》卷4。

例。封诸藏之不

遣京寺番僧，自此始也。

看来，明政府自中期国内矛盾激化、财政危机、"九边"防务恶化的形势下，不得不大幅度地减少对藏地的活动。至少，检阅《明实录》，远丹班麻的出使是明政府最后一次使藏活动。嘉靖四十二年（1563年）至明亡八十年间，再也未见到政府使团去藏地的记载。

《西藏研究》1986年第2期

明代中央政府赴藏地使者事辑补

孟聪敏

前撰《明代中央政府赴藏地使者事辑》①，辑录了《明实录》具名的去藏使者，略考其事迹行状，列为四十八条。仓促属稿，遗漏不免，故再纂《事辑补》。《明实录》佚名的去藏使者，以年代列目，亦附于后，借以考明政府遣使藏地之概貌。

四十九　冀忠、姜观、沈成、任俊

检抄《明实录》，明代最早派往藏族地区进行茶马贸易的，是洪武八年（1375年）以赵成为首的政府使团，已详前文。由于政府对马匹的需求，在专司茶马贸易的机构尚未完善时，政府仍直接派出使者，去藏地市马。洪武十九年，有两条记载，见于《明太祖实录》卷179：

洪武十九年九月癸亥
行人冀忠往陕西市马还，得马二千七百八匹。
十二月甲申
遣虎贲左卫指挥佥事姜观、右卫千户沈成、行人任俊，以钞三十九万三千六百九十锭，往陕西河州等处市马，给骑士操练。

冀忠市马的数量及姜观等人一行所带钱钞都颇为可观，可见明初

---

① 载《西藏研究》1986年第1—2期。

政府与藏地市马的规模还是不小的。不过,从明代茶马贸易的全部历史考察,政府以钱钞直接买马,往往是茶马贸易体制不健全,或者是马政紊乱时的一个权宜之计,大量的占主导地位的,还是以茶易马。

五十　而聂、庆童

洪武二十五年(1392年),当政府派出而聂、庆童前往河州等地市马时,所带就不是钱钞,而是藏族地区最缺乏的茶叶,而且,规模、声势都较前为大。《明太祖实录》卷217载:

> 洪武二十五年三月己丑
> 遣尚膳太监而聂、司礼太监庆童赍敕往谕陕西河州等卫所属番族,令其输马以茶给之。
> 五月甲辰
> 尚膳太监而聂等至河州,召必里诸番族以敕谕之,诸族皆感恩意,争出马以献。于是得马万三百四十余匹,以茶三十余万斤给之,诸族大悦。而聂遣使入奏,命以马分给河南、山西、陕西卫所骑士。

得马一万余匹,仅以茶三十余万斤给之,平均每马给茶三十斤。一方面反映出明初茶马贸易的比值,在相当一段时间里,马价大体维持这一水平,波动的幅度不大。但另一方面,我们不能不看到,明政府垄断茶马贸易,一开始就造成"茶贵马贱"的局势。这种极不平等的交易,尽管官方记载中说"诸族感悦",但无疑损害了藏族人民的利益,刺激了茶叶走私。以后明政府严厉禁止私茶,而茶叶走私之风愈盛,应该说是明政府垄断贸易,压低马价种下的恶果。

五十一　李景隆

洪武二十六年(1393年)明太祖朱元璋创立的"金牌信符制",是明代茶马贸易中具有深远影响的一件大事。《明太祖实录》卷225

记载说：

> 洪武二十六年二月癸未
>
> 遣使往西凉、永昌、甘肃、山丹、西宁、临洮、河州、洮州、岷州、巩昌缘边诸番，颁给金铜信符。敕谕各族部落曰："往者朝廷或有所需于尔，必以茶货酬之，未尝暴有征也。近闻边将无状，多假朝命挠害尔等，使不获宁居。今特制金铜信符，族颁一符。遇有使者征发，比对相合，始许承命。否者，械至京师，罪之。"

表面上看来，金牌信符的颁行，是针对"边将无状，多假朝命挠害"番民。其实，在敕谕冠冕堂皇的言辞背后，宣布了政府的明确方针，由沿袭唐宋以来的市马改为"征发"，"如田之有赋，身之有庸，必不可少"。以金牌信符的"比对相合"，实行国家垄断，不许他人插手。

上述材料，只云"遣使"，使者姓名失载，但明太祖在洪武三十年（1397年）三月给兵部的一道敕谕中说："故尝命曹国公李景隆赍金牌、勘合，直抵西番以传朕命，令各番酋领受，俾为符契以绝奸欺。"[1] 洪武二十六年的奉使沿边诸卫，很可能就是李景隆。即使二十六年的使臣不是李景隆，但李景隆作为颁行金牌信符的使者出使过藏地是毫无疑义的。《明太祖实录》卷256还有如下的记录：

> 洪武三十一年二月戊寅
>
> 曹国公李景隆还自西番。先是，（上）命景隆赍金符往西番，以茶易马，凡用茶五十余万斤，得马一万三千五百一十八匹。至是还，命分给京卫骑士操养。

以茶五十余万斤易马一万三千余匹，每马平均给茶也不过三十余斤。比值大体同洪武二十五年（1392年）聂、庆童易马的马价，较之内地的马价，则低了许多。如"陕西汉中以茶易马，每马约与茶

---

[1] 《明太祖实录》卷251。

百斤"①。而政府在藏地易马，茶百斤可易马三匹。政府在金牌信符推行后压低马价，于此可见。

五十二　管著藏卜

管著藏卜似乎是第一个作为政府使臣出使藏地的番僧，在他之前曾有三位僧人使藏，即前文提到的克新、宗泐、智光，但均为汉僧。管著藏卜是政府兵部派出的使者，《明太祖实录》卷251载：

> 洪武三十年三月壬午
> 敕兵部曰："巴茶自国初征收，累年与西番易马。近因私茶出境，致茶贱马贵，不独国课有亏，殆使戎羌放肆，生侮慢之心。盖由守边者不能御防，或滥交无度纵放私茶，或假朝廷为名横科马匹，以致番人悖信。朝廷初不知此，但谓西番不顺，岂知边吏有以激之。故尝命曹国公李景隆赍金牌、勘合，直抵西番以传朕命，令各番酋领受，俾为符契以绝奸欺。尚恐边卫将士巡防不严，私茶出境。尔兵部备传朕意，谕边守者知之。"于是，兵部具禁约事宜，遣人赍谕川陕守边卫所，仍遣僧管著藏卜等往西番中谕之。

对照"李景隆"条的材料，我们看到，明太祖自颁行金牌信符后，对这一制度的贯彻执行极为重视，不仅派出曹国公李景隆赍金牌勘合发给各番族首领，以茶易马，而且命令兵部传谕边卫，严禁私茶出境。为此，兵部制定了详细的"禁约事宜"，发给川陕各边卫执行；同时，派番僧管著藏卜前往藏地，通知各部。

五十三　刘正

明代除用钱钞买马，以茶易马外，还以布易马。这种形式的交易

---

① 《明太祖实录》卷254。

虽然占的比重很小，但毕竟是明政府与藏地马贸易的一个方面，不可忽略。《明太祖实录》卷252 就有这样的记录：

> 洪武三十年四月戊子
> 命右军都督府遣镇抚刘正，于泸州市绵布，往西番易马。凡用布九万九千余匹，得马一千五百六十匹。命分给建昌、盐井二卫军士骑操。

政府先用钱从泸州买布，再用布往西番易马，显然是有利可图。

五十四　高稹

政府派使臣往诸边卫宣布严禁私茶的条款，使臣回朝后，根据巡察的见闻，亦有对朝廷建言者，如行人高稹即是。《明太祖实录》卷255 云：

> 洪武三十年十月壬午
> 行人高稹自陕西宣谕禁鬻私茶还，言三事：一曰乞减内地巡茶关隘；二曰选老成练达兵务之将捍御西陲；三曰民之逋粮宜从土地所宜折收。上并从其言。

五十五　各吉八合

各吉八合是四川永宁府土官知府，永乐时曾领受政府命令，前往藏地安抚藏族部落。《明太宗实录》卷53 载：

> 永乐四年四月戊子
> 遣永宁府土官知各①各吉八合等赍敕往大西番，抚谕其土酋人等。

---

① 当为"府"之误。

五十六　朱芾

朱芾，凤阳定远人，其父朱隆元末随朱元璋起兵，屡经征战，洪武二十七年（1394年）致仕，子朱芾代，为洮州卫世袭指挥佥事。洪武二十九年，朱芾被调岷州卫。建文时升河州卫世袭指挥同知。永乐元年守备宁夏。长期活动在西北，遂因家于河州。在今甘肃和政县出土的《朱隆墓碑》曾记载朱芾的使藏说：

> （永乐）十一年，往西天乌斯藏等处开拓边境，抚谕番邦。朝廷嘉其功，升本卫指挥使。①

朱芾的出使，《明实录》不载。但却再次证实，明政府派遣的去藏使者中，西番诸卫的军人占有不少的数量。

五十七　陈卣、李畛

与藏地的茶马贸易成为一项经常的经济活动后，各茶马司大批茶叶的运入也就成为至关重要的问题。为此，政府有时会派出使臣，主持官茶运输，以备易马。

> 正统三年六月乙丑
> 命行在大理寺右少卿陈卣、李畛赴陕西攒运官茶，以备收马。先是，正统元年例应收马，以民饥而止。至是，行在兵部言："陕西甘肃等处征哨缺马，请交收如例。"上命与行在户部会议。乃奏请于四川保宁等府运茶一百万斤赴陕西西宁等茶马司收贮。仍令在京堂上官总理其事，遂有是命。②

---

① 《积石录》卷2。
② 《明英宗正统实录》卷43。

五十八　涂旦

　　藏地沿边各卫的形势、粮储等问题，除得之于各边卫的报告外，亦派使臣盘查。《明孝宗实录》卷 123 载：

　　弘治十年三月戊午
　　户科给事中涂旦奉命四川查盘粮储回，上疏言："茂州至松潘路二百里，阻塞难行者几五十里。番蛮不时据险阻截人行，名曰架咀，故行者必以钱买路。臣见所入路亦有在石崖下行者，地虽近番，亦不能害。若诸路山咀，或凿通，或烧断，因形势以为阻，则番人无所施其计，而粮运可通。"命所司知之。

五十九　三竹班丹

　　京师大慈恩寺番僧三竹班丹为使藏的又一番僧使者。其使藏的年月不详，《明武宗实录》卷 95 只录其回来时间及奉使目的：

　　正德七年十二月丙午
　　大慈恩寺僧三竹班丹往灵藏封赞善王回，诏升一级。

六十　杨英

　　《事辑》一文的结尾说："看来，明政府自中期国内矛盾激化、财政危机、九边防务恶化的形势下，不得不大幅度地减少对藏地的活动。至少，检阅《明实录》，远丹班麻的出使是明政府最后一次使藏活动。嘉靖四十二年至明亡八十年间，再也未见到政府使团去藏地的记载。"当时限于实录，产生了这样的认识。然而，在其他一些汉藏史料中，仍可见到一些使者的出使记录。《西藏志·事迹》载：

明万历时，太监杨英至其地，赍敕封楚布寺、业郎寺之红帽、黑帽呼图克图噶吗巴、沙吗纳二人为西天大善自在佛如来大宝法王、灌顶大国师，赐予印、册；封甲操楞布气、褒玉楞布气二人为灌顶禅师。

可见，明代晚期几朝实录，材料遗漏的情况是较为严重的。

六十一　锁南罗追

此外，有一些藏文史料，也记载了明朝政府使臣在藏地的活动。意大利学者杜齐的《西藏中世纪史》中，曾根据藏文史料，转述了万历年间明政府的二次赴藏使团。第一次是万历十六年（1588年），《西藏中世纪史》第七节中说：

> 1588年，中国皇帝的使臣终于来到了，邀请他去北京，并赐予他种种头衔和灌顶大国师的封文，他正准备应邀，就在这年，死于远离故土的外地。

这条材料中所说的被明政府使臣邀请的"他"，乃黄教史上著名的达赖三世锁南嘉措。明万历四年（1576年），锁南嘉措应青海蒙古土默特部首领俺答汗的邀请，前往仰华寺与俺答汗会面。宗教与军事力量的结合，大大加快了黄教在蒙藏地区传播的步伐。同时，锁南嘉措也写信给当时明朝首辅张居正，表示愿意效忠明朝政府，并劝说土默特部退出青海。明政府正是考虑到锁南嘉措在蒙藏地区的影响，希望借助于他控制蒙古部落纷纷移牧青海的局势，才派使臣邀请锁南嘉措。然而，锁南嘉措却死在进京途中。

锁南嘉措死后，俺答汗的裔孙被认定为锁南嘉措的转世灵童，是为达赖四世云丹嘉措。万历四十四年（1616年），明政府派来以锁南罗追为首的使团，册封云丹嘉措。《西藏中世纪史》根据藏文典籍《达赖五世传》的材料叙述说：

据传记，1616 年（火龙年），中国皇帝派来以锁南罗追为首的使团，给予云丹嘉措"普持金刚佛"的封号和封文。这个必然携带来珍贵礼物的使团在哲蚌寺的大经堂里受到接待。我们在藏史上找到这些记载，《明史》却未提到这次出使。

藏文史料中的这些记录，恰好弥补了汉文史料中的某些阙佚。从而表明，直到明代晚期，明政府册封藏地宗教首领的工作仍在继续进行。

六十二　洪武五年（1372 年）遣使

这是明政府建立后册封赏赐藏地宗教首领的最早记录。见于《明太祖实录》卷 73：

> 洪武五年四月丁酉
> 河州卫言："乌斯藏怕木竹巴故元灌顶国师章阳沙加，人所信服。今朵甘赏竺监藏与管兀儿相仇杀，朝廷若以章阳沙加招抚之，则朵甘必内附矣。"中书省以闻。
> 诏章阳沙加仍灌顶国师之号，遣使赐玉印及彩段表里，俾居报恩寺化导其民。

怕木竹巴家族是元明之际藏族地区最有影响的一股政治势力，明政府通过赐章阳沙加以名号的做法，招抚了朵甘地区，使之"内附"，这不能不说是一大成功。

六十三　永乐元年（1403 年）遣使

政府对藏族地区茶马贸易的垄断，必然表现为严禁茶叶走私，"禁约私茶"也就成为政府使者的一项经常性任务。于是，官方记载中就有这样的记录：

永乐元年五月戊戌

遣行人往四川碉门、黎、雅、陕西、河州、临洮诸处禁约私茶，遵旧制也。①

既然是"遵旧制"禁约私茶，这条材料所反映的事实当非仅此一次，应视为明政府经常性的一项遣使活动。

六十四　永乐四年（1406年）遣使

遣使册封藏地宗教首领和卫所军职，是明政府对藏族地区领属权的一个体现。而在明政府的赴藏使者中，执行这一使命的人占有较大数量。《明太宗实录》卷52有两条这样的记载：

永乐四年三月壬辰

遣使赍诏封乌斯藏巴里藏卜为灌顶国师阐化王，赐螭纽王印、诰命，仍赐白金五百两、绮衣三袭、锦绮五十匹、彩绢百匹、茶二百斤。其所隶头目并必里工瓦国师大板的达律师锁南藏卜，颁赐彩币、衣服有差。

三月壬寅

遣使命灵藏著思巴儿监藏为灵藏灌顶国师。授札思木头目撒力加监藏为朵甘卫行都司都指挥使，切禄奔、薛儿加俱为都指挥同知，各赐诰命、袭衣、锦绮。命馆觉宗巴干即南哥巴藏卜为馆觉灌顶国师，陇答头目结失古加之子巴鲁为陇答卫指挥使，赐诰命、银、币。

前条材料中的"巴里藏卜"，全名吉剌思巴监藏巴里藏卜，是帕木竹巴家族系统中承袭灌顶国师的僧人，被封阐化王。这两条很集中的材料，正表现了明政府在藏地"僧俗并用"的政策。

---

① 《明太宗实录》卷20。

六十五　永乐十三年（1415 年）遣使

永乐十三年五月丙辰

以馆觉灌顶国师护教王宗巴干即南哥藏卜卒，遣使赍敕谕，命其侄干些儿吉剌思巴藏卜袭为灌顶国师护教王；并赍敕赐乌斯藏怕木竹巴灌顶国师阐化王吉剌思巴监藏巴里藏卜彩币。

设上邛部卫，命头目掌巴伯为指挥使，时朵甘卫都指挥使阿屑领占卒，命为子（当为"其子"之误）干些儿伦竹嗣职。复命干些儿锁南继其叔南葛领占为本卫都指挥佥事，俱赐诰命。①

这几个任命反映出，明政府在藏地的政策是"悉从其俗"，承认他们的家族世袭特权。

六十六　正统元年（1436 年）遣使

调解安抚藏族部落之间的纠纷仇杀，有时也就近遣使。

正统元年十月壬申

陕西河州卫奏："属番双奔族为思朵藏及川藏二族杀伤人口，劫掠财畜。"

上命镇守河州指挥佥事刘震遣人赍敕抚治之。②

六十七　景泰三年（1452 年）遣使

景泰三年（1452 年）有两次委派地方遣使，一次是调解藏族部落的冲突，见《明代宗实录》卷212：

---

① 《明太宗实录》卷164。
② 《明英宗正统实录》卷23。

景泰三年正月甲寅

镇守西宁内官保受奏："河州卫黑章咂族下番民累次侵劫隆卜小族，抢杀人畜。"命镇守陕西兴安侯徐亨等差人谕以祸福，使其感悔，若执迷不听，量调官军剿捕。

另一次是委官禁约私茶：

景泰三年二月戊辰

户部奏："岁例应差行人往陕西、四川禁约私茶。今二处兵荒相仍，宜暂停止。第令各布政司委官禁约。"从之。①

前面我们说，禁约私茶是明政府遣使的一项经常性活动。户部的奏疏说"岁例"，当然是每年一遣了。

六十八　景泰年间遣使

夺门之变，英宗复辟，多更景泰旧制。英宗诏书中提及景泰年间遣使去西宁瞿昙寺赏赐并修理寺院，亦应视为明政府赴藏使者的一项活动。《明英宗实录》卷274载：

天顺元年正月丙午

诏曰："……一、景泰年间，有差内官、内使赍送金银等物往西宁瞿昙寺赏赐及修理殿宇寺院者，诏书到日，悉皆罢免。"

《西藏研究》1987年第3期

---

① 《明代宗实录》卷213。

明代必里卫新考

赵世伟

一

1962年1月17日，《光明日报》刊登了署名徐健竹的文章《明朝必里卫在什么地方》。该文根据《明实录》的材料，订正了《明史·兵志》及《大明一统志》《寰宇通志》《皇舆考》《名山藏》《明通纪》《满族源流考》《明元清系通纪》诸书将必里卫系于辽东奴儿干都司的严重失误，断定明代必里卫在西北，隶于陕西都司。作者虽然没有考察必里卫的确切方位，但在辨析《明实录》的有关记载时，推测必里卫"与河州卫邻近"。接着，在同年6月20日《光明日报》的"读者来信"栏中，刊出柳义南的一封短信，从明人王世贞的《弇州史料》中，抄出"必里族"的一段材料，以补徐说。时隔不久，《北京师范大学学报》1963年第1期上，发表了张鸿翔先生的《明代必里卫考》（以下简称《考》）的长篇考证，进一步探讨了明代必里卫的隶属、方位诸问题，提出"河州地区无必里卫"，"必里卫在朵甘都司"，其地望即今"青海星宿海之西南"。该文搜采宏富，征引资料凡六十种，[①] 对必里卫及明代藏族地区的行政建置研究，无疑是有意义的。

但是，我们不能不看到，明代在藏族地区（包括川、贵、甘、青藏区）的管理统治体制，本身是一个较为复杂的问题；截至目前，学术界的研究尚嫌不足，还有不少空白和难点疑点；加之藏、汉文史料

---

① 见《考》文附记：征引书版本。

的阙略和歧异,必然造成研究中的一些障碍。我们仔细检读了《明代必里卫考》一文,深感作者的论证方法及其考证结论,都存在相当的偏差与舛误。虽然《考》文已刊布近三十年,但仍有重新考察订正的必要,故做《新考》以辨析。

二

首先,我们来检查《考》中论证"河州地区无必里卫"的三条证据。

其一,疆域。

《考》引述了清张璥《康熙河州志》卷一"疆域"条:"河州东西相距八百六十里,南北相距四百五十里。"认为"明代陕西一处普通州县的界至,似不可能有东西八百六十里之长的,令人怀疑,不可置信"。作者相信什么呢?唐李吉甫《元和郡县志》卷三八谓"唐时河州州境东西二百二十八里,南北三百七里"。清王全臣《康熙河州志》卷一说"河州东西格距二百二十里,南北相距三百一十里"。"两志所记略同","可知张说之夸大"。

这种论证是不能成立的。

众所周知,历史上我国的州县建置和行政区划,很少是一成不变的。大多是随政治、经济、军事、人口、自然条件诸因素的升降变化,分合区划。疆域四至亦历经变迁。上引三书所录河州的疆域,正反映了河州地域辖境的历史演变。我们既不能以"两志所记略同"来判断正误,也不能用唐代州境、清代州境来确定明代河州的州境。事实上,早于王全臣《河州志》的张璥《河州志》所记河州境域,恰恰是照录了明吴祯的《嘉靖河州志》,反映了明代河州的疆域区划。《嘉靖河州志》卷一"疆域"条:

> 东西相距八百六十里,南北相距四百五十里。至狄道县三渡水界东百八十里,至归德守御千户所生番界西七百里,至洮州卫界南二百八十里,至西宁卫界北百七十里。

很清楚，作为明代西北重镇的河州，其疆域较唐代、清代为广。这是一个历史存在，正不必以"令人怀疑，不可置信"而臆断为一种"夸大"。

《考》文在考究了三志异同后又说："经仔细研究河州地图，凡集镇和卫的治所与名称，皆未见有'必里'二字，此河州境内无必里卫证一。"这里，作者虽未明确他仔细研究的河州地图出自何处，但应承认，在科学技术还不发达普及而地图编绘尚未达到相当水平的明代，一般地方舆图的编制是比较粗糙的，远远谈不到完备、准确、可靠，尤其是对周边少数民族地区的地理情况的表述，更是如此。以此作为判定河州境内有无必里卫的证据之一，未见恰当。而《考》文作者一再引用的王全臣的《康熙河州志》中，明确记录了必里卫的建置、管辖及卫的编制。这一材料，出自明吴祯《嘉靖河州志》，对解决必里卫的隶属关系有决定意义。① 如此明白无误的材料，作者何以视而不见，偏偏要花很大气力在河州地图上去找"必里"二字呢？

其二，官制。

《考》文在引述了《明文武官制全书》有关卫所制度的记载后说："河州是一处普通的卫，它对必里卫是官级相同，无有隶属关系，所以必里卫不附属于河州卫是显而易见的，此河州地区无必里卫之证二。"

这段论述的前提是错误的。

第一，作者在文章中曾用很大篇幅、专辟一节论证了"必里非边卫而是羁縻卫"，这个观点无疑是正确的。必里卫的地位，相当于明代在西北建立的安定、曲先、阿端、罕东、赤斤、沙州、哈密等"关西七卫"。明代羁縻卫虽名为卫，实际上是政府在无力直接统治的周边少数民族地区推行"以夷治夷"的一个老办法，行政建置上有其特殊性。这些羁縻卫一般都由附近边卫控制、实行间接统治。所以，西北的"关西七卫"受当时西宁、肃州等卫的节制，必里卫则归河州卫节制，这在明代史料中是不乏记载的（详后）。《考》文以《明文武

---

① 《嘉靖河州志》卷1"地理志"，王全臣《康熙河州志》卷1。

官制全书》的记录，仅仅依据必里卫同河州卫同名为"卫"，就判定二者"官级相同，未有隶属的关系"，论证自相抵牾，实不足取。

第二，河州并非"是一处普通的卫"。从明代西部的整个防务系统上考察，河州处在明政府"内华夏外夷狄"的分界线上，它既是控制藏地抚谕"诸番"的前哨阵地，又是明太祖朱元璋设计的"隔绝羌胡"战略中南翼防线上的一个军事重镇。明代河州鼓楼上曾悬挂过这样两副匾额：一曰"河湟雄镇"，一曰"夷夏大防"①，是很能说明河州的特殊地位。故河州卫的编制较一般军卫大，额定官军近万人，几乎是一般军卫五千六百人编制的二倍。② 且设镇守之职，主持河州的军政。明初，陕西行都司一度设在河州，"总辖河州、朵甘、乌斯藏三卫"③。后虽迁甘州，朵甘、乌斯藏亦升为行都司，但仍由明初镇守河州的都指挥使韦正"提调"。《嘉靖河州志》卷2"官政志"说：

> 洪武初，以河州地方为西隆之地，钦命帅臣镇宁，控制番夷，因建帅府。每有更替，必赐敕书。委任之重，凡一应军马、城堡、关隘、番族，具听节制。

河州镇守亦称守备，明人王珣的《河州守备题名记》中又说：

> 河湟属三陕极西边陲，乃重地也。洪惟我朝列圣相承，每怀西顾之忧，乃简都指挥以上武臣守备兹土，练兵申警，控制华夷，于兹百七十年。④

至正统嘉靖间，河州改置参将，设参将府，仍履行镇守和"控制番夷"之责。明代大量史料证实，河州卫绝非"是一处普通的卫"，正如元代在河州设吐蕃宣慰司都元帅府一样，明代的河州卫实际上是

---

① 见《嘉靖河州志》卷4，《重修河州鼓楼记》。
② 《嘉靖河州志》载河州卫额定官军9888名。
③ 《明太祖实录》卷91。
④ 文见《嘉靖河州志》卷4。

作为明政府与藏族地区的桥梁枢纽而发挥其重要作用的。① 因此，河州卫的建置、统辖及职责，不同于一般军卫，更非必里卫这样的羁縻卫可以相比。谈不到二卫"官级相同"，当然也就不能作为判定"无有隶属关系"的依据。

其三，河州卫隶属。

《考》文根据明人《边政考》和《皇明四边图》中"国初设河州卫，领归德千户所"的记载，认为二书"未说领有必里卫，此河州地区无必里卫之证三"。

《边政考》和《皇明四边图》虽为明人著作，但成书较晚，著者囿于闻见，记载多有阙漏舛误。即以河州卫领属的千百户所而言，《明太祖实录》卷60云：

> 置千户所八：曰铁城、曰峨州、曰十八族、曰常阳、曰积石州、曰蒙古军、曰灭乞军、曰招藏军；军户千户所一：曰洮州；多百户所七：曰上寨、曰李家五族、曰七族、曰番客、曰化州等处、曰李家族、曰爪黎族；汉香军民百户所二：曰阶文扶州，曰阳旽等处。

这是洪武四年（1371年）的事，河州卫领属计有千户所九、百户所九。这里还未提及后来增置的归德千户所。此外，据《明实录》载，洪武四年建置必里千户所，② 洪武八年建置喃加巴千户所和失保赤千户所，③ 永乐元年（1403年）建置川卜簇千户所，④ 均属河州卫统辖。洪武至永乐初，河州卫领属的千户所既达十四个。当然，一些千户所后来都有升降变化，如洮州、岷州、必里诸千户所升格建卫，还有一些千户所被裁撤。但河州卫领属的千户所绝非《边政考》《皇明四边图》中所述，仅"领归德千户所"。《考》文作为"河州地区无必里卫之证三"，亦不能成立。

---

① 参见赵世伟《明代的河州卫》，《西北民族研究》1986年第1期。
② 《明太祖实录》卷69。
③ 《明太祖实录》卷96。
④ 《明太祖实录》卷20。

三

必里卫究竟在河州卫还是在朵甘都司，须从两个角度解决：一是隶属关系，二是地望。二者既密切相关，又有区别。《考》文的作者，试图合隶属关系与地望为一体来确定必里卫，势必造成研究中的模糊概念。由此，作者对纷杂众多的明清史料，或回避事实，随意曲解，或裁剪原文，任意取舍。例一是作者在论证"河州未有必里族"时，前录王全臣《康熙河州志》卷2所载"中马番族"十九族之名，后引小字附注，偏偏"遗漏"了中间"以上系现在中马番族"一行大字，于是，康熙年间河州地区的纳马番族，变成了明代河州无必里族的例证。例二是《考》文对"必里卫在朵甘都司"的论证。作者说："为了解决这个问题，我们应先考必里千户所是如何建置起来的。"接着引述了《明太祖实录》卷69的一条材料：

> 洪武四年十一月丁丑，置必里千户所，以朵儿只星吉为世袭千户，在吐蕃朵甘思界，故元设必里万户府，朵儿只星吉为万户。至是来降，河州卫指挥使韦正遣送至京，故有是命。

检录原文，我们发现，作为判定"必里卫在朵甘都司"唯一依据的这条材料，引述中出现了二处遗漏：一是在"置必里千户所"句后，遗漏了"属河州卫"四字，二是"在吐蕃朵甘思界"前，遗漏了"必里"二字。如果说后者的遗漏影响还不大的话，第一处遗漏则是至关重大的。由于"属河州卫"四字的"遗漏"，这明确体现必里千户所隶属关系的历史记录从《明实录》中消失了。也正因为这一"遗漏"，导致了《考》文立论的根本性错误。

分析《明太祖实录》卷69中完整的原始记录，我们不难看出：第一，明置河州卫在洪武四年（1371年）正月，[①] 置朵甘卫在当年十

[①] 参见《明太祖实录》卷60。

月,① 而同年十一月所建的必里千户所,明确隶属于河州卫;第二,元必里万户府万户朵儿只星吉归降后,由河州卫指挥使韦正遣送至京,明政府因元必里万户府地而建必里千户所,以朵儿只星吉为世袭千户;第三,必里卫在吐蕃朵甘思界。

应该说,里千户所的隶属关系是相当清楚的。这一点,可以从下述实物资料中得到印证。

洪武六年(1373 年),明政府在必里千户所安置了一批归降的蒙古人,《明太祖实录》卷 84 洪武六年八月戊寅条云:

> 以故元蒙古世袭万户阿卜束等十五人为必里千户所千、百户,领其土人,镇御番溪界首。②

明太祖册封阿卜束的诰封发现于 20 世纪 60 年代民族地区社会调查中,在今青海省黄南藏族自治州首府同仁县瓜什则寺的昂索③家发现明政府册封当地藏族阿哇日部落头人的诰封四件,计有:

洪武六年(1373 年)册封阿卜束为必里千户所副千户诰;
永乐元年(1403 年)册封阿卜束子结束为必里卫指挥佥事诰;
永乐二年(1404 年)册封结束弟阿哈巴为必里卫指挥佥事诰;
永乐四年(1406 年)册封笼班为必里卫百户诰④,现录洪武六年(1373 年)诰于下:

> 奉天承运,皇帝圣旨:朕君天下,凡四方慕义之士,皆授之以官。尔阿卜束久居西土,乃能委身来附,朕用嘉之。今命尔为河州卫千夫长,俾尔子孙世袭。
> 尔尚思尽乃心,谨遵纪律,抚安部众,庶副朕之委令。可夫武略将军、必里千户所副千户,宜令阿卜束准此。

---

① 参见《明太祖实录》卷 68。
② "番溪"疑为"番汉",存考。
③ 昂索,藏语,意为土官、头人。
④ 原件存否,需作调查。抄件今藏青海省档案馆,录文见《青海省藏族蒙古族社会历史调查》(青海人民出版社,1985 年)。

洪武六年八月　　日

册封阿卜束的官职是河州卫千夫长、必里千户所副千户，足证必里千户所与河州卫之间的领属关系。

必里千户所升格为必里卫是永乐元年（1403年），《明太宗实录》卷20永乐元年五月辛巳条载：

> 升必里千户所为必里卫，以故千户哈即尔加弟剌麻失加、千户阿卜束男结束为指挥佥事。

考虑到该地区藏传佛教的势力和影响，建卫时的这一任命显然体现了明政府"僧俗并用"的原则。而必里千户所上升为必里卫，似乎与阿卜束家族很有关系。明成祖册封阿卜束子结束的诰命说：

> 奉天承运，皇帝制曰：俺汉人地面西边，西手里草地里西番各族头目，与俺每近磨道。唯有必里阿卜束，自俺父皇太祖高皇帝得了西边，便来入贡，那意思甚好。有今俺即了大位子，怎阿卜束的儿子结束，不忘俺太祖高皇帝恩德，知天道，便差侄阿卜束来京进贡，十分至诚。俺见这好意思，就将必里千户所升起作卫。中书舍人便将俺的言语诰里面写得仔细回去，升他做明威将军、必里卫指挥佥事，世世子孙做勾当者。本族西番听管领着。若有不听管属者，将大法度治他，尔兵曹如敕勿怠。
>
> 永乐元年五月五日。

永乐二年（1404年），阿卜束长子结束病故，次子阿哈巴差人向明廷报告，并要求承袭结束职务，明成祖仍册封阿哈巴为必里卫指挥佥事。①

上述诰封反映出：明成祖将必里千户所上升为必里卫，并非军事需要，独立建卫，而是笼络阿卜束家族的一个手段。此为明政府设置

---

① 见"永乐二年诰"。

羁縻卫的通例。因之,《嘉靖河州志》所载必里卫的职官编建,远较一般军卫小,不设指挥使,仅设指挥佥事二员,不过是因人设职。且无额定官军驻防。其职官编建,一直在河州卫领属之下。《嘉靖河州志》在其下属的"归德州"条下,详列了必里卫的职官编建:

> 必里卫
> 掌牌指挥二员、头目二名
> 掌牌千户五员、头目五名
> 掌牌文户十四员、头目十四名
> 镇抚一员①

如果没有领属关系,州志有什么必要详列必里卫的职官系列呢？从明代史料看,必里卫建置后,一应事务俱由河州卫节制调处。必里卫的经济生活中,与明政府关系最大的是茶马贸易。这项工作,是由河州卫管辖的。《嘉靖河州志》说:

> 路道疏通,奏设必里一卫,分二十一族,颁赐金牌二十一面为符。每牌刻印字号,上书"不信者斩",留半内府,永为信记。每年各族茶马,具听河州守备招调,今改参将领之。……成化四年,添设巡按御史,招番易马,每年调马一千七百有奇。②

河州卫的纳马番族与纳马数量,《明史·食货志》作"河州,必里卫西番二十六族,牌二十一面,纳马七千七百五匹"。《明会典》及杨一清《修复茶马旧制疏》③作"西番二十九族",纳马数量同。纳马番族或因时间不同记载各异。但必里卫征调的马匹在河州卫茶马贸易中占有相当大的比例。具体工作由河州茶马司负责,"其直皆河州军马运茶与之"④。主管官员是河州守备,后由河州参将兼领,成

---

① 见《嘉靖河州志》卷2"官政志"。
② 见《嘉靖河州志》卷1。
③ 文见《明经世文编》卷115。
④ 《明太宗实录》卷27。

化四年（1468年）后，更因整顿茶马贸易，添设巡按御史专理其事。例如宣德七年（1432年），镇守河州的都督同知刘昭曾就河州地区的征调马匹情况上奏朝廷：

> 所征河州卫各番族茶马七千七百余匹，已征六千五百余匹，给与陕西官军操练。其未到者，乃必里卫诸族。缘今年畜牧多疫死，且西番苦寒，请俟来年征之，就给各卫①。

上述材料与《明史·食货志》《明会典》《嘉靖河州志》等材料相互参证，完全可以说明，必里卫的茶马贸易，是河州卫统管下的河州地区茶马贸易的一个组成部分。

不仅如此，凡涉及必里卫的有关事务，亦由河州卫奏报朝廷，由河州卫长官具体处置。请看《明代宗实录》卷225的这条材料：

> 景泰四年正月己未，镇守河州都指挥同知蒋斌奏："欲将果吉族移往黄河迤南莽剌等处旧地，恐因而激变，宜仍存留黄河迤北驻牧，令河州必里卫管束，善加抚恤，密切防闲，不许擅去西宁等处抢掠头畜。如违，该管头目一体治罪。"从之。

必里卫从永乐元年（1403年）建置后，历洪熙、宣德、正统几朝，至代宗景泰年间以后，不再见于《明实录》的记载。仅就这几朝实录所见，凡提及必里卫，大多冠以"陕西必里卫"或"河州必里卫"②，从无"朵甘必里卫"的记录。完全可证必里卫与河州卫的隶属关系。我们很难理解，自称"余年来数阅关于朱明十五朝实录"的《考》文作者，缘何对如此明确而大量的实录材料视而不见呢？

---

① 《明宣宗实录》卷97。
② 参见《明太宗实录》卷61永乐七年二月戊寅条、《明仁宗实录》卷4永乐二十二年十一月乙未条、《明宣宗实录》卷22宣德元年十一月丙辰条、卷97宣德七年十二月丙申条、十二月丙午条、《明代宗实录》卷225景泰四年正月己未条。

四

关于必里千户所及后来升格为必里卫的确切位置,《考》文断定"是在现时青海星宿海之西南"。

作者的考证很简单,既然《明太祖实录》卷 69 志"必里在吐蕃朵甘思界,故元设必里万户府",那么,明人朱国达《地图总要》"西番图"中"绘在朵甘思西南地方,有'孛里'一地",即为必里卫。

"孛里"是否是"必里"之异译,"孛里加千户所"是否指"必里千户所",皆缺乏文献佐证,不足为据。至于"吐蕃朵甘思界"之"界"字,显指"边界""界限",而非"界内""境内"。顺着这条线索,稽考元明史料,元必里万户府及明必里卫的位置事实上是很清楚的。

由于《大元一统志》的阙略,我们对元代必里万户府的情况所知甚少。但《元史》卷 63《地理志·河源附录》多少向我们透露了必里万户府的地望情况。《河源附录》系据都实考察河源记录、由潘昂霄撰成的《河源志》及明代地理学家朱思本从八里吉思家所得藏文典籍考定而成,皆为亲历实录,翔实可靠。其记载黄河流经贵德州一带的地理情况时说:

> 河水北行,转西流,过昆仑北,一向东北流,约行半月,至贵德州,地名必赤里,始有州治官府。州隶吐蕃等处宣慰司,司治河州。又四五日,至积石州,即《禹贡》积石。五日,至河州安乡关。……

又云:

> 世言河九折,彼地有二折,盖乞儿马出及贵德必赤里也。

按黄河自巴颜喀喇山发源,流经青海南部果洛藏族自治州而入川，为岷山所阻，转而向北，流经甘肃南部复入青海。乞儿马出，即乞里马出河，源于四川若尔盖地区，在今甘肃南部玛曲县汇入黄河，此处为九曲黄河第一弯。河水西北向，流经青海河南蒙古自治县、海南藏族自治州同德县境、贵南县境，在贵德县境转向东流。贵德县，元为贵德州，元初置，初隶巩昌等处总帅府，至元六年（1269年）河州建吐蕃宣慰司都元帅府后，改隶吐蕃宣慰司，属宣政院辖地。必赤里，当为必里。《河源附录》虽未明言"必赤里"就是必里万户府治，但明代史料关于必里卫地望的记载完全可以印证，明代必里千户所、必里卫因是元代必里万户府建置之地，就是《河源附录》中所说的"必赤里"。

《明太宗实录》卷79①永乐九年（1411年）十月辛卯条云：

> 镇宁河州都指挥刘昭言："河州归德千户所，去卫七百余里，东距川卜千户所，西距必里卫番族，南距朵土川藏，北距黄河罕东卫界。……"

此"归德千户所"，即元贵德州，属河州卫管辖，在今青海贵德县境。"西距必里卫番族"所交代的必里卫的位置，不仅对解决明代必里卫的地望问题至关重要，而且可印证《河源附录》中所说的"必赤里"，就是元代必里万户府所在地。

据此，我们可以确信，元代必里万户府所在地就在元贵德州境，今青海贵德县境。明代因必里万户府之地而建置的必里千户所、必里卫与归德千户所东邻，亦在青海贵德县境。

至于必里卫的确切位置，还可做进一步的考究。前引《明代宗实录》卷225镇守河州都指挥同知蒋斌给明廷的奏折说："欲将果吉族移往黄河迤南莽剌等处旧地，恐因而激变，宜仍存留黄河迤北驻牧，令河州必里卫管束，盖加抚恤，密切防闲，不许擅去西宁等处抢掠头畜。……"细玩蒋斌奏折中笔者加点之句，参证前述元明史料，我们不难看出：河水在必赤里折向东流，形成西东走向，而必里卫则在贵

---

① 梁本卷79，湘图馆本卷120。

德县境黄河北岸。故此，蒋斌奏请政府，将果吉族"仍存留黄河迤北驻牧，令河州必里卫管束"，"不许擅去西宁等处抢掠头畜"。

结论：明代必里卫属河州卫管辖，其地望在今青海省贵德县境黄河北岸。

五

明代必里卫研究中，尚有不少遗留问题，如：

（1）明代中晚期史料中，缘何不见必里卫的记载？

（2）拥有明政府敕封的阿哇日部落何时迁入毗邻贵德的同仁县？

（3）现为藏族部落的阿哇日部落首领，世代传替收藏着明确的蒙古族诰封，阿哇日部究竟是藏族还是蒙古族？

（4）从汉藏文史料中看，必里卫的衰落似乎与明代中晚期隆务寺政教合一势力的崛起很有关系，其消长情况如何？

限于篇幅，上述问题容另文探讨。

《西北民族研究》1993 年第 1 期（总第 12 期）

洪武三十年中越领土
交涉的原始文件

胡雪萍

明洪武年间，中国与安南（今越南）曾发生边界领土纠纷，是为明代中越关系中的一个重大事件。

安南，古称交趾，蒙元曾数次派兵征服，立万户府，遣兵戍守。至明王朝建立，安南国王陈日烓奉表称臣，专使朝贺，明太祖朱元璋遣使赍印，仍封陈日烓为安南国王。其后，安南屡次内乱，但始终奉使朝贡不绝。然而，元末动乱之际，安南侵夺边境领土的问题并没有解决，成为当时两国关系中的一大纠纷。洪武二十九年（1396年）十二月，广西思明府土官知府黄广成上书明政府："本府自故元设置思明州，后改思明路军民万户府，所辖左江一路州县洞寨，东至上思州，南至铜柱。元兵征交趾，去铜柱百里立永平寨军民万户府，置兵戍守，且命交人供具军饷。元季挠乱，交人以兵攻破永平寨，遂越铜柱二百余里，侵夺思明属地丘温、如嶅、庄远、渊、托等五县，逼民附之。以是，五县岁赋皆令土官代输。前者本府失理于朝，遂致交人侵迫益甚。及告礼部尚书立站于洞登，洞登实思明地，而交人乃称属铜柱界。臣尝具奏，蒙朝廷遣刑部尚书杨靖核实其事，况今《建武志》尚有可考，乞令安南以前五县还臣旧封，仍止铜柱为界，庶使疆域复正，岁赋不虚。"[①] 为了妥善地解决思明府5县的归属问题，明太祖派出了行人陈诚和他的同僚、行人吕让出使安南，"上令户部具

---

① 《明太祖实录》卷248。

其所奏，遣诚等往安南谕还之"①。

洪武三十年（1397年）二月，陈诚、吕让使团抵达安南，与安南政府交涉归还思明府5县之地。时安南国王为陈日焜，但国事皆决于国相黎季犛。季犛"执不从"②。故"议论往复，久而不决。诚以译者言不达意，乃自为书与焜"③。书中撫引前代之典籍，晓以利害大义，希望安南"还疆之利，幸其早图"④。由于黎季犛的阻挠，陈诚与陈日焜的直接谈判并未获得结果。黎以国王名义复书，以旧志不足信，坚持5县为安南属地。"诚等得书，复与之辨论不已。"此时，陈日焜馈赠陈诚等明政府使者黄金二锭、白银四锭及沉檀香等礼品，陈诚严词拒绝。⑤

关于此行的领土交涉情况，《明太祖实录》卷250有较为详尽的记载，主要撫录了陈诚与安南国王的往复书信，应有所本。陈诚《竹山文集》重新发现后，这批书信见载于该集内篇卷1，实为洪武三十年（1397年）中越领土交涉的原始文件。书信共7封，内陈诚致安南国王书4封，安南国王复陈诚书3封，今移录公布如下：

（1）与安南辨明丘温地界书：

朝廷奉使行人陈诚再拜奉书安南国王：盖闻天生蒸民，有欲无主乃乱，故必立君以主之。是以天下虽大而疆理有定，民心不齐而纪纲有法，使民知所遵守而不敢相侵陵也。曾谓天下之广，生齿之繁，无人君以主之，其能自安自全者乎？昔者元军既去，群雄鼎沸，荼毒生灵，民心厌乱思治，若大旱之望云霓也。所以天命有德，以妥黔黎。我皇上应天顺人，凡扫乱略，宗主天下，遐方异域罔不臣顺，天下治平三十年于兹，混一之盛，旷古未闻。安南内附，盖亦有年，地之相去不及万里，朝贡之士往来如家，朝廷威德，闻之熟矣，不必缕言。迩来思明府土官黄广成以

---

① 《明太祖实录》卷248。
② 《明史》卷321《安南传》。
③ 《明太祖实录》卷250。
④ 同上。
⑤ 同上。

安南侵疆之事入奏于朝廷。盖朝廷者，四方之所取正，万民之所视瞻者也。彼以狱来质，此以断往应，岂可因循而不理，坐视而不辨哉！假使朝廷因循而不理，置之度外，思明衔情且已，虽安南谓我朝廷何，何政令之为也（按：此句疑有缺误），乃稽典册、究舆图，侵疆之事，实为显然。朝廷所以遣使赍咨，俾退还所侵土地人民，以止争衅之端，此诚安南之利事也。诚到国之日，将咨文事意一一宣布，志书所载，亦岂虚言！是非既明，而王心故昧，庸可已乎！

略摭前代之载籍、疆场之利害以为执事者告。虑重译弗详，故笔诸书志云。

交趾乃古交州之地，历代列为郡县，置守不绝。后汉交趾女子徵侧僭号称王，马援率兵讨平之，遂立铜柱以为限焉。非所以限内外也，将以止后人侵陵之患也。

在唐则为五管之一，有为都护之称，皆中国所置，此固无所议矣。下迨赵宋有李乾德寇边，郭逵出师，而伪天子洪真成擒，寇虏俘获者无算。乾德震惧，献广源、门州、思浪、苏茂、机榔之地，诣军门请降。当时此五处尚归中原，况铜柱以北丘温等地又何言耶？前元世祖之时，乃祖炳纳款称臣。日烜嗣立，臣子之节，中忽改图。于是时有问罪之师。日烜蒙荆棘、伏草莽，奔走窜海之不暇，生灵殆尽，社稷几墟。日燇嗣立，祈哀请罪，世祖下温诏，遣信使令嗣王躬亲入朝。当时信使往来，亦有还疆之语。而日燇复书有云："向者天使累造小国，迎送于盍州。小国惧其侵越之罪，往往辞之，但止丘温而止。"观此，除丘温以南，乾德所归之地姑已，则当时自丘温左右以北之地，属思明而非安南亦明矣。此皆昭著简册，在人耳目，有不可掩。今乃越渊脱、逾如嶅、过庆远而尽为所有，岂非当元末扰攘之秋，乘时侥幸侵窃得之，何以致耶！前日授咨之初，王之君臣皆曰旧属安南，而不知侵占之由。此皆昧理之言，甚不可信也。日者陈黎二国相同，何执政造公馆乃固执前说，以为祖宗之地，未审何所据耶？若然，则志书之所载、咨文之所言，皆为虚文，而王之凭虚无据之言反以为实，此又执一不通之论也！侵越之罪，将谁咎乎？然侵疆之咎，固在往时，改祖之过，政在今日。我皇上天赐勇智，表正万方，革弊政、新制度，不循旧习，不行姑息。敢有包藏祸心，怙终不悛者，穷源痛治，虽轻不赦；有能敷露衷情、幡然改过者，许其自新，虽重亦释。此诚转祸为福之幸际也。古人云：过而能改，则复于无过。自改过者致祥，往岁龙州是已。当赵宗寿父没之后，听信左右奸谋，将为不臣。未几谋泄，朝廷中外皆曰可伐。皇上念有生之民皆国赤子，不忍遽尔加兵。乃先遣信使开导诏谕，使之来陈。复虑禽兽之心变诈猖狂，继出十万之师以便宜行诛，以除元恶，以靖我边。既而宗寿乃能幡然改过，率溪洞耆民诣阙待罪。皇上好生之心，滔天之罪一切勿问。此宗寿悔过自新，已然明效也。今而幸遇天日开明，洗心涤虑，弃恶迎祥，还其疆场，复其人民，陈既往之愆，遣亲信之臣，率五处土官赴阙，俯伏谢罪。圣天子在上，仁齐覆载，或者嘉其忠顺，宠及陪臣，礼而归之，岂惟王宗庙社稷之安，抑一国生灵获安之大幸也。

释此不图，而欲文过饰非，展转支吾，是乃益祖宗之过而贻后日之忧，非善于谋国者也。

古人云：过而不改，是为过矣。且吝过者招殃，往岁南丹奉议是矣。当诸处土官逞禽兽无厌之欲，争寻常之橐，延及无辜，互相仇杀，连年弗靖。所以大军一临，蛮贼席卷，何异摧枯折朽之易尔！我朝廷一视同仁，初岂不欲活之，彼自不用命，故罹天诛。是自绝于天而天诛之也，匪人为也何也！当其出师之际，皇上念军旅之兴，远涉瘴疠，故重其事而遣人告诸岳镇海之渎之神，明其可伐之罪，祈以清凉之气。已而天戈所临，曾不雨雪之地，而一旦六出呈祥，人马神清气爽，十万之众，无一之有染瘴疠者。遂使溪洞妖氛之积，扫除无余。以此观之，非天如何？此皆自取之祸，终于灭亡而后已，又谁咎乎？斯亦怙终不悛，已然之明验也。

顾兹疆场之事，鹬蚌相持，浸淫边衅，抑亦得无与此相类者乎？且争而不让，仁者不为；虞、芮质成，卒为闲田。况所利不能药其所伤，所获不能补其所亡。故修德者矜细行，图治者忧未然。善为国者，每谨于微而已。安南诗书之国，逆顺祸福之理，素已了然。祖宗侵越，亦岂不知其肯蹈此覆辙耶？怙终自祸，王必断然不为，还疆之利，幸其早图，毋疑毋忽。不具。

洪武三十年三月二十一日奉使行人陈诚书

(2) 安南国王复书：

安南国王陈日焜端肃拜书天使相公节下：昨辱惠书，谆谕不少。所据某复书有云：天使累造小国，迎送于禄州。小国惧其侵越之罪，往往辞之，但止丘温而已。执事据此而断之曰：除丘温以南则姑已，丘温左右以北属思明明矣。

此盖执事未之思而不审其说者欤？设有此书云尔，亦说迎送之事，非疆界之事也。夫迎送者，文有官僚大夫把盏说话，武有领兵将校管军护卫，此旧例也。

当时所说但止丘温者，盖言领军至境，恐思明诬之以有侵占之事，故但止丘温。

此说迎送之事，非疆界之事明矣。盖丘温当其要冲，往时自思明而入禄州道，近时自凭祥而入洞登道，此皆小国地面。然林野之地不便立站，故皆站丘温而为迎送接待处。又以丘温当县之中，有县官管待故也。至于交割夫骑，则各于疆界，如今之坡罗唯关是已。领（兵）将校与官僚大夫迎送止于丘温，天使所亲见也。当时之事，亦有何异于今日而取以为据耶？又况当时乃元之国初，而丘温为小国地面已端的矣。奈何思明人之奏，乃谓曩年扰乱，始越过铜柱二百余里而前来侵占本府所属丘温等五处？观此则思明人之诬周明矣。丘温大县，县有站馆迎送之地而言及之，四处小而无事，乃不言及尔。丘温之见诬若此，其他可知，又奚以论哉！

又所据志册以参订证，汉唐以来，迁变不一，其可以往昔之事而质之今日耶？且《诗》《书》上古之经也，其人正大，其辞典雅，而犹有"血流漂杵而靡有孑遗"之言，信而实之，其有是事者欤？况末世之记载，其人倾佞，其辞浮夸，隐讳而回互者有之，张皇而颠倒者有之，难明而臆度者有之，易采而妄谬者有之，如此之类，不可胜数。传云："尽信书不如无书。"此之谓也。上古之《诗》《书》犹不当信，至于末世之记载，其将信耶？又况拣其所欲者，断文取义，岂不甚哉！舍目前之实迹而取彼荒昧之虚文，非日焜之所知也。余其在回咨，不敢赘复。尊书有曰"乃祖某"，盖礼然欤？天使之书而直斥若是，至于天子之诏则将何以呼之？日焜窃有自惑而不胜惭愧，故未能即以裁答，岂所论之事有何思虑而稽于复也。不宣。

洪武三十年三月二十三日安南国王陈日焜书

(3) 又复安南国王书：

朝廷奉使行人陈诚再拜奉书：昨者辱赐回书，辨析所事，似乎甚明，然皆无稽之言，恐出己私，故未敢辄听信也。诚所见固陋矣，然皆质诸载籍，非敢执其私也。今谓既不足信，又复何言！夫缴纷争言而竟后息，不能无害于君子，诚等不为也。执事以志书记载为茫昧之虚文，上古之《诗》《书》犹不当信，吁，何其不思之甚而发言之易也！且古志所载皆历代名臣边功疆界之实事，与史书相为表里，若为虚文则史书亦为无用之空言，虽焚之可也，毁之可也，何后世又传而诵之！《诗》《书》所载，皆二帝三皇嘉言善行，治天下之大经大法，可效可师，乃孔氏之所删定而垂宪万世者也。今执事独以为不当信，岂圣人妄言以欺后世欤？抑无乃非圣人者欤？且非圣人者无法，非诚之所敢知也！日者王之老臣黎国相惠诗有"肝胆胡越"之句，诚味之再三，且喜且惧，不能无疑。初欲应和而卒不敢也，拆而异之，岂圣人之心哉！皇上一视同仁，有生之民皆国赤子，何内外之分，何彼此之异！安南密迩天朝，又非他国之比。

借使邻境有当前代窥伺间隙，侵窃王之土地，不知则已，知则必诉于天朝，理之可乎？不理可乎？理之则彼有肝胆胡越之谤，不理则此有衔情无诉之非。然则如之何而可焉？

虽圣人至公无私，固无彼此之异，可无善恶是非之分乎？苟为不然，专行姑息之政而取悦于人，则人人乐于妄诞而行险侥幸者多，循规蹈矩而竭忠守分者天下无几人，将见强凌弱众暴寡而梗吾治化者有矣，乌得而不理，乌得而不辩哉！执事又谓思明人诬罔，此言殆未可信也。且人必贪财而后疑其盗，人必好色而后疑其淫。思明不讼他而只讼安南，岂与王有世仇乎？况有古志可考，又何怪焉！王虽不信，天下耳目安可掩也？诚仗节万里，书日倾吐忠言而王终不之听，此诚势屈于王人矣，何益于言！王果坚执不还，诚亦当便回，但恐边衅由是而生，异日之悔有不可追者矣！不宣。

　　洪武三十年三月二十五日奉使行人陈诚书

（4）交人自揆书意难复，唯遣人拜谢而已。翌日乃馈黄金二锭、白银二锭、檀香沉香笺香各二裹，至馆驿，以为赆行之礼。次日致书复送还之：

　　朝廷奉使行人陈诚再拜奉书安南国王：兹辱专人馈以厚赆，王之爱敬之心至矣，诚何以当之。且士君子之处己也，当洁如冰玉，不磷不缁，则庶几无愧乎古人矣。

　　昔者曾子以敝袭无补而辞鲁君之惠者，守此道也。古人于无官守言责之际操存如此，况诚有官守者乎？苟小有所黩，岂惟有辱君命而贻后人羞，抑且为曾子之罪人耳，又乌用此哉！礼意已笃，与受赐同。封题如初，敬用反璧，区区鄙见，幸无怪焉。不宣。

　　洪武三十年三月二十六日奉使行人陈诚书

（5）安南国王复奉书：

　　安南国王陈日焜端书再拜，申奉天使相公节下：昨闻回轺日近，敢奉菲礼以伸敬心之万一。辱赐手札，却而不纳，惭愧良多。盖君子之至于是邦也，其为钦慕可胜言哉！虽千金之装不能写其情款也。然窃见清高节操，凛乎莹若冰霜，金玉之不如，恐未尽情而行，则难逃点染之见怪，乃以鸿毛之至轻而表此山岳之大敬。静言思之，见斥宜也，怀惭负罪，夫复何言。倘或不然，果以丝毫之薄礼而为金玉之磷缁，则日焜窃有不取。昔陆生之装值千金于赵王也，当时后世亦见其贤，何辱命贻羞之有！此存其大而不恤其小也。何则？陆生上体汉天子宽大包含之德，而不忍拒斥赵佗之礼，以成上下之美，致四海之安，区区橐金，又何足论！今至微若此而犹见辞拒，虽高标蔑视于陆生，奈敬礼不申于赵氏。忧思曷已，惶惧实深。谨此代面以致大贤，俯垂矜纳，岂惟日焜之至幸，亦一国生灵之幸也。不宣。

洪武三十年三月二十七日安南国王陈日焜书

(6) 再送还安南馈贶书：

朝廷奉使行人陈诚奉书安南国王：尝闻行者以贶礼或宜，然辞受不同，人各有志。诚辞之再三者，本心也，岂有他意而劳执事之多疑哉！且杨震畏四知却故人金，至今未闻何所怪也。观古人之立心，亦各有主，况其公平正大可为后世法乎？若方之陆贾故事，则恐非诚所敢及也。顾亦在乎自信乎，倘不自信而惑于古人之权变，其不流于仪秦游说取利之辈者几希！若谓物贶之辞受，系乎一国之安危，则岂有是理哉！且将以诚为是非毁誉之人，虽天地鬼神亦有所不容矣。昔齐威王以即墨大夫被毁而卒封之，以阿大夫见誉而卒烹之，其视当时之毁誉者为何如哉！而今而后，惟忠惟顺恪守臣节，效赤心以奉事天朝。圣天子明睿洞彻，虽有毁誉者，亦何自而入焉。鄙见如此，幸毋多疑。所有上件已尝面谢，不容喷喷。兹敬奉还，勿罪，幸甚。不宣。

洪武三十年三月二十九日奉使行人陈诚书

(7) 安南国王又复书：

安南国王陈日焜再拜奉书天使相公节下：昨辱手札，不胜拜嘉，敬天之心，无不至极。临行奉赆，盖亦伸其敬之一端而成礼也。不得伸敬成礼，不能以自安耳。至于毁誉之惑，日焜虽愚昧，岂有是哉！所愧惧而不自安者，以不能尽敬而已。今执事高明，灼知尽敬，何幸如之。所论正大，所教确当，敢不奉书以伸草草。不具。

洪武三十年四月初一日安南国王陈日焜书

从洪武三十年（1397年）三月十一日至四月初一日短短的10天之中，陈诚连续4封书信致安南国王陈日焜，征诸载籍，晓以利害，反复辩论，尽职尽责，显示了这位年轻的外交家的胆略与才干。

按思明府，即今广西壮族自治区宁明县。元代属湖广行省广西两江道宣慰司管辖，明代隶广西承宣布政司，府治在今友谊关东北，历来是中国领土。安南国侵夺不还，为永乐朝征讨安南之役埋下了一个伏笔。

洪武三十年四月，陈诚、吕让回到南京，向政府报告这次出使的经过。朱元璋召集大臣讨论这件事，有人主张派大军征讨，以武力解决。但朱元璋的态度却是："蛮夷相争，自古有之，彼恃顽不服，终必取祸，姑待之而已。"① 表现了一种根深蒂固的民族偏见和目光短浅。当然，朱元璋的这一处置与洪武晚期的政局与暮年心态不无关系。洪武二十六年，朱元璋继"胡惟庸党案"后，又兴"蓝玉党案"，"族诛者万五千人"，"元功宿将相继尽矣"②。洪武二十七年，又杀颍国公傅友德、定远侯王弼、永平侯谢成；洪武二十八年，杀宋国公冯胜。至洪武三十年前后，可以率兵出征的勋臣宿将基本已被朱元璋诛杀殆尽。国家元气大伤，已无力进行大规模的军事征伐，这一点，明太祖朱元璋内心是很清楚的。洪武三十年，陈诚、吕让回国禀报与安南交涉结果时，朱元璋已经70岁了，几乎走到他生命的尽头，第二年（1398年）便病逝南京。此时的朱元璋，大明帝国江山社稷

---

① 《明太祖实录》卷250。
② 《明史》卷132《玉兰传》。

的后事安排搞得他心力交瘁，早已失去昔日四方征讨的勃勃雄心和进取精神，趋于消极苟且，在安南问题上的容忍退让也不难理解，他只能把这些棘手的问题留给其继承人去处理了。

《中国边疆史地研究》2004年第4期

《明会川伯赵安铁券》跋

刘子坤

一

《明会川伯赵安铁券》，先曾著录于张维《陇右金石录》卷6。原存甘肃省临洮世袭指挥使赵土司家，今藏甘肃省渭源县文化馆。《会川伯铁券》状如瓦形，立高20.7厘米，横广39.8厘米，厚约0.2厘米，重1.7公斤。铁券为铁质金字，镌铁嵌金，两面俱有文。正面二十行，行字八至十三不等，计二百一十九字，录文如下：

维正统五年岁次庚申七月
辛丑朔越二十二日壬戌
皇帝制曰人臣以忠事为贤人主
以褒功为明此古今之通义
也尔左军都督府都督同知
赵安以刚勇果毅之资事我
皇曾祖多效劳勤继事
皇考益著边功朕嗣大位适西鄙
未靖命尔整饬边防率师备
御乃能摅忠奋勇斩馘俘虏
厥绩茂焉朕用尔嘉特授奉
天翊卫宣力武臣特进荣禄
大夫柱国封会川伯食禄壹
千石仍与尔誓除谋逆不宥
其余若犯死罪免尔壹死于
乎位不期骄禄不期侈其益
逊乃志持乃禄朕无忘尔功
尔亦无忘朕训常以暇逸怀
其艰难常以戒惧保其富贵
慎哉钦哉惟克永世

背面三行，计十六字。
右上角一字：右。
中二行十五字：若犯死罪初犯将所食禄米全不支给

按《陇右金石录》著录此券多误。

第一，《金石录》称铁券"略如瓦形，铜质金字"。"铜"乃"铁"之误。

第二，《金石录》著录铁券"广一尺六寸，高八寸"，尺寸有误。明制一尺今合32厘米，① 故此券之立高20.7厘米、横广39.8厘米，② 合明制约高六寸五分，广一尺二寸五分。

第三，明代铁券，"制如瓦，第为七等"，公二等，侯三等，伯二等。其中一等伯铁券高七寸五分、广一尺三寸五分；二等伯铁券高六寸五分，广一尺二寸五分。③《会川伯铁券》尺寸恰与二等伯铁券同，故赵安之会川伯亦二等伯。《金石录》所谓"广一尺六寸，高八寸"既未知何据，复以为《会川伯铁券》与一等伯铁券相近，又一误也。

另据《续文献通考》，明代铁券，赐予功臣，"字嵌以金，凡九十七付，各分左右。左颁功臣，右藏内府，有故则合之以取信焉"。然临洮赵土司家藏铁券，背面右上角为一"右"字，与《续文献通考》所载异。由此看来，明代铁券的赐予和收藏，尚需进一步的探研。至《会川伯铁券》之刻辞格式，与《续文献通考》所记"外刻履历恩数之详，以记其功；中镌免罪减禄之数，以防其过"④ 正相合，录文甚明，毋庸赘言。

二

铁券之制，起于西汉。《王佐·铁券考》云：汉高帝平定天下，剖封功臣，上者王，次者侯。十二年又大封功臣，申以丹书之信，重以白马之盟，始作铁券。⑤ 其形制尺寸虽未明言之，但"其内镂字，以金涂之"⑥ 的制作之法，与后世"镕铁而成，又镂金其上"⑦ 者大

---

① 见规斋《古尺考》，《文物参考资料》1957年第3期。
② 承渭源县文化馆的同志协助，此为作者量的尺寸。
③ 《续文献通考》卷95。
④ 同上。
⑤ 《辞源》"金书铁券"条引《格要古论》。
⑥ 同上。
⑦ 陶宗仪《辍耕录》引。

体相同。汉代铁券，惜其不传，今天已无法窥其原貌。

根据文献资料，唐代仍以铁券敕封功臣，特别是赐铁券于那些归诚向化而建立功勋的部族豪酋和割据首领。玄宗时，三姓叶护都摩度阙颉斤与护密国王子颉吉里匐，先后率部归降，并出兵助唐，唐王朝除各自封赏外，又赐他们以"丹书铁券，传之子孙"①。天宝十二年（753年）九月，唐王朝册封骨咄禄毗伽突骑施黑姓可汗登里伊罗密施为"突骑施可汗重爵贵号，以崇其宠"，同时，赐以"丹书铁券，以保其忠"②。十月，故石国顺义王男邧俱东鼻施立功边庭，唐王朝又封其为"怀化王并丹书铁券，以表忠赤"③。

今传世最早的铁券，则是唐末乾宁四年（897年）九月，唐昭宗李晔赐给镇海镇东等军节度使、彭城郡王钱镠的铁券。见载于王昶《金石萃编》，翁方纲、钱大昕诸人俱有跋。《赐钱镠铁券》，据宋时目睹者言，"状如篝瓦"，镌铁嵌金，文二十六行，行十四字，共三百三十三字，券字晶光闪烁。④赐券时，唐王朝已风雨飘摇，去日无多，但却与钱镠信誓："永将延祚子孙，使卿长袭宠荣，克保富贵。卿恕九死，子孙三死，或犯常刑，有司不得加责。承我信誓，往维钦哉，宜付史馆颁示天下。"⑤钱镠五代时称吴越王，仪威名称多如天子之制，唯不改元，其子孙后世多为显官。

明代铁券，即仿《赐钱镠铁券》而成。《金石萃编》引陶宗仪《辍耕录》云：洪武二年（1369年）"太祖大封功臣，下礼官议铁券制。学士范素奏，唐和陵时赐武肃铁券见在，上遣使即家访焉"。钱镠的后代钱尚德"奉诏券及五王遗像以进。上御外朝，与宣国公李善长等观之，赐宴中书省，命镂木为式，给还券像"⑥。当时此券已历五百余年，加之曾没水久后，半多剥蚀，为了仿制，"高皇帝引佩刀

---

① 均见《全唐文》卷39。
② 同上。
③ 同上。
④ 陆游《放翁文集》、陶澂《铁券诗序》。
⑤ 《赐钱镠铁券》见《金石萃编》卷118。
⑥ 按此处引文，中华书局"元明史料笔记丛刊"本《南村辍耕录》"钱武肃铁券"条无，恐版本有异，此说又见陶澂《铁券诗序》。

剔去以观刻画之深浅者……"①，可谓细致之极。今观《会川伯铁券》，虽历五百余年（《铁券》赐予之正统五年为1440年），然券面铁质几如全新，券字金色灿然，无一字残损，既可考见一代铁券之遗制，又反映出明代冶炼术和镶嵌制作的工艺水平。《会川伯铁券》之可宝，正在于此。

三

被封为会川伯而赐予铁券的赵安，《传》见《明史》卷155。

赵安，字仲磐，狄道人（今临洮）。"从兄琦，土指挥同知，坐罪死，安谪戍甘州。"②据《甘肃通志稿》卷76《赵琦传》，赵琦"坐罪死"于洪武二十六年（1393年），虽未明言坐罪之由，但显然是被牵于凉国公蓝玉党案。史载洪武二十四年（1391年）蓝玉往陕西训练军士；次年，蓝玉捕逃寇祁者孙，略西番罕东之地。③一直活动在河西一带。而赵琦先在洪武初归降邓愈，屡次随徐达、汤和、郭英等出征，授临洮卫指挥佥事。恰恰在蓝玉主持陕西练兵军务的洪武二十四年，"移肃州"。④当然受蓝玉的调遣节制，有过隶属关系。洪武二十六年，蓝玉因"谋逆"罪被明政府"磔于市，夷三族。彻侯、功臣、文武大吏以至偏裨将卒，坐党论死者，可二万人"⑤。赵琦被株连而坐罪，无疑是死于这一事件的，累及从弟赵安，遂"谪戍甘州"。

然而，出身世胄之家的赵安，并未因此沉沦，谪戍十年后的永乐元年（1403年）"进马，除临洮百户。使西域，从北征，有功，累进都指挥同知"⑥。以其对统治者的效忠，重新获得明王朝的信赖、任用。宣宗宣德二年（1427年），"松潘番叛。充左参将，从总兵陈怀

---

① 《铁券诗序》。
② 《明史》卷155《赵安传》。
③ 《明史纪事本末》卷13。
④ 《甘肃通志稿》卷76。
⑤ 《明史纪事本末》卷13。
⑥ 《明史·赵安传》。

讨平之，进都督佥事……使乌斯藏，四年还。明年，复以左参将从史昭讨曲先，斩获多。九年，中官宋成等使乌斯藏，命安帅兵千五百人送之毕力术江。寻与侍郎徐晞出塞讨，阿台、朵儿只伯，败之"。英宗即位后，正统元年（1436年）进都督同知，充右付总兵官，协任礼镇甘肃。赵安"勇敢有将略"，与定西伯蒋贵、宁远伯任礼"并称西边良将"。正统三年（1438年），赵安与王骥、任礼、蒋贵分道出师，"至刁力沟执右丞、达鲁花赤等三十人。以功封会川伯，禄千石"①。而被赐予铁券，则在正统五年（1440年）七月二十二日。

作为皇权象征的铁券，乃誓于金版，具法律之效，给授予的功臣以免死的特权。《会川伯铁券》云："除谋逆不宥，其余若犯死罪，免尔壹死。"其内又云："若犯死罪，初犯将所食禄米全不支给。"其后赵安因过屡被弹劾，然"诏皆不问"②，概因持券之故。

赵安卒于正统九年（1444年），他的后代世袭临洮卫指挥使之职，成为历明清数百年而雄踞陇右的赵土司。而临洮赵氏家族在甘青土司中威势显赫，被许为"九土之王"，当然与赵安被封会川伯、其家族持有世传铁券不无关系。他们的显位殊荣，在河湟洮岷地区，恐怕只有西宁卫指挥使、会宁伯李英及其支裔——东伯府土司李氏家族可以匹敌。

四

令人饶有兴味的，不仅仅是赵安的子孙后代成为世袭罔替的赵姓土司，而且还由于赵安的先辈曾经给予历史的重大影响，毫不夸张地说，明清临洮的任何一位赵土司，比起他们的祖先都不能不黯然失色。

赵安的祖先，最早可以追溯到北宋中期活跃于西北历史舞台的唃厮啰，也就是藏族史诗《格萨尔王传》中的传奇英雄格萨尔王。其家族属亚陇觉阿王系，是吐蕃人。北宋大中祥符年间，他以青唐城

---

① 《明史·赵安传》。
② 同上。

（今西宁）为中心，建立了强大的唃厮啰政权。在漫长的北宋与西夏的战争中，唃厮啰政权不断助宋攻夏。他们不仅接受宋王朝的官爵与赏赐，而且一直沿用赵宋皇帝的赐姓为赵，成为汉姓的吐蕃人。唃厮啰政权解体后，其苗裔仍统率着散居于河湟洮岷地区的各吐蕃部落。金人南侵，北宋在无暇顾及西北时，还委任唃厮啰从曾孙益麻党征（宋赐名赵怀恩）"措置湟鄯事"，统治这一地区。

唃厮啰后裔在金代最著者为结什角，曾统领吐蕃四部，号称王子，"其疆境共八千里，合四万余户"①。

赵安的直系先辈，应是"世居临洮"的唃厮啰后裔、吐蕃酋长巴命，巴命传子起阿哥昌，"金贞祐中，以军功至熙河节度使"②。金亡后召集旧部，投顺蒙古，元朝皇子阔端封他为叠州安抚使。赵阿哥昌子赵阿哥潘，元世祖时被任为临洮府元帅，死事于蒙元帝国，谥桓勇。阿哥潘子曰重喜，先为临洮府达鲁花赤，后任巩昌二十四处宣慰使，率谥桓襄。重喜子官卓斯结，袭临洮府达鲁花赤。官卓斯结子德寿，做过云南行省左丞。至元明之交，镇守临洮的是赵琦，其父华严禄，即出自巴命一系。赵琦，字仲玉，名脱帖木儿，"人呼为赵脱儿"，阿哥昌六世孙，元授荣禄大夫陕西中书省平章事，守临洮。洪武初率众归明，授临洮卫指挥佥事兼同知临洮府事、宣武将军。

由北宋时代独立的吐蕃政权，到金元之际的部族豪帅，然后再演变成明清两代的土司，唃厮啰家族及其后裔的这一历史踪迹，颇能反映河湟洮岷间民族变迁及融合的复杂进程。正因为如此，临洮土司赵氏家族的变迁，是值得进一步深入研究的。

《西北史地》1984 年第 3 期

---

① 《金史》卷91。
② 同上。

跋《李南哥墓志》

贾智鹏

一

1988年，在《安多藏区土司家族谱探研》[1]一文中，我曾经辨析过青海民和李土司《李氏宗谱》中关于李土司家族源于沙陀族李克用的记载，否定的理由之一是：

> 李土司发迹西土，封土司民是在明初洪、永之际，至顺治乙未（十二年，1655年）已百余年。其间，有关李氏家族之官私文书、墓志碑记甚多。即使是经历了明末战乱的冲击，今存于《明史》、《明实录》及一些地方文献辑录的资料亦复不少。如《李谱》所载之永乐三年、十年、十三年敕、洪熙元年敕、宣德三年敕、宣德二年《金书铁券》文、弘治《重修宁番寺记》、《谕祭李昶文》、《敕赐广福观感梦记》、《新修札都水渠记》、正德《降母神祠庙记》、万历《李崇文墓志》及近代出土的《李英神道碑》等，从未提及李土司的先祖是晋王李克用。如果李土司先祖确系晋王李克用这样的显赫人物，这些官私文书、墓志碑记不会只字不提。至少，应有一些文字痕迹。因此，我们认为，《李谱》将李土司家族世系追溯到晋王李克用，是李土司幕僚岳鼐的伪造，地地道道的一个骗局。攀援附会之迹甚彰，不可置信。

---

[1] 文载《西北民族研究》1988年第2期。

这一结论，又被新近翻检到的《会宁伯李公（南哥）墓志铭》所证实。不仅如此，墓志还为研究李土司家祖的一世祖李南哥及明代西北史乃至民族关系史提供了新的材料。

鉴于学术界尚未注意到这份珍贵资料，我们先披露墓志铭的录文，然后对墓志所涉及的史事略做考释，以为跋。

二

会宁伯李公墓志铭

  推诚宣力武臣特进荣禄大夫柱国会宁伯李英，以所述先考会宁伯之官封事迹一通，泣拜请余为铭，以志其墓。余辞再三不获，则为按状而序之曰：

  公讳南哥，姓李氏。其先世居西夏，后有居西宁者，遂占籍为西宁人。祖讳梅的古，考管吉禄，皆追封会宁伯。母公氏，赠夫人。公姿貌丰伟，性质直，自幼志气超卓，为乡人所推。比长颇习武事，番族部落皆信爱之。

  我太祖高皇帝既定中原，薄海内外皆称臣奉贡。公远处西徼，独能识察天命，率所部来归，特授西宁卫管年土官所镇抚。其后，西宁建卫置官府，公屡效劳力，招徕西纳诸族，先后来朝者不可胜计。既又奉命建罕东、安定、曲先三卫，令岁入马三千余匹，至今号金牌马云。已而千户祁者孙构逆谋祸延于众，公独被旨无扰，复升卫镇抚，阶武德将军。且给公符验，但有以无理相加者，许驰驿来奏。及西纳族指挥板麻领直答儿、千户领真奔协比为恶，不守礼度，太祖命公擒二人以献，特升指挥佥事，阶怀远将军，重加赉赐。其后，公老退休于家，遂以子英代其职。

  英克承公教，尽心朝廷，屡从太宗皇帝出征北敌，累劳升陕西行都司都指挥佥事。今上莅阼之初，复〔升〕① 右军左都督。

  公两膺封秩，皆如其子，又以英封，由都督进封会宁伯。然

---

① 原文疑夺"升"字，今补。

公虽耆龄,其心拳拳,不忘朝廷,时英奉朝诣京师,公匍匐万里,备良马方物来贡。上嘉其诚,赐银币,即遣其西还。比至家,数月而卒,时宣德五年正月十四日也,享春秋九十有三。上为感悼,特遣中使谕祭,且命官司营葬事,以某年某月某日葬西宁之巴州山。

公娶王氏,赠夫人,子男二人,长英,次雄,锦衣卫千户;女三人,长适指挥班贵,次适汪福,次赘婿薛某;孙男三人,长文,陕西行都指挥使,次武,次昶,孙女三人。

为之铭曰:

侃侃李公　凤秉忠义　来归太祖　累效劳勋　至于太宗　孟勤弗替

既昌厥家　以畀其子　子有禄位　实公所致　公享其福　恩宠荐至

冠缨□□　照耀乡里　寿考令终　无憾生死　公去日远　九原难起

最事以铭　属于太史　巴州之原　公藏于此　奕世有闻　尚告来裔

三

按《会宁伯李公墓志铭》见载明金幼孜《金文靖集》。该集传世之本,为明成化四年(1468年)新淦金氏家刻本,系其子金邵伯所辑,较为罕见。清乾隆间纂修四库,由江西巡抚采进而入《四库全书》集部别集类。目前较为易得的便是台湾地区影印的文渊阁四库全书本。四库馆臣云:"幼孜在洪武、建文之时,无所表现。至永乐以迄宣德,皆掌文翰机密,与杨士奇诸人相亚。其文章边幅稍狭,不及士奇诸人之博大。而雍容雅步,颇以肩随。"① 读其所撰《会宁伯李

---

① 见《四库全书总目》卷170。

公墓志铭》，可谓言之不虚。

金幼孜，名善，以字行，江西新淦（今江西新干县）人，《明史》卷147有传。建文二年（1400年）进士，授户科给事中。"靖难之变"中，因迎附燕王朱棣，先任翰林检讨，后迁侍讲。明成祖创设内阁，首命金幼孜与解缙、杨士奇、杨荣、胡广、黄淮、胡俨等七人并直文渊阁，"内阁预机务自此始"。明成祖曾对解缙等人说："尔七人朝夕左右，朕嘉尔勤慎，时言之宫中。"① 又说："代言之司，机密所系，且旦夕侍朕，裨益不在尚书下也。"② 明成祖对这批天子近臣的信赖倚重，确非一般。成祖屡次北征，金幼孜皆扈驾从行，并撰《北征录》以记其事。永乐十八年（1420年），进文渊阁大学士。永乐二十二年（1424年），成祖病卒于榆木川（今内蒙古乌珠穆沁东南），金幼孜与杨荣主政，"秘不发丧"，"荣讣京师，幼孜护梓宫归"③。仁宗即位，拜户部右侍郎兼文渊阁大学士，寻加太子少保兼武英殿大学士。宣宗立，充总裁官修两朝实录。宣德六年（1431年）十二月卒。年之十四，赠少保，谥文靖。

由《墓志铭》及金幼孜卒年推断，《会宁伯李公墓志铭》当撰于宣德五年至六年（1430—1431年）之间。

四

《会宁伯李公墓志铭》（以下简称《李南哥墓志》或《墓志》）的价值，首先在于它是现存最早的李土司家族的传记资料。因之，在考察李土司家族族源及先祖世系上，是有相当的权威性。

明成化十一年（1475年）勒石之《会宁伯李英神道碑》（以下简称《李英神道碑》）在追叙李土司家族族源及先祖世系时说：

> 公讳英，字士杰，其先出于元魏，至唐拓跋思恭，以平黄巢

---

① 《明史·解缙传》。
② 同上。
③ 《明史·金幼孜传》。

功赐姓李氏,世长□□□□及元以武勋显白者甚众,其居西宁曰赏哥,元岐王官,子孙传袭,至管吉禄为司马。生南哥为西宁州同知。

而早于《李英神道碑》近半个世纪的《李南哥墓志铭》追叙似乎更为平实:

> 公讳南哥,姓李氏。其先世居西夏,后有居西宁者,遂占籍为西宁人。祖讳梅的古,考管吉禄,……公姿貌丰伟性质直,自幼志气超卓,为乡人所推。
> 比长颇习武事,番族部落皆信爱之。

正因为平实,或许更接近于真相。

从这两份墓志的对读中,我们不难发现,李氏家族在发迹之初,即李英被封会宁伯后,对其家族先祖,尚无掩饰附会之辞。既未将李南哥"封"为"元西宁州同知",也未将其先祖追溯到元魏及唐宋之际。但随着李氏家族权势地位的日渐显赫,他们似乎越来越不满足自己祖先的"平庸无闻"了。开始从更遥远的时代为家族寻"根",以示"祖泽深厚,绵延流长"。先是成化年间李英去世后,《李英神道碑》将其先祖上溯到元魏,"至唐拓跋思恭,以平黄巢功赐姓李氏";百余年后的清顺治年间,李氏家族撰修《世袭宗谱》,又奉唐末五代沙陀族李克用为始祖,"后至李思恭,徙居西夏,遂传于宋"。伪造、嫁接的痕迹是十分清楚的。正如清代辨伪学家崔东璧所说:"其世愈后则其传闻愈繁"[1],"世愈晚则采择愈杂"[2],李土司家族的先祖世系,也正是后人如此攀附而"层累"地造成的。

关于土族族源,本身是个较为复杂的问题。文献资料不足,矛盾抵牾之处亦复不少。而李土司家族又是土族中的世族大姓,其《世袭宗谱》向为学界所重,影响颇大,成了土族族源研究中不可回避的一

---

[1] 崔述《补上古考信录》卷上。
[2] 崔述《考信录提要》上。

份文献资料。因此，《世袭宗谱》中伪造攀附的先祖世系，给研究笼罩了一片难解之谜。后来的研究者，顺着这个线索董理其事，无不堕入一团迷雾之中，难悉原委。从这个意义上讲，《李南哥墓志》的发现，对廓清李土司家族世系和土族族源诸问题研究中的这团迷雾，是至关重要的。

根据《李南哥墓志》，我们来考察一下李土司家族的族源、籍贯及先祖情况：

第一，"其先世居西夏，后有居西宁者，遂占籍为西宁人"，由此可知李土司家族的先祖，很可能是党项人；之所以说"很可能"，是因为西夏国内民族构成本身就很纷杂。

第二，由此联系到李氏《世袭宗谱》所说李英之前五世皆"归葬灵州"，李氏的原籍当为灵州（今宁夏灵武县西南），属党项人发祥之地。宋人钟傅谈到西夏时曾说："河南要地，灵武为其根本，其四十五州，六为王土。"① 钟傅所谓的"六为王土"系指夏、银、绥、宥、灵、盐六州，可见李土司家族先祖所居之灵州，为西夏立国的"龙兴"之地，根本所在。我们推测李氏家族为党项人，原因亦在此。

第三，李氏先祖流落西宁的时间，似为蒙古攻灭西夏前后。史载，1226年11月，成吉思汗亲率大军围攻灵州。西夏遣嵬名令公领兵10万赴援，② 蒙古铁骑在结冰的黄河上驰渡，猛攻西夏军，杀死无数，尸体堆积如山，灵州失守。拉施德《史集》说战斗的激烈残酷，是蒙古人多年征战中少见的。灵州失守后，蒙古军肆行杀掠，破坏严重，人民逃散。李氏先祖，大约正是为逃避战乱，流落到青海西宁地区的。

第四，《李南哥墓志》说"祖梅的古，考管吉禄，皆追封会宁伯"。根本不言梅的古、管吉禄在元朝的官爵。我们是否可以这样认为，为逃避蒙古兵燹的西夏遗民梅的古家族，流落西宁后，终元之世，在政治上并没多大作为。李氏《世袭宗谱》所谓"及传至元，

---

① 见《宋史·钟傅传》。
② 参见《元史·太祖纪》《元史·察罕传》。

世长西夏，以武勋显白者甚众。其居西宁者曰赏哥，元岐王府官，生梅的古；的古生管吉禄，为司马；生南哥，为西宁州同知都护事"云云，皆属子虚乌有，后世伪造。

五

李土司家族的崛起发迹，李南哥无疑是个关键人物。元明鼎革之际的变化，成为他走入政治舞台的契机。

《李南哥墓志》压根没有涉及李南哥为"元西宁州同知都护事"，只是说"公姿貌丰伟性质直，自幼志气超卓，为乡人所推。比长颇习武事，番族部落皆信爱之"。不过是一个为当地番族部落很看重的一方豪杰。如果李南哥真做过"元西宁州同知都护事"的话，他本人的墓志绝不会隐匿他的那段辉煌经历的。况且，就我们目前所接触到的元明史料中，还没有发现李南哥为"元西宁州同知"的记载。

李南哥生活的年代，正是元明嬗蜕之际。当他得到当地"番族部落信爱"且拥有一定实力之时，政局发生了乾撼坤岌的巨变，元王朝在农民起义的冲击下土崩瓦解，"我太祖高皇帝既定中原，薄海内外皆称臣奉贡"。李南哥面对的，是一个改朝换代之际的选择。

《墓志》说"公远处西徼，独能识察天命。率所部来归，特投西宁卫土官所镇抚"。所谓"识察天命"者，正是说李南哥在这一政权交替时代做出了一个明智的选择。"率所部来归"，为新政权效力。而李南哥的投靠明王朝，则成为李氏家族进入西北政治舞台的一个开端。

现在，让我们来考察一下李南哥归降时的西北局势。

至正二十八年（1368年）八月初二日，大都陷落，元朝灭亡。北伐明军随即挥师西向。第二年四月，大将军徐达在陕西凤翔会诸将议师所向，确定了先攻取临洮的战略方针。一路破竹，连下巩昌、安定等地。接着，元将李思齐以"西通番夷，北界河湟"的陇右重镇临洮府降明，安多藏区的河、湟、洮、岷一线已直接暴露在明军的进攻之下。面对地域广袤，民族状况十分复杂的西番地区，依靠单纯的军事征服往往不能奏效。因此，朱元璋采取了"以诏谕为主，军事行

动为辅"的战略决策,翻检《明实录》的记载,朱元璋的这一方针是很明确而且十分紧迫的:

  洪武二年五月甲午
  遣使特诏谕吐蕃。……吐蕃未即归命,寻复遣陕西行省员外郎许允德往诏谕之。①
  洪武三年五月己丑
  大将军徐达分遣左副将军邓愈诏谕吐蕃。②
  洪武三年五月辛亥
  左副将军邓愈自临洮进克河州,遣人诏谕吐蕃诸酋。③
  洪武三年六月癸亥
  命僧克新等三人往西域诏谕吐蕃,仍命图其所过山川地形以归。④
  洪武三年六月乙酉
  故元陕西行省吐蕃宣慰使何锁南普等,以元所授金银牌印宣敕诣左副将邓愈军门降,及镇西武靖王卜纳剌亦以吐蕃诸部来降。先是,命陕西行省员外郎许允德诏谕吐蕃十八族、大石门、铁城、洮州、岷州等处,至是何锁南普等来降。⑤
  洪武三年八月庚申
  遣通事舍人巩哥锁南等往西域诏谕吐蕃。⑥

  明政府的这一系列诏谕吐蕃的行动,是以强大的军事实力作为后盾的,因而取得了明显效果。攻克元吐蕃宣慰使司所在地河州,吐蕃宣慰使何锁南普、镇西武靖王卜纳剌等一大批元朝官员的归降,不仅表明朱元璋决策的成功,同时,在藏族地区也产生了深远影响。"于

---

① 《明太祖实录》卷42。
② 同上。
③ 《明太祖实录》卷52。
④ 《明太祖实录》卷53。
⑤ 同上。
⑥ 《明太祖实录》卷55

是，河州以西、甘朵（当为朵甘）、乌斯藏等部皆来归，征哨极甘肃西北数千里始还。"① 正是在明政府抚安平定西北、各族首领纷纷臣服新王朝的大气候下，李南哥归降是恰逢其时。

至于李南哥归降的时间，我们推测不会早于洪武六年（1373年）。据《墓志》，李南哥初降时授官为"西宁卫土官所镇抚"，而西宁建卫在洪武六年。② 直到洪武二十七年，李南哥才以"西宁卫土官卫镇抚"的身份去南京请赐寺额，③ 由此看来，李南哥归降的时间可能会更晚一些。

李南哥初降时被任命为"西宁卫土官所镇抚"一事，反证了我们前文关于李南哥非元西宁州同知的辨析。根据明政府安置归降人员的惯例，元西宁州同知归服后绝不可能被置于"土官所镇抚"这样下级军官的位置上。李南哥归降后的任职必与他原先的身份相符。

六

李南哥明初归降，由"土官所镇抚"而至"土官卫镇抚"，再迁"西宁卫土官指挥佥事"，虽说不是春风得意，但也算一帆风顺，为李氏家族日后在西北政治舞台上的发迹，奠定了一个基础。

以往，我们对李南哥的生平事迹知之甚少。《墓志》的发现使我们对李南哥的仕历有个大致的了解。

据《墓志》所述，入明以后的李南哥做过以下几件事：

第一，"西宁建卫置官府，公屡效劳力，招徕西纳诸族。先后来朝者不可胜记"。

按：西纳族，系明代西宁卫属"纳马十三族"之一万历《西宁卫志》云："西纳族，洪武十三年招抚。居牧塞内湟水北，西去卫治六十里。有城廓店室，田畜为业。有寺，授国师一，赐银印一，牙章一，户五百，口一千五百有奇。……岁输马三百有奇。"④ 乾隆《西

---

① 《明史纪事本末》卷10。
② 《明太祖实录》卷78。
③ 参见《明太祖实录》卷231。
④ 见《西宁卫志》卷2，青海人民出版社1993年版。

宁府新志》载雍正元年（1723年）西宁府属番有"西纳族，郡城西北六十里，相连圆觉寺，住居西纳上寺庄，共一千三百七十九户"[1]。此西纳族当为李南哥招抚，居地在今西宁市西郊。招抚的时间是洪武十三年（1380年）。从史料中看，西纳诸族被李南哥招抚后，世代都由李土司家族统约管束。万历十八年（1590年）巡按陕西御史崔景荣给明廷的一份奏疏中说："西宁旧有土官李世显管束土人，自本官阵殁，统约乏人，遂至酿乱。宜另选才力土官一员，责令约束。其西宁边外务系熟番，西纳、陇卜大者一十三族，附庸不可胜记。二百年来，虏不能越天山而窥五郡者，以番众为屏蔽也。……"[2] 奏疏中"李世显"其人，系李南哥从孙高阳伯李文之五世孙，李南哥之弟察罕帖木儿的后裔。与李南哥家族西伯府李土司并立，俗称东伯府李土司。李世显阵殁，西纳诸族"遂至酿乱"，影响到西宁地区的安定，可见李氏家族与西纳诸族的统属关系。而李氏家族也因对这些番族部落的有力影响和约束关系，深得明政府的倚重。甘青地区的土司，之所以历明清二代都能保持其家族显赫地位，在政治变迁中始终保持其影响力，原因正在于此。

上述细微材料，也加深了我们对明代西番诸卫"土流参设""以土驭番"政策的认识。

由于西纳诸族环西宁而居的地理位置，在西宁建卫置官府后，李南哥招抚西纳诸族，对西宁地区的稳定，就显得十分重要了。《墓志》说："先后来朝者不可胜记。"李南哥等人在招抚各番族部落中发挥了重要作用。明代史料中，保存了大量的番族朝贡的记载，这与各地土官土司的制驭约束是分不开的。

第二，"既又奉命建罕东、安定、曲先三卫，令岁入马三千余匹，至于号金牌马云"。

按罕东、安定、曲先三卫与阿端卫、赤斤蒙古卫、沙州卫、哈密卫合称"关西七卫"，在明太祖"隔绝羌胡"的西部战略布署中处于

---

[1] 见《西宁府新志》卷19。
[2] 《明神宗实录》卷228。

重要地位。其中安定卫、曲先卫建于洪武八年（1375年），① 罕东卫则是洪武三十年由原罕东百户所升级为罕东卫。② 地望约在今青海柴达木盆地西北一带。明代罕东、安定、曲先三卫的建置兴废几经变迁，但逢有大的行动，均由明政府派员处置。因此，李南哥的"奉命"，以当时的"土官所镇抚"的身份而言，只能是随从，被征调而参与其事。

明代罕东、安定、曲先三卫同属羁縻卫，由西宁卫节置，与明政府关系最密切的经济活动则是茶马贸易。自洪武二十六年（1393年）金牌信符制颁行之后，三卫的茶马贸易亦被纳入金牌信符制的轨道，故《墓志》说："至今号金牌马云。"

第三，"已而千户祁者孙构逆谋祸延于众，公独被旨无扰，复升卫镇抚，阶武德将军。且给公符验，但有以无理相加者，许驰驿来奏"。

关于祁者孙之乱，《明实录》只有两条材料：

其一，"洪武二十五年四月壬子，凉国公蓝玉率兰州诸卫将士追逃寇祁者孙，遂征西番罕东之地"③。

其二，"洪武二十五年五月辛巳，凉国公蓝玉兵至罕东……遣都督宋晟等率兵徇阿真川，土酋哈昝等惧遁去。又袭逃寇祁者孙弗及"④。

又《湟南世德祁氏列祖家乘谱》载：祁贡哥星吉曾于（洪武）"二十四年五月内，调往失力哈真地方招安祁者孙等"⑤。

又《西宁府新志》载："洪武二十四年五月，遣祁贡哥星吉招抚祁者孙诸番酋。"⑥

以上几乎是有关祁者孙之乱的全部材料，这些零星片断的材料反映不出祁者孙之乱的始末，我们只能结合《李南哥墓志》做些简略

---

① 见《明太祖实录》卷96。
② 见汤纲、南炳文《明史》179页。
③ 《明太祖实录》卷217。
④ 同上。
⑤ 谱藏青海省图书馆。
⑥ 《西宁府新志》卷31。

的分析。

"千户祁者孙构逆谋祸延于众"，祁者孙的身份当是西宁卫千户，其先很可能是归明的元故官或番族首领。洪武二十四年（1391年）前后举兵反明，牵连到当时西宁卫的一批属官，唯李南哥"被旨无扰"，反升任卫镇抚之职。明廷先派西宁卫指挥佥事祁贡哥星吉招降，未果。复遣大将蓝玉率兵征讨，至罕东之地，祁者孙闻风而逃。

由此看来，《墓志》尽管简略，但毕竟为我们了解洪武年间西宁卫的祁者孙之乱提供了一些有价值的新材料。

第四，"及西纳族指挥板麻领直答儿、千户领真奔协比为恶，不守礼度，太祖命公擒二人以献，特升指挥佥事，阶怀远将军，重加赉赐"。

关于西纳族首领"协比为恶"之事，史籍不载，但因西纳族为李南哥统属约束，故明太祖命李南哥"擒二人以献"。李南哥也因此而晋升为指挥佥事。

七

最后，我们考察一下李南哥的生卒年。

据《李南哥墓志》，李南哥卒于宣德五年（1430年）正月十四日，享年九十有三。由之上推，李南哥当生于元顺帝至元三年（1337年）。

《青海社会科学》1994年第3期

青海民和《李氏宗谱》跋

闪　烁

青海民和李土司是甘青土司中最显赫的家族之一。其二世祖在明宣德年间曾以功封会宁伯，故称东伯府李土司，以别于西宁受封高阳伯的李文家族，即西伯府李土司。

李土司家族史料中最珍贵者当推顺治《李氏世袭宗谱》，系东伯府李土司家藏稿本。20世纪50年代，其家族后裔上交当地政府，今存青海民和县档案馆。青海省图书馆有节抄本。谱末有居正"中华民国三十四年七月观光青海道出民和县拜观"、于右任"民国三十年十月来民和县敬观"等亲笔题签。

《李氏宗谱》向无刊本，世所稀见。今整理刊布，以飨学界。并就《李氏宗谱》做一介绍，对谱涉及的问题略做考辨，以为跋。

一

顺治重修《李氏宗谱》以图为纲，依据历代土司承袭序次绘制列祖画像，先后排纂。列祖画像计十二帧，首唐代始祖晋王李克用，至八世祖锦衣卫都指挥李化龙。画像工笔彩绘，各饰厅堂背景，线条细密，着色绚烂。唯人物皆着朝服，正襟危坐，造型呆板，恐系家谱画之通病。每帧画像之后，各录与谱主相关之文。计诏敕六，铁券文一，碑记四，祭文一，墓志一。现开列于后：

敕致仕会宁伯李南哥（宣德三年十二月二十四日）；
皇帝敕谕会宁伯李英（宣德三年七月十七日）；

金书铁券文（宣德二年十月二十四日）；
敕西宁卫指挥李英（永乐十年十一月初三日）；
敕都指挥李英（永乐十三年五月二十日）；
皇帝敕谕都指挥李英、指挥康寿、鲁失加等（洪熙元年八月初三日）；
重修宁番寺记（弘治二年七月）；
谕祭右军都督府都督佥事李昶文（弘治六年六月）；
敕赐广福观感梦记（弘治十一年）；
新修刹都水渠记（弘治十六年）；
降母神祠庙记（正德十六年）；
明故诰封昭毅将军锦衣卫指挥使守村李公暨配孙淑人合葬墓志铭（万历二十年）；
敕陕西西宁卫指挥同知李天俞（顺治五年闰四月二十七日）。

根据李土司家族在明代的军政活动，《李氏宗谱》所录，必多阙漏。就我们所知，一世祖李南哥的《墓志铭》，载于明人文集；[①] 二世祖李英的《神道碑》，立于李氏享堂，其事迹亦见于明代文献。[②] 皆囿于见闻而未采撷。显然，谱中所录家族文献，只是兵燹后的残存部分。

虽则如此，由于《李氏宗谱》是辑录式的家族文献汇编，录文概仍其旧，不事改作，因此，为后世保存了不少原始资料，其史料价值仍不可低估。

二

《李氏宗谱》涉及的最大问题，是土族的族源问题。

土族，过去称土人、土民。是元明以来在安多地区形成的一个新

[①] 《金文靖公集》卷9。
[②] 如《吾学编》《皇明功臣封爵考》《明史列传》等。

的民族共同体，经调查确认，1952 年定名土族，现有人口十三万余。① 由于李土司是土族中最显赫、最有影响的家族，李姓又是土族中的大姓，因此，李土司《世袭宗谱》中追记其家族源于唐代沙陀族李克用的说法，在土族族源研究中曾引起巨大反响。20 世纪 30 年代，有关青海的一些著作、调查记，凡涉及李土司家族或青海"土民"时，已经广泛地采纳了这一说法。② 1941 年，卫聚贤先生最先以《李克用后裔的族谱》为题，摘录公布了《李氏宗谱》的有关内容，③引起了学术界的注意。此后近半个世纪中，《李氏宗谱》关于李氏先祖的记载始终与土族族源问题的论争纠缠在一起，无法回避。土族族源是否能追溯到唐代之沙陀族，完全取决于对《李氏宗谱》始祖传说的辨析。

因学界所据之卫聚贤录文时有乖误，故依原谱，移录于下：

> 按李氏初姓朱邪，沙陀人。先世事唐，赐姓李。僖宗乾符五年，防御使段文楚推李克用为留后。时河南盗起，沙陀兵马使李尽忠谋曰："今天下大乱，号令不行，此乃英雄立功名取富贵之秋也。振武军节度使李国昌子克用勇冠三军，若辅以举事，代北不足平也。"黄巢作乱，进军乾阮、渭桥，与巢军战于渭南，三战皆捷。黄巢力战不胜，焚宫室遁去。克用时年二十八，于诸将最少，而破黄巢复长安功第一，兵最强，诸将皆畏之。诏以为河东节度使，以复唐室之大功晋爵陇西王。又进表诛田令孜等。后加中书令，晋爵晋王，上乃褒其忠款。复进表诛朱全忠，终为国患，不听。克用还晋阳。自兹肇迹王基，记载昭然，难以殚述。
>
> 后至李思恭，徙居西夏，遂传于宋。定难留后，李继捧入朝，献银、夏、绥、宥四州，宋太宗以继捧为节度使。及传至

---

① 此为 1981 年全国人口普查人数。
② 如乐天《青海之土人》，《公道》第 1 卷第 6 期，1933 年；《最近之青海》，新亚细亚学会，1934 年；庄学本《青海旅行记》，《西陲宣化使公署月刊》第 1 卷 7、8、9 期，1936 年；陈秉渊《青海李土司世系考》，《新西北》1942 年乙刊第二 2；丘向鲁《青海各民族移入之渊源及其分布之现状》，《新亚细亚杂志》第 3 卷第 3 期，1933 年。
③ 载《西北文化》第 3 卷第 10 期，1941 年 12 月。又见《说文》月刊第 3 卷第 10、12 期，1943 年。

元，世长西夏，以武勋显白者甚众。其居西宁曰赏哥，元岐王府官，生梅的古。的古生管吉禄，为司马。司马生南哥，为西宁州同知都护事。明太祖平定天下，一世祖讳南哥，率部众于洪武初内附，授西宁卫世袭指挥使。二世祖英，摅忠竭诚，奋智效力，躬率壮士，深入寇穴，屡著勋劳，洊加禄爵，封世袭会宁伯，钦赐诰、券、金印、牙牌，所以彰其绩报其勤，敕命攸存。……不肖鼐自惭菲劣，忝为门下幕宾十有五载，深识其世业，特叙先后功绩，以见忠孝之肇基，文武之衍盛……

大清顺治乙未岁孟夏之吉。泾干后学岳鼐谨识

顺治乙未是顺治十二年（1655年），也就是说，追溯李土司先祖为唐代沙陀人李克用的这篇奇文，出自清顺治十二年李土司幕僚岳鼐之手。

李土司发迹西土、封土司是在明初洪、永之际，至顺治乙未已历二百余年。其间，有关李氏家族的官私文书、墓志碑记甚多。今存于《明史》《明实录》《李氏宗谱》及一些地方文献辑录的资料亦复不少。如《明史·李英传》《金文靖公集·李南哥墓志铭》《李氏宗谱》所载之永乐三年（1405年）、十年、十三年敕，洪熙元年（1425年）敕，宣德二年（1427年）金书铁券文，弘治《重修宁番寺记》《谕祭李昶文》《敕赐广福观感梦记》《新修剳都水渠记》，正德《降母神祠庙记》，万历《李崇文墓志》及近代发现的《李英神道碑》等，从未祖述于唐。如果李土司的先祖确系晋王李克用这样的显赫人物，这些官私文书、墓志碑记不会只字不提。至少，应有一些文字痕迹。

考之史传，岳鼐祖述李土司先祖事，本于《资治通鉴》卷253"唐纪六十九"。僖宗乾符五年（878年）正月庚戌条载：

振武军节度使李国昌之子克用为沙陀副兵马使，戍蔚州。时河南盗贼蜂起，云州沙陀兵马使李尽忠与牙将康君立、薛志勤、程怀信、李存璋等谋曰："今天下大乱，朝廷号令不行于四方，此乃英雄立功名富贵之秋也。吾属虽各拥兵众，然李振武官大功高，名闻天下，其子勇冠诸军，若辅以举事，代北不足平也。"

众以为然。

　　会大同防御使段文楚兼水陆发送使，代北荐饥，漕运不继，文楚颇减军士衣米，又用法稍峻，军士怨怒。尽忠遣君立潜蔚州说克用起兵，取而代之。克用曰："吾父在振武，俟我禀之。"君立曰："今机事已泄，缓则生变，何暇千里禀命乎。"于是尽忠夜帅牙兵攻牙城，执文楚及判官柳汉璋系狱，自知军州事，遣召克用。克用帅其众趋云州，行收兵。二月，庚午，至城下，众且万人，屯于斗鸡台下。壬申，尽忠遣使送符印，请克用为防御留后。癸酉，尽忠械文楚等五人送斗鸡台下，克用令军士剐而食之，以骑践其骸。

略加对照，不难发现，岳霈奇文脱胎于《资治通鉴》的痕迹十分明显，某些文字甚至一字不易。但在迫叙李克用史事时做了拙劣的更动。李克用早年起兵反唐，成了助唐攻黄巢；李克用杀大同防御使段文楚，极其野蛮地"令军士剐而食之，以骑践其骸"，取而代之，被推为防御留后，岳霈奇文反以"防御使段文楚推李克用为留后"。颠倒历史，移花接木，实莫过于此。

　　岳霈奇文美化粉饰李克用而不惜篡改历史，显然是出于为李土司家族祖述李克用的良苦用心，但亦不过是在东伯府李土司门下做了十五年幕僚的一个乡曲腐儒的小把戏。因此，我们认为，《李氏宗谱》将李土司先祖世系追溯到唐代晋王李克用，是李土司幕僚岳霈的伪造，地地道道的一个骗局。攀援附会之迹甚彰，不可置信。20世纪50年代土族族源调查中，在李土司家乡青海民和及邻近的互助等地土族群众中流传的土族是李晋王后裔的说法，盖源于此。

　　长期以来，《李氏宗谱》的这一伪造，给李土司家族先祖世系的考察和土族族源的研究带来了十分恶劣的影响，笼罩了一层迷雾。研究者们不得不花很大的气力去爬梳探求，力图去廓清这一迷雾。可喜的是，研究取得了很大进展，对李土司家族源于沙陀李克用一说，学者们从不同角度予以辨析驳正，基本否定了《李氏宗谱》的附会。但是，应该指出的是，某些研究者并未真正地从这层迷雾中解脱出来。他们从李克用"之后遂绝"的事实中否定了李土司家族源于李克用,却又沿着《李氏宗谱》伪造的始祖线索,去解"这个连环式的迷雾公式",终于在李克用的众多养子中,为李土司家族找到了一位吐谷浑人的始祖——李嗣恩,作为土族源于吐谷浑的一个佐证。①

不能把李土司家祖的先祖与土族族源等同看待,这是毫无疑义的,本文也无意于土族族源的论证,但李土司家族先祖为李嗣恩的推论,显然是缺乏根据的。其实,这仍是在岳萧的骗局中打圈子。

三

排除了《李氏宗谱》关于李氏家族源于晋王李克用的附会之辞,我们再来考察"后至李思恭,徙居西夏,遂传于宋"的记载。

顺治《李氏宗谱》追叙李思恭及其后世系,皆本于明成化十一年(1475年)勒石之《会宁伯李英神道碑》②,碑文为当时巡抚陕西都察院左副都马文升撰写。据称,碑文以《李英行状》为文,③ 必出自李英子孙叙述行实,有相当的可靠性,《神道碑》云:

> 公讳英,字士杰,其先出于元魏,至唐拓跋思恭,以平黄巢功赐姓李氏。世长□□□□及元以武功显白者甚众,其居西宁曰赏哥,元歧王府官。子孙传袭,至管吉禄为司马,生南哥为西宁州同知。

拓跋思恭为党项羌拓跋部人,唐末夏州首任定难军节度使,因参与平定黄巢起义,赐姓李,封夏国公,统夏、绥、银、宥四州之地。在唐末五代的战乱中,夏州李氏发展实力,割据自保,"虽未称国,而自其王久矣!"宋初削夺藩镇,夏州政权李继捧举夏、绥、银、宥四州八县之地归宋,引发了其族弟李继迁的举兵反宋,中经李德明的

---

① 见芈一之《土族族源考》,《青海社会科学》1981年第2期;辛存文《民和土族东伯府李土司世系考察》,《青海民族学院学报》1981年第3期。
② 碑石已毁,笔者考察中仅得其半,今存青海民和县文化馆。录文见张维《陇右金石录补》卷2。
③ 见《李英神道碑》。

经营，终于在元昊时建立了与北宋对峙，与辽、金并立近二百年的西夏王朝。入元之后，党项人散居全国，李土司的先祖流落定居西宁，不是没有可能的。但问题在于李土司的先祖是不是党项羌人的拓跋思恭，李氏家族真的是西夏五族的后裔吗？还是让我们来看看早于《李英神道碑》近半个世纪的《李南哥墓志铭》。

按《李南哥墓志铭》见载于明金幼孜①《金文靖公集》。李南哥卒于宣德五年（1430年）正月十四日，金幼孜卒于宣德六年十二月，《墓志铭》当撰于宣德五年至六年（1430—1431年）之间。《李南哥墓志铭》云：

> 公讳南哥，姓李氏。其先世居西夏，后有居西宁者，遂占籍为西宁人。祖讳梅的古，考管吉禄，皆追封会宁伯。母公氏，赠夫人。公姿貌丰伟，性质直，自幼志气超卓，为乡人所推，比长颇习武事，番族部落皆信爱之。
>
> 我太祖高皇帝既定中原，薄海内外皆称臣奉贡。公远处西徼，独能识察天命，率所部来归，特授西宁卫管军所镇抚。其后，西宁卫建置官府，公屡效劳力，招徕西纳诸族，先后来朝者不可胜记。既又奉命建罕东、安定、曲先三卫，令岁入马三千余匹，至今号金牌马云。已而千户祁者孙构逆谋祸延于众，公独被旨无扰，复升卫镇抚，阶武德将军。且给公符验，但有以无理相加者，许驰驿来奏。及西纳族指挥板麻领直答儿、千户领真奔协比为恶，不守礼度，太祖命公擒二人以献，特升指挥佥事，阶怀远将军，重加赏赐。其后，公老退休于家，遂以子英代其职。

应该承认，《李南哥墓志铭》在追叙先祖世系及历官事迹上较《李英神道碑》更为平实。正因为平实，或许更接近于真相。

对读这父子两代、相距近半个世纪的两种碑文，我们不难发现，李土司家族在发迹之初，即李南哥归顺明廷、屡次升迁为西宁卫指挥佥事及其子李英以军功封会宁伯后，对其家族先祖世系及历官事迹尚

---

① 《明史》卷147有传。

无攀援附会之辞，既未将李南哥"封"为"元西宁州同知"，也未将其先祖追溯到元魏、唐宋之际。只是说"其先世居西夏，后有居西宁者，遂占籍为西宁人。祖讳梅的古，考管吉禄，皆追封会宁伯"。并不言"元岐王府官""司马"云云。而李南哥"自幼志气超卓，为乡人所推，比长颇习武事，番族部落皆信爱之"。只不过是一个被当地番族部落推崇的一方豪杰。如果他真做过元西宁州同知的话，《李南哥墓志铭》绝不会隐匿他的那段辉煌历史的。况且，就我们目前所见到的元明史料中，还未发现李南哥为元西宁州同知的记载。

但是，随着李土司家族权势地位的日渐显赫，李氏后裔似乎越来越不满足于他们祖先的"平庸无闻"了。开始从更遥远的时代为家族寻"根"，以示"祖泽深厚，绵延流长"。先是成化年间会宁伯李英去世后，《李英神道碑》将其先祖上溯至元魏，"至唐拓跋思恭，以平黄巢功赐姓李氏"；百余年后的清顺治年间，李氏家族重修《世袭宗谱》，又奉唐末五代沙陀族李克用为始祖，"后至李思恭，徙居西夏，遂传于宋"。伪造、嫁接的痕迹十分明显。正如清代辨伪学家崔东璧所言，"其世愈后则其传闻愈繁"[①]，"世愈晚则采择愈杂"[②]。李土司家族的先祖世系，正是后人如此攀附而"层累"地造成的。

四

如前述考辨不谬，以李土司家族最早的碑传文献为据，可结论如下：

（1）《李氏宗谱》祖述李克用、李思恭，皆系后人伪造攀附。因之漏洞百出，留下难解之谜。研究者顺着这条线索董理其事，无不堕入一团迷雾之中。

（2）李土司家族"先世居西夏"，其先祖很可能是党项人。谓"很可能"者，盖因西夏国内民族成分本身就很复杂。

（3）《李氏宗谱·大宗世系图》明载李英之前五世均"归葬灵

[①] 崔述：《补上古考信录》卷上。
[②] 崔述：《考信录提要》上。

州",李氏原籍当为灵州（今宁夏灵武县西南），属党项人发祥之地。宋人钟傅谈到西夏时曾说："河南要地,灵武为其根本,其四十五州,六为王土。"① 钟傅所谓的"六为王土"系指夏、银、绥、宥、灵、盐六州。李氏先祖所居之灵州,为西夏立国的"龙兴"之地。是李氏先祖为党项人的又一佐证。

（4）李氏先祖流落西宁地区的时间,应为蒙古攻灭西夏前后。史载,1226 年 11 月,成吉思汗亲率大军围攻灵州,西夏遣嵬名令公领兵十万赴援。蒙古铁骑在结冰的黄河上驰渡,猛攻西夏军,杀死无数,尸体堆积如山,灵州失守。② 拉施德《史集》说这次战斗的激烈残酷,是蒙古人多年征战中少见的。灵州失守后,蒙古军肆行杀掠,破坏严重,人民逃散。李氏先祖,大约正是为逃避战乱,流落到青海西宁地区的。

（5）《李南哥墓志铭》皆不言梅的古、管吉禄、李南哥入元以后的官爵事迹。《李氏宗谱》所谓"及传至元,世长西夏,以武勋显白者甚众。其居西宁者曰赏哥,元岐王府官,生梅的古。的古生管吉禄,为司马。生南哥,为西宁州同知都护事"云云,皆系子虚乌有,后世伪造。又,李南哥洪武初率部归顺后,被任为"西宁卫土官所镇抚"。依明初安置归降人之惯例,元西宁州同知绝不会任用为所镇抚这样的下级军官,反证了李南哥归服时的身份。

《李氏宗谱》所涉问题尚多,容后稽考。

王继光:《安多藏区土司家族谱辑录研究》,民族出版社 2000 年版。

---

① 见《宋史·锺傅传》。
② 参见《元史·太祖记》《元史·察罕传》。

甘肃连城《重修鲁氏家谱》跋

陈海博

甘肃永登连城蒙古族鲁土司是甘青土司中最显赫的家族之一。其四世鲁鉴、五世鲁麟、六世鲁经《明史》有传,[①] 其部众号称"鲁家军"见载于《明史·兵志》。明代,以骁勇善战著称的"鲁家军"受征调参与朝廷的诸多军事行动,功绩卓著。"河西巨室,推鲁氏为最"[②],鲁氏家族亦得分土食邑,雄踞一方,历五百余年直至民国间改土归流。

鲁土司家族史料,除正史、实录、方志、文集、碑传等所载外,最为集中的当推鲁氏家谱四种,计:

〔嘉靖〕《鲁氏忠贞录》三卷

〔万历〕《鲁氏家谱》三卷

〔乾隆〕《重修鲁氏家谱》三卷

〔道光〕《鲁氏世谱》(不分卷)

明谱二种,清谱二种;前三种系家藏稿本,末一种有咸丰元年(1851年)刻本,唯传世极稀,甚为罕见。其中,〔乾隆〕《重修鲁氏家谱》是二种明谱的续纂,既录明谱,又有续补资料;而咸丰刊本的〔道光〕《鲁氏世谱》,又是乾隆重修本的编次本。因此,四谱中以〔乾隆〕《重修鲁氏家谱》及〔道光〕《鲁氏世谱》的内容最丰,史料价值亦最高。故此,本书辑录整理了〔乾隆〕《重修鲁氏家谱》、〔道光〕《鲁氏世谱》,并对其所涉重大问题略做考释,以为跋。

---

① 《明史》卷174。
② 《重续鲁氏家谱·序》。

一

《鲁谱》二种，一纂于乾隆重修，一纂于道光年间的辑录。无独有偶者，将其始祖追溯到元安定王脱欢，亦在顺治年间。《鲁谱》及《明史》《实录》等所载明代官私文书、碑传行状均不及此，唯顺治二年（1645年）六月第九代土司鲁允昌妻杨氏上疏清廷云：

> 臣家谱名讳始祖脱欢，系元朝亲枝，册书安定王，寻兼平章政事。因明兵兴，率领部落，避入河西，嗣后纳降，赐姓为鲁，敕封世守庄浪，迄今近三百年。

于是，鲁纪勋在《世系谱序》中声称：

> 余系出自元宗室，而谱不及者，不敢祖天子也。

《鲁氏家谱》卷三之《始祖传》更有详尽的脱欢传记一篇：

> 始祖讳脱欢，元世祖之孙也。仁宗皇庆二年，晋爵安定王，历事英宗、泰定帝、明宗、文宗。元统至元之间，四方兵起，宇内分裂，明太祖龙飞淮甸，不数载群雄渐次削平。至正间，帅师北定中原，所向无不披靡迎降。
>
> 公喟然涕曰：大势去矣，吾惟竭吾力耳。时朝廷号令所及，两都之外不过数百里，兵力寡微，战守俱不足恃。公与诸怯薛率数万疲敝之卒，夙夜守城。当饥馑之余，援饷悉绝。公惟以忠义鼓励，人心无不感奋。而兵势愈警，渐逼京畿，帝乃与太子、皇孙、诸王夜半逊国而去。公率数十骑扈从不及，又闻两都失守，遂流落北地。每言及帝，辄抚膺悲恸。明太祖闻而义之，命行人召赴行在。及进见，谕慰至再。欲官之，乃愀然曰：亡国贼夫，不足以辱圣世也。太祖益重之，使召集部落，仍守其地。洪武三年，王保保自甘肃来攻金城。上命西平侯沐英同公援韩温温。公

随方设谋，固守无虞，屡乘其怠破之。明年，扩廓帖木儿入寇，陕西行省参政张良弼遁去，太尉李思齐以郡邑降，遂攻兰州。公以书招扩廓帖木儿，譬喻百端，不从。公守益坚，适大将徐达救至，城赖以全。八年，西何酋朵儿只巴叛，上命公与都督濮英帅师讨之，大破其众，焚其巢房，其部酋只巴仅以身免。师还叙功，命入京师，会因疾不果，明年遂卒。朝廷悯其功，授子阿失都百户。……

这篇颇具情节的《始祖传》舛误漏洞实在太多了。洪武三年（1370年），西平侯沐英尚在福建，① 何能与脱欢增援兰州？扩廓帖木儿、王保保同为一人，金城、兰州同为一地，缘何出现"洪武三年，王保保自甘肃来攻金城""明年，扩廓帖木儿入寇，陕西行省参政张良弼遁去，太尉李思齐以郡邑降，遂攻兰州"的记载？何况，扩廓帖木儿洪武三年正月攻兰州，四月在定西沈儿峪为徐达所破，败走和林，② 何以在洪武四年"遂攻兰州"？张良弼、李思齐、扩廓帖木儿俱为元将，扩廓帖木儿入寇，张良弼"遁去，李思齐以郡邑降"，岂不滑稽？脱欢扈从元顺帝不及，"流落北地"，似为北方蒙古方位，明太祖"使召集部落，仍守其地"，如何又去增援兰州？

细究这篇传记，最令人怀疑的是：

（1）身为元朝宗室的安定王脱欢归顺明朝，且被明太祖"召赴行在""谕慰至再"，当为鼎革之际的一件大事，为何不见于《明史》《明实录》等明代史料的任何记录？

（2）脱欢归明后，为明廷固守兰州，抵御扩廓帖木儿（王保保），随濮英讨平朵儿只巴之乱，以元安定王归服后的表现，可谓功劳卓著，为何在长达七八年的时间里，未见明廷延授一官半职？

（3）即使如传记所言，脱欢初归时不愿为官，但受明太祖之命"召集部落，仍守其地"，总需有个名义。此后，屡经征战，"师还叙功，命入京师，会因疾不果，明年遂卒"。期间，又不见明廷任何封

---

① 《明史》卷126《沐英传》。
② 《国初群雄事略》卷11《河南扩廓帖木儿》。

官赏赐。

（4）脱欢卒后，其子阿失都仅封百户。

总之，《鲁谱》追述其始祖为元安定王脱欢是十分可疑的。

检索《元史》，元代脱欢封王者三人，即镇南王脱欢、曹南王脱欢、安定王脱欢。安定王脱欢系成吉思汗六子阔列坚的支裔，敕封于元仁宗皇庆二年（1313年）。① 如以《鲁谱》所系之脱欢在洪武三年（1370年）归服，已历五十八年（1313—1370年），似不大可能。据《元史》之《宗室世系表》《诸王表》、陶宗仪《南村辍耕录》之《大元宗室世系》，安定王脱欢为阔列坚的五世孙，元代即由其子朵儿只班承袭其职，元安定王脱欢必卒于元代，何以明洪武间再现。

又，《明史》《明实录》《鲁谱》等文献所载鲁土司家族明代材料，无一字谈到脱欢的身份是元安定王，恐非有意疏忽。

唯一提到鲁氏始祖脱欢官爵的明代文献，是鲁土司四世祖鲁鉴的《墓志铭》，仅云"曾祖为元平章"，那已是弘治年间的事了。

据考，追溯鲁氏始祖为元安定王脱欢的最早文献，是九世土司鲁允昌妻杨氏给清廷的一份上疏。

崇祯十七年（1641年），李自成农民军贺锦部攻掠河西，九世土司鲁允昌率兵抵御，兵败退守连城。正月十六日，贺锦攻破连城，鲁允昌被杀，子鲁宏被掳。顺治二年（1645年），清英王阿济格底定陕甘，鲁允昌妻杨氏上疏清廷，第一次声称鲁氏始祖脱欢"系元朝亲枝，册书安定王"，此后，相沿既久，几成定案。显然，祖述脱欢为蒙古黄金家族的安定王，是鲁土司家族成为"河西巨室"又中遭变故后，鲁氏后裔的攀附伪造，疑点漏洞甚多，不足为信。

与青海民和李土司《世袭宗谱》相似的是，二谱在清朝定鼎的顺治年间，不约而同地攀附历史上一些显贵作为自己的先祖，与明、清王朝的民族政策不无关系。明代汉族政权恪守的"夷夏之防"的传统观念，由满人统治者入主中原而发生了重大变化。这一传统观念的变化与民族政策的调整更改，必然给远在西北的各民族上层分子传递了一种信息。他们在纂修谱系中争相攀附伪造，毫无顾忌，但却没有

---

① 《元史》卷107《宗室世系表》、卷108《诸王表》。

料到，一个强大的中央集权制王朝的建立，迟早会对这些地方割据势力开刀。雍正年间大规模的"改土归流"，就是对他们的答复。甘青地区的大小土司虽然没有在这场风暴中被裁革，但有清一代，甘青土司制度的总趋势是逐渐衰落。随着清政权的逐步巩固和对西北大规模的用兵，甘青土司的权势一步步地被削弱。正如十四世土司鲁璠所言，明代"陇右藩篱，鲁氏为重荷焉"，而到清代，鲁氏"区区部众，无所施力焉"①。清政府对甘青土司的倚重已大不如明代了。至清代中期以后，除了一些在藏族聚居区的土司（如甘南卓尼杨土司、青海玉树土司等）还保持着原有的统治秩序外，府县隶属下的其他土司，大多只有一种名义上的统治权了。

二

我们再来考察"庄浪鲁家军"的形成。

《明史》卷91《兵志三》载：

> 庄浪鲁家军，旧隶随驾中，洪熙初，令土指挥领之。万历间，部臣称其骁健，为敌所畏，宜鼓舞以储边用。

《明宣宗实录》《续文献通考》亦载庄浪鲁家军"旧隶随驾三千之数"②。但细致深入的材料尚多阙略。《鲁谱》所载，则可补其不足。

《鲁谱》记载说，蒙古人脱欢明初率部落归服，至其子阿实笃授庄浪卫百户，次子巩卜失杰仍嗣是职。三世鲁失加以军功升副千户、指挥佥事，先后调援宣府，调守甘州。永乐十九年（1421年），明成祖北征前，敕命鲁失加选兵扈从。《鲁谱》卷一永乐十九年八月二十九日敕曰：

---

① 《鲁氏家谱》卷1鲁璠序。
② 参见《明宣宗实录》卷10、《续文献通号》卷129。

> 皇帝敕庄浪卫指挥使司：敕至即于本卫选拣精锐能战土军、土民及余丁舍人，不拘名数，每人马二匹。务要人马相应，器械锋利，衣甲鲜明，委指挥鲁失加管领，各带锣锅帐房、脚力驴匹，沿途关支行粮草料，限永乐二十年二月初一日至北京。如敕奉行。

永乐二十二年（1424年），明成祖最后一次北征，又敕调鲁失加"率领原随征官军"到北随从。① 成祖虽崩于榆木川，但鲁失加这支二百六十人的从征部队却成为鲁氏家族的一支私家军，得到了明廷的正式承认。

宣德元年（1426年）：

> 皇帝敕庄浪卫指挥使司：敕至即将原选随征官旗军土民人等二百六十员名，委都指挥佥事鲁失加管领操练，防御边疆。务要人马相应，器械锋利，衣甲鲜明，听候调遣。如敕奉行。②

以后，历代土司在承袭军职的同时，也承袭这支军队的领属权。鲁失加卒后，子鲁鉴袭庄浪卫指挥使。明廷敕谕鲁鉴："今特命尔照旧管束土官军余、指挥高旻等四百员名。"③ 弘治元年（1488年），子鲁麟嗣职，"照旧管束庄浪土官土军并各家口"④。鲁麟卒，子鲁经由"代管"而正式受命"照旧管束庄浪土官土军并各家口"⑤。嘉靖间鲁经乞休解兵，子鲁瞻以副千户"照旧管束庄浪土官土军并各家口"⑥。……终明之世，鲁氏家族始终统领这支军队，进而管束庄浪卫的土官及土军家口，成为划地而治、雄踞一方的著名土司。

清因明制，敕命鲁土司"照旧管束土官、土军并各该僧俗家

---

① 《鲁氏家谱》卷1"永乐二十一年十二月敕"。
② 《鲁氏家谱》卷1"宣德元年正月十一日敕"。
③ 《鲁氏家谱》卷1"景泰二年七月二十六日敕"。
④ 《鲁氏家谱》卷1"弘治二年四月初六日敕"。
⑤ 《鲁氏家谱》卷1"正德三年十二月二十九日敕"。
⑥ 《鲁氏家谱》卷1"嘉靖六年十月二十六日敕"。

口"①，鲁氏家族在庄浪的统治及对鲁家军的领属权遂一直延续下来。

"庄浪鲁家军"虽系明成祖北征护驾而组建的一支私家军队，在明清二代，频繁地参与了西北地区的军政活动，但是：

（1）"庄浪鲁家军"的兵员当不限于随征的二百六十名，较大的一些军事行动，朝廷征调的兵员动辄在千人以上。如"成化四年，固原满四反，鉴以土兵千人从征"。嘉靖"二十二年，宣大有警，诏经简壮士五千赴援"②。

（2）由于明代朝廷在西北边卫实施"土流参设制"，鲁土司及所辖鲁家军，须受朝廷调遣和各级流官的节制。下面节录的这二道敕命，是颇能反映这种特定关系的。其一，正德二年（1507年）四月二十日敕：

> 都指挥佥事鲁经：尔自祖、父以来管束庄浪地方土官、土人并各家口，人心信服。尔父鲁麟存日，尔为副千户代管。……今特升尔前职，照旧管束前项土官土人家口。尔须加抚恤，常加训练及禁约贼盗，一应军机重务，悉听甘肃镇、巡等官节制、调度。后有军功，不吝升赏。……毋得私占、役使、科挠及纵容别项官员侵渔掊克，以致众情不附，有误边备。如违，罪有所归。……

其二，康熙五十八年（1719年）八月十六日敕：

> 皇帝敕谕陕西庄浪卫土官指挥使鲁华龄：自尔祖、父归诚向化，故历代授官管束土官人等。尔系帝心之子，仍依先例，命尔世袭，照旧管束土官、土军并各该家口。尔须钦承殊恩，加意抚绥，务令得所。联属众志，禁捕寇盗。遇有边警，听调杀贼。一应军机重务，悉听川陕总督、甘肃巡抚、提督、总兵官节制，有功一体升赏。尔宜益殚忠勤，用图报称，毋得私占、科挠及纵容

---

① 《鲁氏家谱》卷1"顺治十六年四月十二日敕"。
② 《明史》卷174《鲁鉴传》。

别项官员侵渔克害，以致众情不附。责有所归，尔其勉之。故敕。

两个王朝，对鲁土司的训令如出一辙。明清王朝对甘青土司的控制、使用，于此可见一斑。

（3）明太祖"法汉武创河西四郡隔绝羌、胡之意，建重镇于甘肃，以北拒蒙古，南捍诸番，俾不得相合"①。庄浪地处这条防线的中心，扼通番要道，地理位置重要。尤其是明代中期以后，鞑靼势力侵入三陇，形成困扰明朝的"陕西三大寇"。庄浪及"庄浪鲁家军"的地位益加重要，因之，终明之世，"庄浪鲁家军"在西北甚为活跃，极受朝廷倚重。这在《鲁谱》中有相当的反映。崇祯十七年（1644年），李自成农民军"左金王"贺锦部经略河西，"庄浪鲁家军"拼死抵抗，在西大通被消灭大部，九世土司鲁允昌率余部退守连城，连城又被攻破，鲁允昌被杀。赫赫有名的"庄浪鲁家军"全军覆灭，从此不见于史册记载。清王朝虽然恢复了鲁土司家族的世袭特权，康雍乾几朝也曾征调鲁土司的土兵参加过西北的几次军事行动，但随着清王朝经营西北及对该地区控制的加强，同其他土司一样，鲁土司家族的势力也日渐衰落。夕阳残照，其统治也仅局限于连城一隅之地。

王继光：《安多藏区土司家族谱辑录研究》，民族出版社2000年版。

---

① 《明史》卷330《西番诸卫传》。

辑本《西宁卫志》序[*]

董鹏飞

万历《西宁卫志》三卷，辑自顾炎武《天下郡国利病书》原编第十九册。

辑佚之举，本起于汉学家之治经。嗣后扩及四部，成果斐然。擎绩补苴，于学术研究之推进，裨益实多。青海古称"边外"之地，文献罕征，地志兴起较晚。境内地志之创修，始于明嘉靖间邑人张莱，次则为万历时刘敏宽、龙膺之《西宁卫志》。二志亡佚已久，今存最早的青海地志当推清顺治十四年（1657年）苏铣编纂的《西镇志》，距今不过三百余年，且残次不全，陋劣舛错，为学者所不齿。嘉靖张志已不复得见。万历《西宁卫志》的失而复出，重现于世，不能不说是一件幸事。虽非全帙，亦足可宝。

兹就万历《西宁卫志》的成书年代、作者、内容及史料价值，略作考述，以为序。

一

万历《西宁卫志》，不见于明人著录。检阅万历间及万历后编定的明代公私目录，如张萱的《内阁藏书目录》、焦竑的《国史经籍志》、黄虞稷的《千顷堂书目》、高儒的《百川书志》、徐（火勃）的《红雨楼书目》等，均不著万历《西宁卫志》。清修《明史·艺文

---

[*] 辑本《西宁卫志》已交付青海省民族古籍办公室，即将由青海人民出版社与顺治《西镇志》合刊出版。

志》，专收有明一代典籍，明志著录约三百八十种；编纂《四库全书总目》，为前所未有的古典目录学巨作，然亦不录万历《西宁卫志》。加之是志亡佚久矣，考定其成书年代及刊刻流布，确有一些困难。

正式著录《西宁卫志》的，为近人张维辑考三陇方志之《陇右方志录》。其书"郡志"部"西宁府"下首先登录了：

万历西宁卫志
佚
明万历二十三年兵备道安邑刘敏宽修①

此说依据为乾隆《西宁府新志》，以下小字附注引《西宁府新志》：

万历二十三年十二月，兵备刘敏宽、同知龙膺修《西宁卫志》成。今不特无刻板，即当年印行者，遍觅仅得宦绩及艺文数卷。使其尚存，必不似现行《西镇志》之陋劣舛错也，惜哉！②

从杨应琚的这段话中可以看出：第一，《西宁卫志》的作者是刘敏宽、龙膺；第二，《西宁卫志》修成于明万历二十三年（1595年）十二月；第三，《西宁卫志》在明代曾梓刻刊行，然传世极稀，至乾隆年间，已湮灭殆尽。经杨应琚多方搜求，仅得宦绩及艺文数卷。原卷数已不可考矣。

《西宁卫志》原书亡佚，诸志不载，杨应琚《西宁府新志》所述万历二十三年（1595年）十二月《卫志》成书一说殆成定案。后世因袭不改，相沿至今。如1980年出版的《青海历史纪要》说：

青海地区最早的地方志，当推1595年（明神宗万历二十三年）十二月明朝兵备按察使刘敏宽与西宁卫同知龙膺所修的《西

---

① 《陇右方志录》，1925年北平大北书局本，第17页。
② 引文见乾隆《西宁府新志》卷31。

宁卫志》。该书现已散失无存。①

1985 年出版的《青海地方志书介绍》说：

> 《万历西宁卫志》（佚）
> （明）刘敏宽　龙膺修　明万历二十三年（1595 年）刻本②。

然稽考《天下郡国利病书》所录《西宁卫志》，万历二十三年（1595 年）以后明确纪年的材料计有三条。

其一，"铁厂"条：

> 铁厂　在北山五十里。万历二十四年，都御史田乐檄兵备按察使刘敏宽募铁师采矿烧铁。后时不给久，废，塞焉。③

其二，"堡塞"之"南川"条下：

> ……万历二十四年，议大修边榨，增置有党兴沟口马营。又八十五里有喇哈山城，增置将领官，通归德路。④

其三，"纲领志"⑤"已上龙膺志"的最末一条纪事是：

> （万历）二十四年，议城剌哈山通归德路。议置玄朔，城于玄朔山西。九月，西宁营哨骑同剌卜尔部蕃御虏于西海之明沙，斩首十五级。海虏永、瓦诸部遁居盐池脑，火酉渡河而南。⑥

---

① 见《青海历史纪要》，青海人民出版社 1980 年版，第 72 页。
② 见中国地方志评论丛书之二十、吉林省图书馆学会丛书之四十二《青海地方志书介绍》，吉林省地方志编纂委员会、吉林省图书馆学会 1985 年版，第 27 页。
③ 《天下郡国利病书》原编第十九册，第 63 页。四部丛刊三编本第 23 册（下同，不另注）。
④ 《天下郡国利病书》原编第十九册，第 64 页。
⑤ 原抄无目，此"纲领志"系辑注者拟加。
⑥ 《天下郡国利病书》原编第十九册，第 51 页。

既然明确纪年的叙事为万历二十四年（1596年），而且三条材料的截止年代又不约而同，我们完全可以判定，《西宁卫志》的成书年代绝不会早于万历二十四年。杨应琚"万历二十三年成书"说既未知何据，又与《卫志》纪年抵牾，显然是一个明显的失误。

二

辑佚必先辨伪，鉴定佚文的真伪、资料的归属是首要步骤。《天下郡国利病书》抄录的《西宁卫志》是不是刘敏宽、龙膺之《西宁卫志》，必须考察辨析。也就是说，对于我们这个辑本的来源，当有所交代。

《天下郡国利病书》是顾炎武汇抄的一部资料。顾炎武自序云：

> 崇祯己卯，秋闱被摈，退而读书。感四国之多虞，耻经生之寡术，于是历览二十一史以及天下郡国志书、一代名公文集及章奏文册之类，有得即录，共成四十余帙。一为舆地之记，一为利病之书。乱后多有散佚，亦或增补。而其书本不曾先定义例，又多往代之言，地势民风与今不尽合。年老善忘，不能一一刊正，姑以初稿存之箧中，以待后之君子斟酌去取云尔。①

崇祯己卯为崇祯十二年（1639年），是明朝甲申（1644年）亡国之前五年，明王朝在内忧外患中已风雨飘摇。科举失败的顾炎武，深"感四国之多虞，耻经生之寡术"，抱着经世致用的宗旨，历观二十一史及天下郡县志书、一代名公文集及章奏文册之类，"有得即录"，共成四十余帙。然后析分为二：一为舆地之书，即《肇域志》；一为利病之书，即《天下郡国利病书》。因其书未曾先定义例，故直到二书编定时，仍是辑抄的二本原始资料"存之箧中"。据清人钱邦彦依顾衍生（亭林养子）原本，参照张穆本、吴映奎本、车持谦本、

---

① 《顾亭林文集》卷6，中华书局1983年版，第131页。

周中孚本、徐松本校补的《顾亭林先生年谱》，①《天下郡国利病书》的编定，在康熙元年（1662年），时顾炎武年五十。如果从始录资料的崇祯十二年起算，共历二十三个春秋。此正与《肇域志》序中所谓"区区二十余年之苦心"相合。据此，《西宁卫志》的辑抄年代当在崇祯十二年至康熙元年之间。②

如前所述，青海境内康熙元年以前的旧志仅有三种：嘉靖张莱志；万历刘敏宽、龙膺志；顺治苏铣志。嘉靖张莱志佚名，《天下郡国利病书》辑录的《西宁卫志》记事延至嘉靖以后的隆庆、万历，此志非张莱志是无可置疑的。顺治苏铣志今存，一则书名不符，《利病书》云《西宁卫志》，刊本或著录称《西宁志》或《西镇志》。更重要的是，经稍加比勘，二志的体例、内容相去甚远，《利病书》移录的《西宁卫志》非顺治苏铣志，也是不容置疑的。而可能性较大的，就是万历刘敏宽、龙膺志了。

我们判定此志为万历刘敏宽、龙膺志的证据有四：

第一，书名相同。

刘敏宽、龙膺志著录皆为《西宁卫志》。《天下郡国利病书》原编第十九册第六十四页首行署"西宁卫志"一处。

第二，纪事年代相符。

刘敏宽万历二十三年（1595年）始任西宁兵备付使，二十五年迁按察使。龙膺万历间先任西宁卫监收通判，嗣迁同知。③《西宁卫志》的纂修当在此时。《利病书》移录《西宁卫志》的部分涉及明代青海史事很多，大多有明确纪年，其中，前揭三条材料最迟纪年为万历二十四年。此与刘敏宽、龙膺任职西宁、撰修卫志的时间是吻合的。

第三，明确署名。

《西宁卫志》后经人续纂，至少"纲领志"部分有人做过简略的续补。《天下郡国利病书》所录《卫志》中的纪事续至崇祯十七年

---

① 见《四部丛刊》三编本《天下郡国利病书》附录，第26册。
② 《顾亭林文集》卷6。
③ 参见《西宁府新志》卷25《刘敏宽传》《龙膺传》，《明神宗实录》卷291、309。

（1644年），便是明证。但在原编第十九册第五十一页，万历二十四年（1596年）与万历二十五年纪事间隔之处有"已上龙膺志"五字，无异明确标示了该志的作者。此为万历刘敏宽、龙膺的《西宁卫志》的力证。

第四，内容与纂修者经历相合。

刘敏宽、龙膺任职西宁时期，恰逢明政府派兵部尚书郑洛经略青海，整饬兵备防务，招抚番族，以御"海虏"。并相继取得"湟中三捷"的战绩。刘敏宽、龙膺均参与戎事，或筹划兵防，率兵出战，或抚治番族，督运粮草，以功屡受赏赐升迁。这一经历无疑丰富了《西宁卫志》的内容，影响到《西宁卫志》的纂修。《利病书》所录《西宁卫志》反映明代青海军备防务的内容特别突出，尤其是"堡寨""峡榨""番族""四卫""海虏"等几部分，甚为详尽，许多记载就是郑洛经略青海时的实际措置。"海虏"一节还附载了长篇的"经略郑洛备御海虏事宜疏略"，时代的痕迹十分明显。这些，一方面固然反映了顾炎武辑抄方志资料的宗旨和侧重，另一方面确也能印证，《天下郡国利病书》抄录的《西宁卫志》就是刘敏宽、龙膺纂修的万历《西宁卫志》。

保存在《天下郡国利病书》中的万历《西宁卫志》依原抄计，共三十一页，不足三万五千字。无论从文字上考察，还是从方志编修惯例上推论，远非《西宁卫志》足本是毫无疑问的。原抄两种笔体，细玩书法，第四十七页至五十二页计五页系顾炎武亲笔大字抄录，第五十三页至第七十八页计二十六页为另一人工笔小楷抄就。字体工整清晰，章节错落有致，其堡寨、峡榨、番族、四卫、海虏五节均抬头标目，其余则大致可分卷析目。原抄颇佳，错讹舛误较少。比之于《天下郡国利病书》中其他方志之抄，《西宁卫志》相对集中整齐，尚无杂乱失次之感。此其《利病书》抄《西宁卫志》之大略。

三

万历《西宁卫志》的卷数、目次已无从稽考，《天下郡国利病书》的《卫志》抄本亦无卷目标识。辑本的整理首先要解决的问题是析卷分篇。

《天下郡国利病书》系未成之稿，原不分卷。未刊之前，辗转抄写，"以意分析，失其元弟"，《四库全书总目》谓一百卷，坊刻本一百二十卷。清代著名校勘学家黄丕烈以为"已失庐山面目"，俱不足信。乾隆五十七年（1792年），黄氏得传是楼收藏的《天下郡国利病书》原稿本，因据原书面页所标某省府决为原分三十四册（中阙第十四册）。① 四部丛刊三编水遵用黄氏校订的原编册数影印，堪称善本。因此，我们选用了四部丛刊三编本《天下郡国利病书》作为辑佚的底本，其卷目分篇，即依原编第十九册"陕西下"中《西宁卫志》的撮录面目。原抄第四十七页至五十二页是明代青海地区的大事记，故仿《西宁府新志》卷目拟为"纲领志"一卷，不分篇；第五十三页至六十三页是青海境内的山川、古迹、城池的记载，一般都属于地理志的内容，故拟为"地理志"一卷，下隶"山川""古迹""城池"三篇，篇目均为辑注者拟加；第六十四页至七十八页前有小序，从青海地区的地理、民族环境谈到西宁卫的军事布防，以下依次为堡寨、峡榨、番族、四卫、海虏，分篇清晰，各有篇目，显然自成体系，大体是西宁卫的军事防务、番族部落分布、羁縻四卫及明代中期以后的"海虏"等方面的内容，故拟为"兵防志"一卷，下隶"堡寨""峡榨""番族""四卫""海虏"五篇，均系原抄标目。次序上，将原在前面的"纲领志"移后，首"地理志"，次"兵防志"，次"纲领志"，以合方志纂修义例。"纲领志"前有西宁卫的疆域四至一段拟为"疆域"篇，移置"地理志"之首。整理后的辑本万历《西宁卫志》计分三卷十篇，目录及各篇大略字数如下：

卷1　　　地理志

疆域　　　　　　　　　　　　　　　约300字

山川　　　　　　　　　　　　　　　约8000字

古迹　　　　　　　　　　　　　　　约4000字

---

① 《天下郡国利病书》黄氏题词。见四部丛刊三编本第十九册。

城池（铁厂附）	约 1000 字
卷 2　　兵防志　小序	
堡寨	约 2000 字
峡榨	约 5000 字
番族	约 4500 字
四卫	约 1000 字
海虏	约 3000 字
卷 3　　纲领志	约 3500 字

从这一目录中可以看出，万历《西宁卫志》的主干内容，或者说关于明代青海最有价值的一些材料，均已包括在辑本《西宁卫志》中了。

乾隆间杨应琚纂修《西宁府新志》，曾多方搜求万历《西宁卫志》，据杨氏自述云："遍觅仅得宦绩及艺文数卷。"如果这一说法可靠的话，我们可以断言，至少《西宁府新志》之"职官志""艺文志"，参照了《西宁卫志》的残本。《西宁府新志》万历二十四年（1596 年）以前的"职官"和"艺文"，很可能是根据《西宁卫志》移录而续补的（关于这一点，将在下文稽考二志关一节中论及）。那么，辑本万历《西宁卫志》加上《西宁府新志》中万历二十四年以前的"职官""艺文"以及标明录自"卫志""旧志"的零星材料，大体上是可以恢复万历《西宁卫志》的原貌的。

四

万历《西宁卫志》的发现，使我们有可能对青海地区早期的几种方志源流做一考察。

顺治《西镇志》的基本情况已详校注本《西镇志》的代序：关于《西镇志》。正如我们所推测的，无论是甘州分巡道杨春茂纂修之《甘镇志》，还是西宁道苏铣编撰之《西镇志》《凉镇志》，均为立国之初，清统治者出于对比较陌生的西北边镇的了解而指令编纂的。内容或出于"上意"，体例自不得随意。仓促属稿，拼凑成书，不免疏漏谬误。学者讥其"潦草冗杂,绝无体例"[1],"时有错误"[2],"亦多阙略"[3],盖有因也。对照《西镇志》与《西宁卫志》,《西镇志》在纂修中参阅了《西宁卫志》,摭取了一些材料,但二志体例绝不相类,至少从辑佚所得的《西宁卫志》片断部分考察,文字、内容相去甚远。顺治《西镇志》与万历《西宁卫志》的承袭渊源关系不是很密切。

然而,取乾隆《西宁府新志》与辑本《西宁卫志》对读,情形就大不一样了。

首先,篇目的设置上,《西宁府新志》脱胎于《西宁卫志》的痕迹十分明显。如果说"地理志"的疆域、山川、古迹、城池诸篇目系一般方志纂修之通例,不能证明二志间的承袭关系的话,那以下篇目的设置则过于相似了:

辑本《西宁卫志》	《西宁府新志》
堡寨	堡寨（卷12）
番族	番族（卷19）
四卫	明塞外四卫（卷20）
海虏	青海（卷20）
纲领志（拟目）	纲领志（卷30、31）

番族、四卫、海虏系明代青海地区的一些特殊问题,不一定为志书的必置篇目。《西宁府新志》的这几个篇目,显然是袭用了《西宁卫志》。

其次,文字和内容上,《新志》抄录《卫志》的情况十分普遍。试以辑本《西宁卫志》的次序逐篇做一比较:

疆域

明清行政建置不同,疆域四至的标识亦有变化,"疆域"一篇全系重写。

---

[1] 《四库全书总目》卷74"地理类存目"。
[2] 《陇右方志录》张维按语。
[3] 顺治《凉镇志》张昭美序。

山川

《西宁卫志》共录山川一百一十处,《西宁府新志》增至一百五十一处。增录的主要是泉,《卫志》录泉二处,《新志》录二十一处。山谷、河流略有增补,至所增录之元朔山之观音洞、五峰山之北洞,于例不合,实无必要。文字抄录《卫志》者十之八九,兹举"昆仑山"一例:

西宁卫志	西宁府新志
昆仑山　在卫治西北故临羌县境。《汉书·地理志》注云:昆仑在临羌,西北有王母祠石室、仙海、盐池。西有弱水、昆仑山祠。唐长庆中,刘元鼎使吐蕃云:三山中高四下,曰紫山,古所谓昆仑。鲁("夷"字之讹)曰闷摩黎山。元潘昂霄《黄河志》云:吐蕃朵甘思东北鄙有大雪山,即昆仑。自山腹至顶皆雪,炎夏不消,远年成冰。洪武间,西平侯沐英、征西将军邓愈追羌,俱至此山。非古所谓昆仑也。自酒泉太守马岌傅会立西王母祠,故得是名。见《昆仑、积石二山辨》。	昆仑山　在县治西北故临羌县境。《汉书·地理志》注云:昆仑在临羌,西北有王母祠石室、仙海、盐池。西有弱水、昆仑山洞。唐长庆中,刘元鼎使吐蕃云,三山中高四下,曰紫山,古所谓昆仑。夷曰闷摩黎山。元潘昂霄《黄河志》云:吐蕃朵甘思东北鄙有大雪山,即昆仑。自山腹至顶皆雪,炎夏不消,远年成冰。洪武间,西平侯沐英、征西将军邓愈追羌,俱至此山。非古所谓昆仑也。自酒泉太守马岌傅会立西王母祠,故得是名。见《昆仑、积石二山辨》。

《西宁府新志》抄录《西宁卫志》,除将"卫治"改为"县治"外,余皆一字不易。引用《汉书·地理志》的一段,系《地理志》正文,《卫志》讹为"注云",《新志》仍沿此误;元潘昂霄《黄河志》实为《河源志》,《新志》亦因《卫志》之名,照书《黄河志》。个别条目,如"西海""湟水"等,《新志》则略有增益。

古迹

《西宁卫志》记古城五十五处,堡、砦、亭、碑、关、祠等三十三处。《西宁府新志》分西宁县、碾伯县、大通卫、贵德所四地,而以冢墓附之,冢墓为增修内容。四地古城计六十三处,增记古城八处;其余古迹五十处,增记十七处。古迹同名各条大体依《卫志》原文移录,无大更改。个别条目,文字上有增益润色,兹举"石堡城"一例:

西宁卫志	西宁新府志
石堡城　在卫治西南二百八十里。唐开元十七年，吐蕃陷此城，留兵据之，侵扰河右。命信安王纬与河西、陇右同议攻讨，诸将咸以石堡险远难攻。纬不听，引兵拔之，命曰振武军。二十九年，复为吐蕃所陷，董延光攻之不克。八年，哥舒翰复拔之置神武军。	石堡城　在县治西南，本铁仞城，三面险绝，惟一径可上。唐开元十七年，吐蕃陷此城，留兵据之，侵扰河右。命信安王纬与河西、陇右同议攻讨，诸将咸以石堡险远难攻。纬不听，引兵深入，急攻拔之，命曰振武军。二十九年，复为吐蕃所陷，董延光攻之不克。八年，哥舒翰复攻，吐蕃以数百人守之，唐兵死者数万，仅而克之，置神武军。

城池

《西宁卫志》记载城池八处，《西宁府新志》增至二十四处，隶"建置志"。增记之十六城均为清代康、雍、乾三朝新建，其中，以乾隆初兴建为多，反映了清初对周边地区统治的加强和开发经营。旧有的八城，明万历前的建置，《新志》一仍《卫志》，但增补了清初修复扩建的内容。

堡寨

《卫志》的"堡寨"，以卫治为中心，分南川、西川、北川、威远、城东四向分载，由近及远，计里记录，较为简略。清乾隆时，西宁府下置西宁县、碾伯县、大通卫、贵德所，故堡寨亦按二县一卫一所分载，内容上较《卫志》详尽。看来，"堡寨"一节，系杨应琚因时命笔，重新纂修。

峡榨

峡榨是明代青海为防"海寇"入掠而在各交通要道设置的军事要塞，属西宁卫防御体系。故万历间修《卫志》，专设"峡榨"一篇，备列西宁边榨，共三十八处，极冲二十七处，次冲十一处。清代青海无"海寇"之患，峡榨逐渐废弃。故《西宁府新志》不载峡榨。

番族

《西宁府新志》"武备志"专修"番族"一卷（卷19），前有小序云："明万历时番人分为二十五族，尚可稽考，列于左方，并志其户口、服制、风俗，以备观览云。"以下，首列"万历中番人二十五族"，次载雍正元年（1723年）平定罗卜藏丹津之乱后划归二县一卫一所及新设巴燕戎抚番厅的番族，最后附以"塞外贡马番族"。其"万历中番人二十五族"完全录自《卫志》，但有节删。兹举"占咂族"一例观之：

《西宁卫志》	《西宁新府志》
占咂族 一曰章咂。洪武十三年招抚，居塞外。西接下隆卜，东邻革咂，居处服食皆同。往往接连二族，叛服靡定。嘉靖四十年，出掠马哈剌沟，输马久绝。万历十九年，经略尚书郑洛遣使诏谕之，互开其族，有锁南族、速俄族、六卜族、阿尔结族、朵藏族、哈撒尔族、思冬加族、和尔加族、多尔利族、尔加藏族、的咂族、思冬干族、哈卜郎族、合尔族、思纳加族、克墩族、答尔巴族、朵尔只族、思打革族、哈加族、辨朵族、官他族、沙麻尔族、沙卜族、思冬正族、巴尔革族、丹麻族、哇喇宗牙族、宗受尔加族。总计输马三百匹有奇，中多兵备刘敏宽复招徕者焉。	占咂族 一曰章咂。洪武十三年招抚，居塞外。西接下隆卜，东邻革咂，居处服食皆同。往往接连二族，叛服靡定。嘉靖四十年，出掠马哈剌沟，输马久绝。万历十九年，经略尚书郑洛遣使诏谕之，互开其族，立二十九族。总计输马三百匹有奇，中多兵备刘敏宽复招徕者焉。

《卫志》原列郑洛"互开其族"之族名，《新志》略为"立二十九族"。另如隆卜族，《卫志》具载郑洛"开族八十有奇"之族名，《新志》均略去不书。这些节删，造成不少有价值资料的阙佚，不能不说是一种遗憾。

《利病书》的《卫志》"番族"篇仅录番族二十一，恐漏抄所致。如以《新志》补书，可为完帙。

四卫

《西宁府新志》卷二十有"明塞外四卫"一篇，实列安定、曲先、阿端三卫。杨应琚在篇后"松门杨氏曰"的按语中解释说："按明初设安定、阿端、曲先、罕东、赤斤、沙州诸卫，给之金牌，令岁以马易茶，谓之差发。沙州、赤斤隶肃州，余悉隶西宁，称塞外四卫。第查罕东卫在赤斤南，汉敦煌郡地也，即今之安西。应入《安西志》，宁郡不得攫而有也，故不载。"所载三卫的内容，较之《卫志》增补不少，其中尤以安定卫为甚。三卫字数对照如下：

	《西宁卫志》	《西宁府新志》
安定卫	约 320 字	约 1560 字
曲先卫	约 150 字	约 700 字
阿端卫	约 150 字	约 340 字

《西宁府新志》似乎增补了不少有价值的材料。然细加考察，《新志》所载三卫的内容，全抄《明史·西域传》。① 稍加对读，即可发现，兹不赘述。

海虏

《西宁卫志》"海虏"一篇记载极简，约五百字，重点内容是节录明兵部尚书郑洛经略青海时的《备御海虏事宜疏略》。② 清代满蒙关系密切，当然不能以"海虏"命篇。但青海蒙古是明清二代青海地区的一个重大问题，不能回避。故《西宁府新志》以"青海"为篇目，具载青海蒙古的盛衰及与明清王朝的关系，内容较为详尽。该篇从汉武帝元狩六年（公元前117年）遣兵击先零羌，羌人西入湟中西海开始，简略追叙了这一地区的历史。从"明正德四年，蒙古部酋亦不剌、阿尔秃斯拥众西奔"以下，抄录《明史·西域二·西番诸卫传》的部分内容。最后，记录了乾隆以前清王朝对青海、西藏地区的经营管理。杂采正史，内容翔实。明代青海蒙古问题的记载，非采录《卫志》。

纲领志

杨应琚在《西宁府新志》撰修"凡例"中曾声称：

> 新志内纲领一志，余之创例也。盖因湟中郡邑，自汉、魏以来，兴废靡常，非依编年法特书分注，则不能通贯明晰。于是尽猎历代诸史，以至圣朝典章暨文集、家乘，凡关大事者泐为一志。翻阅之际，上下数千年，其得失利害，如指诸掌。非故为矜博，实便于后人。

---

① 参见《明史》卷330"西域二"。
② 参见《明经世文编》卷405"郑经略奏疏二"，"敬陈备御海虏事宜以弭后患疏"。

杨应琚称"纲领一志,余之创例",颇为自负。然观《卫志》,虽无"纲领"之名,有明一代青海地区的大事记赫然在目。兹略去小字附注,将明代洪武、永乐间二志记载对照如下:①

《西宁卫志》	《西宁府新志》
洪武元年正月,甘肃理问所官祁贡哥星吉归附。 二年,都督沐英略地昆仑,讨蕃部,平之。 四年五月,(元甘肃右丞朵尔只失结入贡归附,诏居西宁。)元西宁州同知李南哥以州归附。 五年,始置西宁卫。 八年,立安定、阿端二卫。 十年四月,命征西将军邓愈、付将军沐英讨吐蕃至昆仑山,大破之。 十九年,命长兴侯耿炳文城西宁。 三十年,罕东酋长锁南吉剌斯入贡。置罕东卫,以锁南吉剌斯为指挥佥事。置西宁茶马司,招罕东等四卫、申冲等十三部纳马易茶。	明太祖洪武元年正月,甘肃理问所官祁贡哥星吉归附。 二年四月,遣使持诏以登基改元谕吐蕃。都督沐英略地昆仑,讨番部,平之。 三年五月,大将徐达分遣征西将军邓愈诏谕吐蕃。 四年五月,元甘肃右丞朵尔只失结入贡归附,诏居西宁。元西宁州同知李南哥以州归附。 五年,始置西宁卫。六月,宋国公冯胜遣指挥朵尔只失结招抚叛亡朵尔只巴等。命礼部郎中许允德、②中书舍人锁南安抚西宁诸处番民。 六年五月,命宣威将军朵尔只失结招安定王归附。十月,封西番朵甘、乌斯藏诸酋为王师官长。 七年,安定王烟帖木儿遣使入贡。鞑靼酋长撒力畏吾儿遣使入贡。七月,西番献葡萄酒,却之。八月,遣多尔只失结招抚散处诸戎。 八年,立安定、阿端二卫。 十年四月,命征西将军邓愈、付将军沐英讨吐蕃至昆仑山,大破之。 十一年,哈剌鬼诸土番劫贵德州,遣朵尔只失结至西海,捕获之。十月,西番屡寇边,命西平侯沐英率都督佥事蓝玉、王弼征之。 十二年正月,遣朵尔只失结诏谕千户阿卜诸生番。四月,朵尔只失结收捕西番亦林真奔诸头目。 十九年,命长兴侯耿炳文城西宁。增置马驿七、递运所五,每驿设驿丞一员,兼管所事。 二十年,遣指挥朵尔只失结招抚叛亡千户阿卜的。千户祁贡哥星吉收捕西番亦林真奔。

---

① 朵尔只失结系西宁东祁土司之始祖。据《卫志》小字附注"此东祁、二李土司始祖"。原抄必脱朵尔只失结归附事,今据《新志》补书。
② 《新志》作"许德允",误,今改。

续表

《西宁卫志》	《西宁府新志》
永乐四年，置苑马寺于碾伯城。置曲先卫。	二十四年五月，遣祁贡哥星吉招抚祁者孙诸番酋。 二十五年，诏朵尔只失结征西番阿立答哈思。 三十年，罕东酋长锁南吉剌斯入贡。置罕东卫，以锁南吉剌斯为指挥佥事。 三十五年，亦林真奔叛，寇暖泉，千户祁贡哥星吉战死之。 成祖永乐元年十二月，诏给屯田军士官牛耕具。 三年，罕东卫贡马，以其头目塔力袭为指挥，奴奴为指挥佥事。 四年，置苑马寺于碾伯城。置曲先卫，以土人散西思为指挥同知。 十一年，置镇守西宁将领官。 十二年，以史昭为都督佥事，镇守西宁。

《卫志》的大事记是万历二十四年（1596年）以前的明代大事记，还是像《新志》一样通贯古今的大事记？《利病书》辑抄中有无删节？我们都无从稽考。但《新志》的"纲领志"脱胎于《卫志》的大事记还是很显然的。即便是做了不少的续补工作，使之完善，也很难说是"创例"。

通过逐篇比较，《新志》与《卫志》的渊源关系可以说是十分清楚了。不仅篇目设置上参照颇多，文字内容上抄录亦复不少。尽管某些章节（如四卫、海虏）《新志》舍弃《卫志》而取资正史，某些章节（如疆域、堡寨）尚有出入，但《西宁府新志》系撂取万历《西宁卫志》并加续补而成书，则是不容置疑的。这很令人怀疑，杨应琚纂修《新志》时，所谓《卫志》"今不特无刻板，即当日印行者，遍觅仅得宦绩及艺文数卷"的说法是否确实。恐怕这是杨氏为避掠人之嫌而有意释放的一个烟幕，以此抬高《新志》的创修地位。

其实，关于《新志》是在《卫志》基础上续补成书的事实，早在乾隆十二年（1747年）《新志》脱稿不久就有人述及。时任西宁知县的陈铦在《新志》跋中说：

> 杨公莅宁一十余年，兴利除弊，善政嘉猷，不可胜举，而一切民风土俗、官方戎政、四至版图、方书断简，悉罗胸中。乃于公余之暇，将旧志详加考订，略者详之，缺者补之，讹者正之，应续者增之，纂成《新志》。其详细美备，直追前史。是志一郡二县及卫所之纲目，按籍而稽，炳若日星，昭垂不朽。余备员宁邑，既沐仁风之煦拂，而更睹金匮之鸿文矣。①

陈铦与杨应琚同城共事，作跋时间在《新志》定稿的乾隆十二年（1747年）五月后的同年十一月，去时未久，对杨氏修志底蕴，最为了解，其说可信。也许，陈铦就是《新志》的第一位读者。所谓"将旧志详加考订，略者详之，缺者补之，讹者正之，应续者增之，纂成《新志》"，就是对《新志》与《卫志》渊源关系的真实说明。

据《西宁府新志·自序》，杨应琚"于乾隆丙寅秋七月握管，至丁卯夏五，历十一月而脱稿"。而"撰次校对，咸出余一人之手"。在短短的不到一年的时间里，独立完成《西宁府新志》这样一部四十卷数十万言的方志，没有一个参照纂修的底本，似不大可能。这个底本，应是万历《西宁卫志》。

上述考察，绝不意味着贬低《新志》。《新志》修成后，杨应琚曾求序于当时著名史家杭世骏，杭氏为序盛誉之，以为"精笔削，密鉴裁，经世大业出其中"②。乾隆十二年（1747年）初刻后的百余年间，曾屡次刊行，向为学界推崇。今天看来，《西宁府新志》之所以成为清代方志中的上乘之作，一方面固然是由于杨应琚本人的史学修养，及对青海史地、风物人情、兵戎政事的深刻了解，另一方面，确与参照借鉴《卫志》这样一个较好的底本是分不开的。

五

辑佚所得之《西宁卫志》及与青海早期几种方志的比勘研究，使

---

① 见《西宁府新志》卷首"陈铦跋"。
② 见《西宁府新志》卷首"杭序"。

我们了解了《西宁府新志》的承袭渊源关系，这只是辑本《西宁卫志》的价值之一。更为重要的，还是它在考察明代青海史事方面的参考价值，有不少为他书失载的材料。

始于明正德四年（1509年）进入今青海湖地区驻牧的蒙古鞑靼部落，至嘉靖、万历间，势力大振。对明代的西北防务，威胁很大。此明人谓之"陕西三大寇"中的"海寇"之患。尤其在万历九年（1581年）俺答汗死后，继任的顺义王不能约束鞑靼各部，不少部落循环出没青海，掠番挠边，河、湟、洮、岷一线，岁无宁日，形成"九边之患虏，秦为最；秦患虏，陇右为最"的局面。青海地区，火落赤、真相等部据莽剌、揑工二川，数犯洮、岷、西宁等地，西陲连连告急。万历十八年（1590年），明政府派兵部尚书郑洛经略青海。郑洛以严借路、急自治、鼓番族、扼川底、议招降等十二条方略措置其事，三四年间，收效甚著，稳定了青海局势。当时，青海蒙古诸部拥有十万之众，而郑洛所率，仅宣大六百兵马，山西、宁夏一千六百兵马，单以军事进剿，诚如郑洛所言：

> 我进则彼退，我愈进则彼愈退。况大漠穷荒，我军深入，粮糗刍料，何以随载？缓急失接，何以救援？此海上出兵之难也。①

西宁地区的军事防务就成为备御"海寇"的一个至关重要的问题。

西宁地区在郑洛经略青海时的军事防务系统，向为它书所不载，或载之甚略。《西宁府新志》虽增损《卫志》成书，于此亦删削过甚。辑本《西宁卫志》之"峡榨""堡寨"二节，则可补史书之阙。"堡寨"一节，以卫治为中心，四向分载，具列西宁地区的堡寨及置戍守兵，纤细无遗，甚为清楚。"峡榨"一节，则逐一记录"边榨"之设置及具体的防御措置。检录辑本《西宁卫志》之"峡榨"，万历间西宁地区的这种军事要塞共有三十七处，距卫治西宁城数十里、数百里不等，最远的杏儿沟榨，距卫治东南三百九十里。这种军

---

① 《明经世文编》卷405《郑经略奏疏二·敬陈备御海虏事宜以弭后患疏》。

事要塞，均设于"虏寇"出没的各交通要道，根据其地位，分"极冲"二十六处，"次冲"十一处。各处的位置、堡寨、戍兵出防的路线、应变措施，均极明确。兹举"极冲"一例、"次冲"一例以观之。

  柏杨沟榨　极冲　距卫治九十里、本沟口十里、西川六十里、剌科蕃营二十里、北川七十里、扎迭沟三十五里、红崖儿二十里、小山峡口二十里。虏零入，则隆奔、土巴族番御沟口，西川兵出剌科番营，北川扎迭沟兵出红崖儿，西宁兵出小山峡口，分御。虏大入，则诸兵又于土巴营上下合击之。

  木哈尔峡榨　次冲　距卫治南八十里、伏羌堡五十里、本川阇门三十里、扁担沟四十里、西川四十里、双山堡三十里、班撒儿阇门三十里、碾伯二百一十里、平戎一百四十五里、寄彦才沟八十里。虏零入，申中族番、南川兵御阇门，西宁兵出扁担沟，西川兵、双山堡兵出班撒儿阇门，分御。碾伯、平戎兵赴寄彦才沟应援。虏大入，诸兵于申中族上下合击之。

如此细微的材料，除《卫志》外，难以考见。

从"堡寨""峡榨"诸节看来，万历间西宁卫的军事防务，实际上是一个网络式的兵民联防系统。纳入防御系统的，不只是卫属戍兵守将，还有众多的番、汉百姓。堡寨、边榨、阇门、边墙、墩堠星罗棋布，确收御"虏"之效。《卫志》曾总结这一时期西宁地区的军备防御说：

  西宁方隅千余里，火、真墩其南，生番聚其北，东接松虏，西阚海酋。而宾兔、巴兔、着力兔、克臭、哈坛巴都、沙剌、纳剌、永邵卜、瓦剌他卜囊校联绕之。西宁如以孤绁悬弹丸，掷之群虏掌中，左右前后，无所倚仗。堂皇篱落，自为中外吁危矣。所恃者，通年峡榨、阇门、边墙、水洞、城堡、营寨、墩堠鳞次栉比，在在创造，时时增修，足少恃焉。

又明代青侮的番族部落，向不为汉文典籍所重。间有记录者，亦多阙略，不足为据。即便顺治间苏铣修《西镇志》，亦不甚了了。康熙间，梁份西游河湟，著《秦边纪略》，于西宁卫只列熟番十三族之名。梁份说：

> 十三族谓之十三大族，其后小族甚多，如剌卜族、红帽族之类，不可甚计。
> 今《西宁志》（即《西镇志》）悉去其籍，不可详考矣。①

不仅《西镇志》"悉去其籍"，杨应琚《西宁府新志》"番族"条在移录《西宁卫志》"万历中番人二十五族"时，全部删落小族之名。如隆卜族，郑洛分其势，"开族八十有奇"；《卫志》详列族名，《新志》略去不录；占哑族为郑洛"互开其族"，《新志》不录族名，仅云"立二十九族"。参见前书"番族"对照研究中的占哑族一例，即可知《新志》的节删已造成许多宝贵史料的阙佚。辑本《西宁卫志》恰恰能存佚补阙，显示了很高的价值，对安木多地区藏族部落史的研究，有重要意义。而其中所载各族户、口及招中纳马的数量，因其为明人的亲历记载，更增其可靠性。

辑本《西宁卫志》还可订正某些史事之伪误。万历间，西宁兵备按察使刘敏宽曾在青海北山（今青海互助县境五峰山）创设铁厂，募铁师采矿炼铁。是举一直受到后世注意，为治青海史者所津津乐道。《青海历史纪要》等地方史著开辟专节，记叙其事，视为明代开发经营青海的一件大事。事实究竟如何，《卫志》中有明确记载：

> 铁厂　在北山五十里。万历二十四年，都御史田乐檄兵备按察使刘敏宽募铁师采矿烧铁。后时不给久，废，塞焉。

刘敏宽是开设铁厂的主持人，又是《卫志》的编修者，这条记载毫无疑义是可靠的。刘敏宽确曾在万历二十四年（1596年）受都御

---

① 《秦边纪略》卷1。

史田乐之命，在北山创设铁厂，但"时不给久，废，塞焉"。显然是当年就罢止了。此中原因，尚不清楚。但如将这短暂的一次尝试看作是明代中期青海官营手工业的正常生产，则是不恰当的。

辑本《西宁卫志》内容丰富，所反映的问题尚多，其史料价值当不限于上举各例，若进一步研究，必续有所得。我们相信，辑本《西宁卫志》的出版，对明代青海史事及青海方志的研究，是大有裨益的。

《西北民族研究》1990年第2期（总第7期）

《陇右稀见方志三种》考述

赵世伟

1984年10月,上海书店影印出版《陇右稀见方志三种》,内收《新增岷州志》《安西采访底本》《甘肃巩昌府会宁县乡土志》。三志系杭州刘子亚先生提供的家藏稿本或抄本,上海书店的出版说明云:"三书均流传极少,特据以影印,以供参考。"囿于当时的学术环境,该书仅印行1000册,且"内部发行",流布有限。今对三志点校整理,并对其版本源流略做考究,以为治西北史地者之助。

一 新增岷州志

岷州地望即今甘肃岷县、宕昌、舟曲等地,始置于西魏大统年间(535—537年)。元隶吐蕃等处宣慰司。明洪武十一年(1378年)置岷州军民指挥使司,属陕西都司。清雍正八年(1730年)改岷州,属巩昌府。

岷州地处边裔,最早的地方志当推康熙二十六年(1687年)的《岷州卫志》(不分卷),仅有抄本存国家图书馆。其次则为康熙四十一年刻本的《岷州志》20卷,较为通行。清末则有光绪八年(1882年)《岷州志》,稿本只存西北大学图书馆。另有光绪三十四年《岷州续志采访初稿》抄本。

上海书店影印本出版说明云《新增岷州志》"记事最迟至清同治四年,原书封面盖有岷州官府的满汉文官印,书中并有增删涂改处,可知为当时州府所藏的誊清稿本"。然审读影印稿本,尚有若干疑义,须做讨论澄清。

首先，是书名。

《新增岷州志》计 144 页，每页 9 行，行字 23，全书不足 3 万字。原抄无序无目，不详撰人，但细阅内容，编排清晰有序。其纲目如次：

  岷州乡土志
  历史
  兵事录
  耆旧录
  人类
  户口
  宗教
  实业
  岷州乡土志
  地理
  山
  水
  道路
  岷州乡土志
  物产
  植物
  矿物
  商务

从纲目看，此志虽未分卷，但"历史""地理""物产"三卷结构分割明晰，目前皆署"岷州乡土志"。由此推论，此书应题《岷州乡土志》。依方志编纂体例，类目尚多缺失，似为一未定之稿本。

其次，此志与岷州现存各志的关系。

《岷州乡土志》不标纂述年代，但记事至清同治四年（1865 年），上距清康熙二十六年（1687 年）的《岷州卫志》、康熙四十一年的《岷州志》一个多世纪，显然是二种康熙本的续纂本。光绪八年

（1882 年）的《岷州志》、光绪三十四年的《岷州续志采访初稿》，记事皆至光绪年间，应该又是《岷州乡土志》的续纂本。由此可以断定，同治《岷州乡土志》是上续二种康熙本岷州志书、下继二种光绪本岷州志书的一个中间志稿本。1987 年，甘肃岷县县志编纂委员会刊印《岷州志校注》，所收为康熙本二种、光绪本一种，而不收同治本《岷州乡土志》及光绪八年本《岷州志》，应该说是一个不应有的失误。毕竟，同治本《岷州乡土志》已由上海书店 1984 年影印出版，光绪八年本《岷州志》稿本仍存西北大学图书馆，细加搜访，并不难得。

又，1990 年大型原始资料总集《中国西北文献丛书》编辑出版。首类即为《西北稀见方志文献》，于岷州地方志，收录的是通行易得的康熙四十一年本《岷州志》，稀见的康熙二十六年（1687 年）本《岷州卫志》、同治本《岷州乡土志》、光绪八年本《岷州志》、光绪三十四年本《岷州续志采访录》等一种也未收录，又何云"稀见"？其选择取舍标准颇令人疑惑。

再次，《岷州乡土志》的编纂人。

岷州在清雍正八年（1730 年）设知州署理州事，"同治回变"中，知州觉罗旗人曾启死难。同治四年（1865 年）由江苏丹徒人徐扬文葆（字芝仙）出任岷州知州。①徐扬文葆三年去职，同治七年由旗人德彬继任岷州知州。②《岷州乡土志》记事至同治四年，又有岷州官府的满汉文官印，我们推测，很可能是当时就任岷州知州的徐扬文葆主持纂修的。

最后，《岷州乡土志》的文献价值。

同治《岷州乡土志》的文献价值大致可以从三个方面考察：

（1）岷州志书的承启。岷州志书有康熙盛世所修的二种，记事最晚至 17、18 世纪之交，到 19、20 世纪之交始有二种光绪志，中隔近两个世纪。其间，唯有同治《岷州乡土志》的续纂，其上承下启之意义应予充分认识。岷州志书的流变可借是志予以考究。

---

① 见光绪三十四年（1908 年）《岷州续志采访录·职官》。
② 同上。

（2）清代西北战乱不已，大者如"三藩之乱"、川陕白莲教起义、"同治回变"皆波及岷境。是志中有不少他书不载或记而未详的材料，可供学者采撷，以深化专题研究。

（3）岷州自古以来为多民族聚居区，境内番、汉、回杂处，其来源、分布、变迁、风俗及社会、经济等方面的资料多处可见，若细心披览，必有所得。

二 安西采访底本

安西为汉敦煌郡属地，唐置河西道领瓜、沙二州，大历中陷于吐蕃，宋代先后为回鹘、西夏所据。元初立瓜州，明为赤斤蒙古卫辖地。清雍正二年（1724年），始有安西厅建置。乾隆中，安西升府，府治先后在安西、敦煌。乾隆三十九年（1774年），为安西州。民国十二年（1923年）改为安西县。2006年8月，经国务院批准，安西县正式更名为瓜州县。

据上海书店影印杭州刘子亚家藏《安西采访底本》出版说明："原书为清抄本，封面也有满汉文官印，并有'宣统元年闰二月十四日到'红色木戳，可知为清末县衙收藏的本子。"草于光绪年间，成于宣统元年（1909年）。今阅影印抄本，共68页，前有"州署图"等8幅，文字60页，每页9行，行字25，全志约1.3万字。

安西旧无县志，今存唯一的志书为甘肃省图书馆收藏的《安西县采访录》抄本。此本与杭州刘子亚家藏本的关系须做一考究。

甘肃省图书馆收藏的本子封面题签为《甘肃省通志·安西县采访录》，封底题"截至民国十八年止，三月十日县长曹馥"，据之可判定的是，此本系国民军主甘时期（1925—1929年）计划纂修新的甘肃省志，令各州县所做的事迹采访录，故题《甘肃省通志·安西县采访录》而不题《安西县志》。甘肃省图书馆所藏甘宁青各州县的采访录尚有十余种，皆为这一时期的奉令之作，多系稿本，甚有价值。

《安西县采访录》全书工笔清抄，无一处涂抹改易，并有送交日期、县长签字、安西县官文印，可知为一誊清本。每页12行，行字24，共178页，分装3册，约6万字。

经翻检比对，上海书店《安西采访底本》成书年代早于《安西县采访录》，前书纂于光绪，成于宣统，后书则成于民国。因此，《安西采访底本》是乾隆三十九年（1774年）安西独立建置后，安西县的第一部志书，其创修之功与文献价值应予充分认识。

另外，二志在纲目设置上绝不相类，试做比对：

安西采访底本	安西县采访录
州署等八图	舆地 1
星野	建制 2
建制沿革	民族 3
疆域	民政 4
山川	财赋 5
城池	教育 6
公署	军政 7
学校	交通 8
关梁	交涉 9
祠祀	职官 10
田赋	选举 11
兵防	人物 12
水利	文艺 13
驿递	金石 14
	纪事 15
	灾异 16
	拾遗 17

光绪志纲目未见完善，但大体沿旧志例目；民国志则有一些新目的设置，如民族、民政、交涉等。

《安西采访底本》不署撰人，但志稿"宣统元年闰二月十四日到"安西州衙则明白无误。据民国本《安西县采访录》卷10"职官"，光绪至宣统任安西知州者凡十七人，宣统元年（1909年）在任者侯葆文。如是，该志稿纂修主其事者，当为时任安西知州的侯葆文。

三 甘肃巩昌府会宁县乡土志

会宁县始置于西魏，名会州。隋开皇十六年（596 年）改会宁县，属平凉郡，唐天宝中没于吐蕃。明洪武三年（1370 年），复置会宁县，隶陕西布政司。康熙五年（1666 年），建甘肃布政司，会宁县隶巩昌府。故署《甘肃巩昌府会宁县乡土志》。

《甘肃巩昌府会宁县乡土志》（下称《会宁县乡土志》）系稿本，计 70 页，每页 16 行，行字 20，目下小字，双行，行 30—40 字，约 3 万余字。

会宁最早的县志为康熙《会宁县志》（不分卷），仅有民国抄本存国家图书馆。次则有清道光十一年（1831 年）《会宁县志》12 卷、道光二十年《续修会宁县志》2 卷，皆有刻本存世。民国年间，有段燕苹纂修《会宁县志续编》。《陇右稀见方志三种》收录的《会宁县乡土志》系稿本，由该志"户口"条"同治□□年，陕回乱后扰攘，户口锐减，十不存一，迄今承平二十余年"观之，当纂修于光绪年间。《会宁县乡土志》未见著录，应视为海内孤本，犹可珍也。

《会宁县乡土志》不分卷，类目列历史、政绩录、兵事录、耆旧录、人类、户口、氏族、宗教、实业、地理、山、水、道路、物产、商务 15 目。其中氏族、道路、商务仅列标题，其余类目中户、口、里等数多有阙略，似为未成稿本。

1990 年，《中国西北文献丛书》之《西北稀见方志文献》收录的会宁地方志是有刻本行世而易见的道光十一年（1831 年）本《会宁县志》，而"稀见"的康熙本《会宁县志》、道光本《续修会宁县志》、光绪本《会宁县乡土志》、民国本《会宁县志续编》等一种也未入录，编辑收录的宗旨颇令人疑惑。

2005 年出版的会宁县志办《会宁旧志集注》[①] 也遗漏了这部《会宁县乡土志》，可见这部志书传世之稀。今点校整理，以补会宁县志之阙。并对会宁县志各本源流略做考察。

---

① 会宁县志办：《会宁旧志集注》，甘肃人民出版社 2005 年版。

康熙本《会宁县志》原本不传，仅有民国二十一年（1932年）抄本存国家图书馆。甘肃省图书馆、中国科学院图书馆、南京大学图书馆亦有抄本。其"职官"门最后一任知县徐文竑系康熙二十三年（1684年）任。该志纲目大致齐备，但内容疏略过甚，仅8000余字。由之推断，康熙本《会宁县志》很可能是徐文竑创修会宁县志的一个初稿，体例尚不完备，内容有待补充。故未有刻本行世，只以抄本流传。

会宁县志最为完备而刊行于世的当为道光十一年（1831年）会宁知县毕光尧纂修的《会宁县志》。据毕光尧序称：

乃会自明万历间前县高公曾经纂修，嗣迭遭兵燹，沦失无存。国朝雍正间前县杨公、乾隆初前县金公、黄公皆欲修而未竟。

序中透露出的信息，第一是会宁县志的创修在明万历年间，主修人为当时会宁知县高拱辰，但迭遭兵燹，已"沦失无存"；第二，序中称清雍正、乾隆年间，会宁知县杨稷、金兆琦、黄显祖等皆有意纂修会宁县志而未果；第三，序中不提康熙年间的《会宁县志》表明，康熙本《会宁县志》在道光年间已流失无存，主修县志的毕光尧竟对此一无所知。

道光十一年（1831年）本《会宁县志》在传世的会宁县志中最称完善，体例严整，内容翔实，计分十二卷，约14万字。依方志纂修视之，实有创始之功。

时隔八年后的道光十九年（1839年），会宁知县徐敬又续纂会宁县志，故题为《续修会宁县志》。因去时未远，这部续志对前志主要是续纂、拾遗、补阙、纠谬，其续修凡例云：

——前志成于道光十一年二月，其编葺自十年止，今所志以十一年为始。

——前志分十二门，今所纂葺仅数年且系续修，不欲有所变更，而微著应改之义于小序中，以俟后之操笔削者。

——前志十二门，今所葺只七门，每门各有小序，其无志者亦有小序系之，申明未续之故。

——前志杂纪所葺均有未当，今改归一条入建置志中。

——前志分十二卷，兹编为数无多，仅分上下二卷。

——志例向不收本地见在人著作，兹编所采艺文无多，不忍割爱，各从其类，存之以俟后之载笔者定弃取焉。

民国十二年（1923年），会宁县刘庆笃、张济川等纂辑《会宁县志续编》，仍不知有这部光绪《会宁县乡土志》的存世。刘庆笃前序称：

……以县志年深阙略，谋所以赓续而新之者，而索阅旧志存本，则道光十年前令毕公光尧初刊以后，续有议修者，率寻作寻辍，迄无成帙，并遗稿亦随时散佚，无可复稽。

由之可以断定的是光绪《会宁县乡土志》确系一未成未刊之稿本，不为世人所知。即使留心会宁旧志而有志续纂的刘庆笃等人，亦不知这部光绪《会宁县乡土志》的存世。

光绪《会宁县乡土志》不署编纂者姓氏，但据稿本出自杭州刘子亚先生家藏推测，很可能为光绪间出任过会宁知县的浙江萧山人萧如霖。民国《会宁县志续编》"名宦"有萧如霖传：

萧如霖　字又岩，浙江萧山举人。光绪六年实授县事。性介廉，有德量，视民如子，兴利除弊，惟日孜孜。修城垣，清赋役，讼无冤狱。就育婴堂旧址改修孤贫院，收养贫民。尤重学校，建书院以养士，躬督课艺。其训士之勤恳，虽贤塾师不过焉。[1]

萧如霖在历任会宁知县中颇有政绩，又注重当地的文化建设，草

---

[1]《会宁县志续编》卷9。

就县志，不无可能。因志稿未成，卸任后携稿南归，后流于杭州刘家，不为世人所知。

以上只是我们对《会宁县乡土志》编纂者的一个臆猜，确否尚有待于新资料的印证。

《西北师大学报》（社会科学版）2010年第2期

《陇右方志录》补正

宋建霞

近世陇上学者，以临洮张维先生著述最丰。主持纂修之《甘肃通志稿》一百三十卷，于旧志多所厘正补益；辑考三陇金石之《陇右金石录》，搜岩剔薮，足资考证；著录三陇方志之《陇右方录》，网罗宏富，间及论断。西北地方文献之谙熟精研，罕有其比者。

其《陇右方志录》初刊于一九三二年。嗣后，先生"以事至北平，暇日东走齐鲁，南浮江浙，所至得浏览图书。于是，陇右方志又得未知之书十部，知而未见之书四十二部，旧以为佚而今存之书五部，复参稽考证之于古今诸书目。凡增旧录三十八部，改移八部，删重四部，序目按语亦因之多有是正"[①]。通计亡书，著录甘、宁、青方志凡二百九十三部，重刻于1934年。以张维先生之淹博，三陇方志，略备于兹矣。

然限于当时条件，《陇右方志录》舛误阙漏尚多。故作《补正》：第一，存佚著录之失误皆予正；第二，阙而失载之志为之补遗；第三，失考误题之处亦为是正，计一二六种。订正依原卷序次，补遗则分省著录。

一 存佚著录失误者十八种

（一）〔万历〕《临洮府志》26 卷
佚
明万历时临洮府同知晋宁唐懋德著

---

① 《陇右方志录》附记。

【按】万历《临洮府志》有明万历三十二年（1604年）刻本，清康熙刻递修本。万历刻本今藏日本国会图书馆。国内存缩微胶卷。康熙刻递修本藏北京图书馆，然缺卷1、2、11、12、13、14、15、18、21。计存17卷，其中卷5、20、23、25又系抄配，递修刻本实存13卷，仅及其半。

（二）〔嘉靖〕《巩郡记》30卷

佚

明嘉靖时秦安胡缵宗著

【按】嘉靖《巩郡记》有嘉靖二十五年（1546年）清渭草堂刻本。据《中国地方志联合目录》①，甘肃省图书馆藏卷1—4，四川省图书馆藏卷13，北京图书馆藏卷14，计存六卷。虽非完本，仍可借以窥见是志大略。

（三）〔嘉靖〕《重修庆阳府志》四册

佚

明嘉靖三十六年（1557年）庆阳王福等修

【按】著录有两误。其一，嘉靖《庆阳府志》有嘉靖三十六年（1557年）刻本，今存日本国会图书馆，国内间有缩微胶卷收藏。其二，据藏本所示，纂修者为梁明翰、傅学礼。《陇右方志录》所本之《万历内阁书目》署"王福等修"，恐有讹误。

（四）〔弘治〕《宁夏新志》8卷

佚

明弘治十四年（1501年）卫人胡汝砺著

【按】此志著录有称《宁夏卫志》者，有称《宁夏镇志》者，弘治十四年（1501年）刻本仅藏宁波天一阁，为海内孤本。甘肃省图书馆及宁夏大学、台湾地区有抄本。

---

① 以下简称《联合目录》。

（五）〔永乐〕《宁夏志》

佚

明永乐时庆王朱㮵著

【按】是志虽修于永乐年间，当时似未刊刻。日本国会图书馆所藏乃万历二十九年（1601年）刻本，迄今为止，国内尚未发现传本。

（六）〔嘉靖〕《宁夏新志》8卷

佚

明嘉靖十九年（1540年）卫人管律著

【按】是志刊于嘉靖十九年，岁久传湮，散失殆尽。唯宁波天一阁收藏一部，张维先生当年访书江浙，竟未能一观。1961年，宁波文管会梓行《天一阁藏明代地方志选刊》，其中就有嘉靖《宁夏新志》一种。是志始得广为流布，非昔日珍本秘籍之比。

（七）〔顺治〕《西宁志》7卷

佚

清顺治十二年（1655年）西宁道交河苏铣著

【按】《陇右方志录》著录系据《四库全书总目·史部·地理类存目》，题为《西宁志》。有顺治十四年（1657年）刻本。《联合目录》附注云："书口题《丁酉重刊西镇志》，有补版。"原题应为《西镇志》。目前，刻本仅存天津市图书馆，不分卷。1987年秋，笔者曾专赴天津，访求是志。该馆以海内孤本为由，委婉谢绝。此外，甘肃省图书馆存"艺文志"，并有全书抄本。1959年，青海省图书馆据抄本翻刻，有油印本。皆可见是书大略。

（八）〔顺治〕《秦州志》

佚

清顺治时分巡道莱阳宋琬修

【按】顺治《秦州志》有顺治十一年（1654年）刻本，析为十三卷。国内仅甘肃省图书馆存卷10—13。原刻足本日本收藏，据

《联合目录》:"日本内阁文库藏有全帙。"

(九)〔正德〕《河州志二册》

佚

明正德时州人吴桢著

【按】吴桢《河州志》今存。明嘉靖间,又经刘卓增订,有嘉靖四十二年(1563年)金台刘氏仕优堂重刻本,今北京大学、北京师范大学皆有收藏,国内间有抄本流传。《陇右方志录》维案称:"桢为成化甲举人,仕数年归,家居又三十余年,作志盖在正德时矣,故题正德。"实张维先生未见吴志臆猜失误。近年,各地整理旧志,临夏州又有扫描复印本刊布,此志已非稀见之书。

(十)〔嘉靖〕《徽州志》

佚

明嘉靖四十二年(1563年)州人郭从道著

【按】《陇右方志录》题《徽州志》,实为《徽郡志》。卷数未详,应为八卷。是志有嘉靖四十二年(1563年)刻本,今北京图书馆、湖北图书馆有收藏。上海图书馆、甘肃图书馆皆有抄本。

(十一)〔万历〕《通渭县志》4卷

佚

明万历四十一年(1613年)知县刘世纶修

【按】此志纂修于万历四十一年(1613年),刊刻于万历四十四年。据秦大夔《序》称:知县刘世纶"锐意修志,属草盈筐。复延邑人白生编次之"。实成于二人之手。邑人白生者,白我心,曾做过龙安府经历。刻本仅存甘肃省图书馆,卷4缺佚。国内抄本数家,亦存卷1—3。甘肃省博物馆所藏抄本有张维先生题记,可见张维后来曾阅此志,惜《陇右方志录》业已授梓,未遑修改。明代通渭有旧志,故刻本题"重修通渭县志"。

（十二）〔万历〕《宁远县志》5卷

佚

明万历中知县郧县邹浩著

【按】万历《宁远县志》有万历十五年（1587年）刊刻本，今北京图书馆收藏，然有缺页，漫漶不清处甚多。上海图书馆藏有抄本，甘肃图书馆有缩微胶卷，均出自北图缺页本。此志康熙《宁远县志》凡例云5卷，且有卷目，但刻本实有8卷，疑为刊刻时析分所致，或有5卷本，也未可知。宁远县即今武山县。

（十三）〔康熙〕《静宁州志》

佚

清康熙五十五年（1716年）知州奉天黄廷钰修

【按】康熙《静宁州志》有康熙五十五年（1716年）刻本，国内仅存甘肃省图书馆。《陇右方志录》不著卷数。据刻本，此志为14卷，首1卷。

（十四）〔康熙〕《广武志》

佚

清康熙时卫人俞益谟著

【按】康熙《广武志》有康熙五十六年（1717年）刻本，国内仅甘肃省图书馆有藏本。新中国成立后，甘肃省图书馆与宁夏图书馆均曾油印刊布。据刻本，此志全题为《朔方广武志》，2卷。

（十五）《碾伯新志》

佚

【按】《碾伯志》张维先生向未寓目，仅据乾隆《甘肃通志》著录，书名不确，纂修者未详。此志未曾刊刻，唯北京师大藏一抄本。1959年，北京师大图书馆刊布过打印本，是志方得流传。据打印本，是志应题为《碾伯所志》，清康熙年间李天祥纂。碾伯即今青海乐都县。

（十六）《武威县志》

佚

【按】《陇右方忘录》据乾隆《甘肃通志》著录《武威县志》，实为复重。《甘肃通志》所引，乃乾隆《五凉考治六德集全志》卷1之《武威县志》，《陇右方志录》"府志类"业已著录。《五凉考治六德集全志》有乾隆十四年（1749年）刻本，国内所藏，有数十家，民国后及近年来又有新印本，甚为易得。

（十七）《古浪县志》

佚

【按】此志著录与前《武威县志》同误，亦为复重。志见《五凉考治六德集全志》卷4。

（十八）《平番县志》

佚

【按】此志著录与17、18误同，重复互见而存佚失考。志见《五凉考治六德集全志》卷5。

二 著录缺漏失载者一○三种。其中，甘肃六十三种，宁夏十种，青海三十种。

（一）〔民国〕《皋兰县新志》

佚名纂

民国间修，抄本，残，记事至民国二十年（1931年）。甘肃省图书馆藏。

（二）〔光绪〕《安定县乡土志》（不分卷）

（清）王辅堂编

光绪三十一年（1905年）抄本，藏北京民族文化宫。

（三）〔光绪〕《定西县采访录》（不分卷）
（清）周凤动纂

光绪三十四年（1908年）修，抄稿本，藏定西县文化馆。甘肃省图书馆有抄本。

（四）〔民国〕《重修定西县志》38卷　首1卷　末1卷
郭汉儒纂修

民国三十八年（1949年）修，稿本藏定西县文化馆。甘肃省图书馆有抄本。

（五）〔道光〕《会宁县志》2卷
（清）徐敬修　周西范纂

清道光二十年（1840年）刻本。上海图传馆、甘肃省图书馆有收藏，国内间有抄本。

（六）〔民国〕《会宁县志续编》
段燕平纂修

民国二十九年（1940年）修，抄本，国内仅甘肃省图书馆藏，存卷9—11。书签题《会宁县志续编样本》。

（七）〔光绪〕《续修通渭县志》
（清）邢国弼修　卢敏纂

光绪三十二年（1906年）修，清抄本藏广西第一图书馆，甘肃省图书馆有抄本。

（八）〔光绪〕《洮沙县志》5卷
张慎微修

民国三十二年（1943年）洮沙县志编纂委员会油印本。洮沙旧置，今并入临洮县。

（九）〔民国〕《临洮要览》

临洮县政府编，民国三十五年（1946年）石印本。

（十）〔民国〕《渭源县风土调查录》

文廷美纂　高光寿编

民国十六年（1927年）铅印本。

（十一）〔道光〕《续修靖远县志》

（清）李怀庚修　赵诵礼　严湘纂

道光二十五年（1845年）修，抄本，甘肃省图书馆有收藏。

（十二）〔民国〕《续修靖远县志》

刘可宗纂修

民国四年（1915年）石印本，仅存甘肃省图书馆。

（十三）〔民国〕《靖远志》

范振绪纂修

民国三十五年（1946年）修，甘肃省图书馆藏有抄本。

（十四）〔光绪〕《打拉池县丞志》（不分卷）

（清）廖丙文修　陈希魁等纂

光绪三十四年（1945年）修，抄本，又有油印本。打拉池原隶海城县，今划归靖远县。

（十五）〔乾隆〕《平凉府志》47 卷

（清）佚名纂修

乾隆间修，光绪间增修。仅有残缺抄本藏南京市图书馆，存卷 1—14，18—36。

（十六）〔民国〕《华亭县志》4卷

张次房修　幸邦隆纂

民国二十二年（1933年）石印本，国内图书馆多有收藏，较为易得。

（十七）〔民国〕《静宁县新志》

周廷元纂修

民国六年（1917年）修，稿本藏北京师大，仅存卷首、卷1。全书卷数待考。

（十八）〔乾隆〕《庄浪县志略》20卷

（清）邵陆纂修

乾隆三十六年（1771年）刻本。

（十九）〔民国〕《重修灵台县志》4卷　首1卷

高维岳　张东野修　王朝俊等纂

民国二十四年（1935年）南京京华印书馆铅印本，国内图书馆多有收藏。

（二十）《泾州采访新志》

（清）杨丙荣纂

宣统元年（1909年）修。甘肃省图书馆有抄本收藏。

（二十一）《泾州乡土志》2卷

（清）张元溁编

光绪三十三年（1907年）修。稿本藏甘肃省图书馆。甘肃省博物馆所藏抄本有张维先生题记，当系准备补入《陇右方志录》著录的一种地方志。

(二十二)〔民国〕《泾川采访录》

张振江纂

民国十九年（1930年）抄本，存甘肃省图书馆。此抄本封面题《造赍泾川县采访县治各项事件清册》，记事继乾隆张延福《泾州志》① 至民国十九年。

(二十三)《崇信县采访乡土志一卷》

（清）佚名编

光绪三十四年（1908年）编。未刊，抄本藏甘肃省图书馆、博物馆。

(二十四)〔民国〕《庆阳府志续稿》14卷

杨景修纂

民国初修，记事至民国二年（1913年），有1961年油印本。

(二十五)〔民国〕《庆阳县志稿》

张精义原纂　陆为公　杨季熊整理

民国二十年（1931年）修。1963年，甘肃省图书馆、博物馆油印本。

(二十六)〔民国〕《重修镇原县志》19卷　首1卷

钱史彤　邹介民修

焦国理　慕寿祺纂

民国间修，稿本今存甘肃省图书馆。比较常见的是民国二十四年兰州俊华印书馆铅印本，国内多有收藏。

(二十七)《镇原县乡土志》1卷

（清）宋运贡修　王柄枢　焦国理等纂

---

① 《陇右方志录》已著录。

光绪三十三年（1907年）修，未刊。北京图书馆、民族文化宫有抄本，甘肃省图书馆存缩微胶卷。

（二十八）〔民国〕《秦州直隶州新志续编》8卷

姚展等修　任承允纂

民国二十三年（1934年）修，二十八年铅印本。国内图书馆多有收藏。

（二十九）〔民国〕《天水县志》14卷　首1卷

庄以绥修　贾缵绪纂

民国十七年（1928年）修，二十二年续修，二十八年铅印本。国内图书馆多有收藏。

（三十）《天水小志》

战区中小学教师甘肃服务团教材编辑组编

民国间修，有油印本，藏南京市图书馆，甘肃省图书馆有缩微胶卷。

（三十一）〔民国〕《清水县志》12卷　首1卷

刘福祥　王凤翼修　王耿光纂

民国三十七年（1948年）石印本。

（三十二）〔民国〕《重纂礼县新志》4卷

孙文俊纂

民国十八年（1929年）修，二十二年铅印本。此志据雷文渊光绪志①正谬、补阙，并续纂光绪、民国事。

（三十三）〔咸丰〕《徽县略志》4卷

（清）阚凤楼纂

---

① 《陇右方志录》已著录。

咸丰五年（1855 年）修。传抄本存北京师大、上海图书馆。较为常见的为光绪三十三年（1907 年）武昌存古学堂铅印本。

（三十四）〔万历〕《阶州志》2 卷
（明）余新民修　蹇逢泰纂

万历四十四年（1616 年）刻本，仅存北京图书馆。国内间有缩微胶卷或影抄本。《陇右方志录》曾著录明《阶州旧志》一种，所据为嘉靖《陕西通志》"风俗"所引，非万历《阶州志》甚明，故补入。

（三十五）〔民国〕《文县要览》8 卷
李秉璋　韩建笃纂

民国三十六年（1947 年）石印本。

（三十六）〔民国〕《成县要览》（不分卷）
王作炎　乔荫远纂

民国二十五年（1936 年）石印本。

（三十七）〔民国〕《新纂康县县志》24 卷
王世敏修　吕钟祥纂

民国二十五年（1936 年）石印本。

（三十八）〔民国〕《康县要览》
孙述舜纂

民国三十七年（1948 年）石印本。

（三十九）〔光绪〕《岷州志》
（清）王继政纂

光绪八年（1882 年）修。未刊，稿本今存西北大学图书馆。

（四十）〔光绪〕《岷州续志采访初稿》

（清）陈如平纂修

光绪三十四年（1945年）修。

（四十一）〔宣统〕《河州采访事迹》8卷

（清）张廷武纂

宣统元年（1909年）修。未刊，抄本藏北京图书馆，甘肃省图书馆抄本存1、3、4、5。

（四十二）〔民国〕《导河县志》8卷

黄陶巷纂

民国二十年（1931年）抄本。甘肃省图书馆、博物馆有收藏。

（四十三）〔民国〕《夏河县志稿》10卷

张其昀纂

民国二十四年（1935年）修，有抄本；又有民国二十五年铅印《方志月刊》抽印本；又有1943年甘肃省图书馆油印本。

（四十四）〔宣统〕《镇蕃县志》10卷 首1卷

佚名纂

宣统元年（1909年）修。未刊，抄本仅南京大学图书馆有收藏。

（四十五）〔光绪〕《镇番乡土志》2卷

（清）刘春堂　聂守仁编

光绪间修。未刊，日本东洋文库藏一抄本，国内尚未发现抄本。

（四十六）〔宣统〕《永昌县乡土志》（不分卷）

杨鼎新编

宣统元年（1909年）稿本，今存台湾地区。

（四十七）〔民国〕《古浪县志》9 卷　首 1 卷

李培清修　唐海云纂

民国二十八年（1939 年）铅印本。

（四十八）〔宣统〕《皋兰县红水分县采访事略》（不分卷）

（清）李国华纂

宣统元年（1909 年）清稿本，今存台湾地区，红水即今景泰县。

（四十九）〔民国〕《创修红水县志》

佚名纂

民国十九年（1930 年）修。未刊，有 1963 年甘肃省图书馆油印本，惜残缺不全，仅存卷 2、3、5、6、7、10、11 等七卷，原卷数待考。

（五十）〔民国〕《新修张掖县志》

白册侯原纂　余炳元续纂

民国三十八年（1949 年）修。稿本仅存卷 12 "大事记"藏中央民族学院图书馆；北京图书馆有抄本；又有民国油印本；又有 1959 年北京中国书店油印本；又有打印本。皆可查阅。

（五十一）〔民国〕《临泽县采访录》

临泽县县志局编

民国十八年（1929 年）抄本，存甘肃省图书馆。

（五十二）〔民国〕《创修临泽县志》14 卷

章金泷修　高增贵纂

民国三十一年（1942 年）兰州俊华印书馆铅印本。

（五十三）〔光绪〕《肃州新志》（不分卷）

（清）吴人寿　何衍庆纂修

光绪二十三年（1897 年）修。未刊，甘肃省博物馆、图书馆有抄本，博物馆抄本有张维先生题记。

（五十四）〔民国〕《安西县采访录》
曹馥纂
民国十九年（1930 年）修。未刊，抄本藏甘肃省图书馆。

（五十五）〔嘉庆〕《玉门县志》
（清）佚名纂
乾隆间修，嘉庆间增补。未刊，有抄本流传。

（五十六）〔民国〕《敦煌县志》13 卷
吕钟纂
民国三十五年（1946 年）修。未刊，甘肃省图书馆存抄本。

（五十七）〔光绪〕《敦煌县乡土志》4 卷
（清）佚名纂
光绪末修。未刊，民国抄本存北京图书馆、甘肃图书馆（阙卷 1）。

（五十八）〔民国〕《金塔县志》10 卷
赵仁卿等纂
民国二十五年（1936 年）修。1959 年金塔县人民委员会油印本。

（五十九）〔民国〕《金塔县采访录》
金塔县政府修
民国三十年（1941 年）修。未刊，抄本存甘肃省图书馆。

（六十）〔民国〕《鼎新县志草稿》
张应骐修　蔡廷孝纂
民国三十七年（1948 年）修。稿本今存甘肃省博物馆；1957 年，金塔县人民委员会曾油印刊行。

（六十一）《居延海》（额济纳旗）
董正钧著
有1950年北京中华书局铅印本、1952年再版本。

（六十二）〔民国〕《甘肃省乡土志稿》（不分卷）
朱允明编
民国三十七年（1948年）编。未刊，抄本存甘肃省图书馆。

（六十三）《甘肃便览》
（清）佚名纂
未刊，有抄本；又有扫描复印本。
以上甘肃省。

（六十四）〔民国〕《宁夏省考察记三编》
傅作霖编
民国二十四年（1935年）南京正中书局铅印本。

（六十五）〔民国〕《宁夏纪要》
叶祖灏编
民国三十六年（1947年）南京正论出版社铅印本。

（六十六）〔乾隆〕《银川小志》
（清）汪绎辰纂
乾隆二十年（1755年）修。未刊，稿本今存南京图书馆；又有抄本。

（六十七）〔民国〕《豫旺县志》6卷
朱恩昭纂
民国十四年（1925年）修。未刊，抄本今存台湾地区；宁夏图书馆所藏抄本仅存卷1。豫旺即今同心县。

（六十八）〔光绪〕《宁灵厅志草》（不分卷）

（清）佚名纂

光绪三十三年（1907年）修。未刊，日本东洋文库藏有抄本；国内尚未发现。

（六十九）〔道光〕《隆德县续志》

（清）黄璟纂修

道光六年（1826年）刻本。国内不存，美国国会图书馆有收藏。

（七十）〔民国〕《重修隆德县志》4卷

桑丹桂修　陈国栋纂

民国二十四年（1935年）修。有石印本；又有1965年甘肃省图书馆油印本；又有宁夏图书馆油印本。

（七十一）〔光绪〕《化平直隶抚民厅遵章采访编辑全帙》（不分卷）

王宾　张元泰编

光绪三十四年（1908年）修。稿本存台湾地区。化平即今泾源县。

（七十二）〔民国〕《化平县采访录》（不分卷）

佚名纂

民国九年（1920年）抄本，存甘肃省图书馆。

（七十三）〔民国〕《新编化平县志》4卷

盖世儒修　张逢泰纂

民国二十九年（1940年）石印本；又有抄本。

以上宁夏回族自治区。

（七十四）《青海志》4卷

（清）康敷额纂修

未刊，台湾地区藏抄本。

（七十五）《青海图说》1 卷
章光庭纂
民国石印本；又有晒印本，抄本。

（七十六）〔民国〕《青海志》
白眉初编
民国间修。未刊，抄本存甘肃省图书馆。

（七十七）《最近之青海》
青海省民政厅编
民国二十三年（1934 年）铅印本。

（七十八）《青海志略》（不分卷）
许崇灏纂
民国间修。民国三十四年（1945 年）上海商务印书馆铅印本；又有抄本。

（七十九）《青海省人文地理志》
张其昀　李玉林编
民国三十一年（1942 年）油印本。

（八十）〔民国〕《青海省通志》
（民国）青海省通志编纂委员会纂修
民国三十六年（1947 年）修。稿本存青海省图书馆，未有刊本及传抄本。

（八十一）《青海风土记》
杨希尧撰
民国二十二年（1933 年）新亚细亚协会铅印本。

(八十二)《青海各县风土概况调查记》
有 1959 年甘肃省图书馆油印本。

(八十三)《青海》
中华西北协会纂
有民国二十二年（1933 年）铅印本。

(八十四)《青海》
王慎余　邹国柱纂
民国二十五年（1936 年）蒙藏学校铅印本。

(八十五)《青海》
周振鹤纂
民国二十七年（1938 年）长沙商务印书馆铅印本。

(八十六)〔民国〕《西宁府续志》10 卷
邓承伟原本　基生兰续纂
民国二十七年（1938 年）铅印本。

(八十七)《西宁县风土调查记》
民国二十一年（1932 年）纂。未刊，有抄本。

(八十八)《采录大通县乘佚稿》
光绪三十四年（1908 年）修。有抄本，又有油印本。

(八十九)《甘肃大通县风土调查录》
聂守仁编
未刊，有抄本。

(九十)《乐都县风土概况调查录大纲》
民国二十一年（1932 年）纂。未刊，有抄本。

(九十一)《互助县风土调查记》
民国二十一年（1932 年）纂。未刊，有抄本。

(九十二)《民和县风土调查记》
民国二十一年（1932 年）纂。未刊，有抄本。

(九十三)《丹邑新志草稿》
稿本存青海省图书馆。

(九十四)《湟源县风土调查录》
有抄本存甘肃、青海省图书馆。

(九十五)《巴燕县风土调查概况》
民国十九年（1930 年）抄本，仅存甘肃省图书馆。

(九十六)《源县风土调查记》
民国二十一年（1932 年）纂。未刊，有抄本。

(九十七)〔民国〕《贵德县志稿》4 卷
姚钧修　赵万卿纂
民国二十九年（1940 年）修。稿本今存青海省图书馆；抄本甘肃省图书馆、博物馆有收藏；又有油印本。

(九十八)《贵德县风土调查大纲》
张祐周编
民国二十一年（1932 年）纂。未刊，有抄本。

（九十九）《共和县风土调查记》

民国二十一年（1932年）纂。未刊，有抄本。

（一〇〇）《青海玉树囊、谦、称多三县调查报告书》

蒙藏委员会调查室编

民国三十年（1941年）编。有铅印本；又有油印本。

（一〇一）〔民国〕《玉树县志稿》10卷

周希武纂

有抄本；又有1959年油印本。

（一〇二）《玉树调查记》2卷

周希武纂

稿本今存台湾地区；有抄本；又有民国九年（1920年）上海商务印书馆铅印本。

（一〇三）《玉树调查志》略

曹端荣编

民国十七年（1928年）甘肃印刷局铅印本；又有抄本存甘肃省图书馆。

以上青海省。

三　著录失考误题者五种

（一）〔顺治〕《甘镇志》

清顺治十四年（1657年）分巡道昌平杨春茂著

【按】刻本书口题《丁酉重刊甘镇志》，乃杨春茂在顺治十四年（1657年）重刊。是志记事至万历三十六年（1608年），当为〔万历〕《甘镇志》，亦非杨春茂所著。《陇右方志录》所引《北平图书馆方志目录》辩之甚明，转录如下："《甘镇志》不分卷，明纂修佚名。

清顺治十四年刻本。此志首册有《重刊甘镇志序》。杨春茂撰,内有靡不博采备陈、阅月成编锓版等语,玩其语气,似曾重修,故旧目误作顺治修。然细查内容,无万历四十年后事迹。"《联合目录》题"〔万历〕甘镇志六卷(明)佚名纂 清顺治十四年(1657)杨重茂重刻本",较为准确。

（二）〔宣统〕《丹噶尔厅志》

清宣统时厅人杨景升著

【按】此志应题〔光绪〕《丹噶尔厅志》8卷。据《联合目录》,光绪三十四年(1908年)稿本今存台湾地区。《陇右方志录》著录,仅据宣统二年(1910年)甘肃官报书局铅印本,因以致误。

（三）〔清〕《会宁县志》1卷

清初修

【按】此志为〔康熙〕会宁县志。

（四）〔康熙〕《河州志》

清康熙二十六年(1687年)知州武定张瓆修

【按】张瓆应为张瓒。

（五）〔民国〕《续修永昌县志》1卷

【按】此志义例一仍嘉庆旧志,应为8卷。

《西北民族学院学报》(哲学社会科学版)1988年第2期

金代北京的一次古墓发掘和考察

贾智鹏

金代历史百二十年（1115—1234 年），其间两度迁都，以北京作为都城凡六十余年。第一次迁都在贞元元年（1153 年），海陵王从上京会宁府迁都于燕京，即由今黑龙江阿城南白城子迁往北京。第二次迁都在贞祐二年（1214 年），金宣宗由燕京迁都于汴，即由北京迁到今河南开封。就在金人的第一次南迁中，曾有一次古墓的发掘与考察，见于《金史·蔡珪传》：

> 初，两燕王墓旧在中都东城外。海陵广京城，围墓在东城内。前尝有盗发其墓。大定九年诏改葬于城外。俗传六国时燕王及太子丹之葬。及启圹，其东墓之柩题其端曰燕灵王旧。旧，古柩字通用，乃西汉高祖子刘建葬也。其西墓盖燕康王刘嘉之葬也。珪作《两燕王墓辩》，据葬制、名物、款刻甚详。

这段百余字的记载，在中国考古学史上，应该引起注意。

文中"海陵广京城"，即金的第一次迁都。它在金代历史上是个转折，标志着金政权封建化中央集权体制的完成，同时，也是北京在中国历史上作为统治中心的开端。

据新中国成立后发掘测定，扩建的金中都周三十七里余，近正方形，故址略为当今北京市宣武区西部的大半。[①]"海陵广京城"，自然将原在东郊的两燕王墓括入城内。

---

① 见《文物》1959 年第 9 期阎文儒《金中都》。

两燕王墓，似乎是早期北京的著名古迹之一。北魏郦道元《水经注》虽无直接记载，但却提到燕王陵墓，且把它作为方位标识。郦道元说："㶟水又东经燕王陵南，陵有伏道，西北出蓟城中。"㶟水即今永定河，"东经燕王陵南"，大致勾画出了墓主陵墓的方位。1956年，永定门外以东安乐林出土的唐《姚子昂墓志》称：姚于唐代宗宝应二年（763年），葬于幽州城东南六里燕台乡之原，其地"左带梁河，近瞩东流之水；右临城廓，西接燕王之陵"。点出的方位，与《金史》《水经注》的记载是一致的。姚子昂所葬之"燕台乡"，疑即因燕王陵墓而得名。两燕王墓的原址，当在海陵王广京城之前的城东偏南近郊。到燕京扩建之初，皇城偏在都城内西部，故两燕王墓并未影响到金的宫室建筑，一直保留到金世宗大定九年（1169年）——海陵迁都的十七年后。是年，金世宗"诏改葬汉二燕王墓于城东"，沿同一方向外迁，于是才对"俗传六国时燕王及太子丹之葬"的两燕王墓进行了发掘。"及启圹"，其东墓原来是汉高祖刘邦的儿子刘建之墓，其西墓则为西汉燕康王刘嘉之墓。

考西汉一代所立燕王凡三次，异姓燕王一次，同姓燕王两次，先后历高祖、惠帝、吕后、文帝、景帝、武帝六朝。第一次是高祖五年（公元前202年），封卢绾为燕王，高祖死前一年，卢绾亡入匈奴，遂废。第二次，卢绾逃亡的第二年（公元前195年），立高祖子刘建为燕王，是为燕灵王。到吕后七年（公元前181年），在位"十五年死，有美人子，太后使人杀之，绝后"。第三次是吕后死，琅邪王刘泽与汉诸将相共立代王刘恒为天子，即为汉文帝。孝文元年（公元前179年），"天子乃徙泽为燕王"①。泽王燕两年薨，传子嘉为康王。燕康王刘嘉在位二十六年，景帝前元五年（前152年）死，子定国继位。武帝元朔元年（前128年）刘定国自杀，国除为郡。燕灵王刘建，燕康王刘嘉的情形，见于史籍的大致如此。刘建、刘嘉的王燕，均在高祖翦灭异姓诸侯王之后，景帝削平吴楚七国之乱前，既封土，又治民，是半割据的独立王国。刘建死于公元前181年，刘嘉死于公元前152年，相隔三十年而葬为东墓西墓，显见是西汉燕王室墓地。

---

① 《史记·荆燕世家》。

然而，为什么西汉时的两燕王墓一直被误传为战国时燕王及太子丹墓呢？固然，墓石碑文兴起于时代较晚的魏晋，西汉之建两燕王墓，地表无文字可征，以讹传讹，沿袭不改。但偏偏附会到燕王及太子丹身上，却反映了燕地之民对他们故国历史的追忆向往。以北京为中心的燕国，虽然传说中始封于周武王，但它的崛起与强大却是在战国。当时的燕，名列七雄之一，与六国争霸中原。北拓疆域，势力跨过鸭绿江；南下伐齐，拔七十余城，可谓盛极一时。后亡于秦，也是历史的悲剧。两燕王墓的误传，多少寄托了燕地之民对祖辈辉煌岁月的怀念。

误传千年的两燕王墓，至金世宗大定九年（1169年）迁葬发掘，始真相大白，尽管其墓的迁葬，同封建时代其他古迹的发现一样，不能与现代科学的考古发掘等同视之，但蔡珪其人据葬制、名物、款刻作《两燕王墓辩》，对墓葬进行一番考察研究，却是当时一个新风尚。蔡珪的考辨，已为这次迁葬赋予新的意义。原来，始于北宋的金石学，为史学领域开辟了一个新的园地。他们把历史研究的范围，从古典文献扩大到金石器物，比汉魏以来的章句注释之学前进了一步，为考证历史提供了新的资料。金承袭了北宋的文化传统，也涌现了一批金石学家，其中蔡珪即为其杰出代表。

蔡珪的金石著述，见于元遗山《中州集》著录的就有《录金石遗文》60卷、《古器类编》30卷、《金石遗文跋尾》10卷、《两燕王墓辩》1卷，可惜均已亡佚而不传于世，他的事迹与金石学成就，我们只能从当时学者的记述中略知一二。

蔡珪，字正甫，出生在一个官僚文人的家庭。父蔡松年，官至金尚书右丞，又是金初著名的文学家。《金史》本传说他"文词清丽，尤工乐府，与吴激齐名，时号吴蔡体"，是个对金代文学有影响的人物。蔡珪从就小受父亲熏陶，长于诗文，据说"七岁赋菊诗，语意惊人"[1]，《中州集》收入他的诗词就有四十七首，大多浅显易懂，不事雕凿，韵味精绝者亦有之。他之被推为金代文学的"正传之宗"，不是没有道理的。但蔡珪的成就并不限于文学，他史学的造诣也是很深

---

[1] 《中州集》。

的。天德三年（1151年）中进士而不赴选调，只是"求未见之书读之，其辩博为天下第一"。他又重金石收藏，"得三代以来鼎钟彝器，无虑千数"①。博物且识古文，在金代文人中，堪称全才。《金史·马定国传》有一段记载："石鼓自唐以来无定论，定国以字画考之，云是宇文周时所造，作万余言，出入传记，引据甚明，学者以比蔡正甫燕王墓辩。"不仅透露了《两燕王墓辩》的学术价值，也肯定了蔡珪在金代学术史上的地位和声望。除上述金石著作外，蔡珪的史著还有《补南北史志书》60卷，《水泾补亡》40篇，《晋阳志》12卷，反映了他史学的广阔视野和渊博学识。

蔡珪《两燕王墓辩》的内容，今天已无从得知。但按他所依据"葬制、名物、款刻"来考察两燕王墓的情形看，应该承认是一次接近科学的考察研究。这也为宋金时代金石学研究的领域范围，提供了新的例证。《金史·蔡珪传》这段百余字的记载，可贵正在于此。

《西北民族学院学报》（哲学社会科学版）1983年第2期

---

① 《中州集·蔡太常珪传》。

后　　记

  本书是西北民族大学中国史重点学科建设的成果之一。

  西北民族大学（原名西北民族学院）是中华人民共和国建立后创建的第一所民族高等学校。她是在全新的新民主主义—社会主义制度建立后，尤其是在全民族解放的背景和全面平等的民族政策指引下诞生的新型民族高校，在中国教育史上具有特殊的地位。

  西北民族大学的前身是1949年9月中国人民解放军第一野战军在兰州创办的藏民问题研究班和藏民学校。1950年1月改建为西北人民革命大学兰州分校第三部，1950年8月正式成立西北民族学院，2003年4月更名为西北民族大学。

  西北民族大学历史文化学院的前身是1979年筹建、1980年正式成立的历史系，2004年6月更为现名。1980年设立历史学本科专业，并于次年9月正式招生；2007年增设文物与博物馆学本科专业，并于次年9月开始招生；2011年增设文物保护技术本科专业，并于次年9月开始招生。现已为我国民族地区培养了4000多名合格人才。

  历史文化学院是我校较早培养硕士研究生的单位。1996年设立宗教学专业硕士学位点，2000年、2003年分别增设了专门史、中国少数民族史专业硕士学位点，2011年中国史取得硕士学位授予权一级学科。学院现有1个中国史一级学科硕士点（下设4个研究方向），宗教学、中国少数民族史2个二级学科硕士点，中国少数民族语言文学与文献1个博士招生方向。目前在读本科学生730名、硕士研究生74名、博士研究生17名。

  目前学院现有教职工45名，专任教师38名，其中教授11人、副教授13人，具有博士学位的19人，硕士学位的13人，博士生导师 4 人，硕士生导师 12 人，甘肃省"教学名师"获得者 1 人，甘肃省"园丁奖"获得者 3 名，甘肃省青年教师成才奖获得者 3 人，甘肃省跨世纪学科带头人 2 人，甘肃省领军人才 2 名，国家民委系统"突出贡献"专家 1 名，甘肃省"333 科技工程"入选专家 2 名，甘肃省"五四奖章"获得者 1 人。

　　在历史文化学院从无到有，筚路蓝缕，孜孜不倦，最终取得今天的教学科研成就的过程中，老一辈学者们以不忘初心的精神，扎根边疆的情怀，艰苦奋斗的品格，朴实无华的学风塑造了历史文化学院的风骨，深刻地影响着一代代学子。王继光先生就是其中的代表者之一。

　　王继光先生（1946—2015），甘肃临洮人，1946 年生于新疆，生前为西北民族大学历史文化学院教授、专门史硕士研究生导师组组长，兼任中国明史学会、中国中外关系史学会、中国中亚文化研究会、中国民族史学会、中国谱牒学研究会、中华伏羲文化研究会理事，甘肃西北史研究会副理事长。王先生 1963—1968 年在兰州大学历史系学习，1968—1970 年在新疆军区 8847 部队锻炼，1970—1978 年在新疆伊宁市八中任教，1978—1981 年在兰州大学历史系攻读硕士学位，1978 年后在西北民族大学历史系任教。王先生勤于著述，著作等身，曾出版学术论著 11 部，发表论文 100 余篇，承担并完成了多项研究课题，代表作有《陈诚及其西使记研究》《（万历）西宁卫志辑注》《安多藏区土司家族谱辑录研究》，在学术界产生深远影响。

　　王先生的学术研究涉及中国历史文献学、明史、中外关系史、中国民族史等诸多领域。首先在历史文献学研究教学方面，他不仅发表了一批具体的研究成果，更重要的是先后与多位学者主编了《中国历史文选导读》、《中国历史文选》上、下两册、《中国历史文献学》等高校教材，特别强调了少数民族历史文献在中国历史文献学中的重要地位。其次，在明史研究领域，王先生立足于文献考证，探讨了明代西北地区，尤其是藏汉民族文化交流的史实。第三、梳理明代西北少数民族家族谱，发掘传世文献的史学价值。代表性的作品有《安多藏区土司家族谱辑录研究》，此外相关研究论文也收入本文集之中。第

四、研究明代陆上丝绸之路,以陈诚为突破口,取得了丰硕的成绩。另外,王先生在地方志整理、敦煌学等领域也有相应的成果面世。可以说,他是一位治学扎实严谨、涉猎广泛、成果众多的学者。

有鉴于此,我们搜集了王继光先生曾公开发表的文章,按照统一格式加以整理,内容一如其旧。王先生的学术研究的思想轨迹于此得以较为完整的呈现,同时也省去同行学人翻检搜索之劳。我们收入的王继光先生论文数量有32篇。在编辑过程中,历史文化学院研究生王玉、董鹏飞、刘子坤、闪烁、胡雪萍、赵世伟、段银霄、陈海博、宋建霞、孟聪敏、刘海花、李鲁平、贾智鹏、戴乐、齐然、王明江等同学都为此付出了劳动。

我们认为,编辑出版王继光先生的文集蕴含了"朴实无华、甘于清贫、淡泊名利、无私奉献"和以"志存高远、奔流不息、百折不挠、勇往直前"为核心的西北民族大学精神,体现了民大人的承传和积淀,是激励民大人不忘初心,锐意进取的精神动力。这种精神反映的恰恰是西北民族大学的所倡导的"使命自信、理念自信、特色自信、能力自信"。我们希望文集的出版,能进一步鞭策激励各位教师继往开来,踏实奋进,为西北民族大学的教学科研发展做出更多的贡献。